위기와 성찰의
뉴노멀 시대

위기와 성찰의
뉴노멀 시대

반교어문학회

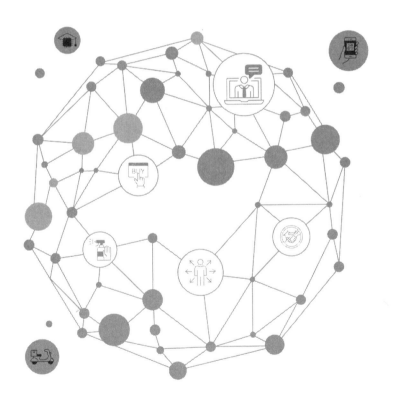

보고사
BOGOSA

이전 세계로 돌아갈 수 없음에 당당해지기

세상은 다시는 이전과 같지 않게 되었고, 우리는 변화에 대응해 살아가지 않을 수 없다. 감염병 대유행과 기후 위기, 신기술의 발전과 산업 생태계 변화로 인해 사회 전 영역에서 새로운 규범과 제도, 공공선과 안전에 대한 요구가 고조되고 있다. 이전 시대와 다르게 무엇이 어떻게 바뀌고 있고, 변화에 맞서 저항할 자리는 어디이며, 변화의 방향을 구하되 사회적 약자를 포용할 지혜를 찾아야 한다. '뉴노멀 New Normal'에 대한 전방위적 사유가 절실한 시점이다. 이 용어는 2008년 글로벌 금융위기 이후 펼쳐진 저성장, 저금리, 고규제 경제 환경을 대변하는 경제, 경영 용어였다. 그러나 코로나 사태를 겪으면서 새로운 표준, 정상성을 정의하는 문제는 사회 체제 전부를 겨냥할 뿐만 아니라 지구적 범위로 확대되었다.

'뉴노멀'은 어느 시대에나 존재했다. 미래지향적 용어로 읽히는 '뉴노멀'은 아이러니하게도 과거지향적 의미를 내포한다. 우리가 이 '새로운 기준'을 인지했다는 것은 곧 사회 전반에 이미 이에 상응하는 변화가 어느 정도 반영되었다는 것을 의미한다. 어느 시대에나 '뉴노멀'의 징후를 예리하게 포착해낸 이들은 존재했다. 그들은 그 변화의 지점에서 시대의 조류에 민감하게 반응하며 살아간 이들이었다. '포스트(Post-)' 시대에 그들의 혜안을 돌이켜 볼 필요가 있다. 비록 지금과는 세상이 달랐지만 그들의 시·공간에도 갑작스러운 전염병은 돌았고 산업 생태계는 변동했으며 새로운 환경에 대한 인간의 도전은 계속되었다.

반교어문학회는 지난 2년간 '위기와 뉴노멀'을 주제로 논의를 전개해 왔다. 사회 전 영역에서 코로나 팬데믹은 초유의 사태였고, 어문학의 영역에서도 이 기간은 전대미문의 사태를 이해하고 다른 미래를 준비할 시간이었다. 고투에 고투가, 회의에 회의가 꼬리에 꼬리를 물고 이어지는 순간들이었다. 말들과 글들 사이에서 각성과 대안을 골몰한 연구자들의 노고에 존경의 마음을 전한다.

21세기의 인류는 끝내 일상을 회복할 것이다. 그러나 예전과 같은 일상을 되찾을 순 없다. 이전 세계로 돌아갈 수 없음에 당당해져야 한다. 다가올 미래에 맞설 지혜와 기개가 필요한 시대다. 역사적 분기로 기록될 이 순간에 반교어문학회는 '위기와 성찰의 뉴노멀'에 대한 집중탐구를 추슬러 한 권의 책으로 엮었다.

이 책은 어학과 글쓰기 교육 연구, 고전 문학, 현대 문학으로 나눈 총 3부로 구성되어 있다. 1부에서는 팬데믹 이후 대학 교육 환경의 변화와 대응 방법을 주로 다룬다. 박민신은 비판적 문식성 교육 제재로 인터넷 댓글의 유용성과 이를 활용한 교수 학습 방안을 제안한다. 노채환은 코로나로 야기된 교육 환경의 변화가 위기가 아닌 기회가 될 수 있음을 분석한다. 중요한 쟁점은 온라인 수업과 온라인 수업 환경, 온라인 수업을 통한 학습 집중과 몰입, 온라인 수업에서의 상호작용의 문제다. 박지순은 팬데믹 상황에서 소외되기 쉬운 한국 거주 외국인의 소통 문제를 대상으로 한다. 박진철은 음성합성(speech synthesis) 기술의 발달로 한국어 TTS(Text-to-Speech) 프로그램의 교육적 활용에 대한 논의가 활발히 이루어지고 있는 시점에서 기개발된 한국어 TTS 프로그램 5종을 대상으로 한국어 교육자료 제작 도구로서의 TTS 프로그램에 대한 발음 처리 현황을 점검하였다.

2부에서는 구전설화와 가사 문학, 식민지기 유성기 음반과 소설을 통해 역병과 자연재해, 성차별에 맞선 기록의 의미를 새롭게 해석한다. 송소라는 구전설화가 다루는 역병 이야기에 주목한다. '역병'을 기억하고 서사화하는 다양한 면모를 통해 인간의 스스로에 대한 믿음과 보편적 염원을 읽어낼 수 있다. 박수진은 전라도 장흥 지역의 흉황(凶荒)과 학정을 묘사한 가사 문학 〈임계탄〉을 재독해 재난의 시대에 맞설 지혜를 찾는다. 이혜원은 일제강점기 유성기음반 속 유행가와 소설 『카르멘』을 통해 남녀 관계를 전복하는 여성 우위의 상상력을 발견한다. 1920~30년대에 '나쁜 여자'로 규정되는 여성과 그에 대한 사회적 의미를 지금 우리 시대의 페미니즘 운동과 겹쳐볼 수 있는 연구다.

3부에서는 지금 우리 시대의 노동, 페미니즘, 디지털 시대의 상징 궁핍, 기후 위기의 문제를 고민한다. 김미정은 2010년대 후반 노동-자본의 조건이 서사와 어떻게 관계 맺고 있는지 검토한다. 이 연구는 오늘날 시스템에 인간이 부드럽게 공모되어 가면서 노동-자본의 관계가 단순한 적대로 환원될 수 없는 복잡성을 형성하고 있음을 주목한다. 김요섭은 페미니즘 리부트 이후 독자의 위상이 재정립되는 과정을 살펴 한국문단의 변화를 읽는 연구다. 신현우는 유튜브, 구글 검색엔진, 소셜미디어에 복잡하게 뿌리내린 자본의 기술적 지배 속에서 드러나는 문해력과 노동의 연결고리를 탐색한다. 이지용은 중요한 사회적 이슈로 부상하고 있는 환경 관련 의식이 한국 SF 문학에 어떻게 반영되어 있는지 살펴본다. 2010년 이후 발표된 한국 SF 소설들은 과학과 환경이 공존하는 상태에서의 실천적이고 현실적인 헤테로토피아로서의 인식을 보여준다.

우리의 성과가 수많은 위기와 뉴노멀 담론을 모두 담을 수는 없었다. 다만 고투와 회의 속에 건져진 말과 글이 허투루 흩어지지 않도록, 역사적 분기의 한 기록이 될 수 있도록, 다음 시대를 준비하는 소중한 학문적 자양이 될 수 있도록 보듬으려는 마음을 독자 제위에게 전하려 한다. 위기를 관통하여 새로운 일상에 진입하는 길목에서 우리 학회의 작은 노고가 한국어문학 연구의 새 전기로 이어질 수 있기를 기원해 본다.

2년여에 걸친 우리 학회의 학술적 고투는 연구기획위원회 이경돈, 임태훈 선생의 손을 거쳐 단행본으로 거듭났다. 코로나 시대의 문학과 위기 상황을 정면으로 응시하려는 학술 기획은, 보건, 경제, 정치 문제로 이어지는 위기 상황을 복합적으로 검토해야만 했다. 특집 주제를 감당하며 저마다의 고민을 발표하고, 논문의 형태로 검증받아 단행본의 토대를 만들어준 집필자들의 노고에 감사드린다. 그간 학회에서 발표된 많은 연구가 뿔뿔이 흩어지거나 개인의 연구 이력으로만 남는 아쉬움이 컸다. 이 책을 통해 집필자들은 우리 학회를 넘어 더 넓은 소통의 기회를 얻게 될 것이다. 회원들의 역량과 성과를 한자리에 묶어내는 보람은 우리 학회의 즐거움이자 자랑거리이다.

책이 나오기까지 학회 운영진의 많은 수고가 있었음을 기억하고자 한다. 코로나로 위축된 학술 활동을 복원하고, 집중적이면서도 지속적인 논의가 가능했던 것은 총무이사 김지혜 선생을 비롯한 간사들의 헌신 덕이었다. 여러 사정으로 갖추어지지 않은 조건이 많았다. 그런데도 온라인 학술대회를 차질 없이 준비하고 한 권의 책으로 엮을 수 있는 토대를 마련해주었다. 육민수 선생을 중심으로 한 편집위원회 소속 임원들은 발표문이 논문의 형태로 다듬어질 수 있도록 심사와 수정의 기회를 공정하게 제공해주었다. 이 책을 펴내기까지 반교어문학회 회원들의 숨은 노력과 헌신이 켜켜이 쌓여 있다. 마지막으로 코로나로 인해 더 어렵고 힘든 출판 상황임에도 불구하고 책으로 엮어준 보고사 김흥국 사장님 이하 직원 여러분께도 감사와 연대의 마음을 보낸다.

2022년 4월 반교어문학회

차례

국어학/한국어교육학

고전

구전설화 속 '역병'의 서사화 양상과 의미 [송소라]
〈한국구비문학대계〉의 자료를 중심으로

현대

국어학 / 한국어교육학

댓글을 활용한 비판적 문식성 교육 연구

코로나 이후 교육 경험을 다룬 신문기사와
댓글 분석을 중심으로

박민신

1. 서론

외국어 학습자는 오랜 시간 동안 수용적이고 결핍된 존재로 이해되어 왔고, 외국어 학습은 "로봇처럼 공손하고 예의 바른 순응주의자(Larsen-Freeman, 2003: 96)"를 길러내는 데 집중되어 왔다. 그러나 원어민 중심주의(native-speakerism)에서 벗어나 트랜스링구얼리즘(translingualism), 메트로링구얼리즘(metrolingualism) 등의 사조 등장과 함께 언어 사용자로서의 학습자 역할이 재정립되면서 능동적이고 참여적인 언어 공동체 구성원으로서 주체적인 외국어 학습과 사용의 중요성이 강조되고 있다. 그럼에도 불구하고 여전히 한국어교육 현장에서는 학습자의 부족한 언어 자원을 이유로 학습자에게 제공되는 교육 경험이 무비판적이고 수용적인 태도를 갖도록 설계되어 있다. 가장 먼저 학습자들이 담화 공동체 구성원으로서의 역할을 경험하고 교실 밖 의사소통 상황으로의 전이 능력을 함양할 수 있도록 도와야 하는 교육 현장에서조차 학습자는 여전히 자신의 목소리를 내기보다는 경청하고 받아들이기를 강요받는다.

우리는 한국어 원어민 화자만큼 한국어 사용이 편하지 않다는 것이 곧 한국어 담화 공동체의 구성원으로서 제 역할을 하지 못한다는 것과 등치 관계가 아님을 명확히 할 필요가 있다. 언어 사용은 사회적 행위이며 한국어를 사용하는 것은 한국어 사용의 능숙도와 별개로 한국어 담화 공동체의 일원으로서 비록 서툰 혹은 거친 방식일지라도 자신의 목소리를 낼 수 있음을 의미한다. 이를 실천하기 위해 본 연구에서는 한국어교육에서 비판적 문식성 교육의 필요성을 강조하며, 교육적 제재로서 온라인 신문기사에 달린 댓글의 교육적 유용성을 논하고자 한다. 댓글은 온라인 공간에서 자신의 목소리를 낼 수 있는 접근성이 매우 높은 장르이기 때문에 동일한 사태에 대한 다양한 목소리를 경험하고, 같은 맥락에서 한국어 학습자들이 언어 사용자로서 자신의 목소리를 내어 담화 공동체에 적극적으로 참여할 수 있는 플랫폼이 된다. 댓글의 장르적 특성을 고려하여, 단순히 텍스트의 이해 혹은 텍스트 내적 비판에서 나아가 사회·문화적, 사회 구조적 맥락에서 텍스트를 재해석하고, 또한 자신의 생각을 표현함으로써 사회적 실천을 행할 수 있는 비판적 문식성 교육을 위한 교육적 제재로서의 적절성을 논하고자 한다.

그리고 비판적 문식성 교수·학습 방안을 개발하고, 신문기사에 달린 댓글을 활용하여 학습자들에게 제시될 수 있는 구체적인 적용 사례를 보이고자 한다. 즉 비판적 문식성 교육의 필요성을 주장하는

데에서 나아가 학습자들에게 교육적 제재로서 댓글을 활용하여 원 텍스트를 해석하고 수용하는 방법을 경험할 수 있도록 구체적인 교수·학습 모형을 제시하고 전략 학습 시 신문기사의 댓글을 활용할 수 있는 가능성을 보이고자 한다.

2. 비판적 문식성의 개념과 교육적 의의

1) 비판적 문식성의 개념

문식성(文識性, literacy)은 "개인이 자신의 목적을 달성하고, 지식과 잠재력을 발휘하며, 사회에서 활동하기 위해 텍스트를 이해하고 활용하며 성찰하는 능력(PISA 2000, 정혜승, 2008: 94에서 재인용)", 혹은 "다양한 문맥과 관련한 인쇄된 자료나 글로 쓰인 자료를 활용하고, 이해하고, 해석하고, 생산하고, 의사소통하고, 계산할 수 있는 능력(UNESCO, 2004: 13; 윤여탁, 2021: 87에서 재인용)"을 의미한다. 문식성이 읽기와 동일한 개념어로 사용되기도 하나, 본 연구에서는 주어진 텍스트를 이해하고 활용하고 성찰하는 개인의 인지적 행위인 읽기와 구분하여 문식성의 개념을 정의하고자 한다.

문식성을 자율성 모델(autonomous model of literacy)과 이데올로기 모델(ideological model of literacy)로 구분한 Street(1999: 55-72)의 틀로 보면, 읽기는 전자에, 문식성은 후자에 해당한다. 자율성 모델은 문식성이 사회, 문화, 권력, 정치, 이데올로기와 같은 세계와 독립된 자율적인 체계로 존재한다는 입장으로 글을 읽고 쓸 줄 아는 개인적인 인지적 과정으로 이해되며, 생존에 필요한 기술로서 실제적인 목적을 수행하는 기능적 문식성 교육을 목표로 한다. 반대로 후자인 이데올로기 모델에서는 문식성이 세계와 밀접한 관련을 맺고 있는 것으로 사회문화적 맥락이 전제된 참여와 실천, 행동의 문제라고 본다. 따라서 문식성은 개인이 아닌 사회적 차원에서 논의가 되어야 하며, 사회 변화를 이끌어 내는 실천으로서 읽고 쓰는 행위가 이해되어야 한다고 보기 때문에 비판적 문식성 교육을 목표로 한다.

본 연구에서 개념화하는 문식성은 후자인 이데올로기 모델에 해당하며, 유목적적이고 동시에 사회적 실천 행위이다. 즉 "실천으로서의 문식성은 그것이 사회·문화적 맥락 안에서 자신을 드러내는 정체성 실천이면서, 사회에 참여하고 작용하는 사회적·정치적 행위(정혜승, 2008: 158)"로서 텍스트의 의미를 이해하고 평가하는 독자 개인의 인지적 행위를 넘어 이를 토대로 사회와의 상호작용 속에서 자신의 가치와 생각을 정립하고 또 사회적 실천으로서의 목소리를 낼 수 있는 힘을 의미한다. 즉 문식성의 속성을 사회적 실천에 주목할 때, 문식성은 비판적 문식성으로 정의되며, 담화 공동체의 사회 구조적 문제와 지배적 소통 방식 등에 대한 성찰적 태도, 그리고 변화를 위한 실천과 행동을 전제로 한다. 인간 해방을 문해 교육의 궁극적 목적으로 설정한 Freire의 표현으로 이를 치환하면, "글자를 읽는 것(reading the word)"을 넘어 "세상을 읽는 것(reading the world)"까지 이르러야 하며, "비판적 문식성은 독자가 스스로 주체에 대한 인식을 통해 언어가 어떻게 사회와 문화를 표현하고 있으며 내가 어떤 영향을 받고 있는지 발견하는 태도를 강조한다(Freire&Macedo, 1987; 허준 역, 2014: 38)."

2) 비판적 문식성 교육의 필요성과 방향

한국어 학습자를 위한 비판적 문식성 교육의 필요성은 크게 학습자들이 살고 있는 교실 밖 의사소통 상황에서 요구되는 학습자의 능력과 현재 교실에서 이루어지고 있는 교육 경험의 간극에서 찾을 수 있다. 학습자들은 아침에 눈을 떠서 잠이 들 때까지 핸드폰, PC, 태블릿 PC 등을 사용하여 디지털 미디어를 매개로 자유롭게 정보를 수용하고 생산하거나 공유하는 환경에 노출되어 있다. 원하는 정보에 시간과 공간의 제약을 받지 않고 손쉽게 접근할 수 있으며, 높은 접근성으로 인해 과거 기자, 학자, 전문 작가 등 훈련받은 소수에 한정되었던 정보 생산자가 네트워크에 접속할 수 있는 이들 모두로 확장되었다. 정보가 공유되는 매체가 신문, 잡지, 논문, 책과 같은 인쇄물로 제한되어 있을 때에는 막대한 물적 자원의 투입이 요구되기 때문에 검증된 전문 필자만이 정보를 생산하는 역할을 담당하였으나, 현재 디지털 환경에서는 누구나 손쉽게 인터넷 블로그나 개인 SNS, 인터넷 커뮤니티 게시판 등을 통해 정보를 생산하고 타인과 공유할 수 있게 된 것이다.

이러한 환경의 변화는 문식성에 대한 관점의 전환으로 이어졌는데, "도구의 효과적인 사용에서 디지털 시민의식에 대한 강조"로 옮겨갔으며, 이때 "디지털 시민의식의 가장 핵심적인 조건이 온라인 참여와 인터넷 정보의 활용에 있어서 비판적 관점을 갖는 것이다(Choi et al., 2017: 윤성혜, 2017에서 재인용)". 특히 Vasquez(2014)는 디지털 세계에서 비판적 문식성을 학교 안팎의 세계에 참여하기 위한 존재의 방식으로 규정하며, 학생들의 삶이나 학생들이 존재하는 공간이 제공하는 삶의 조건 안에서 현실의 재구성을 위해 다양한 관점에서 사태나

문제를 해석하여 변화와 개선의 가능성을 제시하는 것도 포함해야
한다고 보았다.

한국어 사용자로서 실제 교실 밖에서 요구되는 문식성의 변화에도
불구하고 여전히 교실 현장에서는 생산되고 공유되는 상황과 맥락이
제거된 단일 텍스트의 의미를 읽어 내는 경험에 집중하도록 구성되
어 있다. 교육과정상에서도 읽어야 할 텍스트의 주제와 장르에 주목
하고 있으며, 교재에 제시되어 있는 과제 또한 텍스트에 표현된 의미
이해하고, 텍스트에 명시적으로 표현되지 않은 의미나 의도를 추론하
는 등 텍스트 내에서 읽어내기를 요구한다. 비판적 읽기를 목적으로
하는 경우에도 텍스트 내적인 해석에서 크게 벗어나지 않으며, "이
글을 쓴 사람의 주장에 대해 여러분은 어떻게 생각합니까? 찬성 또는
반대의 이유를 말해 보세요.(연세대 대학 강의 수강을 위한 한국어 읽기
중급1 5과)", "이 글에 드러난 글쓴이의 관점이 아닌 것은 무엇입니까?
/ 여러분이 생각하는 선진국의 조건은 무엇입니까? / 그 조건을 고려
해 봤을 때 한국이 선진국이라고 생각합니까? 또한 여러분 나라는
어떻다고 생각합니까?(서울대한국어 6권 10과)"와 같이 주제에 관련한
학습자의 의견을 묻는 방식으로 제시될 뿐이다. 이 과정에서 독자로
서 학습자의 경험이 투영될 수는 있지만 이는 또한 개인의 인지적
차원에서만 이루어는 행위이며, 다문서 읽기로 실현되는 다성성 확보
에 기반하여 사회적 담화 공동체에 참여할 수 있는 기회는 주어지지
않는다.

이처럼 한국어교육에서는 기능적 문식성 향상에 초점을 두고 실생
활에서 학습자들이 자주 접하게 될 가능성이 높은 장르나 주제를 선
정하여 읽기 텍스트와 과제를 개발하고 이를 학습자들에게 제시하고

있다. 한국어 학습자들에게 기능적 문식성도 매우 중요한 능력이다. 그러나 기능적 문식성 교육에만 치중된 현재의 교육은 교실 밖에서 학습자들에게 요구되는 실제적인 문식성 간의 괴리가 있기 때문에 교실에서 비판적 문식성을 포함하는 문식성 교육으로 영역을 확장하여 교육적 균형을 맞출 필요가 있다.

최근에 들어서 한국어교육에서 비판적 문식성 교육의 필요성과 교수·학습 방안을 제안하는 연구들이 발표되고 있는데, 이들은 비판적 문식성 교육 제재로 문학 텍스트를 활용하여 교수·학습 방안을 제안하거나 신문기사, 사설을 활용하는 연구로 크게 구분된다. 먼저 문학 텍스트를 활용하여 비판적 문식성 교육을 실천하고자 하는 연구가 박현진(2014), 황티장(2017), 장천원(2019, 2020) 등에서 이루어졌다. 박현진(2014)에서는 문학 텍스트를 활용하여 학문 목적 한국어 학습자 대상 비판적 문식성 향상 교육 방안을 개발하였으며, 황티장(2017)에서는 베트남인 한국어 학습자들의 비판적 문식성 신장을 위해 한국-베트남 문학 텍스트를 선정하고, 단계별 학습 내용을 개발하였다. 장천원(2019, 2020)에서 한국어 학습자의 비판적 문식성 함양을 위한 제재로서 리얼리즘 시 텍스트와 윤동주 미디어 텍스트를 도입하여 시 읽기 교수·학습 방안을 논의하였다. 이들은 공통적으로 비판적 문식성 교육의 제재로서 문학 텍스트의 적절성을 논하고, 구체적인 교수·학습 방안을 제안하고 있다. 그러나 비판적 문식성을 표방하고 있음에도 불구하고 실제 텍스트를 통해 사회적 실천 단계로 나아가지 못하고, 사회문화적 맥락 이해를 바탕으로 작품을 해석하는 활동에 집중되어 있다는 한계가 있다.

한편 신문기사, 사설을 활용하여 비판적 문식성 교수·학습 모형을 개발한 연구가 박병선(2013), 안기정(2018), 민정호(2020) 등에서 이루어졌다. 박병선(2013)은 Fairclough(1995)에서 제시한 비판적 담화분석을 방법으로 도입하여 신문 사설과 칼럼 텍스트를 분석하고 이를 한국어 교육에 도입할 수 있는 가능성을 논하였는데, 비판적 담화 분석을 한국어교육에 본격적으로 적용한 연구라는 의의가 있다. 이후 안기정(2018)과 민정호(2020)에서는 읽기와 쓰기를 통합하여 교수·학습 방안을 설계하고 있는데, 실천으로서의 문식성을 실현할 수 있도록 설계되어 있다는 의의가 있다. 안기정(2018)에서는 한국어교육기관의 중급 학습자를 대상으로 비판적 문식성 함양을 위해 신문 기사를 비판적으로 읽고 쓰기 수업을 진행하였는데, Fairclough(2011)의 담화 분석 3단계를 기반으로 준비하기, 표면적 의미 이해하기, 비판적으로 읽기, 언어적 실천 쓰기 네 단계로 이루어진 비판적 읽기-쓰기 수업 모형을 개발하였다.[1] 민정호(2020)에서는 기술-해석-설명의 단계별로 발표자와 교수자, 질의자들이 염두에 두어야 하는 구체적인 질문을 제시함으로써 현장에서의 적용 가능성을 확장하였다는 점에서 의의가 있으나, '같은 주제를 다루고 있는 기사들에서 발표자가 찾은 추가 주요 담론이 발견되는가?', '발견한 담론이 지배적인 이유는 무엇인가?' 등 각 질문별 답을 위해 고려해야 할 내용이나 방법에 대한 상세 가이드가 요구될 만큼 거칠게 설계되어 있다는 한계가 있다.

지금까지 한국어교육에서 비판적 문식성 교육 연구는 공통적으로

---

1 안기정(2018)에서 '비판적 문식성'이라는 용어를 명시적으로 사용하고 있지는 않으나, 읽기와 쓰기의 통합 수업을 지향하며, 읽기 후 단계에서 '사회 변화를 위한 언어적 실천 쓰기'를 설정하고, 이 단계의 중요성을 강조하고 있어 비판적 문식성 교육에 해당한다고 보았다.

Fairclough(1995, 2011)의 비판적 담화 분석(CDA) 방법을 적용하여 비판적 문식성 교수·학습 모형을 개발하였다. 그러나 비판적 담화 분석은 교수·학습 방법이 아닌 텍스트 분석 방법이기 때문에 직접적으로 교육 현장에 활용하는 데 한계가 있다. 이런 이유로 "그동안 한국에서의 비판적 문식성 교육에 대한 논의가 실천을 강조하고 있음에도 불구하고 문제 제기만 무성할 뿐 비판적 문식성 교육이 실천적으로 지향해야 할 방향이나 전망은 불투명한 상태"라고 지적한 윤여탁(2021: 29)의 논의는 한국어교육에도 유효하다. 기능적 문식성 교육에 집중되어 왔던 데에서 비판적 문식성 교육의 필요성이 논의되고, 이를 실천하기 위한 교육적 방안들이 제시되고 있음은 매우 고무적이나, 아직은 방향을 제안하는 수준에 그치고 있어 학습자들이 어떤 방식으로 텍스트를 읽고 해석하며, 이를 설명하고 실천할 수 있어야 하는지에 대한 구체적인 방법론적 논의가 필요하다.

3. 비판적 문식성 교육 제재로서 댓글의 적절성

댓글이란 "인터넷에 올라온 게시물에 대하여 짤막하게 답하여 올리는 글로서, 인터넷 일반 이용자들이 개인적인 관심 사안 혹은 사회적 쟁점에 대해 자유롭게 자신의 의견이나 소감을 표현하는 상호작용적·쌍방향적 의사소통 방식(오은하, 2016: 126)"이다. 웹2.0 환경에서는 인터넷 사용자 누구나 직접 정보를 생산하고 공유할 수 있는 사용자 중심의 양방향 의사소통이 가능해졌고, 누구나 자신의 생각을 손쉽게 표현하고 공유할 수 있게 되었다. 이러한 환경에서 댓글은 언론사가 생산한 신문 기사나 개인 SNS에 올린 글, 온라인 커뮤니티 게시판 글과 같은 문자 텍스트뿐만 아니라 동영상이나 이미지에도 자신의 생각을 표현할 수 있는 매우 편리한 소통의 도구가 되었다.

이로 인해 댓글은 하나의 장르로서 독립적인 지위를 갖게 되었고, 독특한 장르적 특성에 대한 이해를 요하게 되었다. 댓글은 특정 게시물과 연관되는 미디어 텍스트 종류로서 해당 게시물과 댓글 사이에 상호테스트성, 즉 유형 상호적 연관성이 존재하며, 게시물에 부속되는 기생 텍스트적인 속성을 갖는다. 그리고 게시물에 대한 댓글 작성자의 반응이라는 점에서 게시물과 댓글은 서로 대화적 텍스트의 속성을 지니고, 게시물과 댓글 사이의 시차가 있는 비동시적인 의사소통 방식에 속하며, 마지막으로 공개된 공간에서 생산되고 소비되는 공적·사회적 성격을 지닌다(조국현, 2007: 116-117).

또한 구조적으로 댓글은 원 텍스트의 하단에 위치하며, 독자들은 원 텍스트뿐만 아니라 다른 독자가 생성한 댓글의 내용과 표현에 대해서도 '추천/비추천' 혹은 '좋아요/싫어요' 등의 아이콘을 클릭하여 감정과 동의를 표현하거나 텍스트를 생성할 수 있다. 이러한 구조로 인해 댓글을 통해 실현되는 의사소통 양상은 매우 다각적이다. 즉 원 텍스트의 필자와는 물론 원 텍스트와 댓글을 읽고 있는 불특정 다수의 독자, 댓글을 작성한 특정 필자 등과 다각적인 의사소통이 구조적으로 가능하다.

이러한 다각적 의사소통 과정에 참여하는 공동 독자들의 목소리는 원 텍스트를 이해하는 과정에 큰 영향을 미친다. 실제 김은미·선유화(2006), 여은호·박경우(2011) 등의 연구를 통해 인터넷 댓글이 원문의 내용에 대한 태도와 평가에 영향을 미친다는 결과가 보고되고 있다. 이는 댓글 텍스트가 특정 게시물을 읽은 독자들의 다양한 생각을 공유할 수 있는 유용한 플랫폼으로 작용하기도 하지만, 동시에 제재 없이 수많은 목소리에 노출되었을 때 이들을 어떻게 해석하고 활용할 것인지에 대한 판단과 방향이 정립된 비판적인 문식성이 요구되는 장르임을 의미한다.

댓글은 원 텍스트에 숨겨진 사회구조적 모순이나 이데올로기를 읽어내어 표현하는 독자의 목소리, 텍스트의 직접적인 필자뿐 아니라 이면에 숨어 있는 언론사나 여론의 목소리, 함께 원 텍스트를 공유하고 있는 독자의 목소리 등이 혼재된 다성성을 특성으로 한다. 따라서 댓글은 독자 개인이 미처 인식하지 못했던 측면에 주목하여 새로운 관점으로 텍스트의 내용을 재인식할 수 있는 경험을 제공한다. 원 텍스트에서 부족한 정보를 보충하고, 잘못된 정보를 바로잡는다거나, 숨겨진 의도를 제시하는 등 원 텍스트만을 읽었을 때 발견할 수 없는 관점과 정보, 그리고 담화 공동체의 반응을 보여 주는 유용한 자원으로 활용되어 원 텍스트를 보다 다각적으로 이해할 수 있게 해 준다.

그리고 더 나아가 이러한 이해를 바탕으로 자신의 생각이나 의견을 표현함으로써 담화 공동체에 적극적으로 참여하여 사회의 변화를 견인하는 실천까지도 가능하다. 실천의 방법은 인식의 변화 혹은 관점의 정립인 내적인 수준에서 '좋아요'를 눌러 공감을 표시함으로써 ('좋아요'를 누르면 댓글이 상위에 노출되어 다수에 영향을 미치게 됨) 여론을 강화하는 소극적 표현과 본인이 직접 댓글을 다는 적극적 표현까지 이어질 수 있다.[2] 디지털 환경에서 학습자들은 댓글을 통해 손쉽게

---

2 물론 더 나아가서 개인 SNS에 해당 기사를 공유하거나 관련된 언급을 하고, 텍스트를

한국어 담화 공동체의 담론 형성에 참여할 수 있으며, 다른 사회문화적 배경을 가지고 있는 외국인 한국어 학습자는 한국인들로 구성된 담화 공동체에서 공유되지 않았던 새로운 관점에서 댓글을 달게 됨으로써 기존의 한국인들이 갖지 못한 새로운 시각을 공유하여 창조적 문화를 생성하는 데 긍정적인 역할을 할 수 있다.

정리하자면 댓글은 이해의 측면에 한정되는 것이 아니라 표현의 측면으로 연계되어 비판적 문식성 실천의 제재로서 유용하게 활용될 수 있다. 댓글을 활용하여 담화 공동체 구성원의 다양한 목소리를 공유함으로써 학습자 개인으로서 인식하지 못하였던 정보나 관점에 노출되고, 이를 통해 원 텍스트의 단순한 수용이 아닌 변증법적이고 비판적인 해석을 할 수 있게 된다. 한국어 학습자들에게 원 텍스트만을 맥락 독립적으로 제공하였을 때 텍스트의 생성 과정과 사회문화적 구조에 대한 이해도가 낮을 수밖에 없기 때문에 텍스트에 대한 이해가 수용적이 될 수밖에 없다. 따라서 이해의 측면에서 사태에 대한 종합적이고 비판적 인식을 가능하게 한다는 점에서 댓글이 비판적 문식성 교육의 제재로서 유용성을 가진다. 뿐만 아니라 단순히 이해로 그치지 않고 자신의 생각이나 의견을 표현함으로써 담화 공동체의 담론 형성에 참여할 수 있는데, 그 과정에서 댓글을 읽고 쓰는 행위는 학습자들에게 실제성이 높은 행위일 뿐 아니라 길지 않은 분량으로 비교적 쉽게 자신의 생각을 표현할 수 있는 방법이기 때문에

생성하는 과정까지도 나아갈 수 있다. 그러나 이는 다문서 읽기, 상호텍스트성과 같은 다른 관점에서 해석되어야 하기 때문에 본고에서는 동일한 플랫폼 내에서 이루어지는 의사소통 행위에 한정하여 논의를 하고자 한다.

실천으로서의 비판적 문식성 교육에서 유의미하게 활용될 수 있다.

4. 댓글을 활용한 비판적 문식성 교수·학습 방안

1) 비판적 문식성 교수·학습 모형

비판적 문석성 교수·학습 모형의 개발은 방법론적 측면이 강조되어야 한다. 앞서 한국어교육에서 제안된 비판적 문식성 교수·학습 방안이 가진 한계로 학습자들이 구체적으로 어떤 점에 주목하여 텍스트를 이해하고 관련하여 자신의 생각을 표현할 수 있어야 하는지에 대한 방법론적 엄밀성이 부족하다는 것을 들었다. 기본적으로 비판적 문식성의 향상을 위해 비판적 담화 분석이라는 방법론을 활용하여 교수·학습 활동을 제안하고 있으나, 실제 해당 방법론에 익숙하지 않은 학습자들이 적용하기에는 추상적이고, 모호한 지점이 있다. 또한 Widdowson(1995: 168)의 지적처럼 "비판적 담화 분석은 언어에 이미 이데올로기가 고정되어 있는 것처럼 미리 가정하고 그것에 의해 텍스트의 의미를 분석해 낸다". 즉 "텍스트의 의미란 맥락적 조건, 믿음, 태도, 가치 등과 텍스트를 관련지음으로써 도출되는 것이기 때문에 수용자에 따라 다양하게 나타날 수 있는데도, 비판적 담화분석은 의미를 미리 정해 놓은 채 그것에 대한 증거를 찾는 식으로 분석을 하도록 하는 경향이 있다(박준홍, 2016: 50)". 이러한 방법론적 한계와 전제로 인해 비판적 담화 분석의 방법론이 곧 학습자들에게 제시되는 교수·학습 방법으로 직접적으로 활용되는 것은 무리가 있다.

이러한 인식하에 본 연구에서는 McLaughlin & Allen(2002)와

McLaughlin & DeVoogd(2004)에서 비판적 문식성 교육 모형으로 제안한 설명하기(explain), 보여주기(demonstrate), 이끌기(guide), 연습하기(practice)와 성찰하기(reflect)로 구성된 '5단계 직접 교수 모형(5-step direct instruction process)'을 토대로 교수·학습 모형을 설계하고자 한다. 이 모형은 구체적인 질문을 통해 학습자들이 무엇을 중점으로 보아야 하는지에 관한 전략적 능력의 함양 측면에서 접근하며, 이러한 방식에 학습자들이 익숙해질 수 있도록 설명하기와 보여주기 단계를 설정하고 있다는 점에서 비판적 문식성이 왜 필요하며, 어떻게 무엇을 비판적으로 읽어야 하는지 등 비판적 문식성 교육에 낯선 학습자들에게 지침을 제시할 수 있다는 장점이 있다. 특히 어떤 질문을 하면서 읽어야 하는지를 설명하고 보여주는 과정에서 학습자들에게 원 텍스트에 달린 댓글을 교육 자료로 제시함으로써 실제성과 교육 효과성을 제고하고자 하는 본 연구의 목적에 적합한 교수·학습 모형이기 때문에 이를 기반으로 설계하고자 한다. 이 모형에서 중점적으로 다루는 각 단계별 내용은 다음과 같다.[3]

첫 번째 설명하기 단계는 비판적 문식성과 관련된 전략이 무엇이며, 어떠한 방식으로 이들 전략을 사용할 수 있는지 방법을 학생들에게 설명하는 단계이다. 여기에서는 텍스트에 다양한 목소리가 존재함에도 불구하고 특정 관점에 치우쳐서 이야기가 전개될 수 있으며, 그렇기 때문에 텍스트를 비판적인 관점에서 의문을 제기해 가며 읽

---

3 McLaughlin & Allen(2002)와 McLaughlin & DeVoogd(2004)을 바탕으로 단계별 내용과 목적을 정리하였다. 다만 이들이 소설 텍스트에 주목하여 구체적인 질문의 예시를 보여주고, 수업의 실례를 보였기 때문에 기본적인 틀과 주요 내용은 따르되 본 연구에서는 신문기사 읽기에 적합한 내용으로 재구성하였다.

어야 할 필요성을 인식시킨다.

두 번째는 보여주기 단계로서 다양한 비판적 문식성 전략을 제시하고 실제 이를 텍스트 해석 과정에서 어떤 방식으로 적용할 수 있는지 교사가 예를 보여주는 단계이다. 본래는 특정 텍스트를 같이 읽으면서 사고구술(think-aloud) 방식으로 교사가 학생들에게 비판적으로 분석한 내용을 제시하고, 이와 관련한 느낌을 공유하는 방식으로 진행된다. 그러나 본 연구에서는 디지털 환경에 놓인 학습자들의 언어생활 방식을 고려하고, 비판적 문식성 교육의 실제성을 높이기 위해 원 텍스트에 달린 댓글 텍스트를 전략별로 유형화하여 제시하는 방식을 취한다. 즉, 댓글을 활용하여 교수자 개인의 생각을 넘어서 댓글을 작성한 공동 독자들의 생각을 공유함으로써 타당성을 확보하고, 교실 밖 읽기 행위로 학습의 전이를 촉진하기 위함이다. 전략 수행을 위한 구체적인 질문에 관련된 댓글 텍스트를 같이 읽으면서 수용적인 태도를 벗어나 비판적 문식성의 중요성을 인식하고, 구체적인 방법을 익혀 학습자들이 비판적 분석을 할 수 있도록 유도한다.

세 번째는 이끌기 단계로 소규모 모둠 활동을 통해 학생들이 동일한 텍스트를 읽은 후 느낀 점과 다양한 해석을 공유한다. 앞선 보여주기 단계에서 텍스트를 비판적으로 읽어 낸 댓글을 통해 학습자들은 표현된 의미와 표현되지 않은 의미, 그리고 그것이 의미하는 바를 읽어내야 할 필요성을 인식하게 되고, 이로 인해 처음 텍스트를 수용적으로 읽을 때와는 다른 관점에서 텍스트의 의미를 해석할 수 있는 태도와 시각을 갖게 된다. 이 단계에서 학습자들은 처음 읽었을 때 발견하지 못했던 새로운 사실들이 무엇인지, 명시적으로 말해지지 않은 것은 무엇이며, 그 이유는 무엇인지 등 텍스트를 읽고 난 후 함께 자유롭게 생각을 공유한다.

네 번째는 연습하기 단계로 앞서 읽었던 텍스트를 다시 읽으면서 질문의 형식으로 제시된 문제 제기 전략을 적용해 보는 연습을 한다. 텍스트에서 말해진 것과 말해지지 않은 것을 분별하고, 텍스트에서 특정 집단이나 인물, 사건에 대해 긍정적 혹은 부정적 인식을 심어주게 하고 있지는 않은지, 그리고 필자는 텍스트를 읽는 독자들이 어떤 방식으로 생각하기를 의도하였는지를 읽어낸다. 이 과정을 거친 후에는 지금까지의 활동을 바탕으로 원 텍스트에 대한 종합적인 해석을 한다.

마지막으로 성찰하기 단계에서는 학습한 전략이 텍스트를 읽어내는 데 어떠한 영향을 미쳤는지 생각하고 느낀 점을 공유한다. 더 나아가서는 비판적으로 인식한 내용을 바탕으로 실제 댓글을 작성함으로써 담화 공동체에 자신의 목소리를 낼 수 있는 경험을 하거나 원 텍스트를 수정하여 대안적 텍스트를 작성해 보는 활동으로 확장할 수도 있다.

교수·학습 모형의 다섯 단계 중 본 연구에서 주목하는 부분은 두 번째 보여주기 단계이다. 이 단계에서 본격적으로 비판적 문식성을 실천하는 데 요구되는 구체적인 전략이 제시되어야 하는데, 이때 중점적으로 활용될 수 있는 전략이 문제 제기(problem posing) 전략이다.[4] 문제 제기 전략은 텍스트를 읽은 후 생각을 확장시킬 수 있는

---

4 McLaughlin & Allen(2002)와 McLaughlin & DeVoogd(2004)에서는 문제 제기 전략과 함께 대안적 관점(alternative perspective) 생성하기 전략을 함께 제시하고 있으나, 후자는 그들이 사례로 들고 있는 것처럼 소설이나 내러티브 텍스트를 제재로 할 때 유용한 전략이기 때문에 본 연구에서는 적극적으로 활용하지 않는다. 대안적 관점 생성하

다양한 질문들을 하는 방식으로 학습자들에게 제시되며, 독자들이 텍스트에 전제된 가치관과 힘을 깨닫게 하고, 텍스트에 대한 수용적 태도에서 벗어나 비판적으로 인식할 수 있도록 자극하는 역할을 한다. 궁극적으로는 문제 제기 전략에서 제시한 질문에 국한되지 않고 스스로 질문을 생성, 심화할 수 있는 능력으로까지 나아갈 것을 지향하나, 학습 초기 단계에서는 어떤 측면에 주목하여 텍스트를 읽어야 할지 구체적인 방법론을 제공하여 보다 체계적인 접근을 가능하게 한다. McLaughlin & Allen(2002)와 McLaughlin & DeVoogd(2004)에서는 다음 다섯 가지로 비판적 문식성 전략을 수행하는 질문을 문제 제기 전략으로 제시하고, 각각의 구체적인 사례를 들고 있다. 구체적인 하위 질문은 읽어야 할 텍스트가 무엇인지에 따라 유연하게 적용될 수 있다.

  1) 누가 또는 무엇이 텍스트에 존재하는가?
    (Who or what is in the text?)
  2) 누가 또는 무엇이 텍스트에서 배제되어 있는가?
    (Who or what is missing from the text?)
  3) 무엇이 주변화되었는가? (What is marginalized?)

기 전략 중 대안적 텍스트(alternative texts) 생성하기와 특정 관점에서 텍스트 다시 쓰기(mind and alternative mind portraits)는 새로운 관점에서 텍스트를 생성하거나 서로 다른 두 인물의 관점에서 별개의 텍스트를 생성하는 기법이기 때문에 내러티브나 비격식적 텍스트에서 적합하다. 그리고 병치하기(juxtapositioning)는 학습자들이 동일 주제를 다루고 있는 두 개의 텍스트나 사진 등을 읽고 해석의 다양성을 이해하고, 주제 기반 초점화된 그룹 읽기(theme-based focus groups)는 서로 다른 관점에서 작성된 텍스트를 읽은 학습자들이 한 팀이 되어 자신이 읽은 텍스트의 관점에 따라서 같은 텍스트를 다양하게 해석해 낼 수 있는 경험을 제공하는 기법으로서 하나의 텍스트를 집중적으로 읽는 세부 전략의 교수·학습과는 거리가 있다.

4) 필자는 당신이 어떻게 생각하기를 원하는가?
   (What does the author want you to think?)
5) 어떤 텍스트가 대안이 될 것인가?
   (What story might an alternative text tell?)

이상의 질문을 바탕으로 학습자들이 텍스트를 읽을 때 어떤 점에 주목해야 하는지를 교육하는 것이 곧 비판적 문식성 교육을 위한 핵심적인 단계이다. 그러나 한국어 능력은 차치하고서라도 한국의 사회·문화적 맥락에 익숙하지 않은 한국어 학습자가 독립된 텍스트를 읽고 이와 같은 질문에 훈련이 없이 곧바로 깊이 있고 날카로운 해석을 하는 것은 쉽지 않다. 뿐만 아니라 Hammond & Macken-Horarik(1999)에서도 지적한 바와 같이 비판적 문식성 수업을 설계할 때, 제재와 콘텐츠 개발, 즉 적절한 텍스트를 선택하고 지도서나 해석본의 도움이 없이 스스로 이를 비판적으로 해석하여 시연하는 것 자체가 교수자들에게 큰 부담이 된다. 따라서 본 연구에서는 이 단계에서 인터넷에 게시된 글을 읽고 비판적으로 텍스트를 먼저 읽어낸 독자들이 남긴 댓글을 활용하고자 한다. 각 질문별로 유형화한 댓글을 제시함으로써 학습자들이 동일한 텍스트를 읽고 다양한 반응이 존재할 수 있음을 깨닫고, 다양한 댓글을 종합적으로 분석하여 원 텍스트를 비판적으로 읽어 내는 연습 단계를 성공적으로 수행해 낼 수 있는 발판으로 삼도록 활용할 수 있다.

2) 댓글을 활용한 비판적 문식성 전략 적용의 실제

이 절에서는 비판적 문식성 교육을 위한 교수·학습 단계에서 댓글이 어떤 방식으로 교육 제재로서 활용될 수 있는지를 보여주고자 한다. 학습자가 비판적으로 읽기 위해 수행해야 할 구체적인 전략과 방법을 명시적으로 제시하는 데 중점을 두어 본 연구에서는 학습자들에게 구체적인 전략을 교수하는 단계인 보여주기 단계에서 댓글을 활용한 전략 교육의 실제를 보이고자 한다.

분석을 위한 텍스트는 코로나 19로 인해 변화되는 등교 정책과 관련한 신문기사와 그에 달린 댓글로 선정하였다. 신문기사는 사실적인 정보를 객관적으로 전달하는 텍스트라는 보편적인 인식과는 달리, 언론사의 논조나 기자 개인의 가치관에 따라 주관적으로 작성이 되기 때문에 수용적으로 텍스트를 읽기보다는 숨겨진 의도가 무엇인지 파악하려는 태도가 요구된다(박준홍, 2016; 김정은, 2021 등). 따라서 수용적으로 읽기 쉬운 신문기사를 비판적으로 읽는 경험을 제공함으로써 학습자들이 텍스트를 읽을 때 비판적인 관점을 견지해야 할 필요성을 인식하게 하는 효과를 얻을 수 있다. 이를 위해 포털 사이트 네이버의 '댓글 많은 뉴스' 랭킹에 있는 신문기사 중에서 학생들에게 익숙하고, 실생활에 밀접한 영향을 미쳐 첨예한 찬반 갈등이 존재하는 주제를 다루고 있으며, 특정 입장에 치우쳐서 기술되어 있어 학습자들이 비교적 쉽게 전략을 학습할 수 있는 기사문을 선정하였다. 이는 뉴스1에서 작성한 2020년 9월 16일자 기사문이며, 원문은 아래와 같다.

지친 학부모들 "초등 저학년 '등교 확대' 해 달라" 목소리
ㅣ 서울교육청 "등교 시 저학년 더 배려해달라고 안내"
ㅣ "돌봄·학습부진 등 문제 겹쳐 등교수업 확대 필요"

(서울 = 뉴스1) 장OO 기자 = "큰아이가 4학년, 작은아이가 2학년인데

큰 아이가 2학년이었을 때랑 비교하면 학습 수준이 떨어졌다는 게 확연하게 드러나요. 초등학교 저학년은 등교가 정말 절실한 상황입니다." 경기 광명에 거주하면서 유치원생과 초등학교 2·4학년 자녀를 키우는 임모씨(41·여)는 7일 뉴스1에 "한달여 만에 학교에 갈 수 있게 돼 다행이다"면서도 "초등학교 저학년은 1주일에 3번 정도는 등교하면 좋겠다"고 말했다.

신종 코로나바이러스 감염증(코로나19) 재확산으로 지난달 26일부터 전면적인 원격수업을 시행하고 있는 수도권 학교들도 사회적 거리두기가 2.5단계에서 2단계로 완화되면서 오는 21일부터 등교수업을 재개한다. 수도권과 비수도권을 가리지 않고 추석 연휴 특별방역 기간이 끝나는 오는 10월11일까지 한 번에 학교에 나오는 인원이 유·초·중학교는 전체 인원의 3분의 1, 고등학교는 3분의 2 내에서 등교수업이 이뤄질 예정이다. 교육계에서는 추석 이후 감염병 재유행 우려가 나옴에도 등교를 재개한 배경에는 갈수록 심화하는 돌봄과 학습격차·부진 문제가 자리잡고 있다는 분석이 나온다. 아울러 1학기와 마찬가지로 2학기에도 등교 인원이 3분의 1 이내로 제한됐지만 수업일 조정을 통해 초등학교 저학년의 등교수업을 최대한 보장하는 조치가 필요하다는 목소리가 커진다.

한상윤 서울 봉은초등학교 교장(한국초등교장협의회장)은 "학교마다 초등학교 1~2학년의 등교수업을 최대한 보장해야 한다는 공감대가 형성돼 있다"며 "학부모 대상으로 설문조사를 해도 1~2학년이나 중학교 입학을 앞둔 6학년의 등교수업을 늘려야 한다는 의견이 많다"고 말했다.

수도권 지역 교육청도 교육부의 등교수업 재개 발표 이후 대책 마련에 분주하다. 전반적으로 초등학교 저학년의 등교수업 확대 필요성에는 공감하는 분위기다. 서울시교육청 관계자는 "2학기 개학 전에 이미 학교 현장에 1~2학년을 조금 더 배려해서 등교수업일을 운영하라는 취지로 안내한 바 있다"며 "다만 여전히 등교 인원이 3분의 1 이내로 제한된 상황이어서 등교 날짜를 늘리는 데 한계가 있는 상황"이라고 말했다. 인천시교육청 관계자도 "초등학교의 등교수업과 관련해 교육청 차원에서 지침을 마련한 것은 아니다"면서도 "보호자나 교사의 손길을 필요로 하는 저학년

학생들을 조금 더 신경 쓰는 방향으로 등교수업을 운영하고자 한다"고
밝혔다. 경기도교육청의 경우 등교수업 운영 방안은 학교의 자율에 맡긴
다는 방침이다. 단위 학교에서 초등학교 저학년의 등교수업이 더 필요하
다고 판단할 경우 구성원의 협의에 따라 조정하는 것은 얼마든지 가능하
다는 입장이다.

정현진 전국교직원노동조합(전교조) 대변인은 "3월 신학기 개학 이후
6개월 이상 원격수업이 이뤄지면서 학부모들이 한계에 부딪힌 상황"이
라며 "초등학교 저학년의 경우 학습부진 문제 외 사회성 결핍이나 정서
적 우울 같은 문제도 크기 때문에 등교수업을 늘릴 방안이 필요하다"고
말했다.

상기의 텍스트에 달린 댓글 822개를 분석하여[5] 문제 제기 전략으
로 제시된 5개 질문을 중심으로 질문에 답이 될 수 있는 댓글을 선별
하여 제시함으로써 교육적 자료로서의 유용성을 보이고자 한다.

(1) 누가 또는 무엇이 텍스트에 존재하는가?

원 텍스트에는 등교 수업 재개와 관련한 학부모, 학교장, 전교조,
교육청 관계자의 목소리가 담겨 있다. 가장 먼저 제시된 학부모의
인터뷰 내용에는 자신의 자녀의 사례를 들어 미등교 정책으로 인해
초등 저학년의 학습 수준이 저하되었으며, 등교 정책을 환영한다는
의견이 담겨 있다. 이후 등교 수업 재개 정책을 알리며, 돌봄과 학습

---

5 이 기사에 달린 총 댓글은 949개이나 작성자가 126개의 댓글을 자진 삭제하고, 규정
미준수로 1개 댓글이 삭제되어 총 822개의 댓글을 확인할 수 있다. 구체적인 댓글은
아래 링크를 통해 확인할 수 있다. https://news.naver.com/main/read.naver?m_view=
1&includeAllCount=true&mode=LSD&mid=sec&sid1=102&oid=421&aid=0004873640

격차, 부진 문제가 그 원인이라는 기자의 보고와 그 중에서도 초등 저학년과 6학년의 등교가 우선되어야 한다는 학부모 의견이 많다는 내용의 초등 교장의 인터뷰가 이어진다. 다시 서울시, 인천시, 경기도 교육청 관계자와의 인터뷰를 통해 저학년의 등교 수업의 필요성을 다시 한 번 강조하고 있으며, 마지막으로 전교조 대변인의 인터뷰를 통해 학부모들이 (심리적) 한계에 부딪혔으며, 학습 부진 외 사회성 결핍, 정서적 우울 같은 문제로 역시 등교 수업 확대가 필요하다는 논조를 강조하며 기사를 끝맺고 있다.

기본적으로 기사에 등장하는 이해 관계자들은 모두 교육부의 등교 정책을 지지하는 같은 목소리를 내고 있으며, 그 필요성을 현재 초등 저학년이 경험하는 학습 격차, 돌봄 공백, 사회성 결핍, 정서적 우울 감에서 찾고 있다. 원 텍스트에서 누가 그리고 무엇을 말하고 있는가 와 관련하여 독자들이 이를 어떻게 해석하고 있는지를 댓글을 통해 서 명확하게 확인할 수 있다. 먼저 저학년 등교를 희망하는 학부모가 많다는 원 테스트의 내용을 언급하는 댓글을 확인할 수 있다.

(1) ㄱ. 근데 실제로 학교에서 등교조사할때 주5회등교가 과반수 이상
　　인걸 보고 깜짝놀랐다.
　　ㄴ. 실제 학교 설문조사를 보면 댓글 분위기와는 달리 등교를 원하
　　는 학부모가 더 많다. 코로나 장기화에 언제까지 이런식으로
　　대처할 수 없다. 애들도 하루하루 무의미하다고 의욕이 없어지
　　고 우울해한다. 두려워서 학교 보내기 싫은 가정만 온라인수업
　　하겠음 선택할 수 있도록 해줘라.
　　ㄷ. 친척동생이 교사인데 엄마들이 보내고 싶다고 말한다함———
　　ㄹ. 일부 학부모 얘기라고 하는데..어디든 항의 하는건 일부들이지

만 문제화되지..전국 교육청에 계속 문의가 오는건 팩트임..이
것도 민원이라서 공무원은 처리해야하는데..기사가 안나오나..

　(1)은 원 텍스트에서 말해진 것과 같이 실제 교육 현장에서 등교
찬성 입장이 존재하고 있다는 사실을 뒷받침하는 역할을 한다. (1-
ㄱ)과 (1-ㄴ)에서는 학부모인 필자가 실제 학교에서 이루어진 설문
조사 결과를 바탕으로, (1-ㄷ)에서는 현직 교사의 말을 전달하면서
그리고 (1-ㄹ)에서는 교육청 직원이 경험한 민원 내용을 바탕으로
원 텍스트에서 제시된 의견이 현실을 반영하고 있음을 보여준다. 후
술하겠지만 이 신문기사는 다양한 목소리가 존재할 수밖에 없는 사
안임에도 불구하고 한 쪽의 의견만을 편향적으로 텍스트에 담아 반
대의 목소리를 배제하였고, 이는 독자들로 하여금 원 텍스트에서 말
해지지 않은 목소리를 보다 증폭시키는 요인으로 작동하였다. 그래
서 오히려 필자가 의도한 것과 달리 댓글에서는 정책 반대 의견이
지배적이 되었고, 결과적으로 실제 존재하는 찬성 여론조차도 믿을
수 없게 하는 결과를 가져왔다. 이러한 가운데에서 (1)과 같은 댓글은
원 텍스트에서 말해진 것이 현실 세계에 존재하는 의견이며, 텍스트
에서 말해진 것의 신빙성을 높이는 역할을 한다.
　그리고 원 텍스트에서 등교 정책을 지지하는 근거로 제시된 학습
격차, 돌봄 공백, 사회성 결핍, 정서적 우울감이 댓글을 통해 강화되
는 양상도 확인할 수 있다. 원 텍스트에서 제시된 근거가 초등 저학년
생 학부모의 구체적인 경험이나 사회적으로 문제가 된 관련 사건을
토대로 보강된다.

(2) ㄱ. 사실 등교개학이 필요한 건 고3일 아니라 초등 저학년임. 고3이
　　야 입시 앞두고 어지간하면 혼자서도 웬만큼 해내는데, 초1,2는
　　집에서 방치되면 답이 없지.

　　ㄴ. 근데 얼마전에 10살 8살 아이들이 부모님 없이 밥 차려먹다가
　　불나서 화상입은 기사 생각하면 좀...모든 부모가 아이를 케
　　어할 여건이 되는건 아니잖아요. 게다가 아이들에겐 학교가
　　공부하는 곳 이상의 의미를 가지기도 하구요.

　　ㄷ. 자식 없는사람들은 착각을 하시나보네요 돌보기 힘들어서가
　　아니구요 불쌍합니다 애들이.. 아이들의 세상이 핸드폰 티비
　　인터넷으로 가득해요 반나절을 올라인수업하느라 지친아이
　　들이 다 했어요 게임좀 할게요 하면 시켜주죠 게임끝나면 뭐
　　할까요 밖에 나가 놀수 있나요? 친구도 못만나고 놀이터는
　　잠겨있어요 뭐할까요? 티비나 봐야죠 이게 지난 9개월 반복되
　　었다고 생각해보세요 아이들의 정서 심리 상태와 건강상의
　　문제 걱정하는게 부모에요

　　ㄹ. 초딩 공부를 무시하네? 요즘 초딩들도 문제 수준이 장난아냐.
　　중학교 고학년만 가도 어지간한 부모들은 손도 못댄다. 고등
　　학교가면 그냥 1도 모르고... 그래서 지금 격차가 더 심하게
　　벌어져. 있는집 애들은 학원 더 빡쎄게 돌면서 선행 쭉쭉 나가
　　고 없는 집 애들은 집에서 유튜브만 보고 있거든. 원래도 모래
　　시계형이었는데 지금은 더 심각한 모래시계형이 되어 버렸지.

　　(2-ㄱ)에서는 발달 단계상의 특성을 들어 초등학교 저학년 학생들
이 기본적으로 혼자서 학습을 할 수 있는 능력이 없기 때문에 학습을
도와줄 보호자의 역할이 중요하다는 점을, (2-ㄴ)에서는 낮에 보호자
가 없이 초등학생 둘이서 지내다 화재가 발생하였던 사건을 사례로
들어 가정의 상황에 따라 돌봄의 공백이 있을 수 있음을 이야기하고

있다. (2-ㄷ)에서는 등교를 하지 않는 아이들이 집에서 학습을 하는 상황을 구체적으로 묘사함으로써 정서적, 신체적 문제가 실재하고 있음을, (2-ㄹ)에서는 학원이나 사립학교 등원 여부 등의 교육 환경에 따라 실제 교육 격차가 벌어지고 있음을 지적함으로써 원 텍스트에서 우려하고 있는 문제가 실재하고 있다는 사실을 제시하고 있다. 이러한 댓글은 텍스트에서 말해진 전형적인 상황에서 시야를 확장하여 전체적으로 현상을 조망하고, 종합적인 판단을 내릴 수 있도록 돕는다.

댓글은 원 텍스트에서 말하고 있는 내용과 직간접적으로 관련이 있는 이들이 필자로 참여하여 자신의 경험이나 주변 경험을 구체적인 사례로 들거나, 사회적으로 이슈화된 관련 사건과 연계시키는 등의 방법으로 원 텍스트에서 말해진 바를 강화하는 역할을 한다. 이로써 독자들은 다양한 담화공동체 구성원들의 경험과 생각을 공유할 수 있게 되고, 원 텍스트의 필자가 표현한 내용의 진실성을 판단할 수 있게 된다.

(2) 누가 또는 무엇이 텍스트에서 배제되어 있는가?

원 텍스트에는 학부모, 학교장, 교육청 관계자, 전교조 대변인의 인터뷰 내용이 실려 있어 표면적으로는 정책과 관련한 이해 관계자들의 목소리가 다양하게 담겨 있는 것처럼 보인다. 그러나 실제로는 등교 정책을 지지하는 입장의 목소리만이 담겨 있고, 등교 정책에 반대하는 학부모나 저학년을 담당하고 있는 현장 교사 등 이해 관계자들의 목소리는 담겨 있지 않은 채 편향된 시각으로 사태를 보도하고 있다. 댓글은 이처럼 원 텍스트에 드러나 있지 않은 목소리를 넘으로써 원 텍스트만으로 확보할 수 없었던 다성성을 실현하는 장치로서의 역할을 한다.

(3) ㄱ. 초등 2학년 엄마입니다! 애들 안전이 먼저입니다!!!!!!!!! 저학년이 무슨 학습차이가 많이 난다는건지... 등교 확대 원하지 않아요! 기사 제대로 쓰세요!
    ㄴ. 주변에 애들엄마들 저렇게 말하는사람이 하나도없는데 도대체 의견을 어디서 얻은건가요 기자님?
    ㄷ. 주변에 엄마들 얘기들어보면 등교희망하는사람 거의없어요 이런기사써서 제발 일반화시키지마세요 완전웃기네요

(3)은 등교에 반대하는 학부모들의 목소리가 드러난 댓글로서, 실제 댓글의 대다수가 여기에 속했다. 원 텍스트에서는 등교에 찬성하는 입장만이 제시되어 있기 때문에 이와 반대되는 의견을 가지고 있는 학부모들이 댓글을 통해서 자신의 생각을 적극적으로 표현하고 있는 것이다. (3-ㄱ)에서는 본인이 초등 저학년 학부모임을 밝히면서, 원 텍스트에서 말하는 의견과 반대되는 의견을 가지고 있음을 명시적으로 표현한다. (3-ㄴ)과 (3-ㄷ)에서는 주변 학부모들의 의견을 근거로 들어 원 텍스트와 달리 현실에서는 반대 의견이 우세함을 밝히고 있다. 원 텍스트에서 말해지지 않은 이해 관계자의 목소리를 드러냄으로써 독자들이 해당 사안에 대해 텍스트에서 제공한 정보를 무비판적으로 수용하는 것을 경계하게 한다.

또한 원 텍스트에서는 등교를 해야 하는 이유로 학습 부진, 돌봄 공백, 아동의 정신적·사회적 발달 저하를 들면서, 여러 이해 관계자들의 말을 인용하는 방식으로 타당성을 확보하고 있다. 그러나 이

가운데 등교 정책의 적절성을 판단하기 위해 필요한 정보 중 논의되지 않은 쟁점들이 존재한다. 댓글에서는 이를 지적하여 낮은 원격교육의 수준, 지역별 코로나 상황의 차이, 학교급별 등교 정책의 차별화 근거에 대해서는 논의되지 않았음을 이야기하고 있다.

> (4) ㄱ. 등교수업을 안해서가 아니고, 원격수업 질이 낮아서다. 사설학원이나 인강 수업 반도 안되니까. ebs, 유튜브는 보조교재다. 근데 대부분 교사들은 링크만 걸고 땡. 쌍방향 수업좀 늘려라
>
> ㄴ. 수도권 조용히하세요 여긴 경북이구요 하루에 확진자 1명도 없을때가 더 많습니다 근데 너네들때매 아직도 3부제야!!!! 제발 싸돌아다니지말고 아닥!
>
> ㄷ. 지방은확진자가없는데수도권과똑같이등교하는건이해가안됨. 확진자없는지방은전원등교로유연하게해야지. 교사들은아예출근도안하고. 애들은집에방치하고. 이게머냐고
>
> ㄹ. 학교는 안보내고, 학원은 보내고ㅋ 참의미없는 짓들이다ㅉㅉ
>
> ㅁ. 초등보다 어린 동생들도 매일 어린이집에 가는데.

(4-ㄱ)은 원 텍스트에서 논의하고 있는 학습 부진의 원인이 등교가 아닌 원격교육의 질적 제고를 통해 해결할 수 있는 문제라고 해석하고 있으며, 경험을 바탕으로 현재 문제가 되고 있는 원격교육의 현실을 드러내고 있다. (4-ㄴ)과 (4-ㄷ)에서는 지역별 코로나 상황의 심각성 차이와 관련한 환경적 요인을 고려하지 않고 획일적인 등교 정책을 적용하는 방식에 문제를 제기함으로써 정책 결정 과정에서 환경에 따른 차별적 적용 가능성에 대한 논의가 필요함을 생각하게 한다. 그리고 (4-ㄹ)과 (4-ㅁ)은 유치원과 학원은 같은 조건임에도 불구하고 초등학교와 달리 등교를 하고 있는 상황을 비교함으로써

정책 결정의 기준이 불명확함을 지적하고 있다.

이러한 유형의 댓글은 공통적으로 원 텍스트의 내용을 바탕으로 자신의 관점을 정립하는 과정에서 필요함에도 불구하고 누락되어 있는 관련 정보를 제공하는 역할을 한다. 원 텍스트의 내용과 관련하여 직간접적인 경험이나 전문적인 지식이 없는 경우 일반적으로 원 텍스트에서 말해진 대로 생각할 수밖에 없다. 이러한 상황에서 댓글을 통해 독자들은 간접적으로 다양한 목소리와 관련 정보를 얻음으로써 텍스트를 비판적으로 이해할 수 있게 된다.

(3) 무엇이 주변화되었는가?

원 텍스트의 제목은 「지친 학부모들 "초등 저학년 '등교 확대' 해 달라" 목소리」이다. 텍스트의 내용을 살펴보면 인터뷰에 참여한 학부모는 '지쳤다'는 표현을 명시적으로 하지 않았음에도 불구하고 제목에 이러한 표현을 씀으로써 무책임한 부모라는 프레임을 씌우고 있다. 기사문의 특성상 제목과 부제, 전문까지만 읽는 경우가 많기 때문에 이러한 제목은 독자들로 하여금 다수의 학부모들이 이와 같은 생각을 하고 있는 것으로 오해하게 할 수 있는 여지가 충분하다. 그리고 실제로 댓글에서도 표현의 문제와 이로 인해 학부모, 특히 엄마에게 비난이 쏟아지고, 이를 반박하는 모습이 드러난다.

(5) ㄱ. 이게 다 어린이집이니 유치원이니 꽁짜로 보내주고 편의 봐주니까 빠져가지구 애들 보는거 귀찮아하는것임... 그동안 편하게 키우긴했지...

　　ㄴ. 아니 본인들 힘들어서 보낸다는 게 이유가 되냐 시 팔 답답해 하

ㄷ. ???: 아몰랑 브런치 카페 가야 하니까 애들 등교하게 해달라구요 오옷!!!

제목에 명시적으로 표현된 내용과 독자들이 기존에 가지고 있던 학부모 집단에 대한 선입견이 결합하여 (5)와 같이 초등 학부모, 그 중에서도 전업주부를 비난하는 댓글이 다수 존재한다. 기사 제목으로 인해 온전히 돌봄의 역할을 수행해야 하는 학부모가 육아의 고충을 토로하고 있다고 인식함으로써 (5)와 같은 감정적인 반응과 비난이 쏟아진 것이다. 실제로 이러한 부정적인 프레임이 씌워진 당사자인 학부모는 등교를 희망하는 이유가 본인이 힘들기 때문이 아니라 학습 격차, 수업의 질 등 다른 이유임을 밝힘으로써 원 텍스트로 인해 씌워진 부정적인 이미지를 벗어내고자 적극적인 반박을 한다.

(6) ㄱ. 이래서 기레기라고 하는거임 ㅋㅋㅋㅋ 제목은 무슨 대다수의 부모들이 지쳐서 학교 보내달라라는 식으로 달고 내용은 무슨 여론조사 한것도 아니고 학부모 2명 인터뷰해서 기사를 내네 ㅋㅋㅋㅋㅋㅋ이런식으로 기사쓰니 벌써부터 댓글들 학부모들 욕하는 거 베댓에도 있고 계속 보이는데 진짜 저급하다 ㄹㅇ

ㄴ. 코로나에 누가 지쳐서 학교를 보낸다고 그래요??아이 키우기 힘들다구 무리해서 학교 보낸다구요?? 수업일수만 아니면 전 올해엔 보낼 생각 1도 없습니다 지쳐서가 아니라 수업질이 형편없기 때문입니다 제대로 파악하고 기사 쓰셔야죠!!

ㄷ. 지친 학부모들이라는 표현 쓰지 말아주세요. 자식키우고 돌보는데 지치는 부모이야기가 아니잖아요. 온라인수업에 질도 학교 지역마다 다른것이 학습격차를 만들고 있잖아요. 주어진 환경안에서 최대한 수업의 질을 높일수있는 방법을 찾아주었으면

좋겠어요.

(6-ㄱ)에서는 직접적으로 이러한 표현을 사용한 기자의 태도와 방식을 문제 삼고 있다. 설문조사 등의 구체적인 근거가 없이 '학부모들이 지쳤다'라는 프레임을 씌웠고, 이로 인해 실제 댓글에 학부모들의 무책임함을 비난하고 있는 상황에 대해 방식과 의도의 불손함을 지적하고 있다. (6-ㄴ)과 (6-ㄷ)에서는 등교를 희망하는 의견이 있을지라도 그 원인은 양육의 어려움이 아니라 현재 이루어지고 있는 온라인 수업의 낮은 질로 인한 학력 격차와 아이들의 부적절한 생활 습관임을 지적하고 있다. 원 텍스트의 표현으로 인해 주변화된 집단이 자신들의 입장을 댓글이라는 방식을 통해 적극적으로 표명하고 있는 것이다.

이처럼 원 텍스트의 표현이나 편중된 내용이 특정 집단이나 사건에 대해서 부정적인 이미지를 갖게 할 수 있고, 이로 인해 해당 집단이 사회 구성원들에게 비난을 받을 수 있다. 해당 집단과 직간접적 관계가 있는 사회 구성원들은 본인들의 경험을 바탕으로 원 텍스트에서 말해진 내용을 종합적으로 판단할 수 있지만, 그렇지 않은 경우 특정 집단에 대해 부정적인 이미지를 가질 수밖에 없다. 이러한 상황에서 댓글은 해당 집단이 자신의 입장을 명확하게 표현할 수 있는 도구가 되며, 동시에 댓글을 읽는 독자들이 이들에 대한 객관적인 판단을 할 수 있도록 돕는 유용한 정보로서 작용한다.

(4) 필자는 당신이 어떻게 생각하기를 원하는가?

필자는 의도를 가지고 글을 쓰며, 이 과정에서 표면적으로 드러난 정보 이외에 필자가 텍스트를 읽는 독자들에게 어떤 생각을 갖도록 유도하는지를 명확하게 읽어낼 필요가 있다. 독자들 중에서는 원 텍스트 필자의 의도가 무엇인지를 파악하여 댓글을 작성하는데, 이 기사의 경우 필자의 의도가 편파적인 여론 조성과 정책 결정을 위한 여론 파악, 그리고 이해 관계자 간의 분열 유도라고 읽어내고 있다.

(7) ㄱ. 기자님이 글짓는 솜씨가 훌륭하시네... 이렇게 써서 여론조작하라고 시킵디까??

ㄴ. 무능한 교육부가 등교재개 하려니 욕처먹을까봐 이런 감성팔이 기사로 선동부터 해놓고 밑밥까려는 수작이죠~~저도 아이가 셋이지만 저학년 등교는 반대합니다!! 집에서 충분히 학습 할 수있고 마스크끼고 자전거 타고 운동도 합니다~다만 친구들과 어울리지 못해 속상하지만 안전을 위해서 어쩔 수 없는거죠!!

ㄷ. 유은혜 아줌마 등교 결정 잘한거라고 우기려면 이런기사 내야하지 뻔한수법

먼저 (7)의 경우 등교 정책 결정을 한 정부의 입장 지지를 필자의 의도로 파악한 경우이다. 전 세계적 공황 상태에서 원격수업, 재택근무, 자가 격리, 방역수칙 등 이전에 경험하지 못한 새로운 제도들이 도입이 되면서 제도 시행 주체의 혼란스러운 대처에 국민들의 불만이 높아 있던 상황이었다. 그렇기 때문에 정부의 미숙한 대처에 대한 부정적인 여론이 높았고, 정책이 발표되기 전에 여론을 살피기 위한 목적으로 정부에서 특정 정책 시행을 계획 중이라는 기사가 나오고 여론이 부정적이면 정책을 무효화하는 상황이 여러 차례 반복되었다. 이러한 반복적인 경험으로 독자들 중에서 이 텍스트 또한 그러한 의도를 가지고 쓰인 것이라고 추론하고 있다.

(7-ㄱ)에서는 필자가 원 텍스트에서 제공한 정보가 사실이 아니라 정부 혹은 언론사의 외압이 작용한 것으로 파악하고 있으며, (7-ㄴ)과 (7-ㄷ)에서는 정책 시행 과정에서의 반대 여론을 의식하여 다양한 이해 관계자의 목소리를 빌어 정부 정책에 긍정적인 여론을 형성하기 위한 것으로 해석한다.

또한 등교 정책과 관련한 이해 관계자들 간의 분열을 조장하려는 의도를 가지고 있다고 해석하는 댓글도 확인할 수 있다. 앞서 (5)에서 본 것처럼 학부모, 특히 전업주부인 엄마들이 주변화되고 있는데, 이렇게 특정 집단을 주변화함으로써 학부모들 간에 분열을 조장하는 것으로 해석한다.

(8) ㄱ. 또 엄마들 맘충이라는 말듣게하려고 이런기사쓰냐? 도대체 어느엄마가 그러는데? 니주변얘기만들지말고 전반적인걸보고 기사써라!! 어느 맘카페나 다니며 기사복사하지말고 아이들 엄마들 외에도 장사하거나 모든사람들이 힘든시기인데 이런분열조장하는기사는 뭐하자는건지!!!

ㄴ. 기사를 이렇게만 내면 엄마들이 욕먹지... 기사양반 분열 조작하는 자인가? 설문조사가 그렇게 나올수 밖에 없는이유가 무엇인지... 물런 아이 학교가면 뒹굴뒹굴 하는 엄마도 있겠지 하지만 그것 일부고

ㄷ. 왜 이런 기사를 쓰는건가요? 엄마들사이도 갈라놓으려는 건가요? 전 초2 엄마이지만 학습보다 저희 아이 건강을 지키겠습니다!

실제로 원 텍스트를 읽고 "맞벌이면 인정 엄마나 아빠둘중 하나가 집안일 하면.. 좀 글치 ㅋㅋㅋ"라는 댓글과 같이 학부모 집단을 양분하여 한 명이 전적으로 아이를 양육할 수 있는 환경에 놓인 부모를

부정적으로 평가하는 반응이 상당수 존재하였다. 이에 (8)에서는 원 텍스트가 한쪽에 편중된 학부모들의 의견만을 제시함으로써 반대 학부모들의 반발을 일으키고, 결과적으로 학부모들을 분열시키기 위한 목적에서 쓰인 텍스트라고 해석을 하고 있다. 필자는 그러한 의도가 아니었다고 항변할 수 있겠으나, 댓글을 통해 확인할 수 있는 반응을 보면 필자의 글쓰기 방식이나 표현이 그런 해석을 가능하게 했음을 확인할 수 있기 때문에 독자들은 충분히 이러한 의도를 추론하고 비판할 수 있다.

필자는 독자가 텍스트를 읽은 후에 특정 사상을 갖게 하고 이것에 동의하게끔 하는 특정한 메시지를 부여하여, 독자로 하여금 특정한 가치관을 선호하거나 비방하게끔 만든다. 그러므로 독자들은 수동적인 입장에서 벗어나 말해진 것을 의심하고, 필자의 의도를 파악하려는 능동적인 태도로의 변화가 필요하다. 이 과정에서 댓글은 개인 독자가 미처 파악하지 못한 필자의 의도가 무엇인지를 해석할 수 있도록 인식을 확장하는 데 도움이 될 수 있다.

(5) 어떤 텍스트가 대안이 될 것인가?

앞서 (1)-(4)까지의 질문이 원 텍스트를 어떻게 읽어야 할 것인가에 대한 방법에 주목하고 있다면, 이 질문은 이를 토대로 대안적인 텍스트 구성 방식에 집중한다. 즉, 앞의 질문들과 연계되어 메타적 인식을 제고할 수 있는 방안을 탐색해 보는 질문이다.

(9) ㄱ. 학교 등교시키는 걸 부모들 전체가 원한다고 얘기하지마라!!. 절대 반대인 부모도 엄청나다! 기사쓰려면 양쪽 다 내라고! 등교

시키려고 꼼수부리지말고!

ㄴ. 정부 정책이 마치 대중의 대다수의 동의에 의한 것처럼 꾸미는 이런 기레기 기사들이 참 우습다. 다음부터는 몇명 중 몇명이 어떤 대답을 했는지, 근거를 가지고 글을 쓰세요. 여론 요동케 하지 마시구요. 요즘같아선, 정말 기자들도 인증된 교육받고 보수교육 시행해서 일정 요건을 충족하는 사람들만 글썼음 좋겠다 싶습니다..

(9)는 원 텍스트에서 등교 찬성 입장만을 편향적으로 기술한 것에 대한 비판적 인식을 바탕으로 대안을 제시하는데, (9-ㄱ)은 첨예하게 입장이 대립하는 사건의 경우 찬성과 반대 양쪽의 의견을 모두 실어 독자들이 판단할 수 있도록 해야 함을, (9-ㄴ)은 구체적인 수치나 증거를 제시하여 여론을 정확하게 파악할 수 있도록 해야 함을 제안한다. 이러한 유형의 댓글은 1)-4)를 통해 얻은 정보를 바탕으로 귀납적으로 판단할 수도 있지만, 텍스트 내용과 구성 방식으로 인해 원 텍스트를 읽는 담화 공동체에 혼란을 줄 수 있는 부분에 대한 지적을 통해 대안적 텍스트 생산의 시사점을 주기도 한다. 또한 독자들에게는 원 텍스트가 잘못된 방식으로 구성되어 있음을 인식하여 텍스트 해석에 비판적인 관점을 견지해야 할 필요성을 부여하기도 한다.

3) 댓글을 활용한 비판적 문식성 교수·학습 설계를 위한 제언

지금까지 5단계 직접 교수 모형을 토대로 비판적 문식성 교육을 위한 교수·학습 모형의 단계별 특성을 고찰하고, 비판적 문식성 향상을 위한 문제 제기 전략을 적용하여 신문 기사를 읽는 과정에서 댓글 활용의 적절성과 가능성을 실제 분석의 사례를 통해 밝혔다.

그러나 신문 기사와 댓글이 실제 한국어 원어민 독자를 전제하고 생
성된 텍스트인 관계로 고급 수준의 학습자일지라도 학습자의 한국어
수준과 비판적 문식성 교육 경험 등을 고려하여 교육 자료로서의 텍
스트를 재구성하고, 단계별 활용 방안을 상세화할 필요가 있다. 따라
서 이 절에서는 댓글을 활용한 비판적 문식성 교수·학습 설계를 위
해 고려해야 할 점을 다음의 〈그림 1〉과 같이 교수·학습 단계별로
제시하고, 특히 텍스트 재구성, 학습 활동의 단계화 측면에서 구체적
인 제언을 하고자 한다.

단계	교수·학습 내용	교수·학습 설계 시 유의점
설명하기 (explain)	비판적 문식성 전략이 무엇이며, 어떻게 작용하는가 설명하기	관점의 다양성을 인식시킬 수 있는 사례 발굴
보여주기 (demonstrate)	전략 사용의 예를 교사가 직접 보여주기	학습자 수준과 교육적 가치를 고려한 텍스트 선택과 재구성
이끌기 (guide)	학생들이 짝 혹은 모둠별로 텍스트를 읽고 반응을 공유하도록 이끌기	자유롭고 수용적인 분위기 형성
연습하기 (practice)	비판적 문식성 전략을 적용하여 짝과 함께 혹은 혼자 학습 활동을 통해 연습하기	학습자 수준, 교육 경험별 과제 설계의 단계화
성찰하기 (reflect)	전략이 비판적 태도/관점으로 읽는 과정에서 어떠한 도움을 주는지 성찰하기	교실 밖 실천으로 연계 유도

〈그림 1〉 교수·학습 설계 시 단계별 유의점

먼저 교수·학습 모형의 첫 단계인 설명하기 단계에서는 비판적 문식성 학습의 필요성과 이를 위해 구체적인 전략 학습이 요구됨을 인식시켜야 한다. 동일한 텍스트에 대한 상반된 반응을 제시하여 다양한 관점이 존재할 수 있음을 보이거나 혹은 동일한 사건에 대한 상반된 해석이 드러나는 사진이나 영상 자료를 제시하는 등 학습자들에게 관점의 다양성을 인식시킬 수 있는 흥미롭고 전형적인 사례를 발굴하여 제시할 필요가 있다. 그럼으로써 학습자들은 이 단계에서 비판적 문식성 향상을 위한 준비를 할 수 있게 된다.

그리고 두 번째 보여주기 단계에서는 실제 교수자가 전략을 적용하여 텍스트를 해석하는 과정을 보여야 하는데, 수업에서 함께 읽을 신문 기사와 댓글을 본격적으로 활용하는 단계이다. 이 단계에서는 텍스트의 선택과 재구성의 측면에서 학습자 수준과 학습 배경, 그리고 교육적 가치를 고려하여 텍스트를 선택하고 재구성할 수 있어야 하다. 비판적 문식성 교육에서 공동 독자들이 작성한 댓글은 한국어 교육을 위해 작성된 텍스트가 아니라 실제 기사와 거기에 달린 댓글을 기반으로 한다.

그러나 수업 시간에 교육 자료로 활용할 때에는 원문 그대로 자료를 사용하는 것이 오히려 교육적 효과와 학습 흥미도를 저하시킬 수 있기 때문에 학습자의 수준과 역량을 고려하여 텍스트의 재구성이 요구된다. 실제성은 실생활 의사소통 상황에서 사용되는 자료를 그대로 가져와야만 확보되는 것이 아니며, 본질적 속성을 담고 있을 때 확보된다. 텍스트를 통해 새로운 어휘나 표현을 학습하는 것에 목적이 있지 않기 때문에 학습자에 적절한 수준으로 어휘와 표현이 수정되어야 하며, 교육적으로 부적합한 표현과 내용이 수정되어야 한다.

아래 (10)과 (11)을 통해 앞 절에서 살펴본 텍스트와 댓글의 일부를 중심으로 수정의 필요성과 수정안의 예를 보이고자 한다.

(10) ㄱ. 신종 코로나바이러스 감염증(코로나19) 재확산으로 지난달 26 일부터 전면적인 원격수업을 시행하고 있는 수도권 학교들도 사회적 거리두기가 2.5단계에서 2단계로 완화되면서 오는 21 일부터 등교수업을 재개한다.

ㄴ. 코로나 19 재확산으로 지난달 26일부터 수도권 학교들은 모든 수업을 학교에 가지 않고 집에서 온라인으로 하는 원격수업으로 진행해 왔다. 그러나 사회적 거리두기가 2.5단계에서 2단계로 낮아지면서 오는 21일부터 학교에 가서 수업을 듣는 등교수업을 다시 시작한다.

(10-ㄱ)의 경우 앞서 제시된 신문 기사의 일부로서 한 문장이 21개의 어절로 구성되어 길고, '신종, 감염증, 전면적, 원격수업, 완화되다, 등교수업, 재개하다'와 같은 고급 수준의 단어가 빈번히 사용되고 있어서 고급 수준의 학습자들조차 문장의 의미를 한 번에 명확하게 파악하기가 어려운 수준이다. 김중섭 외(2017)에서 제시한 어휘 등급 목록 기준으로 5급 수준 어휘인 '등교', 6급 수준 어휘인 '신종, 전면적, 원격, 완화'와 목록에 제시되지 않은 최상위 수준의 어휘 '감염증, 재개'는 고급 수준 한국어 교실에서 교육용 텍스트로 재구성할 때에는 수정의 대상이 된다. 학습자 수준과 핵심어 여부를 판단하여 부적절한 어휘는 삭제하거나 단순화(simplification), 상세화(elaboration) 작업을 거쳐 수정되어야 한다. 또한 문장 구조를 단순화하고 문장의 길이를 짧게 수정하여 문장의 의미가 명료하게 파악될

수 있도록 한다.

(10-ㄱ)은 이러한 점은 고려하여 (10-ㄴ)과 같이 두 문장으로 분리하여 문장 구조를 단순화할 수 있다. 그리고 '신종 코로나바이러스 감염증'과 '코로나 19'처럼 동일한 의미를 나타내는 어휘는 삭제하고, '전면적', '완화되다', '재개하다'와 같은 높은 수준의 어휘는 의미가 같지만 낮은 등급에서 학습되는 '모든', '낮아지다', '다시 시작하다'로 바꾸는 단순화를 통해 수정한다. 그러나 '원격수업', '등교수업'과 같은 관련 주제의 핵심어는 그대로 노출시키되, 상세화를 통해 '학교에 가서 수업을 듣는 등교수업'처럼 텍스트 내에서 그 의미를 파악할 수 있도록 뜻을 풀어 덧붙여 준다.

또한 실생활 의사소통에서 빈번하게 사용되는 상투적 표현이나 줄임말의 뜻을 파악하기 어려운 경우, 유행어나 비속어 등도 해당 어휘의 학습 목적이 아닌 이상 학습자들에게 교육 자료로 재구성하는 과정에서는 수정이 요구된다.

> (11) ㄱ. 아니 본인들 힘들어서 보낸다는 게 이유가 되냐 시 팔 답답
> 해 하
> ㄴ. 초등학교 선생님들은 월급루팡 중인가요?
> ㄷ. 요즘 애들 공부가 우리때 공부가 아님.. 솔까 3~4 학년때 부모
> 님이 제대로 안잡아주면 공부습관 완전 망함
> ㄹ. ㅁㅊ 교육부다 어떤 엄마가 이시국에 애들 학교를 보낸다니??

댓글의 특성상 자유로운 표현이 가능하기 때문에 (11-ㄱ)과 같이 '시팔'이나 '아닼'. '기레기련아', '지랄' 같은 비속어와 욕설이 빈번히 사용된다. 이들은 분노의 감정을 극대화하여 표현하는 방법이기 때

문에 'XX'와 같은 방식으로 제시하여 댓글 필자의 태도와 감정은 짐작할 수 있되, 직접적인 욕설의 노출은 피하는 방법으로 수정할 수 있다. 또한 (11-ㄴ)과 같이 '월급루팡'이나 '기레기', '독박육아', '개꿀'과 같은 신조어와 (11-ㄷ)의 '솔까', '인강', '언플', '극혐' 또는 (11-ㄹ)의 'ㅁㅊ', 'ㅈㄴ', 'ㅈㄹ' 같은 줄임말은 뜻을 분명하게 파악하기 어렵기 때문에 수정이 요구된다. 이와 같이 텍스트의 수정 과정에서는 문제 제기 전략의 학습에 영향을 미치지 않는 선에서 재구성이 이루어져 쟁점이 될 수 있는 내용이나 표현이 훼손되지 않도록 유의해야 한다.

세 번째 이끌기 단계에서는 텍스트를 읽고 난 후 학습자들이 반응을 공유하는 과정이므로 자유롭고 수용적인 분위기를 형성하여 상호작용의 활성화가 이루어질 수 있도록 한다. 1단계와 2단계에서는 교수자 주도로 수업이 진행되며, 이 단계에서는 교육 자료의 재구성을 통해 학습자 수준별 맞춤형 교수·학습 설계가 가능하다. 그러나 3단계부터는 활동의 주체가 교수자에서 학습자로, 그 주도권이 이양된다. 따라서 이 단계에서 편안하고 수용적인 분위기 형성을 통해 학습자들이 자신의 생각을 자유롭게 표현하는 데 부담을 느끼지 않도록 해야 한다.

네 번째 연습하기 단계에서는 직접 학습자들이 전략을 사용하여 텍스트를 분석하는 단계로서, 학습자들의 본격적인 전략 적용이 이루어진다. 이 단계에서는 교수·학습 설계 시 학습자들의 수준과 교육 경험을 고려하여 학습 활동의 단계화가 요구되며, 학습자들이 실행 가능한 수준의 과제를 제시하는 것이 중요하다. 비판적 문식성 교육 경험이 없는 학습자들의 경우 곧바로 문제 제기 전략을 활용하여 텍스트를 비판적으로 해석하기 어려울 가능성이 높다. 따라서 학습자들이 단계적으로 목표에 도달할 수 있도록 과제를 설계해야 한다. 즉 학습자들이 문제 제기 전략을 적용하여 다양한 해석을 하기에 앞서 교수자가 미리 선정한 댓글의 목록을 보고 어떤 질문의 답이 될 수 있는지 유형 분류를 한다든가, 기사 링크에 접속하여 정련되지 않은 실제 댓글을 읽으면서 특정 질문의 답이 될 수 있는 댓글을 찾아낸다든가 하는 방식을 활용하여 간접적인 전략 사용의 경험을 제공한다. 그 후 학습자들이 전략에 익숙해지면 학습자들이 스스로 각 질문에 비추어 텍스트를 비판적으로 읽고 해석을 공유하는 단계로 이어질 수 있다.

마지막 성찰하기 단계에서는 전략이 비판적 태도/관점으로 읽는 과정에서 어떠한 도움을 주는지 성찰하고, 교실 밖 실천으로 이어질 수 있는 기회를 제공할 필요가 있다. 이는 비판적 문식성 교육이 읽기 교육과 차별화되는 핵심적인 단계이기도 하다. 이 과정을 통해 학습자는 자신의 생각을 댓글로 표현함으로써 실제 담화 공동체에 적극적으로 참여하고, 궁극적으로 학습자로서의 정체성을 넘어 담화 공동체 구성원으로서의 역할과 인식을 할 수 있도록 도와야 한다.

5. 결론

본 연구에서는 한국어교육이 그동안 기능적 문식성 교육에 치중되어 왔음을 논의의 출발점으로 삼아 비판적 문식성 교육의 필요성을 논하고, 비판적 문식성 교육 제재로서 인터넷 댓글의 유용성과 이를

활용한 비판적 문식성 교수·학습 방안을 제안하였다. 한국어 학습자
들은 그동안 언어 자원과 사회문화적 지식이 결핍된 자로서 규정되
며, 한국어 담화 공동체 구성원으로서의 지위를 인정받지 못하였다.
그러나 언어 행위를 사회적 행위로 보면, 한국어 사용의 능숙도와는
별개로 한국어를 사용하는 행위는 담화 공동체의 일원으로서 사회적
실천을 수행할 수 있는 능력과 역할을 전제한다. 이러한 관점의 전환
과 더불어 인터넷 환경에서 쉽게 정보를 생산하고 공유할 수 있는
디지털 환경은 학습자들에게 쏟아지는 정보를 평가하고 종합할 수
있는 능력을 요구한다.

　이러한 점에 기반하여 본고에서는 한국어교육에서 비판적 문식성
교육의 필요성을 주장하였으며, 교육적 제재로서 실제성과 접근성이
높고, 원 텍스트와 관련된 다양한 목소리를 접할 수 있는 댓글의 적절
성을 고찰하였다. 또한 비판적 문식성 교수·학습 방안을 제안하였는
데, 기존의 연구에서 학습자들에게 어떤 방식으로 텍스트를 읽어야
할지 구체적인 방법을 제시하지 못하고 당위성을 주장하는 데에서
그치는 한계를 극복하고자 McLaughlin & Allen(2002)와 McLaughlin
& DeVoogd(2004)에서 제안한 비판적 문식성 교수·학습 모형을 바탕
으로 교수·학습안을 개발하였다. 그리고 문제 제기 전략을 적용하여
신문 기사를 분석하는 과정에서 다섯 가지 질문에 답이 될 수 있는
댓글을 선정하여 분석의 예를 보임으로써 교육적 활용 가능성을 보
였다. 마지막으로 이를 바탕으로 댓글을 활용한 비판적 문식성 교수·
학습 설계를 위한 제언을 교수·학습 단계에 따라 제시하였다.

　이 연구의 목적은 한국어교육이 기능적 문식성을 넘어 비판적 문
식성 교육으로 확장되어야 한다는 전제에서 출발하여, 학습자에게 제

시될 수 있는 구체적인 전략을 교육하기 위한 교수·학습 모형을 설계하고 댓글이 그 과정에서 유용하게 활용될 수 있는 가능성을 보이는 데 있었다. 그러나 본고에서 제안한 교수·학습 모형을 실제 교실 현장에 적용하여 실행하지 못한 채 제안하는 데에서 논의가 그친 부분이 한계로 인정되는 바, 추후 후속연구를 통해 전체 단계별 교육 내용을 상세화하고 실제 현장에 적용하여 효과를 검증하고자 한다.

뉴노멀 시대의
온라인 한국어교육 활성화 방안 연구

비실시간 온라인 한국어 수업에 대한 학습자 인식 분석을 바탕으로

노채환

1. 서론

2019년 12월 발발한 COVID-19 사태로 인해 2020년 전 세계의 교육 시장은 급작스럽게 교육 형태의 전환에 직면하게 되었다. 대면 수업들은 비대면 온라인 수업으로 전환되었으며 이에 따라 교육을 담당하는 교육자와 교육을 받는 학생들 모두 혼란을 겪게 되었다. 이제 비대면의 온라인 교육 형태에 대한 요구는 피할 수 없는 당면한 과제가 되었으며 이에 따라 온라인 수업이 대면 수업을 대체할 수 있는가에 대한 화두는 교육 현장에서 끊임없이 제기되고 있다. COVID-19는 이미 고등 교육 기관에 심각한 영향을 미쳤으며(Rose, 2020) 많은 전문가들은 이제 교육 시장에서 대면 학교 강의는 줄어들고 교육 기술을 사용한 자기 주도 학습 구현을 통해 개별 교육을 촉진

함으로써 교육학을 혁신해야 할 것으로 예상하고 있다.

대학 교육에서는 이미 학생들의 학습 관리 시스템(LMS), 생산성 도구 및 소셜 미디어를 포함한 다양한 방식으로 다양한 기술 도구를 사용하고 있다(Ross, 2019; Lowe & Laffey, 2011; Buzzard et al., 2011). 학생들은 학습을 위해 더 전통적인 교육 기술을 선호할 수도 있지만 (Buzzard et al., 2011) 인기 있는 도구의 출현이나 특정 기술의 사용 필요성에 따라 선호도가 바뀔 수 있다. 특히 온라인 학습 공간에서 타인과 지식 정보를 공유하고 자기 주도 학습과 더불어 상호작용 활동을 통해 문제 해결 및 창의적인 아이디어 창출 역량을 기르는 것은 대학 교육에서 중요한 몫을 차지하게 되었다(이동주·김미숙 2020). 이러한 논의는 세계 다른 나라들과 비교할 때 한국이 원격교육에 대한 우수한 인프라와 네트워크가 구축되어 있으며 학교 현장에서도 교사 연수를 비롯하여 대학 평가 지표에서 멀티미디어 교육, e러닝, 스마트 교육, 유비쿼터스 교육 등이 강조되어 온 것과도 밀접한 관련이 있다(최락인·조정길, 2019; 이지연·지희수, 2012; 이종만, 2012).

이러한 모습은 외국어로서의 한국어 교육에서 앞으로 교육의 방향이 어느 곳을 향해야 하는지 시사점을 던져 준다. 일반적인 외국어 교육은 교사와 학생, 학생과 학생 간의 상호작용을 통해 이루어진다. 따라서 지금까지 학습자를 대상으로 한 한국어교육은 실제 교실에서 실시간 대면 수업으로 이루어지는 수업이 주를 이루었다. 그러나 COVID-19라는 외부적 요인에 의해 한국어교육을 담당하는 교육 기관들에서도 대면 수업은 비대면 수업으로 전환되었으며 이에 따라 비대면 한국어교육에 대한 논의가 이루어지게 되었다.

COVID-19 이후 온라인 한국어 수업에 대한 논의들은 주로 실시간 온라인 수업에 대한 것으로(노채환, 2021) 실시간 온라인 수업에서 상호작용에 어려움을 느낀다는 것이다(노정은 외 2020; 이은성, 2020; 민경아·박서욱, 2020; 조인옥, 2020; 조연주, 2020). 온라인 교육을 위한 여러 가지 기술과 교수법의 도입에도 불구하고 이러한 어려움이 발생하는 이유는 온라인 교수학습에 대한 고찰이 부족하여(한혜민, 2021) 대면 수업에서의 교수 방법을 비대면 수업에서 그대로 적용하려고 했기 때문이다(노채환, 2021).

COVID-19 상황에서 그리고 팬데믹이 종식된 이후에도 온라인을 통한 한국어교육은 더욱 확대될 것이다. 따라서 본 연구에서는 COVID-19에 의해 야기된 교육 혁신의 변화 요구가 위기가 아닌 기회가 될 수 있다는 관점에서 비대면 비실시간 온라인 한국어 수업을 경험한 외국인 학습자들을 대상으로 설문조사를 실시하여 학습의 만족도와 수업 참여자 간 상호작용, 수업 집중 및 몰입도에 대한 인식 분석을 통해 비실시간 온라인 수업의 효과를 알아보고자 한다. 이를 바탕으로 비실시간 온라인 수업을 통한 한국어교육의 활성화 방안을 살펴보고 향후 온라인 한국어교육을 준비하는 데 있어 본 연구가 활용될 수 있도록 교육적 함의를 모색해 보고자 한다.

2. 이론적 배경

1) 온라인 교육의 개념

우리가 흔히 온라인 교육이라 일컫는 것은 이러닝(e-learning) 교육을 의미한다. 이러닝은 정보기술(IT: Informational Technology)과 학습

체제가 결합되어 나타난 개념이다. 즉, 인터넷을 활용하는 네트워크를 기반 환경으로 하여 디지털화된 학습 콘텐츠를 학습자의 인지구조로 재구조화하는 학습 과정을 통해서 학습목표를 성취하는 학습활동을 의미한다. 따라서 이러닝은 원격 학습의 일환으로 인터넷을 사용하는 모든 종류의 학습 체제로 기존의 네트워크 학습, 인터넷 기반 학습, 웹 기반 학습, 온라인 학습, 사이버 교육, 가상 학습 등을 포괄하는 총체적인 개념이다(박종선 2012: 98). 제2 언어 교육 분야에서 이러닝에 대한 관심은 1990년대 후반에 본격적으로 대두되었다. Kern & Warschauer(2000)은 이러닝이 실제적이고 유의미한 상황에서 언어학습을 가능하게 할 뿐만 아니라 학습자의 학습 동기를 유발할 수 있고 학습자 중심의 의사소통 방식에 입각한 언어 교육을 실시할 수 있는 이상적인 방법이라고 평가하였다(우영희, 2012). Gitsaki & Taylor(2000)에서는 인터넷의 실제적 특성, 실시간적 자료 활용성, 멀티미디어의 활용, 그리고 개별화의 특성이 제2 언어 교육에 큰 장점이 될 수 있는 것으로 보았다.

이러한 온라인 교육의 장점을 수용하여 대면 교육에서도 블렌디드 러닝(blended learning)과 플립드 러닝(flipped learning)을 활용하여 대면 수업에 온라인 수업을 접목하기도 하였다. 그러나 현재 COVID-19로 야기된 비대면 수업에서는 블렌디드 러닝이나 플립드 러닝의 방식은 일정한 한계를 가진다. 이는 온라인으로 제공되는 수업의 형태가 대면 수업을 지원(블렌디드 러닝)하거나 대면 수업에서의 심화학습으로 이어지게 하기 위한(플립드 러닝) 방식으로 구성되기 때문이다. 이에 반해 비대면으로 진행되는 실시간 화상 강의와 비실시간 온라인 강의는 대면 수업과는 교육의 형태를 달리하여 온라인으로 강의가 진

행된다. 이러한 각 교육 형태의 방식과 특징은 아래 표와 같이 나타낼
수 있다.

〈표 1〉 온라인 교육 형태의 따른 교육 방식 및 특징

온라인 교육의 형태	방식	특징
블렌디드 러닝 (blended learning)	온라인 학습과 대면 학습의 혼합	두 가지 이상의 학습 방법이 지니는 장점을 결합하여 적절히 활용함으로써 학습효과를 극대화하기 위한 학습 형태
플립드 러닝 (flipped learning)	수업 내용을 온라인으로 먼저 학습한 뒤 대면 수업 진행	블렌디드 러닝에 속하며 온라인을 통해 선행학습 후 오프라인 수업에서는 교사와 학생이 토론 등을 진행하거나 심화학습을 진행
실시간 화상 강의 (video conferencing)	Zoom, Google meeting 등 온라인 화상 강의 시스템을 활용한 실시간 온라인 강의	실시간 대면 수업을 온라인 화상회의 시스템을 통해 비대면으로 진행
비실시간 온라인 강의 (asynchronous online courses)	온라인 콘텐츠를 활용해 LMS 상에서 모든 과정이 진행	학습자들은 비실시간으로 LMS에 접속해 온라인 강의를 수강

실시간 화상 강의는 현재 비대면 수업에서 가장 많이 사용되는 방
식으로 공간적 제약 없이 실시간으로 교수자와 학습자의 상호작용이
가능하다는 장점을 갖는다. 실시간 온라인 화상 강의의 교육 형태는
대면 수업의 공간적 제약을 극복할 수 있다는 장점이 있는 반면 화상
강의가 이루어지는 온라인 도구의 불안정성과 같은 단점 또한 가지
고 있다. 그리고 실시간으로 교수자와 학습자가 마주할 수 있다는
장점이 있지만 원활한 상호작용이 가능한지에 대해서는 방식 면에서
여러 제약[1]이 존재한다.

---

1 이는 대면 수업과 같이 교수자가 열린 질문을 던졌을 때 학습자들이 동시 공간에 존재

반면 비실시간 온라인 강의는 온라인 콘텐츠를 바탕으로 제작된 강의를 수강하는 방식으로 진행되어 시간적, 공간적 제약을 극복할 수 있다는 장점을 갖는다. 반면 교수자와 학습자가 실시간 상호작용이 불가능하다는 점에서 언어 교육에서 비실시간 온라인 강의를 통해 언어를 배우는 학습자들이 수업에 대한 만족과 상호작용의 용이성에 대한 인식이 어떠한지에 대한 검증이 필요하다.

2) 온라인 수업에서의 상호작용

온라인 교육에서의 상호작용은 상호작용의 주체에 따라 '학습자(student)-내용(contents)', '학습자(student)-학습자(student)', '학습자(student)-교수자(teacher)'로 유형화된다(Moore, M. G. & Kearsley, G, 2012). 먼저 학습자와 내용 간의 상호작용은 학습자들이 온라인 콘텐츠 수강을 통해 이루어지는 것을 말한다. 학습자들이 기본적으로 수업 내용(콘텐츠)을 자기 주도 학습을 기반으로 수강하고 이와 함께 퀴즈, 과제, 설문, 토론을 통해 수업과 관련된 과업을 수행하며 수업 내용과 적절한 상호작용을 하게 되는 것이다. 다음으로 학습자 간의 상호작용은 학습자들이 온라인 공간에서 실시간, 비실시간 활동으로 온라인 공동체를 구성하여 협력 학습이 진행되는 것을 말한다. 실시간 수업의 경우 화상 강의 시스템을 활용한 소회의실 또는 그룹 회의실에서 실시간 토의 및 토론, 실시간 협력 과제 활동 등이 포함된다. 그리고

하는 것이 아니므로 한 번에 전체 소통은 어렵다는 것에서 기인한다. 각각의 소그룹을 통해 상호작용이 진행된다고 하더라도 교수자는 각각의 소그룹을 순차적으로 방문하여 진행한다는 점에서 명백한 한계를 갖게 된다.

비실시간 수업에서는 온라인 소규모 게시판 활동이나 시차를 두고 개별 작업이 그룹 완성 작업으로 이어질 수 있게 하는 포스팅 활동 등이 포함된다. 학습자와 교수자 간의 상호작용은 대면 수업과 마찬가지로 수업 참여자인 학습자와 교사가 온라인 공간에서 실시간, 비실간으로 상호작용하는 모든 활동을 의미한다. 이러한 활동은 학습관리 시스템(LMS)을 바탕으로 실시간으로 수업 및 질의 응답이 이루어질 수 있고 또한 비실시간으로 공지, 이메일, 게시판 활동 등을 통해 상호작용이 이루어진다.

이러한 온라인 교육에서의 상호작용의 유형은 교육적 경험을 실현시키는 실재감(presece)과 연결할 수 있는데 학습자와 학습 내용의 상호작용은 인지적 실재감(cognitive presence), 학습자와 학습자의 상호작용은 사회적 실재감(social presence), 학습자와 교수자의 상호작용은 교수 실재감(teaching presence)[2]과 밀접한 관계를 맺게 된다. Swan(2004)에서는 이러한 실재감과 온라인 환경에서 상호작용의 유형과 활동을 다음과 같이 나타내었다.

---

2 인지적 실재감(cognitive presence)은 학습자가 지속적인 성찰과 담론을 통해 의미를 구성하고 확인하는 것을 말한다. 사회적 실재감(social presence)은 학습자가 자신을 투영하여 소속감을 느끼고 신뢰할 수 있는 환경에서 의사소통하며 대인관계를 발전시킬 수 있는 것을 말한다. 그리고 교수 실재감(teaching presence)은 의사소통과 상호작용에 관여하는 사회적 실재감을 활성화하고 학습자들이 학습 목표를 달성하도록 촉진하는 역할을 한다.(Szeto, 2015, p.192)

⟨표 2⟩ Swan(2004)의 상호작용의 유형과 활동

실재감	분류	활동
인지적 실재감	학습자-학습내용 (S-C)	• 학습 내용의 명시적 제시 • 다양한 매체를 사용하여 학습자가 이해 가능한 분량의 내용 구성 → 퀴즈, 숙제, 설문조사, 토론을 통해 학습자가 학습내용을 숙지했는지 확인
사회적 실재감	학습자-학습자 (S-S)	• 학습자들이 온라인 공동체를 구성할 수 있도록 활동 마련 • 협력학습 기회 마련 → 소회의실에서 그룹별로 토의 기회 제공, 그룹 과제, 동료 평가
교수 실재감	학습자-교수자 (S-T)	• 학습 관리 • 학습내용 설명 → LMS 공지사항을 통해 학생들에게 학습내용 알림, 한 주의 학습 목표 알림, 이메일, 수업 중 문제 해결을 위한 게시판 마련, 신속하고 유의미한 피드백 제공

3. 학습자 인식 분석

1) 설문 대상 및 방법

서울 소재 사이버대학인 C 대학은 2017년 1학기부터 외국인을 대상으로 한 한국어 전공 학위과정을 운영하고 있다. 수강생들의 수강 신청, 수업 수강, 과제 제출 및 평가, 시험 응시 및 평가 등 학사와 관련된 모든 절차는 LMS(Learning Management System)³을 통해 이루어진다. 한 학기 수업은 15주로 구성되며 전공 수업으로 한국어 수업은

---

3 LMS(Learning Management System)는 교육과 관련된 행정업무를 자동화한 소프트웨어로 학습자의 로그인 관리, 과정 목록 관리, 학습자의 학습활동 및 학습 결과 기록, 이에 대한 보고서 등을 제공한다. 또한 콘텐츠 제작, 오프라인 교육 관리, 강사 관리, Q&A, 토론방, 게시판 등의 학습자 협업기능과 학습 관리 등의 부가적 기능도 담당한다.

보통 한 과목이 3학점으로 구성된다. 원격 대학에서 3학점은 한 주에 75분 이상의 비실시간 온라인 수업 수강과 함께 주차별 과제 활동을 수행하도록 되어 있다. 학생들은 온라인으로 수업을 듣고 문의게시판, 열린게시판과 같은 게시판 활동과 온라인 강의실 내 팀 프로젝트 활동을 통해 같은 수업을 듣는 수강생, 강의 운영 교수와 상호작용을 할 수 있다.

비대면 비실시간 수업으로 진행되는 수업에서 학습자들이 체감하는 온라인 수업의 기술적 편리성, 학습 집중도, 학습 만족도를 파악하고자 2020년 9월 23일부터 2주간 Google 설문지를 이용하여 설문 조사를 실시하였다. 설문 대상은 2020-2학기 한국어 과목 중 중급 수준의 숙달도를 갖춘 학습자들이 듣는 2개 과목을 선정[4]하여 해당 수업을 듣는 학습자를 대상으로 했으며 두 과목을 모두 수강하는 학습자는 한 번만 응답하도록 하였다. 학습자 대상 설문 문항은 온라인 수업에 기본 인식에 대한 기초 조사, 이번 학기 온라인 수업 상황 및 도구 등에 대한 질문, 온라인 수업에서의 학습 동기화 및 몰입도 확인, 교사와 학습자 간 상호작용 및 전반적인 만족도 확인과 자유 기술 의견 등 24개 문항으로 구성하였다. 다음 〈표 3〉은 설문지 내용의 개요이다.

---

4 2개 과목은 '공인한국어시험 3·4급 연습'과 '고급 한국어 연습'이다. 두 수업을 듣는 학습자들은 두 개 과목 이외에도 다른 한국어 과목들도 온라인으로 수강하고 있다.

〈표 3〉 비실시간 온라인 수업 학습자 인식 조사 설문지 개요

설문 내용	문항 번호
온라인 수업 인식 기초 조사 (성별, 온라인 수강 경험, 수업 참여, 상호작용, 만족 등)	1~5
현재 수강 온라인 수업 환경 (현재 만족도, 정보 제공, 기술 문제, 부담감, 학습자료, 매체, 수업 형태 선호)	6~12
집중과 몰입 (동기화, 집중, 산만 여부, 참여 여부, 흥미, 시간	13~18
상호작용 (용이성, 형태, 만족도)	19~23
온라인 수업에 대해 바라는 자유 의견	24

설문의 응답 방식은 성별, 온라인 수강 경험, 사용 매체, 선호하는 수업 형태와 자유 기술을 제외하고 5점 척도를 사용하여 응답하게 하였다. 설문 대상은 한국어 중급의 숙달도를 가지고 있는 학습자를 대상으로 하여 외국인 학습자가 이해 가능한 수준의 한국어로 작성 되었다. 교과목 게시판에서 설문 링크 공유를 통한 학습자의 자율적 응답에 의거하였으며 설문에 응답한 최종 응답자 수는 41명이었다.

2) 결과 및 논의

설문에 응답한 학생들의 성별은 여성이 90.2%, 남성이 9.8%로 나 타났다. 이번 학기 이전 온라인 수강 경험에 대해서는 11과목 이상을 들은 학생이 7.3%, 6~10과목을 들은 학생이 46.3%, 1~5과목을 들은 학생이 41.5%로 나타났고 이번 학기에 처음 온라인 수업을 수강하는 학생은 4.9%로 나타났다.

학습자 기초 조사와 더불어 온라인 수업에 대한 기본적인 인식을 살펴보았다. 온라인 수업의 참여도에서는 온라인 수업에 얼마나 적

극적으로 참여하는지에 대한 결과가 평균 4.24로 비교적 높게 나타났
다. 이는 비실시간 온라인 수업의 특성 상 학습자가 본인이 수강 가능
한 시간에 수업을 들을 수 있어 기본적으로 참여 의지를 가지고 수업
을 듣기 때문으로 보인다. 또한 온라인 수업에 대한 만족도에서도
평균 4.24로 비교적 높은 만족도를 나타냈었다. 반면 교수, 학생 간
상호작용에 대해서는 각각 3.98, 3.44로 보통 수준으로 나타나 상호
작용의 활성화가 필요한 것으로 나타났다.

〈표 4〉 온라인 수업에 대한 인식

항목	평균	표준편차
1. 나는 보통 적극적으로 온라인 수업에 참여한다.	4.24	0.77
2. 나는 온라인 수업에서 게시판을 통한 교수와의 상호작용이 즐겁다.	3.98	0.88
3. 나는 온라인 수업에서 게시판을 통한 다른 학생들과의 상호작용이 즐겁다.	3.44	1.05
4. 나는 현재 온라인 수업 교육과정에 만족하고 있다.	4.24	0.8

다음으로 온라인 수업 환경에 대해 조사하였다. 현재 수강하고 있
는 온라인 수업에 대한 만족도는 평균 4.22로 비교적 높게 나타났다.
그리고 온라인 수업에 대해 학교로부터 사전 안내를 충분히 제공받
았는지에 대해서는 평균 3.8로 보통 수준으로 나타났다.

대면 수업에서는 첫 수업에서 얼굴을 마주하고 수업과 관련한 사
항들에 대해 직접 안내를 할 수 있으나 비실시간 온라인 수업에서는
공지사항을 통해 안내되므로 수업에 대한 보다 자세한 안내가 필요
하다. 또한 학습자 개별 쪽지, 이메일 등을 통해 사전 안내를 강화해
야 할 것으로 보인다. 온라인 수업을 수강하는 데 있어 학습자들을
대상으로 주어지는 정보는 학습자 편의와 밀접한 관련을 맺는다.

LMS 접속 방법부터 등록, 수강 신청, LMS 내 과제 제출 및 게시판 활동 등에 대해 충분한 정보가 학습자들에게 제공될 때 학습자들이 보다 집중력 있는 학습 진행이 가능하기 때문이다.

그리고 온라인 수강에서 장애(컴퓨터, 인터넷 환경)가 있었는지에 대해서는 평균 2.34로 보통보다 낮게 나타났으나 장애를 겪었다는 응답만 따로 보면 전체의 22%를 차지하였다. 이는 해외 지역에서 LMS 접속이 원활하지 않거나 인터넷 속도의 차이로 인한 것으로 보인다. 조인옥(2020)에서 실시간 비대면 수업에서도 온라인 접속의 장애를 호소하는 경우가 많다고 한 것과 같이 학습자가 LMS에 접속하는 데 문제가 없도록 기술 지원이 반드시 병행되어야 할 것으로 보인다.

다음으로 온라인 수업에서 충분한 학습 자료가 제공되었는지와 함께 온라인을 통한 한국어 학습량의 부담에 대해서 조사하였다. 원격 대학의 3학점 수업은 1주에 3차시 수업으로 구성되며 1차시는 25분 이상 3학점 기준으로 총 75분 이상의 강의를 수강하도록 되어 있으며 이 외에 과제 활동을 포함하도록 되어 있다. 이러한 기준에 따라 본 설문에 응답한 학습자들은 1주에 3학점으로 구성되는 수업을 평균 5~6개 정도 수강하는 학생들이며 이에 대한 학습의 부담은 없는지 그리고 수강하는 한국어 수업에서 학습을 위한 충분한 자료가 제공되는지를 질문하였다. 조사 결과 온라인 학습에 부담감에 대한 것은 평균 2.54로 보통 수준 이하로 학습자들은 온라인 수업을 통한 한국어 학습에 큰 부담을 느끼지 않는 것으로 나타났다. 그리고 적절한 학습 자료가 제공되었는지에 대해서는 평균 4.24로 비교적 높게 나타나 온라인을 통해 제공되는 학습 자료에 대해 대체로 적절하다고 인식했음을 알 수 있다.

〈표 5〉수강 중인 온라인 수업 환경에 대한 인식

항목	평균	표준편차
1. 나는 전반적으로 수강하고 있는 온라인 수업에 만족한다.	4.22	0.91
2. 학기가 시작되기 전에 학교로부터 온라인 수업에 대해 충분한 양의 정보를 제공받았다.	3.8	0.95
3. 이번 학기 온라인 수업에서 장비(컴퓨터, 인터넷 환경 등) 문제로 장애를 겪은 적이 있었다.	2.34	1.37
4. 온라인 수업의 학습 부담이 크다.	2.56	1.28
5. 온라인 수업에서 적절한 학습자료가 제공되었다.	4.24	0.94

온라인 학습은 기본적으로 강의 콘텐츠를 바탕으로 한다. 강의 콘텐츠는 학습 내용을 시각화하여 온라인 수강을 위해 제작된다. 그리고 학습자 지원을 위해 한 학기 수업을 위한 강의록이 지원되는데 학습자들은 이 강의록을 통해 예습 및 복습을 할 수 있다. 이 외에 각 과목별로 운영 교수가 강의자료실을 통해 수업 관련 학습 자료의 제공이 가능하므로 학습자들에 대한 충분한 학습 지원이 가능하다는 것이 비실시간 온라인 강의의 장점이라 할 수 있다.

온라인 수업을 위해 주로 사용하는 매체에 대한 질문은 중복 응답이 가능하게 하였는데 그 결과 노트북(75.4%)이 가장 많았고 데스크톱 컴퓨터(24.4%)와 스마트폰(24,45), 테블릿 PC(7%) 순이었다.

그리고 선호하는 온라인 학습형태에 대해 실시간 온라인 화상 수업, 비실시간 온라인 수업, 실시간과 비실시간 혼합 형태 중 선호하는 수업 방식에 대해 조사하였다. 조사 결과 비실시간 온라인 수업을 가장 선호한다[5]는 응답이 가장 높았으며 다음으로 혼합된 형태를 선

---

5 이는 사이버대학에서 온라인으로 수업을 듣는 학생들이 기본적으로 비대면 비실시간 수업임을 알고 비실시간 온라인 수업을 신청했기 때문으로도 볼 수 있다.

호한다는 응답과 실시간 온라인 수업을 선호하는 응답이 그 뒤를 이었다. 흥미로운 것은 혼합된 형태를 2순위로 선호한다는 응답이 매우 높게 나타났다는 것이다. 더불어 실시간 온라인 화상 수업을 선호한다는 응답은 상대적으로 선호도가 낮게 나왔는데 이는 온라인 수업에 익숙한 학습자들은 그들의 학습 환경을 고려할 때 지속적으로 실시간으로 진행되는 수업이 부담스럽다고 느끼는 것으로 해석이 가능하다.[6] 동시에 비실시간 온라인 수업을 선호하지만 이와 더불어 비실시간 온라인 수업과 혼합하여 실시간 상호작용을 할 수 있는 수업에 대해서도 요구가 있다고 해석할 수 있다.

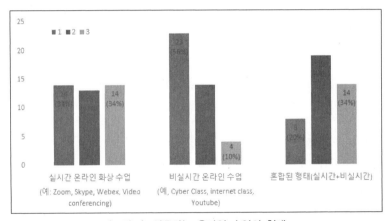

〈그림 1〉 선호하는 온라인 수업의 형태

---

6 Jena Lee(2020)에서는 줌 피로감(Zoom Fatigue)의 개념을 제시하며 화상회의 플랫폼에서 학습자들이 쉽게 피로감을 느끼는 원인에 대해 논의하였다. 실시간 화상강의에서 참여자들은 강의 자료를 보고 카메라를 응시해야 하며 컴퓨터를 사용하는 동작을 함께 수행하는 멀티태스킹의 능력이 요구되기 때문에 이것이 주의력을 위협한다고 보았다. 또한 상호 응시를 위해 시선이 카메라를 향해야 하고 시선 구분 처리가 어려운 점 또한 화상 강의 시간에 집중하는 데 부담으로 작용한다고 하였다.

다음으로 온라인을 통한 한국어 학습의 집중과 몰입에 대해 조사하였다. 먼저 온라인 학습의 동기화는 평균 3.89로 보통 수준 이상으로 나타났다. 비실시간 온라인 수업이 자기주도 학습을 기반으로 하는 만큼 학습자들이 학습을 시작할 때 의욕을 고취시킬 수 있는 방안이 더 필요함을 알 수 있다.

온라인 수업에 집중이 잘되는지에 대한 응답은 평균 3.83으로 보통 수준 이상으로 나타났고 온라인 수업에 들을 때 쉽게 산만해지는지를 묻는 응답은 평균 3.12로 보통 수준으로 나타났다. 이는 어느 정도 수업에 집중하더라도 비실시간 온라인 수업은 시공간의 자유를 보장받는다는 점에서 응답자들이 지속적 학습에 장애 요인을 극복하기가 쉽지 않은 것[7]으로 해석될 수 있다.

온라인 수업의 몰입도를 알아보기 위해 온라인 수업을 듣는 동안 시간이 빠르게 흐른다고 느끼는지에 대해 물었으며 이에 대한 응답은 평균 3.46으로 보통 수준으로 나타났다. 그리고 온라인 수업에 흥미를 느끼는지에 대한 물음에는 평균 4.01로 비교적 높게 나타났다.

수업의 몰입도는 집중도와는 다른 것으로 학습자들이 얼마나 수업에 흥미를 느끼고 빠져드는가 하는 여부와 관련이 있다. 또한 학습자의 흥미가 떨어질 경우 학습자들이 산만해지는 정도와 연결될 수 있으므로 이는 향후 온라인을 통한 한국어 학습 콘텐츠 제작에 있어

---

7 이는 90년대 생으로 대변되는 Z세대의 특징과 밀접한 관련이 있는 것으로 보인다. 노들(2019)에서 제시한 90년대생 등으로 대변되는 오늘날의 20~30대의 특징이 온라인 친화적이며 긴 텍스트를 읽기 싫어하고 요점만 듣는 것을 좋아한다고 하며 간단하고 재미있는 것에 집중한다고 하였는데, 온라인 수업을 수강하는 학습자들은 순간적 집중도를 발휘하지만 학습이 진행되는 중간에 다른 디바이스나 온라인을 활용하여 또 다른 활동을 하는 특성이 반영된 것으로 볼 수 있다.

학습자들이 몰입할 수 있고 학습자들의 흥미를 자극할 수 있는 콘텐츠 구성에 신경 써야 함을 반증해 준다.

〈표 6〉 온라인 수업의 집중과 몰입

항목	평균	표준편차
1. 온라인 수업은 나의 학습 동기를 자극시킨다.	3.89	0.84
2. 온라인 수업에 집중이 잘 된다.	3.83	0.77
3. 온라인 수업을 들을 때 쉽게 산만해진다.	3.12	1.2
4. 온라인 수업에 게시판 활동에 적극적으로 참여한다.	3.49	1
5. 온라인 수업에 흥미를 느낀다.	4.01	0.89
6. 온라인 수업을 들을 때 시간이 빠르게 흐른다고 느낀다.	3.46	0.87

다음으로 온라인 수업에서의 상호작용에 대해 조사하였다. 대면 한국어 수업의 가장 큰 장점은 교사와 학습자, 학습자와 학습자, 그룹 활동 등 다양한 상호작용이 가능하다는 것에 있다. 조인옥(2020)에서는 실시간 온라인 수업 방식에서 대면 수업에서와 동일한 상호작용은 어렵다고 하였다. 이는 비실시간 온라인 수업에서도 동일하게 조사되었다.

먼저 온라인 수업에서 다른 학생들과 쉽게 상호작용 할 수 있는지에 대한 물음에 평균 3.07로 보통 수준으로 나타났다. 그리고 온라인 수업에서 교수자와 쉽게 상호작용 할 수 있는지에 대한 물음에는 평균 3.73으로 보통 수준 이상으로 나타나 학습자 간 상호 작용은 교수와의 상호 작용에 비해 많이 일어나지 않는 것으로 보인다. 온라인 수업에서 제공된 상호작용 형태에 만족하는지에 대한 물음에는 평균 3.9로 보통 수준 이상으로 나타났다.

상호작용에 대해 교수와 학습자, 학습자와 학습자 간 상호 작용에

대한 결과의 양상이 다르게 나온 것은 비실시간 온라인 학습의 특성
상 학습자 개별 학습의 형태로 수업이 진행되기 때문인 것으로 보인
다. 더불어 본 설문의 대상이 되는 학습자들이 듣는 온라인 수업에서
게시판의 활용 및 운영과 관계가 있는 것으로 보인다. 수업 이외에
상호작용을 위한 LMS 상의 게시판은 'Q&A 게시판', '자유게시판'[8]이
있는데 학생들이 한국어에 대한 질문을 올리는 경우 일반적으로 교
수자가 1차로 먼저 답변을 하기 때문에 게시판이 주로 교수자와 학생
들의 상호작용의 통로로 활용된다. 이러한 면을 고려할 때 비실시간
온라인 수업에서 게시판이 게시글과 자료를 주고 받는 기능에 그칠
것이 아니라 의사소통의 활발히 이루어질 수 있는 방안을 마련할 필
요가 있다.

〈표 7〉 상호작용

항목	평균	표준편차
1. 온라인 수업에서 나는 다른 학생들과 쉽게 상호작용을 할 수 있다.	3.07	0.92
2. 온라인 수업에서 나는 교수자와 쉽게 상호작용을 할 수 있다.	3.73	0.8
3. 나는 온라인 수업에서 제공된 상호작용 형태에 만족한다.	3.9	0.82

다음으로 자유 의견에서 온라인 수업에 대해 바라는 점에 대해서
자유롭게 기술하도록 하였다. 자유 기술에서 나온 의견들 중 공통적
으로 나온 몇 가지를 종합해 보면 다음 같다.

---

8 본 논문이 게재된 2020년에 사용된 게시판 명칭으로 2021년에는 신규 LMS 도입에
따라 'Q&A 게시판'은 '문의게시판'으로 '자유게시판'은 '열린게시판'으로 변경되었다.

자막이 있으면 좋겠습니다.

가끔 직접 만나면 좋고 코로나에 때문에 직접 못 만나면 skype 아니면 zoom으로 만날 수 있으면 좋겠습니다.

말하기 연습이 필요함

온라인 수업은 와이파이가 있으면 언제 어디서나 할 수 있는 장점이 있습니다.

계속해서 지지난 학기 수강과목을 반복 학습할 수 있으면 좋겠습니다.

동영상이 720p 아니면 1080p가 되면 좋은 것 같습니다.

학습자들의 의견을 보면 콘텐츠에 한국어 자막이 제공되기를 바란다는 의견이 다수 있었다. 이는 학습자들이 외국어 수업이기 때문에 한국어 자막을 통해 교사가 전달하는 말의 의미를 확인하고 싶어하기 때문으로 보인다. 그리고 온라인 강의에서는 입력 위주의 지식 전달의 내용이 많은 경우가 많아 실시간 화상 강의를 통한 말하기 연습이나 상호작용을 원한다는 의견들이 있었다. 그리고 학습자들에게 전달되는 화질에 대해서도 의견이 있었다. 이러한 학습자들의 의견은 향후 온라인 한국어 수업을 개발할 시에 학습 지원 측면에서 고려될 수 있을 것으로 보인다.

4. 교육적 함의

비대면 비실시간 온라인 한국어 수업에 대한 학습자들의 인식 조사 결과 학습자 만족도는 대체로 높게 나타났다. 이러한 결과는 한국어 수업에서 언어의 숙달이 대면 수업을 통해서뿐만 아니라 비대면 비실시간 온라인 수업을 통해서도 충분히 가능하다는 것을 말해준다.

특히 비대면 비실시간 온라인 수업은 시공간의 제약이 없으므로 한국에서뿐만 아니라 전 세계 어느 지역에서든지 인터넷 환경만 구축되어 있다면 한국어 학습이 가능하다는 장점을 갖는다. 비대면 실시간 화상 강의를 통한 한국어 수업은 정해진 수업 시간에 맞추어야 한다는 제약이 있지만 비실시간 온라인 한국어 수업은 그러한 제약이 없기 때문에 학습자들의 자기 주도 학습만 이루어진다면 능동적이고 효율적 학습이 가능하다고 하겠다. 본 연구에서 진행된 설문조사 결과분석을 통해 앞으로 비대면 비실시간 온라인 한국어교육이 나아가야 할 방향과 더불어 교육적 함의를 생각해 보면 다음과 같다.

먼저 비대면 비실시간 온라인 한국어 수강을 위한 양질의 콘텐츠가 개발되어야 한다. 실시간 온라인 수업과 달리 비실시간 온라인 수업은 사전에 콘텐츠가 제작되기 때문에 콘텐츠 개발의 처음 단계에서부터 학습자의 다양한 요구를 반영하여 다양한 방법으로 학습자들의 흥미를 불러일으킬 수 있는 콘텐츠 제작이 가능하다는 장점이 있다. 이러한 사전 제작의 장점을 충분히 살려 다양한 멀티미디어 자료를 통한 시청각 지원, 자막 지원, 온라인 수업 내에서 말하기 수업을 강화할 수 있는 역할 말하기[9] 장치, 음성 인식을 활용한 발음 확인[10] 등을 콘텐츠와 온라인 강의실 페이지에 구현할 수 있을 것이다.

---

9 예를 들면 온라인 수업을 듣는 학습자가 한국어 대화문의 역할을 선택하여 직접 말해 보게 할 수 있도록 하는 것이다.

10 이러한 방식은 이미 어린이 영어 교육에서 많이 활용되고 있다. 온라인 한국어 수업에서는 학습자가 한국어 단어나 문장을 발음하면 음성 인식 시스템을 통해 발음의 정확도 정도를 확인할 수 있는 방식으로 활용될 수 있을 것이다.

그리고 Z 세대로 대변되는 학습자의 학습 성향을 파악하여 마이크로러닝(Micro-Learning)[11]에 적합한 분절된 콘텐츠의 다양한 조합이 가능한 한국어 콘텐츠를 개발해야 한다. 최근 대학 교육에서 이러닝 관련 연구들을 살펴보면 교육 콘텐츠의 활용 방안에 주 초점을 맞추고 있다. 이러한 방안 중에 하나로 강의를 작은 단위로 분할하여 학습의 효율을 제고하는 방안들이 도출되고 있다. 기존의 50분 단위의 학습에 얽매이지 않고 1~2가지 개념으로만 작은 단위의 콘텐츠를 개발하여 학습자들이 보다 빠르고 흥미롭게 적용할 수 있는 마이크로러닝을 활용하는 것이다. 이러한 마이크로러닝의 콘텐츠 제작 기법을 온라인 한국어 콘텐츠에도 도입하여 학습자들의 스스로 작은 활동의 연속을 통해 학습을 이어나갈 수 있도록 개발할 필요가 있다.

그리고 비실시간 학습이 주로 개별화 학습으로 이루어지기 때문에 이러한 면을 보완할 수 있는 다양한 상호작용의 수업 지원 방안을 마련해야 한다. 이러한 방안 중의 하나로 정기적인 실시간 화상 세미나 운영을 생각해 볼 수 있다. 현재 원격 대학에서 온라인 한국어 강좌는 15주 모두 비실시간 수업으로 구성되어 있으므로 이를 보완하기 위해 15주 수업을 다양한 방식으로 구성하는 방법이 있다. 즉, 1주, 5주, 9주, 13주차 수업의 마지막 차시는 실시간 화상 세미나로 지정하여 같은 수업을 듣는 모든 구성원이 함께 상호작용할 수 있는 시간으로 구성할 수 있다. 이를 위해서는 학기 시작 전 충분한 안내를 통하여 학습자들에게 안내가 되고 상호 간의 약속이 되어야 할 것이

---

11 마이크로러닝은 지적, 정보 콘텐츠를 작은 단위의 요약된 형태로 제공하는 마이크로 콘텐츠를 통한 학습을 말한다.

다. 이를 위해서는 LMS의 고도화를 통해 VOD 수업, 실시간 화상 강
의 수업을 적절히 혼용하여 수업을 진행할 수 있도록 해야 한다.

또한 강의 콘텐츠 외에도 에듀테크(Edtech)[12] 도구를 활용하여 실
시간, 비실시간으로 다양한 온라인 활동을 할 수 있도록 해야 한다.
이러한 실례를 보이면 다음과 같다.

〈그림 2〉 강의 콘텐츠 추가 구성 메뉴 사례

〈그림 2〉는 LMS 플랫폼인 '캔버스(CANVAS)'[13]의 강의 구성 예이다.
캔버스 플랫폼에서는 VOD 강의 탑재 외에도 다양한 추가 활동을 추
가 구성할 수 있다. 〈그림 2〉에서는 교수자가 4교시에 웹링크를 추가
하여 학습자들이 추가활동을 하게 했음을 보여준다. 그리고 하단에

---

12 에듀테크는 교육(Education)과 기술(Techonlogy)의 합성어로 IT 기술을 활용한 교육
   기술을 의미한다. 홍정민(2017, p.21.)에서는 학습, 기억, 공유, 활용 등 학습 프로스세
   전반에 포괄적으로 접근하는 에듀테크는 빅데이터, 사물인터넷, AR·VR 등과 같은
   4차 산업형면 기술을 활용하여 교육에 접목함으로써 새로운 패러다임의 교육을 창출
   해낼 것이라 하였다.
13 캔버스 LMS는 미국에서 개발된 교수학습관리 시스템으로 온라인을 통한 다양한 상호
   작용이 가능하다는 장점을 가지고 있다. 더불어 다양한 학습 활동을 웹과 모바일에서
   자유롭게 진행할 수 있다는 특징이 있어 국내에 여러 사이버대학에서도 도입하여 사
   용하고 있다.

보는 바와 같이 웹링크뿐만 아니라 다양한 파일 형식의 수업 활동 자료를 추가할 수 있어 학습자들이 온라인에서 다양한 학습 및 과제 수행을 할 수 있도록 하고 있다.(노채환, 2021)

온라인 수업에서의 상호작용의 활성화를 위해서는 LMS의 고도화와 더불어 다양한 온라인 수업 도구의 활용이 필요하다. 2020년 이후 온라인 교육에서 활용되는 온라인 수업 도구는 이미 많이 소개된 바 있다. 퀴즈 형식의 온라인 도구로는 퀴즐렛(Quizlet), 띵거벨(ThinkerBell), 카훗(Kahoot), 퀴즈앤(QuizN) 등이 있고 상호작용을 위한 도구로는 패들렛(Padlet), 멘티미터(Mentimeter)등이 있다. 그리고 다양한 동영상 제작 도구 및 영상 편집 도구, 실시간 쌍방향 수업을 위한 도구들이 모두 온라인 수업을 위한 도구이다. 이러한 온라인 수업을 위한 도구들은 수업의 성격이나 형태에 따라 다양하게 선택, 활용될 수 있다. 간단한 예시를 보이면 다음과 같다.

〈그림 3〉 온라인 수업 도구를 활용한 상호작용(퀴즈앤, 패들랫)

〈그림 3〉은 온라인 수업 도구인 퀴즈앤과 패들랫을 활용한 수업 예시이다. 퀴즈는 학습자들 간의 경쟁 심리를 이용하여 학습 참여도

를 높이고 집중력과 순발력을 발휘하여 신나게 학습할 수 있게 한다. (박찬 외, 2020) 그리고 패들렛과 같이 공동 게시 작업 및 댓글로 참여 자들이 소통할 수 있도록 하는 온라인 도구들은 많은 학습자 간의 원활한 상호작용을 도와줄 수 있다.(노채환, 2021) 이 외에도 에듀테크 기반의 다양한 온라인 도구들을 어떻게 사용하느냐에 따라 수업을 함께 듣는 학습자들 사이의 상호작용에 대한 만족도를 제고할 수 있 을 것이다.

5. 결론

COVID-19가 야기한 교육 패러다임의 급격한 변화는 한국어교육 에서도 비대면 온라인 교육의 중요성을 새롭게 인식하는 계기가 되 었다. 앞으로 온라인을 통한 한국어교육은 영역이 확대되고 저변이 더욱 넓어질 것이다. 이러한 시점에서 본 연구에서는 COVID-19에 의해 야기된 교육 혁신의 변화 요구가 위기가 아닌 기회가 될 수 있다 는 관점에서 비대면 비실시간 온라인 한국어 수업을 경험한 외국인 학습자들을 대상으로 설문조사를 실시하여 온라인 한국어 학습에 대 한 인식을 살펴보고 이를 바탕으로 온라인 교육의 활성화 방안을 모 색해 보고자 하였다.

온라인을 통한 한국어교육의 활성화를 위해서는 대면 수업의 형식 을 단순히 온라인으로 대체하는 것이 아니라 온라인 수업에 대한 이 해를 바탕으로 온라인 한국어교육에 적합한 교수 모형 설계하고 이 에 적합한 교수 방식 및 온라인 수업 도구를 활용한 상호작용 증진

방안을 마련해야 할 것이다. 더불어 온라인에 친숙한 디지털 원어민 세대의 학습자들에 대한 이해를 바탕으로 학습자 친화적인 양질의 한국어 콘텐츠 개발에 힘써야 할 것이다. 앞으로 이와 관련한 연구와 개발이 지속되어 뉴노멀(new nomal) 시대에 온라인 한국어교육이 더욱 활성화되기를 기대한다.

'안전사고 및 재난 대비 한국어 의사소통 능력 향상'을 위한 요구 조사

박지순

1. 서론

안전은 인간의 기본적인 욕구로서 환경으로부터 신체의 건강과 생명을 지키는 것을 의미한다(김종세, 2015). 과거에는 안전사고 및 재난에 취약한 계층이 장애인과 아동 및 노년층에 한정되었었다면, 다문화 사회로의 진입이 가속화되고 있는 최근의 한국 사회에서는 외국인 거주민과 같은 비모어 화자들이 새로운 안전취약계층으로 대두되고 있다.[1] 안전취약계층이란 위험 상황에서 위험관찰 능력, 정보 입수 및 발언 능력, 행동 능력에 한계를 가지는 이들로서(Lee, 2008),[2] 외국

---

[1] 제3국에서 출생한 일부 북한이탈주민들 역시 한국어에 취약하다는 점에서 안전취약계층으로 분류될 수 있다.

[2] 안전취약계층을 일컫는 용어로 안전약자, 안전취약자, 재해약자, 재난약자, 재난취약자, 재난취약계층 등을 다양하게 사용하고 있지만(국립재난안전연구원, 2013:11), 본

인은 부족한 한국어 능력으로 인하여 정보 입수 및 발언 능력에 한계를 갖는다는 점에서 안전취약계층에 해당한다. 2020년 8월말 현재 국내 체류 외국인은 2,110,610명으로 2020년 9월 기준 우리나라 주민등록 총인구인 5,184만 명의 약 4%에 해당하는 상당한 규모이며(법무부 출입국외국인정책본부, 출입국·외국인정책 통계월보, 2020), 2018년 1월 시행된 「재난 및 안전관리 기본법」 제3조 9의 3항에서 어린이, 노인, 장애인, 외국인 등을 '안전취약계층'으로 정의하고 있음에도 불구하고, 외국인을 대상으로 한 구체적이고 실효성 있는 안전 정책 마련은 아직 미흡한 실정이고 사회적 논의 또한 활발하지 않다.

일반적으로 안전취약계층으로 알려진 장애인, 아동, 노년층과 달리[3] 한국어 비모어 화자들은 언어적 장애와 문화의 차이로 인해 안전사고 및 재난에 취약하기 때문에 정보 제공과 소통의 제약만 해결된다면 스스로 위기를 극복할 수 있는 역량을 갖추고 있다. 따라서 다른 안전취약계층과 지원 정책을 달리 접근할 필요가 있다(이주호, 2016: 37, 43). 이러한 이유로 일본에서는 외국인 주민이 재해 정보를 습득하기 용이하도록 '알기 쉬운 일본어' 논의가 활발하고(김유영, 2013), 지방자치단체에서는 '재해다언어지원센터'를 운영해 다언어로 정보를 제공하고 있으며, 중국에서는 최근의 코로나19 사태와 관련하여 '감염병 예방 및 통제를 위한 언어서비스국'을 설립하여 중국 전역 및 세계 각지에서 온 의료인과 자원봉사자들, 지역 주민들 간의 의사소통 대

고에서는 「재난 및 안전관리 기본법」을 따라 '안전취약계층'이라는 용어를 사용하기로 한다.

3 아동과 노인, 장애인은 비단 신체적인 제약 때문에 안전사고 및 재난에 취약한 것은 아니다. 인지 능력, 사회적인 네트워크 등 복합적인 요인이 있다.

책 마련에 힘을 쏟고 있다(Yuming Li 외, 2020). 그러나 한국에서는 최근의 감염병 사태에도 안전취약계층인 외국인의 의사소통 능력과 환경이 그다지 주목받지 못하고 있다.

국내에서 외국인에게 안전사고 및 재난에 대한 정보는 주로 다국어로 제공되고 있으나, 다양한 위험 상황에서 국내에 거주하는 모든 외국인의 모어로 신속한 대응을 하기에는 어려움이 있다. 한국어로 표현된 정보를 대상자의 언어로 번역해 제공하는 것이 여의치 않다면 역으로 대상자가 한국어로 된 정보에 접근하도록 하는 것이 대안이 될 수 있다. 만일 외국인이 안전사고 및 재난에 대비할 수 있는 한국어 의사소통 능력을 갖추게 된다면 다양한 자원에 대한 접근성과 대응의 신속성을 높일 수 있을 것이기 때문이다. 물론 모든 정보에 대해 한국어 비모어 화자가 접근할 수 있도록 하기는 어려우므로 외국인들이 마주할 위험이 높은 재난 및 위기 상황을 중심으로 한국어 의사소통 능력을 갖출 수 있게 하고, 해당 상황에서 소통되는 재난언어는 최대한 언어 약자들을 고려해 소통 가능한 형식을 취해야 할 것이다.[4] 본고는 이러한 맥락에서 한국어 교육과정에 '안전' 항목을 포함하여 외국인들이 재난 정보를 충분히 이해하고 위험에 적절히 대응할 수 있도록 해야 한다고 본다. 이에 본고에서는 이주민 대상의 한국어 교육과정 및 교수요목의 '안전' 관련 요소를 검토하고, 학습자와 교사 대상 요구분석을 통해 한국어 교수요목에 포함될 '안전' 영역

---

4 외국인들이 안전사고 및 재난에 대응하기에 문제가 없을 정도로 한국어를 숙달하려면 상당한 시간과 비용이 필요하기 때문에, 많은 외국인들이 필수적인 안전 정보를 이해할 수 있도록 쉬운 한국어로 정보 제공을 하는 방안도 고려될 필요가 있다.

의 항목을 선정을 위한 기초 자료를 마련하고자 한다.

2. 선행 연구

한국에서 안전취약계층에 대한 인식은 주로 신체적, 경제적 취약성을 가진 계층에 한정되어 왔기 때문에 안전취약계층에 대한 교육 및 지원 논의 역시 신체적, 경제적으로 취약한 장애인, 노인, 아동, 여성을 대상으로 이루어져 왔고 외국인 및 다문화 가정을 대상으로 한 논의가 시작된 것은 비교적 최근의 일이다. 외국인 및 다문화 가정의 안전사고 및 재난과 관련된 연구는 주로 외국인 근로자의 작업안전(박혜림 외 2012; 신성수 외 2015; 윤태경 2017; 이관형 외 2012; 한정훈 2019), 결혼이주여성의 가정 폭력(김윤영 외 2013; 오세연 외 2010; 정현미 2010) 등 집단마다 처한 특수한 상황과 관련한 논의에 한정되어 있으며, 안전사고와 재난의 관점에서 외국인에 초점을 둔 논의는 드물다. 외국인을 안전취약계층의 하나로 보고 포괄적으로 논의한 연구인 구원회 외(2015)에서는 거주 외국인의 재난 발생 경험, 신고 경험 및 신고 시 문제점과 요구 사항에 대해 인식조사를 실시한 결과, 외국인들은 재난 현장을 직접 경험한 적보다는 신고나 도움을 요청한 간접 경험이 더 많으며, 자연 재난 중에서는 태풍을, 사회 재난 중에서는 화재와 교통사고를 가장 위험하다고 생각하는 것으로 나타났다. 재난 상황 시 도움을 요청하거나 신고할 때 가장 큰 문제점은 언어로 인한 의사소통 문제가 압도적으로 높게 나타났으며, 대피 요령, 지원 기관 정보에 대한 요구가 가장 높은 것으로 조사되었다. 김윤희 외

(2015)에서는 심층 인터뷰를 통해 거주 외국인의 재난안전 관련 정보에 대한 요구 사항을 조사하였는데, 외국인들은 북한과의 전쟁 위험을 가장 염려되는 안전사고 및 재난으로 꼽았으며, 그 다음으로 침수, 교통사고, 폭설, 화재 순으로 응답하였다. 재공 받고 싶은 재난안전 정보는 재난 대비를 위한 정보와 재난 발생 시 대처 요령이었고, 재난 안전 정보 전달 방식 및 채널에 대한 선호도는 다국어 제공과 웹사이트나 모바일 앱을 통한 방식이 가장 높았으며, 재난안전 교육에 참여한 경험은 대부분의 응답자가 없는 것으로 나타났다.

한국어 교육에서 안전과 관련된 외국인의 의사소통 능력에 대한 논의는 찾아보기 어려운데, 지금까지 이루어진 연구는 주제에 따라 학습자 집단별 특수 상황과 관련된 요구 분석 연구(류영석 2008; 윤형근 외 2012), 특정 상황에서 필요한 어휘 조사 연구(장현수 2020; 송선주 2020), 학습자 집단별 언어 능력 조사 연구(김성수 외 2018)로 나누어 볼 수 있다.

학습자 집단별 특수 상황에서의 요구 분석 연구에서는 안전과 관련된 의사소통 상황과 기능이 조사되었는데, 외국인 근로자를 대상으로 한 류영석(2008)과 윤형근 외(2012)가 대표적이다. 류영석(2008)에서는 일상생활에서 보건 안전을 위한 의사소통 기능에 해당하는 '약국에서 약 사는 방법(약품명과 가격을 물을 때)', '의사와 간호사에게 증세에 대해 말하는 방법(아픈 신체 부위 말할 때)', 작업환경에서 '일하다가 다쳤을 때 치료 요청하는 방법(도움을 요청할 때)', '안전에 관한 표시를 이해하는 방법(안전표시에 대해 질문할 때)'이 비교적 높은 요구를 보였다. 윤형근 외(2012)에서도 결과는 크게 다르지 않아서 한국어가 가장 필요한 상황 중에서 '일을 하다가 다쳤을 때', '외국인노동자 의

료공제회에 가입하거나 산업재해 보상을 받고자할 때', '병원에서 의사 또는 간호사와 이야기할 때'가 안전과 관련되어 필요성이 높다고 응답하였다. 어휘 조사 연구로는 장현수(2020)에서 한국어 교재 3종, 『외국인 노동자를 위한 건강수첩』, 의료진과 환자와의 대화를 분석하여 외국인 노동자가 진료 시 의료진과의 의사소통에 사용할 수 있는 학습용 어휘를 선정하였으며, 송선주(2020)에서는 결혼이주여성에게 기후와 관련된 안전 정보가 일상생활을 영위하는 데 가장 요긴하다고 보고, 자연재난을 안내하는 긴급재난문자에 사용된 어휘를 자연재난의 유형과 생활, 안전, 금기, 사람, 알림 유형에 따라 구분하여 분석하고 교육 방안을 제시하였다. 한편, 학습자 집단별 언어 능력을 조사한 김성수 외(2018)에서는 언어 능력 부족으로 인한 안전취약계층 중 북한이탈주민을 대상으로 긴급재난문자의 이해도를 분석하였는데, 남한에서의 거주 기간이 길수록 긴급재난문자의 표준 문안에 대한 이해도가 높아, 거주 기간이 10년 이상인 경우 내용을 대부분 잘 이해할 수 있는 것으로 나타났으며, 어휘의 측면에서는 한자어, 외래어, 신조어에 대한 이해도는 낮은 반면 문장 구조의 이해도는 높은 것으로 나타났다.

한국어 교육 분야의 연구는 아니지만 한국어 교육에서 참고할 만한 연구로 국외 사례를 통해 거주 외국인에게 해당 사회의 공용어로 안전 관련 정보를 제공하는 것이 효과적일 수 있다는 점을 역설한 김유영(2013)과 Jia Li(2020)를 들 수 있다. 김유영(2013)에서는 일본의 경우 정보 전달의 수단으로서 국제 공용어인 영어보다 일본어가 더 효과적이라는 점에서 일본 내에서 외국인의 편의를 위해 쉬운 일본어 쓰기를 통한 '언어 장벽 없애기(Language Barrier Free)'가 시도하고 있다고 하면서 일본의 국립국어연구소 조사 결과를 인용하였다. 이 조사 결과에 따르면 일본 거주 외국인 중 영어를 구사할 수 있는 경우는 44%인데 반해, 일본어를 구사할 수 있는 외국인은 62.6%에 달해 일본어를 통한 의사소통이 훨씬 더 효과적임을 보여주고 있다. Jia Li(2020:530-531)에서는 비영어권 국가 출신의 외국인 유학생이 증가하고 있는 중국의 고등 교육 분야에서 영어 중심의 다언어주의에 대해 문제제기를 하면서, 외국인 유학생들이 감염병과 관련된 공적 정보를 얻는 데 어떤 언어적 자원을 활용하는지를 조사하였는데, 그 결과 절반 이상의 학습자가 영어를 구사하지 못했으며, 정보 습득을 위한 중국어 능력 역시 부족하여 주변인이나 번역 앱의 도움을 받아 감염병에 관한 공적 정보를 이해하고 있는 것으로 나타났다. 이러한 해외 사례들은 적어도 동아시아 지역에서는 자국 내에서 거주 외국인을 대상으로 한 정보 전달에 있어 영어가 예상보다 제한적인 역할을 하며, 오히려 거주국의 공용어로 의사소통하는 것이 더욱 효율적이라는 사실을 시사한다. 이와 관련해 외국인의 안전의식에 영향을 미치는 요인과 선호하는 안전교육 방법을 설문조사를 통해 분석한 박미정(2020)에서는 생활안전, 소방안전, 재난안전의 전 분야에서 한국어 수준이 안전 의식에 유의미한 영향을 미치며, 전문가가 한국어로 진행하는 교육 방법을 선호함을 밝혔다. 즉, 외국인의 안전 의식을 높이기 위해서는 전반적인 한국어 숙달도를 향상시켜야 하며, 안전과 관련된 의사소통 능력을 향상시켜 한국어로 진행되는 안전교육 및 관련 정보의 접근성을 높일 필요가 있음을 보여주고 있다.

3. 한국어 교수요목의 '안전' 항목

이 장에서는 외국인을 대상으로 하는 한국어 교수요목에서 안전사고나 재난과 관련된 항목이 얼마나 다루어지는지 살펴보기 위해 한국어 교육과정의 참조 기준이 되는 〈국제통용 한국어교육 표준 모형〉(이하 '국제통용')과 한국에 비교적 장기간 거주하는 이주민 대상 교수요목을 검토하기로 한다.[5] 이주민 대상 교육 프로그램에는 법무부에서 이민자를 대상으로 운영 중인 〈사회통합프로그램〉(이하 '사회통합'), 여성가족부에서 주로 결혼이주민을 대상으로 운영 중인 〈다문화가정 대상〉 교육과정(이하 '다문화가정')이 있으며, 구체화된 교육과정을 가지고 있지는 않지만 고용노동부에서 외국인 노동자를 대상으로 개발한 〈고용허가제 한국어능력시험(EPS–TOPIK) 표준 교재〉(이하 '고용허가제')의 교수요목도 살펴볼 필요가 있다. 이들 교육과정은 한국에 비교적 장기간 거주하려는 이주민을 대상으로 하고 있기 때문에, 이들이 한국에 거주하면서 접하게 되는 각종 재난에 대비할 수 있는 기초적인 의사소통 능력을 함양하도록 할 필요가 있다.

본고에서는 이주민 대상 한국어 교육과정에서 안전사고 및 재난에 대비한 의사소통 능력 향상을 고려하고 있는지 살펴보기 위해 교육과정 또는 교수요목의 '주제'를 살펴보고자 한다. 교육과정에서 '주제'는 언어를 사용해 말하거나 쓰는 대상으로서 교수요목 설계에서 다

---

5 이주민은 한국에 장기 체류하기 때문에 한국어 학습자 집단 중 한국 사회에서 안전사고 및 재난을 겪을 가능성이 가장 높아 그만큼 안전 관련 교육과정에 대한 요구가 크다고 볼 수 있다.

른 요소들이 조직되는 근간이 된다(Graves 2000:45). 이는 주제를 중심으로 조직된 '주제 중심 교수요목(topical syllabus)'에만 해당되지 않는다. 현실의 대다수 교수요목들이 어휘, 문법, 의사소통 기능, 과제 등의 요소와 함께 주제를 핵심 요소로 한 혼합교수요목으로 구성되어 있고, 이때 주제를 중심으로 다른 요소들이 조직됨으로써 주제는 교육 내용을 구성하는 핵심이 되기 때문이다.

1) 국제통용 한국어교육 표준 모형

〈표 1〉에서 보는 바와 같이 국내외 한국어 교육과정 및 교수요목의 참조 기준이 되는 〈국제통용〉(국립국어원, 2017)이 제시하고 있는 숙달도별 주제 목록에서는 모든 숙달도 등급에서 '건강'과 '기후'가 안전과 관련된 주제라고 볼 수 있다. '건강'은 숙달도가 높아짐에 따라 그 세부 주제가 확대되고 있는데 초급에서는 '신체', '질병'에 한정되었다면 중급에서는 '위생', '치료', '보험'으로 변화를 보인다. 그러나 기후와 관련된 세부 주제는 '날씨'와 '계절'에 한정되어 있어 폭우, 태풍, 지진, 폭설 등의 자연재해로까지 세분화, 확대가 필요해 보인다. 한편 6급에서는 '사회'의 하위 주제로 '범죄'가 다루어지는 것을 볼 수 있으나 그러나 화재, 교통사고, 감염병 등 일상생활에서 접하기 쉬운 상황은 주제로 구체화되지 않고 있다. 더군다나 국내 한국어 교육 수요 중 가장 큰 비중을 차지하는 외국인 근로자들에게는 일상적인 작업 환경에서 안전과 관련된 의사소통 능력이 필수적임에도 불구하고 〈국제통용〉의 주제 목록에서 이를 포괄하지 못하고 있다.

〈국제통용〉 1단계에서는 '뉴스, 생활방식, 시사문제'의 주제로 '사건, 사고', 2단계에서는 '뉴스, 시사 문제' 범주의 주제로 '사건, 사고,

재해'를 포함시켰으나, 이후 3단계에서 유럽공통참조기준의 범주와 한국어능력시험(TOPIK)의 담화 주제를 참고하여 주제를 조정하는 과정에서 '사건, 사고, 재해'가 삭제되고 현재와 같은 주제 목록이 완성되었다. 주제 범주를 체계화하는 과정에서 안전 관련 주제가 삭제된 것인데, 자연이나 사회에서의 위험 요소가 과거보다 복합적이고 예측 불가능해진 현대 사회에서 '안전'의 중요성이 그 어느 때보다 크다는 점을 고려할 때 '안전' 관련 주제는 상위의 범주로 명확히 제시될 필요가 있다고 판단된다.

〈표 1〉〈국제통용〉의 숙달도별 주제 목록(국립국어원 2017:30)

등급	주제
1급	개인 신상(이름, 전화번호, 가족, 국적, 고향), 주거와 환경(장소, 숙소, 방, 생활 편의 시설), 일상생활(가정생활, 학교생활), 쇼핑(쇼핑 시설, 식품, 가격), 식음료(음식, 음료, 외식), 공공 서비스(우편, 은행, **병원, 약국**), 여가와 오락(휴일, 취미·관심, 영화·공연, 전시회·박물관), 대인관계(친구·동료 관계, 초대, 방문, 편지), **건강(신체, 질병), 기후(날씨, 계절)**, 여행(관광지), 교통(길, 교통수단)
2급	개인 신상(이름, 전화번호, 가족, 국적, 고향, 성격, 외모), 주거와 환경(장소, 숙소, 방, 가구·침구, 주거비, 생활 편의 시설, 지역), 일상생활(가정생활, 학교생활), 쇼핑(쇼핑 시설, 식품, 의복, 가정용품, 가격), 식음료(음식, 음료, 배달, 외식), **공공 서비스**(우편, 은행, **병원, 약국, 경찰서**), 여가와 오락(휴일, 취미·관심, 영화·공연, 전시회·박물관), 대인관계(친구·동료 관계, 초대, 방문, 편지, 모임), **건강(신체, 위생, 질병, 치료), 기후(날씨, 계절)**, 여행(관광지, 일정, 짐, 숙소), 교통(위치, 거리, 길, 교통수단)
3급	개인 신상(성격, 외모, 연애, 결혼, 직업), 주거와 환경(숙소, 방, 가구·침구, 주거비, 생활 편의 시설, 지역, 지리, 동식물), 일상생활(가정생활, 학교생활), 쇼핑(쇼핑 시설, 식품, 의복, 가정용품), 식음료(음식, 배달, 외식), **공공 서비스**(우편, 전화, 은행, **병원, 경찰서**), 여가와 오락(휴일, 취미·관심, 라디오·텔레비전, 영화·공연, 전시회·박물관), 일과 직업(취업, 직장생활), 대인관계(친구·동료·선후배 관계, 초대, 방문, 편지, 모임), 건강(신체, 위생, 질병, 치료, 보험), 기후(날씨, 계절), 여행(관광지, 일정, 짐, 숙소), 교통(교통수단), 교육(진로)
4급	개인 신상(성격, 외모, 연애, 결혼, 직업), 주거와 환경(숙소, 방, 가구·침구, 주거비, 지역, 지리, 동식물), 일상생활(가정생활, 학교생활), 쇼핑(쇼핑 시설, 식품, 의복, 가정용품), 식음료(음식), **공공서비스**(은행, **경찰서**), 여가와 오락(휴일, 취미·관심, 라디

	오·텔레비전, 영화·공연, 전시회·박물관, 독서, 스포츠), 일과 직업(취업, 직장 생활, 업무), 대인관계(친구·동료·선후배 관계, 초대, 방문, 편지, 모임), **건강(신체, 위생, 질병, 치료, 보험), 기후(날씨, 계절)**, 여행(관광지, 일정, 짐, 숙소), 교통(교통수단, 운송, 택배), 교육(학교 교육, 교과목, 진로)
5급	개인 신상(직업, 종교), 주거와 환경(숙소, 방, 가구·침구, 주거비, 지역, 지리, 동식물), 여가와 오락(라디오·텔레비전, 독서, 스포츠), 일과 직업(취업, 직장 생활, 업무), **건강(위생), 질병, 치료, 보험), 기후(날씨, 계절)**, 여행(관광지, 일정, 짐, 숙소), 교육(학교 교육, 교과목, 진로), 사회(정치, 경제, **범죄**, 제도, 여론, 국제 관계), 예술(문학, 음악, 미술), 전문분야(언어학, 과학, 심리학, 철학)
6급	개인 신상(종교), 주거와 환경(지리), 여가와 오락(독서, 스포츠), 일과 직업(취업, 업무), **건강(위생), 질병, 치료, 보험), 사회**(정치, 경제, **범죄**, 제도, 여론, 국제 관계), 예술(문학, 음악, 미술), 전문분야(언어학, 과학, 심리학, 철학)

2) 사회통합프로그램

〈사회통합〉의 대상 학습자들은 미래의 한국 국민으로서 한국에 영구히 거주할 가능성이 높기 때문에 한국에서 생활하면서 접하게 될 각종 위험 상황에 대비할 필요성이 크다. 이러한 점에서 〈사회통합〉에서 안전 요소는 매우 비중 있게 다루어져야 할 것으로 본다. 분석 결과 이주민 대상 교수요목 중에서 〈사회통합〉 교수요목이 안전과 관련된 주제를 가장 많이 다루고 있어 학습자들의 요구가 비교적 잘 반영되었다고 볼 수 있다.

〈사회통합〉의 교수요목에서는 1, 2 ,4급에서 2개의 주제, 3급에서 1개 주제가 안전과 관련되어 있다. 이들은 대부분 기후와 날씨, 건강과 관련된 주제로서 〈국제통용〉의 주제 목록에서 크게 벗어나지 않고 있으며, 4급에서는 '사건과 사고'를 주제로 하여 '자신에게 생긴 사고에 대해 말하기', '자신이 경험한 사고나 사건에 대한 글 쓰기'와 같은 활동을 통해 일상생활에서 겪을 수 있는 사고나 사건에 대한 표현 능력을 향상시킬 수 있도록 하고 있다. 그러나 적극적으로 사고를 예방하기 위해서는 각종 위험을 안내하는 경고문이나 주의사항 이해하기, 사고 발생 시 신고하기와 같은 구체적인 의사소통 목적을 가지는 활동이 추가로 이루어질 필요가 있다.

〈표 2〉〈사회통합〉 교수요목의 '안전' 관련 주제 목록(이미혜 2019:22-28)

급	과	주제	활동	문법	문화와 정보
1급	16	날씨	• 날씨 말하기 • 고향의 날씨 소개하는 글쓰기	• -네요 • 보다	재난, 안전 안내 문자
	17	병원	• 아픈 친구에게 조언하기 • 아픈 이유 쓰기	• -어서 • -는 것	한국의 병원
2급	5	약국	• 약국에서 약 사기 • 아픈 친구에게 조언하는 글 쓰기	• -으면 • -어서(순차)	휴일지킴이 약국
	18	건강	• 건강에 대해 조언하기 • 건강한 생활습관에 쓰기	• -으면 좋겠다 • 에 (좋다)	민간요법
3급	17	기후와 날씨	• 날씨에 맞는 활동 조언하기 • 날씨 정보 제공하기	• -을 텐데 • -어 있다	한국의 절기
4급	7	병의 증상과 치료	• 병에 대해 조언하기 • 아팠던 경험 쓰기	• -되 • -었더니	한국의 의료 제도
	10	사건과 사고	• 자신에게 생긴 사고에 대해 말하기 • 자신이 경험한 사고나 사건에 대한 글 쓰기	• -을 뻔하다 • 으로 인해	사고와 예방

3) 다문화가정 대상 한국어 교육과정

개편된 〈다문화가정〉 표준 교재는 그 대상을 결혼이민자만이 아닌 다문화가정 전체로 확대하였고, 기능에 따라 '즐거운 한국어'와 '정확한 한국어'로 나누어진다. 〈표 3〉에서 보는 바와 같이 〈다문화가정〉 교수요목에서는 '병원, 보건소, 응급실' 등 주로 건강과 관련된 주제와 기능을 다루고 있다. 〈다문화가정〉의 대상 학습자들은 국제결혼 가정, 외국인 근로자 가정, 새터민 가정 등 다양한 학습자 집단을 포괄하며 이들은 〈사회통합〉의 대상과 마찬가지로 한국에서 장기간 거주하게 되므로, 일상생활에서 발생할 수 있는 다양한 위험 상황을 예방하고 위험에 적절히 대응할 수 있는 의사소통 능력의 함양이 요구된다. 이러한 특성을 고려할 때 현재 〈다문화가정〉 교수요목의 안전 관련 요소는 '건강'에만 편중되어 있어 매우 제한적이라 볼 수 있다.

〈표 3〉〈다문화가정〉 교수요목의 '안전' 관련 주제 목록(이선웅 2017:3-9)

급	과	주제	기능	문법		어휘	문화
1	15	병원	• 약국에서 약 사기 • 병원에서 증상 말하기	• -지 마세요 • -아/어도 되다 • -(으)ㄴ 후에/다음에	• 으 탈락 • 후에, 다음에	신체 부위 증상과 약	내과에 가도 돼요
2	13	보건소	• 예방접종 정보 구하기 • 보건소 진료에 대한 정보 구하기	• -도록 하다 • -(으)면 안 되다 • -(으)ㄹ 때		보건소 진료 및 치료	보건소가 병원이에요
4	7	응급실	• 증상과 치료 방법에 대해 이야기하기	• -게 하다 • -았/었는데도 • -(으)ㄴ 결과		증상과 치료 행위	무료로 119를 이용할 수 있어요

4) 고용허가제 한국어능력시험(EPS-TOPIK) 표준 교재

〈고용허가제〉의 주요 대상은 외국인 근로자로서 국내 한국어 학습자 집단 중 그 규모가 가장 크다. 이들은 일상적으로 안전에 취약한 작업 환경에서 일하면서 위험에 대비하고 사고 시 대응할 충분한 한국어 능력을 갖추지 못한 경우가 많아 한국 사회의 대표적인 안전취약계층이다. 구직자에 대해 EPS-TOPIK이라는 한국어 능력 평가를 통해 기초적인 한국어 의사소통 능력을 확인하고, 입국 전 38시간의 사전 취업 교육에서 일상생활과 관련된 의사소통 능력을 교육하고 있지만 안전과 관련된 한국어 교육은 매우 부족한 실정이다. 외국인 근로자의 사망 사고의 73.3%가 입사 6개월 내에 발생한다는 사실은 사전 취업 교육에서 안전사고 및 재난에 대비한 한국어 의사소통 교육이 절실히 요구된다는 것을 반증한다(한정훈 2019:136). 이를 고려할 때 EPS-TOPIK의 개편으로 표준 교육과정을 정비하면서 표준 교재의 교수요목이 마련됨으로써, 전반적인 한국어 교육과정이 체계를 갖추었고 안전 요소도 대폭 추가된 것은 환영할 만한 일이다. 교수요목의 내용 중 안전사고 및 재난과 관련된 부분은 〈표 4〉와 같다.

〈표 4〉 〈고용허가제〉 교수요목의 주제 목록 중 '안전사고 및 재난' 관련 항목

구분	과	제목
공공기관	26과	밥을 먹은 후에 약을 드세요
	27과	어디가 아프십니까?
직장생활	48과	다치지 않도록 조심하세요
직장 생활 용어	59과	산업 안전(1)
	60과	산업 안전(2)

교수요목을 자세히 살펴보면 '일상 및 여가생활' 영역에서는 교통사고와 관련된 기본적인 대비를 할 수 있도록 주제가 마련되었고, '공공기관' 영역에서는 병원 이용에 필요한 의사소통 능력을 향상시킬 수 있게 하였다. 또한 '직장생활' 영역에서는 본격적으로 작업 중 안전과 관련된 주의사항 및 지시를 이해할 수 있게 함으로써 외국인 근로자들이 접하게 되는 한국어 의사소통 상황의 특수성을 고려한 것이 주목할 만하다. 48과의 경우 '기계 작업 시 주의사항 말하기', '위험 상황 대처하기'를 학습 목표로 하여 각종 안전사고와 관련된

어휘, 주의사항에 사용되는 언어 표현을 학습하고, 위험을 경고하고
주의사항을 전달하는 대화를 수행할 수 있게 구성되어 있어, 안전사
고에 취약한 외국인 근로자들이 작업 중 사고에 대비하는 데에 실질
적인 도움이 될 것으로 보인다. 그러나 여전히 다양한 업종의 작업
환경에서 처할 수 있는 위험에 대처하기는 부족하고, 한국 사회에 장
기간 거주하면서 접할 수 있는 자연 재해나 감염병과 같은 재난 및
범죄, 화재에 대비할 수 있는 언어 학습은 교수요목에 포함되어 있지
않아 좀 더 학습자 맞춤형으로 상세한 주제와 기능을 다루고, 작업
환경 외의 안전 요소를 포괄적으로 다룰 필요가 있음을 알 수 있다.

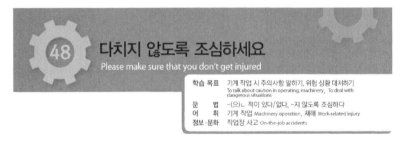

〈그림 1〉 〈고용허가제〉 표준교재 제48과 표지

4. 안전사고 및 재난 대비 한국어 능력 향상에 대한 요구 분석

1) 요구 분석 대상

본고에서는 한국어 학습자 및 교사를 대상으로 하여 안전사고 및
재난에 대비하고 대응하기 위한 한국어 의사소통 능력의 필요성을
설문조사의 방법을 사용하여 파악하고자 하였다. 학습자 대상 설문

의 경우 총 응답자 96명 중 설문을 완료한 응답자는 55명이었으며, 한국어 교사 대상 설문의 경우 총 응답자 19명 모두 설문을 완료하였다. 응답 조사 대상의 인구통계학적 정보는 다음과 같다.

〈표 5〉 학습자 분포

구분		명수(%)		구분		명수(%)	
국적	중국	25	(45.5)	직업	학생	50	(90.9)
	일본	24	(43.6)		직장인	5	(9.1)
	베트남	2	(3.6)	한국 거주 기간	6개월 미만	8	(14.5)
	브라질	1	(1.8)		6개월~1년 미만	3	(5.5)
	이탈리아	1	(1.8)		1년~2년 미만	9	(16.4)
	태국	1	(1.8)		2년~3년 미만	12	(21.8)
	우즈벡	1	(1.8)		3년 이상	22	(40.0)
연령	10대	3	(5.5)	한국어 능력	토픽 4급/어학당 4급 수료	8	(14.5)
	20대	50	(90.9)		토픽 5급/어학당 5급 수료	16	(29.1)
	30대	2	(3.6)		토픽 6급/어학당 6급 수료	31	(56.4)

〈표 6〉 교사 분포

구분		명수(%)	
한국어 교육 경력	3~5년	1	(5.3)
	5~7년	3	(15.8)
	7~10년	2	(10.5)
	10~15년	5	(26.3)
	15년 이상	8	(42.1)
한국어 교육 지역	서울 및 수도권	16	(84.2)
	충청도	1	(5.3)
	경상도	1	(5.3)
	전라도	1	(5.3)

2) 요구 분석 내용

본고에서는 이주민 대상 한국어 교수요목에 포함되어야 할 안전 영역의 세부 항목을 선정하기 위해 현재 초중등 교육의 안전 교육과정 및 생애주기별 안전교육 지도를 바탕으로 안전 영역의 목록을 작성하였다.

'안전교육 7대 표준안'을 기준으로 한 초중등 학교 안전교육은 학교생활에서 발생하는 안전 문제와 건강 문제뿐 아니라 "가정과 사회, 산업체 등 성인사회 전반에서 발생할 수 있는 각종 사고와 건강상의 문제 등을 예방할 목적"을 가지며(박효정 외, 2015),[6] '국민의 생애주기별 안전교육 지도'는 영유아부터 노인에 이르기까지 갖춰야 할 개인의 안전역량을 생애주기에 따라 맞춤형으로 제시하는 가이드라인이므로 성인 대상의 외국인의 한국어 교육에서도 참고할 수 있을 것으로 본다.[7]

⟨표 5⟩에서 보듯이 '안전교육 7대 표준안'은 안전교육의 영역을 총 7개 대분류, 25개 중분류, 52개 소분류로 구분하였고, '국민의 생애주기별 안전교육 지도'의 경우에는 ⟨표 6⟩에서 보듯이 안전 영역을 6개의 분야, 23개의 영역, 68개의 세부영역으로 제시하고 있다.

---

6 교육부에서는 2015년 '안전교육 7대 표준안'을 발표하고, 2016년 이를 구체적이고 효율적으로 실시할 수 있도록 교육 시간, 교육 횟수, 교육 내용 및 방법을 고시하였다(교육부, 2016).

7 '생애주기별 안전교육 지도'에서는 영유아기부터 노년기에 이르기까지 전 생애를 6개의 시기로 구분하고, 안전교육의 관점에서 각 시기를 명명하고 있다. 기본적으로 생애 모든 시기에 모든 영역이 단계적으로 교육되어야 하는 것으로 본다. 즉, 영유아기에서부터 노년기에 이르기까지 교육이 필요한 영역은 동일하되, 그 수준을 달리하고 있다.

〈표 7〉 안전교육 7대 표준안

대분류	중분류	소분류
1. 생활 안전	시설 및 제품 이용 안전	시설안전, 제품안전, 실험실습안전
	신체 활동 안전	체육 및 여가활동 안전
	유아 및 미아 사고 방지	유아 및 미아 사고 방지
2. 교통 안전	보행자 안전	교통표지판 구별하기, 길을 건너는 방법, 보행안전
	자전거 안전	안전한 자전거 타기, 안전한 자전거 관리
	오토바이 안전	오토바이 사고의 원인과 예방, 오토바이 운전 중 주의사항
	자동차 안전	자동차 사고의 원인, 자동차 사고 예방법
	대중교통 안전	대중교통 안전, 대중교통 이용 안전수칙
3. 폭력 및 신변 안전	학교 폭력	학교폭력, 언어/사이버폭력, 물리적 폭력, 집단따돌림
	성폭력	성폭력 예방 및 대처 방법, 성매매 예방
	아동학대	아동학대 예방 및 대처 방법
	자살	자살 예방 및 대처 방법
	가정 폭력	가정 폭력 예방 및 대처 방법
4. 약물 및 사이버중독 예방	약물 중독	마약류 폐해 및 예방, 흡연 폐해 및 예방, 음주 폐해 및 예방, 고카페인 식품 폐해 및 예방
	사이버 중독	인터넷 게임 중독, 스마트폰 중독
5. 재난 안전	화재	화재 발생, 화재 발생 시 안전수칙, 소화기 사용 및 대처 방법
	사회 재난	폭발 및 붕괴의 원인과 대처방법, 각종 테러 사고 발생 시 대처 요령
	자연 재난	홍수 및 태풍 발생 시 대처 요령, 지진·대설·한파·낙뢰 발생 시 대처 요령
6. 직업 안전	직업 안전 의식	직업 안전의식의 중요성, 직업 안전 문화
	산업 재해의 이해와 예방	산업 재해의 의미와 발생, 산업 재해의 예방과 대책
	직업병	직업병의 의미와 발생, 직업병의 예방과 대책
	직업 안전의 예방 및 관리	산업 재해 관리, 정리정돈, 보호구 착용
7. 응급처치	응급처치의 이해와 중요성	응급처치의 목적과 일반 원칙, 응급 상황 시 행동요령, 응급처치 전 유의사항 및 준비

	심폐 소생술	심폐소생술, 자동제세동기의 사용
	상황별 응급처치	기도폐쇄, 지혈 및 상처처치, 염좌, 골절, 화상 등

〈표 8〉 생애주기별 안전교육 지도

분야	영역	세부영역
1. 생활 안전	시설안전	다중이용이설(공연장, 쇼핑몰, 대합실 등) 안전, 승강기 안전, 낙상예방, 놀이시설 안전
	화재안전	화재예방, 화재대피, 화재진압
	전기,가스 안전	전기안전, 가스안전
	작업안전	도구사용 안전, 제품사용 안전, 실험·실습실 안전, 작업환경 안전
	여가활동안전	놀이안전, 수상안전, 캠핑안전, 스포츠안전, 해외여행 안전
2. 교통 안전	보행안전	교통법규 안전, 횡단보도 이용 안전
	이륜차안전	자전거안전, 오토바이안전
	자동차안전	주행안전, 교통사고 대처, 안전띠 착용
	대중교통안전	승하차 안전, 탑승 중 안전
3. 자연, 재난 안전	재난대응	재난정보, 재난대피, 재난 시 구호활동
	기후성재난	홍수, 태풍, 황사, 대설·한파, 낙뢰, 폭염, 가뭄
	지질성재난	지진, 쓰나미, 산사태
4. 사회기반 체계 안전	환경, 생물, 방사능 안전	환경오염, 생물테러, 방사능 오염
	에너지, 정보통신 안전	에너지 안전, 정보통신마비
5. 범죄 안전	폭력안전	학교폭력, 집단따돌림, 언어·사이버폭력, 가정폭력, 학대
	유괴, 미아방지	유괴·미아 방지 및 대처, 가출 예방
	성폭력안전	성매매방지, 성폭력예방
	사기범죄안전	사이버사기, 다단계사기
6. 보건 안전	식품안전	식중독, 유해식품 안전
	중독안전	약물안전, 물질중독, 흡연·음주 폐해, 사이버·스마트폰 중독
	감염안전	감염병 대처, 가축전염병 대처
	응급처치	심폐소생술(AED 포함), 응급구조, 상황별응급처치
	자살예방	자살예방 및 대처

　　본고에서는 '안전교육 7대 표준안'과 '국민의 생애주기별 안전교육 지도'의 각 영역의 중복 항목을 제거하고 통합하여 안전 영역을 〈표 9〉와 같이 8개의 대영역과 26개의 하위 영역으로 구성하였다. 이를 바탕으로 학습자 요구 분석에서는 영역별로 1)안전사고를 경험할 가능성, 2) 해당 안전사고에 대비하고 대응하기 위해 한국어가 필요한 정도, 3)해당 안전사고에 대비하고 대응하기 위한 자신의 한국어 능력 수준을, 교사 요구 분석에서는 영역별로 학습자가 1)안전사고를 경험할 가능성, 2) 해당 안전사고에 대비하고 대응하기 위해 한국어가 필요한 정도를 5간 척도로 응답하도록 하였다. 이밖에도 교사 설문에서는 '안전'과 관련된 항목을 한국어 교수요목에 어떻게 포함시킬지를 묻는 객관식 문항을 추가하였다.

〈표 9〉 안전 영역 분류

대영역	영역	세부사항
1. 생활 안전	시설안전	다중 이용 시설(공연장, 쇼핑몰 등) 사고, 엘리베이터 사고, 낙상, 놀이시설 사고
	화재안전	화재 예방, 화재 대피, 화재 진압
	전기, 가스안전	전기 사고, 가스 사고
	여가활동안전	놀이 사고, 수상 사고, 캠핑 사고, 스포츠 사고, 해외여행 사고
2. 교통 안전	보행 안전	횡단보도 이용 시 사고
	이륜차 안전	자전거 사고, 오토바이 사고
	자동차 안전	운전 안전, 교통사고 대처, 안전띠 착용
	대중교통 안전	승하차 시 사고, 탑승 중 사고
3. 범죄 안전	학교/직장 폭력	언어/사이버 폭력, 물리적 폭력, 집단 따돌림
	유괴, 납치, 미아방지	유괴, 납치, 가출
	성폭력 안전	성폭력 예방 및 대처 방법, 성매매 예방
	사기범죄 안전	사이버 사기, 다단계 사기, 보이스피싱
	가정 폭력	아동학대, 가족 간 폭력

4. 중독	약물 중독	마약, 흡연, 음주의 중독
	사이버 중독	인터넷 게임 중독, 스마트폰 중독
5. 자연 안전	기후성재난	홍수, 태풍, 황사, 대설, 한파, 낙뢰, 폭염, 가뭄
	지질성재난	지진, 쓰나미, 산사태
6. 사회 재난 안전	폭발, 테러	폭발, 붕괴, 각종 테러 사고
	환경, 생물, 방사능 안전	환경오염, 생물 테러, 방사능 오염
	에너지, 정보통신안전	에너지 안전, 정보통신 마비
7. 직업 안전	산업 재해의 이해와 예방	도구 사용 사고, 제품사용 사고, 실험·실습실 사고, 작업 환경으로 인한 사고
	직업병	직업병의 예방과 대책
8. 보건 안전	식품안전	식중독, 유해식품 안전
	감염안전	감염병 대처, 가축전염병 대처
	응급처치	심폐소생술(AED 포함), 응급 구조, 상황별 응급처치
	자살예방	자해, 자살 예방 및 대처 방법

3) 요구 분석 결과

(1) 학습자 설문 결과

학습자 요구 분석은 〈표 9〉에 제시된 안전사고 및 재난 영역 각각에 대하여 1) 한국에서 이를 경험할 가능성, 2) 해당 안전사고에 대비하고 대응하기 위해 한국어가 필요한 정도, 3)해당 안전사고에 대비하고 대응하기 위한 자신의 한국어 능력 수준을 항목으로 하여 이루어졌다. 5간척도로 응답한 결과는 '전혀 없다'에서부터 '매우 높다'에 이르기까지 1~5점까지 가중치를 두어, 모든 학습자의 응답 수치를 합산한 후, 모든 학습자가 '매우 높다'로 응답했을 경우를 100%으로 보고 상댓값을 구하였다. 결과는 〈표 10〉에서 보는 바와 같다.

〈표 10〉 학습자 대상 설문 결과

대영역	영역	경험 가능성(%)		한국어 필요성(%)		한국어 능력(%)	
1. 생활 안전	시설안전	46.9	45.8	70.2	70.9	64.8	69.5
	화재안전		46.9		68.4		64.0
	전기, 가스안전		46.5		70.5		61.1
	여가활동안전		48.4		70.9		64.7
2. 교통 안전	보행 안전	51.8	52.0	70.4	66.5	64.9	67.3
	이륜차 안전		53.8		68.7		64.4
	자동차 안전		48.7		70.9		64.7
	대중교통 안전		52.7		75.3		63.3
3. 범죄 안전	학교/직장 폭력	52.3	61.1	79.9	81.8	59.1	61.1
	유괴, 납치, 미아		45.1		78.5		58.9
	성폭력 안전		51.3		81.5		54.9
	사기범죄 안전		58.9		80.4		61.5
	가정 폭력		45.1		77.1		59.3
4. 중독	약물 중독	57.6	50.9	66.5	70.5	60	58.9
	사이버 중독		64.4		62.5		61.1
5. 자연 안전	기후성재난	43.3	46.9	62.0	60.7	58.4	57.5
	지질성재난		39.6		63.3		59.3
6. 사회 재난 안전	폭발, 테러	43.9	39.3	66.1	65.5	56.2	56.4
	환경, 생물, 방사능 안전		49.5		66.9		55.6
	에너지, 정보통신안전		42.9		65.8		56.7
7. 직업 안전	산업 재해의 이해와 예방	49.3	44.7	70.0	69.8	61.3	62.9
	직업병		53.8		70.2		59.6
8. 보건 안전	식품안전	47.6	48.0	73.4	73.5	60.6	64.4
	감염안전		53.8		73.1		61.5
	응급처치		41.5		76.4		56.7
	자살예방		47.3		70.5		60.0
평균		49.1	49.2	69.8	71.2	60.7	61

〈그림 2〉에서 보듯이 한국에서 각종 안전사고 및 재난을 경험할 가능성에 대하여 학습자들의 응답은 39.3%~64.4% 사이로 한국에서 안전사고나 재난을 경험할 가능성을 전반적으로 낮다고 판단하는 것으로 나타났다. 경험 가능성이 가장 높은 영역은 대영역으로는 '중독'과 '범죄'가 각각 평균 57.6%, 52.3%로 나타났고, 세부 영역별로는 64.4%를 보인 사이버 중독과 61.1%를 보인 학교/직장 폭력이 가능성이 가장 높았으며, 사기범죄(58.9%), 자전거 및 오토바이 사고(53.8%)가 그 뒤를 이었다. 반면, '사회재난'과 '자연재해'는 43.9%, 43.3%로 그 가능성이 그다지 높지 않은 것으로 판단하고 있었다.

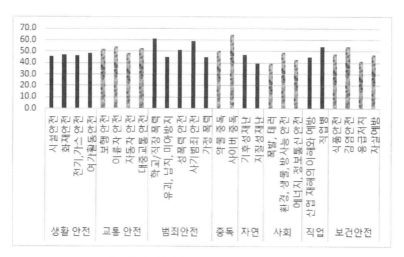

〈그림 2〉 안전사고 및 재난 경험 가능성

안전사고 및 재난에 대처 시 한국어의 필요성에 대해서는 사고 가능성보다 높은 결과를 보였는데, 대영역 중에서는 '범죄'와 '보건'이 각각 79.9%, 73.4%로 가장 높은 필요성을 보였다. 세부 영역별로는 학교/직장 폭력이 81.8%, 성폭력이 81.5%, 사기범죄가 80.4%로 높게 나타났으며, 그밖에도 유괴, 납치 78.5%, 가정 폭력 77.1% , 응급처치가 76.4%로 그 뒤를 이었다. '범죄'의 경우에는 경험 가능성과 대처 시 한국어의 필요성도 높게 나타난 반면, '중독'은 경험 가능성은 높은 데 비해 한국어 필요성은 그리 높지 않다고 생각하는 것으로 나타났다. 반대로 '보건 안전'의 경우 경험할 가능성은 낮으나 대처 시 필요한 한국어 능력은 높다고 생각하는 것으로 나타났다.

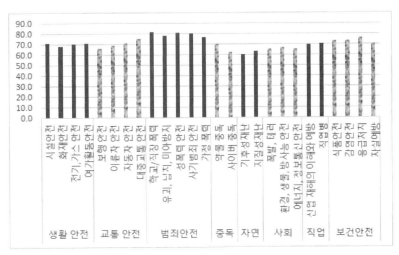

〈그림 3〉 안전사고 및 재난에 대처 시 한국어의 필요성

각 영역에 대처하기 위해 필요한 자신의 한국어 능력 수준에 대한 응답은 〈그림 4〉에서 보듯이 필요한 한국어 능력에 비해 전반적으로 낮다고 생각하는 것으로 나타났다. 한국어로 대처할 필요성과 한국어 능력의 차이가 가장 큰 영역은 '범죄' 영역과 '보건' 영역으로 각각 응답 결과의 차이가 20.8%, 12.8%를 보였다. 두 영역 모두 한국어의

필요성이 가장 높게 나타난 영역으로 학습자들의 한국어 능력이 그에 충분히 미치지 못한다면 한국어 교육에서 이를 위한 교육이 필수적으로 이루어져야 할 것으로 판단된다.

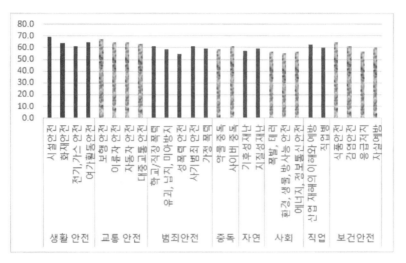

〈그림 4〉 안전사고 및 재난에 대처하기 위해 필요한 자신의 한국어 능력 수준

(2) 교사 설문 결과

교사 요구 분석은 〈표 9〉에 제시된 안전사고 및 재난 영역 각각에 대하여 1) 한국에서 학습자가 이를 경험할 가능성, 2) 해당 안전사고에 대비하고 대응하기 위해 한국어가 필요한 정도를 5간척도로 응답하도록 하였으며, 응답 결과는 '전혀 없다'에서부터 '매우 높다'에 이르기까지 1~5점까지 가중치를 두어, 모든 응답 결과를 합산한 후, 모든 응답자가 '매우 높다'로 응답했을 경우를 100%으로 보고 상댓값을 구하였다. 결과는 〈표 10〉에서 보는 바와 같다.

〈표 11〉 교사 대상 설문 결과

대영역	영역	경험 가능성(%)		한국어 필요성(%)	
1.생활 안전	시설안전	61.8	63.2	78.9	81.1
	화재안전		53.7		77.9
	전기,가스안전		56.8		75.8
	여가활동안전		73.7		81.1
2.교통 안전	보행 안전	68.4	68.4	78.2	77.9
	이륜차 안전		69.5		80.0
	자동차 안전		67.4		77.9
	대중교통 안전		68.4		76.8
3.범죄안전	학교/직장 폭력	62.5	70.5	76.2	83.2
	유괴,납치,미아		47.4		63.2
	성폭력 안전		65.3		78.9
	사기범죄 안전		77.9		83.2
	가정 폭력		51.6		72.6
4.중독	약물 중독	67.4	58.9	68.9	69.5
	사이버 중독		75.8		68.4
5.자연 안전	기후성재난	57.9	68.4	67.9	74.7
	지질성재난		47.4		61.1
6.사회 재난 안전	폭발, 테러	52.3	45.3	63.2	58.9
	환경, 생물, 방사능 안전		48.4		57.9
	에너지,정보통신안전		63.2		72.6
7.직업 안전	산업 재해의 이해와 예방	69.5	75.8	78.9	86.3
	직업병		63.2		71.6
8.보건안전	식품안전	71.8	73.7	81.3	84.2
	감염안전		75.8		85.3
	응급처치		68.4		78.9
	자살예방		69.5		76.8
평균		64	64.1	74.2	75.2

〈그림 5〉에서 보듯이 교사들은 학습자들이 한국에서 각종 안전사고 및 재난을 경험할 가능성에 대하여 더 높게 판단하고 있었다. 이는 대영역의 평균 응답 결과가 각각 69.8%, 74.2%, 세부 영역의 평균

응답 결과가 각각 71.2%, 75.21%인 데서 알 수 있다. 교사들은 학습자
가 경험할 가능성이 가장 높은 영역으로는 '보건'과 '직업' 영역을 꼽았
으며 응답 결과는 각각 71.8%, 69.5%로 나타났는데, 이는 '중독'과 '범
죄'를 발생 가능성이 가장 높은 것으로 본 학습자들의 응답과 차이를
보이는 부분이다. 세부 영역별로는 77.9%를 보인 '사기'와 75.8%를
보인 '사이버 중독', '산업 재해', '감염병'이 가장 높게 나타났는데, '사
이버 중독'과 '학교/직장 폭력'의 가능성을 가장 높게 본 학습자의 응
답과 차이가 있다. 학습자 응답의 차이는 학습자의 대부분이 20대
대학생이기 때문에 학습자 특성이 반영된 결과로 볼 수 있을 것이다.
반면, '사회재난'과 '자연재해'는 52.3%, 57.9%로 그 가능성이 그다지
높지 않은 것으로 판단하고 있어 학습자들과 유사한 결과를 보였다.

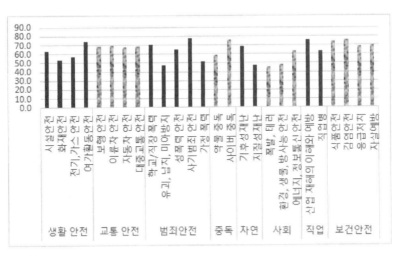

〈그림 5〉 안전사고 및 재난 경험 가능성

〈그림 6〉에서 보듯이 교사들은 학습자들보다 안전사고 및 재난에

대처 시 한국어의 필요성을 조금 더 높게 인식하고 있었다. 이는 대영역의 평균 응답 결과가 각각 69.8%, 74.2%, 세부 영역의 평균 응답 결과가 각각 71.2%, 75.21%인 데서 알 수 있다. 안전사고 및 재난 대처 시 한국어의 필요성에 대해서 교사들은 81.3%로 응답한 '보건' 영역에서 가장 높다고 보았으며, 그 뒤를 이어 각각 78.9%, 78.9%, 78.2%, 76.2%를 보인 '직업', '생활', '교통', '범죄' 영역에서 높다고 생각하는 것으로 나타났다. 세부 영역별로는 '산업 재해'가 86.3%로 가장 높았으며, '감염병', '식품', '사기', '학교/직장 폭력'이 각각 85.3%, 84.2%, 83.2%, 83.2%로 그 뒤를 이었다.

학습자와 교사는 모두 '범죄'와 '보건' 영역에서 한국어의 필요성을 높게 판단하고 있는 것을 알 수 있으며, 세부 영역별로도 '학교/직장 폭력', '사기' 시 한국어의 필요성을 공통적으로 높게 보고 있었다.

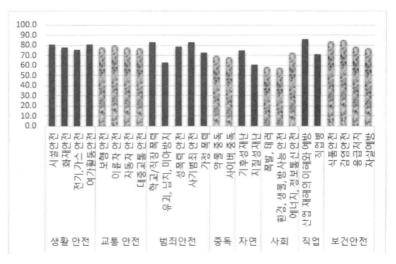

〈그림 6〉 안전사고 및 재난에 대처 시 한국어의 필요성

마지막으로 '안전사고 및 재난'과 관련된 항목을 한국어 교수요목
에 어떻게 포함시키는 것이 바람직한지를 묻는 객관식 문항에 대한
응답 결과는 〈그림 7〉과 같다.[8] 교수요목의 주제에 포함시키는 것이
좋겠다는 응답이 13건으로 가장 많았으며, 과제에 포함시켜야 한다
는 응답과 의사소통 기능에 통합시키는 것이 바람직하다는 응답이
각각 12건, 10건으로 그 뒤를 이었다 문화에 포함시키는 방안과 '안전'
을 교수요목의 독립된 요소로 설정하는 방안은 상대적으로 응답 수
가 적었으며, 한국어 수업에서 교수·학습할 필요가 없다는 의견은
단 한 건밖에 나타나지 않았다.

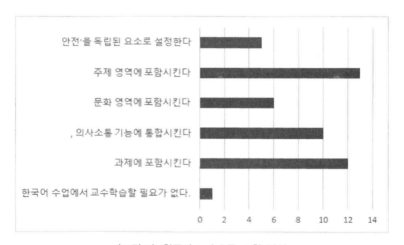

〈그림 7〉 한국어 교수요목 포함 방식

그밖에 안전사고 및 재난에 대비한 한국어 교육에 대해 자유롭게

---

8 복수 응답을 허용하였다.

의견을 쓰도록 한 문항에서 교사들은 안전과 관련된 학습자들의 의사소통 능력을 향상시킬 필요성에 대해서는 아래와 같이 대부분 공감하였다.

· 외국인 학습자들이 사고나 재난 시 한국어로 잘 대처할 수 있도록 의사소통 능력을 개발할 필요가 크다.
· 반드시 필요한 요소라고 생각합니다. 교육과정 혹은 교재에 어떻게 통합시킬지에 대한 고민이 필요합니다.
· 그동안 등한시한 '안전'에 대한 교육이 이제는 필요하다고 생각합니다.

안전 관련 요소를 교육과정에 어떻게 포함하는 것이 바람직한지에 대해서는 주제 별로 주요 의견을 다음과 같이 정리할 수 있다.

첫째, 학습자 변인별로 노출되는 위험의 종류와 정도가 다르기 때문에 차별화된 접근이 필요할 것이라는 의견이 상당수 있었다. 사실상 학습자마다 처한 생활환경과 의사소통 상황이 너무나 다양하기 때문에 이를 고려할 필요가 있으며 특히 외국인 근로자의 경우에는 다양한 작업 환경을 고려해 안전과 관련된 의사소통 교육의 실제성을 높일 필요가 있다.

· 학습자군에 따라 답이 달라질 수 있을 것 같기도 합니다.
· 대상마다 다를 것 같아요
· 학습자 집단별 위험 노출 가능성이 달라질 수 있을 것 같습니다.
· 일상생활에서 누구나 직면할 수 있는 문제라는 점에서 일상적 의사소통 능력의 중요한 부분이 될 수 있다고 생각됩니다. 학습자가 처한 상황을 고려하면 대상이나 학습 목적에 따라 다룰 수 있는 범위나 구체적인 주제들도 차별화할 수 있을 것 같습니다.

둘째, 모든 급에서 교수요목에 포함시켜야 한다는 의견으로 이는 건강, 기후와 관련된 의사소통의 필요성은 직업에 관계없이 모든 학습자에게 공통되므로 모든 급에서 포함시킬 필요가 있다. 또한 상황별로 높은 의사소통 능력을 요하는 대처 상황과 상대적으로 그렇지 않은 상황이 있을 것이므로 난이도를 구분해 전체 교육과정에 고루 포함할 수 있을 것이다.

> · 안전과 관련된 요소를 교육하는 일은 꼭 필요하다고 봅니다. 난이도를 조절해야 하겠지만 모든 급에서 안전 관련 요소들을 조금씩 포함해서 가르치면 좋겠습니다.

셋째, 기초적인 한국어 숙달도를 달성한 이후 교수요목에 포함시켜야 한다는 의견이 있었다. 초급에서는 보통 한국어로 기초적인 일상을 영위할 수 있도록 하는 교육이 이루어지므로 안전사고나 재난에 대처하는 의사소통은 그 이후에 다루어도 무방하다는 의견으로 볼 수 있다.

> · '안전'이라는 주제는 그동안 한국어 교재에서도 잘 다뤄지지 않은 부분인 것 같은데 2,3급 수준에서 하나의 단원이나 과제로 다루어지면 좋을 것 같습니다.

넷째, 선택 교육과정으로 구성해야 한다는 의견이 있었는데 이러한 의견은 한국어 필수 교육과정으로 포함시킬 필요는 없다는 의견으로 해석할수 있다.

·선택 교육과정으로 포함할 수도 있을 것 같습니다.
·시사(사건, 사고)에 대한 읽기 교육과 연계

　마지막으로 교육과정 구성에 대한 의견은 아니었지만 단지 언어교
육 차원이 아니라 실습을 병행함으로써 안전사고 및 재난에 더욱 실
제적인 도움을 줄 수 있어야 한다는 의견이 있었다. 이처럼 한국어
교사들은 안전사고 및 재난에 대비하기 위한 의사소통 능력 향상에
는 대부분 동의하지만 이를 교육과정에 어떻게 구현해야 하는지에
대해서는 일관된 의견을 보이지는 않고 있었다. 국내 거주 외국인들
의 안전과 관련된 문제라는 점에서 향후 한국어 학습자와 한국어 교
육계의 의견을 폭넓게 수렴하고 정부의 정책적인 방향도 함께 고려
되어야 할 사안으로 볼 수 있다.

5. 결론

　본고에서는 거주 외국인을 대상으로 하는 한국어 교육과정에서 이
주민들이 한국 사회에서 거주하면서 접하게 되는 다양한 위기 상황
에 대비하고 대응할 수 있도록 안전사고 및 재난에 대처하기 위한
의사소통 능력 함양이 이루어져야 한다고 보고, 한국어 교수요목의
주제 영역을 검토하여 이주민 대상 한국어 교육과정의 내용에 안전
사고 및 재난과 관련된 내용이 포함되었는지 살펴보았으며, 외국인
학습자와 한국어 교사를 대상으로 요구 분석을 실시하여 한국어 교
수요목에 포함될 '안전' 영역의 항목을 선정을 위한 기초 자료를 마련

하고자 하였다.

국내외 한국어 교육의 참조 기준이 되는 〈국제통용〉과 이주민 대상 교육과정인 〈사회통합〉, 〈다문화가정〉, 〈고용허가제〉 교육과정에 제시된 교수요목의 주제를 검토한 결과 교육과정마다 차이는 있었지만, 공통적으로 건강과 관련된 주제는 포함하고 있었지만, 자연재해라든지 감염병, 화재와 같이 일상생활에서 접할 가능성이 높은 위기와 관련된 주제를 다루고 있지 않았다. 이는 학습자의 특성을 고려해 산업 현장에서의 안전 관련 주제를 다룬 〈고용허가제〉에서도 마찬가지로 나타났다. 이를 통해 한국어 교육과정에서 안전사고 및 재난에 대비할 수 있는 교육이 좀 더 폭넓게 이루어져야 함을 알 수 있었다.

요구분석 결과 학습자들은 한국에서 안전사고 및 재난을 경험할 가능성은 전반적으로 높지 않으며, '사이버 중독', '학교/직장 폭력'의 가능성을 상대적으로 높게 보고 있었으며, 안전사고 및 재난에 대처 시 한국어의 필요성은 높게 판단하여 '범죄'와 '보건' 영역에서 한국어가 가장 필요하다고 보았다. 세부 영역에서는 '학교/직장 폭력', '성폭력', '사기', '유괴/납치', '가정 폭력', '응급 처치'의 순으로 한국어의 필요성을 높게 판단하였다. 안전사고 및 재난에 대처하기 위한 자신의 한국어 능력 수준은 전반적으로 낮다고 생각하였으며, '범죄'와 '보건' 영역에서 한국어의 필요성과 자신의 한국어 능력의 차이가 가장 크게 나타났다.

교사들의 경우 학습자보다 안전사고 및 재난 경험 가능성을 좀 더 높게 보았는데, '보건'과 '직업' 영역에서 가장 가능성이 높고, 세부 영역에서는 '사기'와 '사이버 중독', '산업 재해', '감염병' 경험 가능성을 가장 높은 것으로 보아 학습자들과 차이를 보였다. 반면, 교사와 학습자 모두 사회재난과 자연재해의 가능성은 높지 않다고 보고 있었다. 안전사고 및 재난에 대처 시 한국어의 필요성도 학습자보다 높게 판단하였는데, '보건', '직업', '생활', '교통', '범죄' 영역 순으로 한국어 필요성이 높으며, 세부 영역에서는 '산업 재해'가 가장 높고, '감염병', '식품', '사기', '학교/직장 내 폭력'이 그 뒤를 이었다. 교사들은 한국어 교수요목에서 안전사고 및 재난과 관련된 학습 항목을 주제, 과제, 의사소통 기능에 포함시키는 것이 바람직하다는 의견이었으며, 학습자 변인별로 노출되는 위험의 종류와 정도가 다르기 때문에 차별화된 접근도 필요하다는 의견도 상당수 있었다. 이와 같은 요구 분석 결과는 안전사고 및 재난에 대비한 한국어 의사소통 능력 향상을 위한 한국어 교육과정 및 교수요목 개발 시 기초 자료로 유용하게 활용될 수 있을 것이다.

국내 거주 외국인들의 한국어 학습 목표는 다양하겠지만, 예측이 불가능한 재난이 점차 늘어나는 현대 사회에서는 어떤 학습자라도 안전에 대한 기본적인 요구가 충족이 되어야 할 것이므로, 한국어 교육과정에서 안전사고 및 재난에 대비할 수 있는 교육 내용에 대한 정비가 필요한 시기라 할 수 있다. 이러한 시대적 요청에 한국어 교육계가 발 빠르게 대응하여 국내 한국어 학습자들이 한국어로 일상생활을 안전하게 영위할 수 있기를 기대한다.

한국어 교육자료 제작 도구로서의 음성합성기(TTS) 성능 평가 연구

음운 현상별 정확성을 중심으로

박진철

1. 서론

교수·학습 분야에서 '최신기술'은 컴퓨터와 ICT를 기반으로 하는 기술을 의미하며 온라인 수업 뿐 아니라 멀티미디어 기술, 모바일 기기 활용, 사이버 학습, 인공지능(AI) 활용 등 4차 산업혁명 시대에 가능한 교육 매체와 기술의 혁신을 의미한다(오선경, 2020). 특히 음성인식(speech recognition) 및 음성합성(speech synthesis) 기술은 일상 생활을 비롯한 외국어 교육의 변화에 큰 영향을 미치는 관련 기술이다(김형순·김혜영, 2017). 이러한 음성 관련 기술은 인공지능을 기반으로 인터넷을 비롯한 스마트폰, 인공지능 스피커, 챗봇 등 생활 전반에 널리 활용되며 일반인들의 인지도가 많이 높아졌으며 다양한 IT 업체에서 웹기반 서비스와 솔루션을 제공함으로써 대중화가 가속화되고 있다.

음성인식 기술 중 TTS(Text-to-speech)는 컴퓨터에 문장을 입력하면 인공지능이 사람의 음성으로 변환해 주는 프로그램으로 딥러닝 기술의 발전과 함께 2000년대 이후부터 교육적 활용을 위한 다양한 논의가 이어지고 있다(박진철, 2021). 이러한 기술은 교재에 포함된 음성 자료나 교사의 음성에만 의존하지 않고 학습자의 수준이나 대화 참여자의 다양한 변인을 적용한 교수·학습 자료로서의 음원을 쉽게 제작할 수 있다는 점에서 언어 교육에서의 활용 범위가 크다고 볼 수 있다. 특히 최근에는 ICT를 기반으로 하는 온라인 수업이나 학습 효과를 극대화하기 위한 블렌디드 러닝(Blended Learning), 플립러닝(Flipped Learning) 등 새로운 교수·학습 방법이 활발히 논의되고 있는 시점에서 TTS는 콘텐츠 자료 제작 도구로서의 교육적 유용성이 크다. 특히 표준어 구사에 어려움을 겪고 있는 한국어 교사를 비롯한 국외의 많은 비원어민 교사(Non-native Korean-speaking Teachers)[1]들에게 더욱 유용할 수 있다. 한국어 수업 현장에서의 교사는 언어 입력의 제공자로 교사 발화에 나타나는 언어적 오류는 교수 행위의 비효율성을 초래할 수 있기 때문이다. 이와 같은 맥락에서 본 연구는 한국어 교육자료 제작 도구로서의 TTS 활용에 앞서 한국어 TTS 프로그램의 발음 처리 현황을 점검하는 데 목적이 있다. 이를 위해 기개발된 한국어 TTS 중 웹을 기반으로 서비스를 제공하는 TTS 프로그램 5종을 대상으로 한국어 음운 현상을 중심으로 평가하고자 한다. 그 결과는 앞으로 한국어 TTS의 성능 개선을 위한 기초 자료로 활용될 수 있으

---

1 2019년 국립국어원 통계자료에 따르면 외국 국적자의 한국어교원 자격 취득이 꾸준히 증가하고 있으며 2020년까지 누적 2,411명에 이른다.

며 일선 교육 현장의 교사에게 TTS 기술에 대한 관심과 교육적 활용에 대한 새로운 인식을 심어주는 데 일조할 수 있을 것이다.

2. 선행 연구 검토

1) 한국어 음성합성기(TTS)

1970년대 말부터 일부 기술 선진국에서는 자국어는 물론 다국어 음성합성기를 개발하기 시작했다. 초기 TTS는 문장 단위의 낭독체나 제한적인 대화체만 구현이 가능했으나 이후 자연성, 개인성, 대화체, 감정 구현 등에서 실제 음성과 같은 합성음 구현을 위한 운율 처리 연구가 지속적으로 이루어져 과거에 비해 상용화가 이루어졌다. 실생활에서의 TTS 기술은 책을 읽어주는 낭독형 인공지능 스피커를 비롯한 통신사의 보이스 포탈(Voice Potal), 공공기관의 음성 정보 시스템, 문자 정보를 음성으로 제공하는 인터넷 웹 사이트 등 그 활용 범위가 확대되고 있다. 그러나 여전히 TTS 산출 음원의 정확성은 여전히 미흡한 부분이 있으며 성능 개선을 위한 지속적인 평가 및 체계적인 연구가 이루어져야 한다. 한국어 TTS는 한글로 입력된 텍스트를 한국어 음성으로 변환하여 출력하는데 그 과정은 〈그림 1〉과 같이 크게 언어 처리기, 운율 처리기, 음편 선택기, 합성음 생성기를 거친다. 우선 문장 단위로 입력된 텍스트는 언어 처리기에서 형태소를 기본 단위로 품사를 추정하며 태깅이 이루어진다. 이때 아라비아 숫자나 기호, 외래어, 외국어 이름이나 지명 등은 발음 사전을 통해 처리한다. 그리고 한국어 음운변동 규칙과 표준 발음법에 준해 작성된 문장을 소리나는 대로 변환한다. 다음으로 운율 처리기에서는 품사열과 형태소를 바탕으로 문장에 적합한 운율을 갖도록 끊어 읽기, 음소별 지속 시간, 강약, 피치 값 등 운율 경계 정보를 제어한다. 음편 선택기는 운율 처리기로부터 전달 받은 정보를 바탕으로 문장 전체에 대한 최적의 음편들을 선택하여 합성음 생성기로 전달하면 최종 합성음이 출력된다. 따라서 한국어 TTS가 실제 음성과 같은 자연스러운 합성음에 구현하기 위해서는 텍스트의 품사 추정의 정확성을 높이는 고성능의 문장 분석 시스템과 한국어 음운 규칙을 적용하여 효과적으로 운율을 제어할 수 있도록 충분한 합성 단위 음편 데이터베이스의 구축이 필요하다.

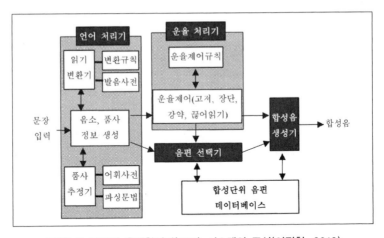

〈그림 1〉 한국어 음성합성기(TTS) 시스템의 구성(이정철, 2010)

2) 선행 연구

그동안 TTS 개발 연구는 과학이나 공학 분야를 중심으로 언어적 특징을 추출하는 단계와 추출된 특징으로부터 음향 모델링 및 음성 생성 단계로 구분하여 진행되었다. 최근에는 보다 자연스러운 음성 생성을 위해 다양한 감정을 표현하는 음성합성 기술에 관한 연구가 이루어지고 있다(유은정·신승중, 2020). 또한 한국어의 음운론적 규칙을 적용하여 자동으로 발음열을 생성하여 음성 형태를 산출하게 하는 연구(전재훈 외, 1997)와 발음 규칙에 예외적인 단어를 데이터로 구축하여 자연스러운 음원 산출을 이끌어내고자 하는 시도가 있었다(서민정 1999; 김선희 2003). 한편 기개발된 한국어 TTS를 대상으로 성능 평가에 대한 연구도 지속적으로 이루어져 왔다. 특히 한국어 TTS 성능에 대한 국어학적 관점에서 문제를 제기하고 해결 방안을 제시한 연구로 임현열(2018ㄱ, 2018ㄴ, 2019ㄱ, 2019ㄴ, 2020)이 대표적이다. 임현열(2018ㄱ)은 국내외 대표적 IT 기업이 제공하는 웹 기반 TTS를 대상으로 연음 현상을 어떻게 처리하고 있는지 살펴보고, 자연스러운 TTS를 구현하는 방안을 국어학적 관점에서 제안하였다. 임현열(2018ㄴ)은 표준 발음과 현실 발음의 조화 모델 중심으로 자연스러운 TTS 구현을 위한 'ㄴ 첨가' 처리 방안을 제안하였다. 임현열(2019ㄱ)은 한국어 TTS가 경음화 현상을 좀 더 적절하게 처리하기 위한 사항을 검토하였으며 임현열(2019ㄴ)은 한국어 TTS가 산출하고 있는 /ㄴㄹ/ 연쇄와 관련된 발음의 문제점을 살펴보고, /ㄴㄹ/ 연쇄의 적절한 발음 처리를 위해 TTS 시스템에서 고려해야 할 점들을 음운론의 관점에서 제시하였다. 끝으로 임현열(2020)에서는 한국어 TTS 시스템의 외래어 발음 처리 현황을 점검하여, 그것의 문제점을 지적하고, 그에 대한 개선안을 국어학적 관점에서 모색하였다. 한편 언어 교육 현장에서의 활용 가능성을 탐색하기 위한 TTS 성능 평가 연구로는 박선희

(2008), 유지철(2019), 박진철(2021)이 있다. 박선희(2008)는 동일 집단을 대상으로 동일 평가 문항에 대한 TTS 음원과 원어민 음성의 혼합된 형식의 소리 파일을 이용하여 듣기 평가 및 받아쓰기 평가를 진행하여 두 평가 간 결과에 차이가 없음을 밝힘으로써 영어 교육 현장에서의 TTS 활용 가능성을 확인한 바 있다. 유지철(2019)은 음성합성기와 아나운서가 낭독한 음성을 비교, 분석하고 그 결과를 바탕으로 음성합성기의 합성음이 아나운서의 목소리와 같은 자연성과 명료도를 실현하기 위해서 유사 언어를 어떻게 조절해야 하는지에 대한 시사점을 제시하였다. 박진철(2021)은 한국어 TTS로 산출한 음원의 발음 및 억양, 시간 요소에 대해 학습자, 경력 교사, STT(Speech-to-text)를 통한 평가를 진행하였다. 우선 경력 교사를 대상으로 설문 방식을 통해 주관적 평가를 실시하였다. 또한 학습자를 대상으로 전문 성우가 녹음한 음원과 TTS 산출 음원으로 두 차례 듣기 평가를 실시한 후 성취도를 비교하였다. 끝으로 TTS로 산출한 음원을 STT에 인식시킨 후 대본을 비교하는 객관적 평가를 진행하고 그 결과를 기술 통계 방식으로 분석하였다. 최근에는 TTS의 성능 평가 연구 이외에도 언어 교육 현장에서 TTS의 교육적 활용에 대한 효과를 검증한 연구도 이루어지고 있다. 이상에서 살펴본 바와 같이 한국어 TTS의 성능 개선 및 활용에 대한 연구가 지속적으로 이루어지고 있는 가운데 한국어 교육 현장에서 TTS를 본격적으로 활용하기에 앞서 음운 처리에 대한 전반적인 검토가 요구되는 시점이다.

3. 연구 대상 및 방법

본 연구에서 한국어 TTS의 발음 성능 평가를 위한 시스템은 모두 5종으로 세부 내용은 〈표 1〉과 같다. TTS 프로그램은 사용자의 접근성을 고려하여 웹 기반 또는 웹에서 제공하는 앱을 다운로드하여 쉽게 사용할 수 있는 것으로 선정하였다. TTS 프로그램은 포털 사이트의 번역기나 영상 콘텐츠 더빙 프로그램에 TTS 기능이 추가된 경우와 TTS 전용 프로그램으로 나눌 수 있으며 전용 프로그램은 합성음을 세부적으로 조절할 수 있는 다양한 기능을 제공하고 있다.

〈표 1〉 분석 대상 한국어 TTS(Text-to-speech) 시스템

	TTS 시스템	특징
1	네이버 파파고[2] (Naver Papago)	번역기에서 TTS 제공, 성별 및 속도 조절 가능, 개발자 콘솔을 통한 음원 다운로드 가능(무료)
2	구글 번역기[3] (Google Translator)	번역기에서 TTS 제공, 개발자 콘솔을 통한 속도 및 피치 조절 가능, 음원 다운로드 가능(무료)
3	클로바 더빙[4] (Clova dubbing)	영상 콘텐츠 더빙 프로그램에서 TTS 제공, 화자, 성별, 연령, 감정, 속도 조절 가능, 음원 다운로드 가능(유/무료)
4	타입캐스트[5] (TypeCast)	TTS 프로그램, 화자, 성별, 연령, 감정, 속도, 피치 조절 가능, 음원 다운로드 가능(유/무료)
5	프로소디[6] (Prosody)	웹앱 기반 TTS 프로그램, 화자, 성별, 연령, 감정, 속도, 피치 조절 가능, 음원 다운로드 가능(유/무료)

---

2 https://papago.naver.com

3 https://translate.google.com

4 https://clovadubbing.naver.com/mypage

5 https://typecast.ai

6 http://www.prosody-tts.com

한국어 TTS를 통한 음원의 음운 처리에 대한 성능을 점검하기에 앞서 국제통용 한국어표준 교육과정(이하 '국제통용')에서 제시하고 있는 한국어 발음 교육에 대한 내용 영역을 살폈다. 한국어 발음 교육은 크게 '개별 음소(분절음), 운소(초분절음), 음절, 음운 현상, 현실 발음'으로 대범주를 설정하고 있다. 본 연구에서는 발음 교육의 내용 중에서 음운 현상에 대한 TTS 프로그램의 성능을 평가하고자 한다. 평가를 위한 음운 현상의 세부 내용은 〈표 2〉와 같이 정리하였다. 또한 각 음운 현상의 평가 자료로 활용하기 위해 세종학당재단에서 출간한 '한글발음학습'과 '외국어로서의 한국어 발음교육론(허용·김선정, 2006)'에 제시된 예문을 활용하였다. TTS의 성능 평가는 합성음의 언어 정보 전달 능력을 평가하는 명료도(intelligibility) 평가, 합성음이 사람의 음성의 운율과 비슷한지를 평가하는 자연성(naturalness) 평가, 또한 문자 분석(text analysis) 능력 평가로 이루어지는데(조철우·이상호·김수진, 2005) 이중 발음 변환의 정확성 평가는 문자 분석 능력 평가에 포함된다. 이는 산출된 음원이 입력된 텍스트의 형태소 분석 결과나 음운 규칙 및 예외 발음의 적용 등의 정확성에 기인하기 때문이다. 이에 본 연구에서는 한국어 TTS 음원의 음운 현상에 대한 정확성을 점검하고자 하는 바, 임현열(2019)에서와 같이 스피커를 통해 전달되는 합성음을 연구자가 직접 청취하는 방식으로 산출되는 발음에 대한 정확성 평가를 실시하였다. 또한 평가자 내 신뢰도를 확보하기 위해 일정한 기간을 두고 3회에 걸쳐 평가를 진행하였으며 그중 2회 이상의 표준 또는 비표준 발음으로 판정한 것을 최종 결과로 정리하였다.

〈표 2〉 '국제 통용 한국어 표준 모형'에 제시된 음운 현상의 내용 및 예시

음운 현상	유형	내용 및 예시	예문 (개)
경음화	①	받침 'ㄱ, ㄷ, ㅂ' 뒤에 오는 'ㄱ, ㄷ, ㅂ, ㅅ, ㅈ'의 경음화 예) 책상[책쌍]	50
	②	받침 'ㄴ, ㄹ, ㅁ' 뒤에 이어지는 어미의 첫소리 'ㄱ, ㄷ, ㅅ, ㅈ'의 경음화 예) 앉자[안짜], 할게[할께]	
	③	한자어에서 'ㄹ' 받침 뒤에 이어지는 'ㄷ, ㅅ, ㅈ'의 경음화 예) 갈등[갈뜽], 일시[일씨], 발전[발쩐]	
	④	관형형 어미 '-(으)ㄹ' 다음의 경음화 예) 갈 것을[갈꺼슬], 할 걸[할 껄]	
	⑤	경음화 환경이 아닌 합성어에서의 경음화 예) 눈동자[눈똥자], 발바닥[발빠닥], 아침밥[아침빱]	
비음화	①	받침 'ㄱ, ㄷ, ㅂ'은 비음 'ㄴ, ㅁ' 앞에서의 비음화 예) 국물[궁물], 잡는[잠는]	35
	②	받침 'ㄴ, ㅁ, ㅇ' 뒤에 이어지는 'ㄹ'의 비음화 예) 강릉[강능]	
유음화		'ㄴ'은 'ㄹ' 앞이나 뒤에서 'ㄹ'로 바뀜 예) 난로[날로], 물난리[물랄리]	20
'ㅎ' 탈락		예) 좋아요[조아요], 싫어요[시러요]	20
구개음화		예) 굳이[구지], 같이[가치]	20
'ㄴ' 첨가		예) 솜이불[솜니불], 꽃잎[꼰닙], 솔잎[솔립]	20
격음화	①	'ㅎ' 뒤에 오는 자음 'ㄱ, ㄷ, ㅈ'은 'ㅋ, ㅌ, ㅊ'으로 발음 예) 놓고[노코], 먹히다[머키다]	25
	②	받침 'ㄱ, ㄷ, ㅂ, ㅈ' 뒤에 'ㅎ'이 오면 'ㅋ, ㅌ, ㅍ, ㅊ'으로 발음 예) 꽃하고[꼬타고], 깨끗하다[깨끄타다]	

4. 연구 결과

1) 프로그램별 분석 결과

분석 대상 한국어 TTS 프로그램 5종에 대한 발음 정확도 분석 결과는 다음의 〈표 3〉과 같다. 각 TTS 프로그램에 대해 음운 현상별로

20~50개의 예문을 평가한 결과, TTS 프로그램의 종류에 따른 정확도
는 최저 82.11%에서 최고 86.32%로 ±5% 이내의 범위로 나타나 산출
된 음원의 발음 정확성은 대체로 비슷하다고 판단할 수 있으며 평균
값은 83.47%(SD=1.7407)로 비교적 높은 편이었다.[7] 그러나 이는 발음
정확성 평가에 있어 표준 발음의 여부를 엄격하게 적용하여 판정한
결과로 어절별로 끊어 읽는 위치나 텍스트 입력 방식에 따라 표준발
음으로 판정 가능한 경우가 존재하므로 TTS의 발음 정확도에 대한
결과값은 전반적으로 상향될 수 있다.

〈표 3〉 TTS별 발음 정확도 분석 결과

TTS	표준발음 (개)	비표준 발음 (개)	정확도 (%)	오류율 (%)
A	164	26	86.32	13.68
B	157	33	82.63	17.37
C	158	32	83.16	16.84
D	158	32	83.16	16.84
E	156	34	82.11	17.89
평균	158.6	31.4	83.47	16.53

2) 음운 현상별 분석 결과

한국어 TTS 프로그램의 음운 현상별 정확도 및 오류율은 다음의
〈표 4〉와 같다. 분석 대상 음운 현상 중 'ㅎ' 탈락에 대한 정확도가
100%로 가장 높았으며 'ㄴ' 첨가에 대한 정확도는 68%로 가장 낮게

---

7 본 연구는 기개발된 한국어 TTS 엔진을 대상으로 성능이 우수한 프로그램을 선별하기
위한 것이 아닌 전반적인 음운 현상 처리 현황을 점검하는 것을 목적으로 하는 바,
TTS 프로그램명을 밝히지 않고 A~D로 표기하였다.

나타났다. 또한 음운 현상별 정확도는 'ㅎ' 탈락(M=100)〉 구개음화 (M=98)〉 유음화(M=95)〉 비음화(M=94.86)〉 격음화(M=84)〉 경음화 (M=81.6)〉'ㄴ' 첨가(M=68)의 순으로 편차가 큰 것으로 나타났다.

〈표 4〉음운 현상별 발음 정확도 분석 결과

항목	오류 개수					계	정확도(%)	오류율(%)
	A	B	C	D	E			
경음화	3	9	10	10	14	46	81.60	18.40
비음화	3	2	2	2	0	9	94.86	5.14
유음화	1	2	2	0	0	5	95	5.00
'ㅎ' 탈락	0	0	0	0	0	0	100.00	0.00
구개음화	1	1	0	0	0	2	98.00	2.00
'ㄴ' 첨가	6	6	7	7	6	32	68.00	32.00
격음화	5	4	2	4	5	20	84.00	16.00
계	19	24	23	23	25	114	-	-

(1) 경음화

경음화는 평음이 경음으로 대치되는 현상을 말하며 표준발음법에 서는 6가지 유형으로 규정하여 제시하고 있고 '국제통용'에서는 필수 적인 경음화[8]로 불리는 '①평파열음 다음의 경음화', '②비음과 유음 다음의 경음화', '③특정 한자어 단어에서의 경음화', '④관형형 어미 '-(으)ㄹ' 다음의 경음화', '⑤합성어에서의 경음화'로 총 5가지 유형 이 제시되어 있다. 경음화의 오류율은 18.4%로 비교적 높게 나타났는

---

8 경음화는 음운 환경 면에서 필수적 경음화와 수의적 경음화로 나뉜다. '문자'의 경우 [문자]나 [문짜로 읽는 것이 가능한데 '학과'의 경우 [학꽈로만 발음해야 하는 필수적이 고 자동적인 경음화이다.

데 이는 경음화가 일어나는 환경이 다양하기 때문인 것으로 판단된다. 경음화의 유형별 오류는 '유형⑤(22건)〉유형②(18건)〉유형④(6건)〉유형①(3건)〉유형③(0건)'의 순으로 유형별 편차가 큰 것을 확인할 수 있었다. 세부 유형별로 '①평파열음 다음의 경음화'는 가장 대표적인 경음화 현상으로 대상 TTS 프로그램 중 한 곳에서만 오류가 나타나 비교적 높은 정확도를 보였다. '②비음과 유음 다음의 경음화'는 두 번째로 오류가 많았는데 대상 TTS 중 대부분이 '감고[감꼬], 신지[신찌], 참다가[참따개]' 등과 같이 용언 어간에 다양한 어미가 결합함으로써 일어나는 경음화를 잘 처리하지 못하는 것으로 나타났다. 또한 비음 뒤의 경음화는 '감기[감기]'와 같이 체언에서는 일어나지 않는데 이러한 경우에는 대상 TTS 모두 정확하게 산출하였다. 다음으로 '③특정 한자어 단어에서의 경음화'는 '발달[발딸], 실수[실쑤], 결정[결쩡], 출장[출짱]' 등과 같이 오류가 전혀 나타나지 않았다. '④관형형 어미 '-(으)ㄹ' 다음의 경음화'는 '만날 곳[만날꼳], 어릴 적[어릴쩍]'과 같이 의존 명사가 오는 경우, 일부 TTS에서 경음화가 적용되지 않고 산출되어 오류로 판정하였다. 그러나 입력 단계에서 띄어쓰기를 하지 않고 재평가한 경우, 표준발음으로 산출되는 것을 확인할 수 있었다. 끝으로 '⑤합성어에서의 경음화'는 가장 높은 오류율을 보였다. 경음화 평가를 위한 예문에서 '된장국[된ː장꾹], 밤길[밤낄], 손가락[손까락]' 등과 같이 경음화 환경이 아닌 합성어에서 경음화 현상이 일어나는 경우, 오류가 가장 많은 것으로 나타났다.

〈표 5〉 비표준발음으로 산출된 경음화의 예

유형	예문(비표준발음으로 산출된 TTS의 수)
①	어제는 그곳에 **못 갔어요**.(1), 일이 **다섯** 달 없었어요.(1), 그 영화를 **못 봤어요**.(1)
②	눈을 **감고** 들으세요.(2), 한국에서는 집에서 신발을 **신지** 않아요.(4), **참고 참다가** 말하는 거예요.(4), '**삶다**'하고 '끓이다'의 차이가 뭐예요?(3), 나무를 **심고** 가꿉시다.(2), 감기 **옮지 않도록** 조심해요.(3)
③	-
④	**만날 곳**을 정했어요?(2), 이렇게 **보낼 수**는 없어요.(1), **어릴 적**에 많이 봤어요.(2), 자면 **잘수록** 더 피곤하네요.(1)
⑤	**된장국**을 드세요.(4), **밤길** 조심해서 가세요.(2), 친구가 **손짓**을 해요.(3), **손가락**이 길어요.(3), **장난감**을 사러 가요.(2), 좋은 **신랑감**이 있나요?(3), 좋은 **신랑감**이 있나요?(3), **비빔밥하고** 볶음밥을 주세요.(2)

(2) 비음화

비음화는 비음에 선행하는 평파열음이 비음의 조음 방법에 동화되어 비음으로 바뀌는 현상이다. 유형으로는 궁물[궁물]과 같이 받침 'ㄱ, ㄷ, ㅂ'이 비음 'ㄴ, ㅁ' 앞에서 비음으로 발음되는 장애음의 비음화와 강릉[강능]과 같이 받침 'ㄴ, ㅁ, ㅇ' 뒤에 이어지는 'ㄹ'이 비음으로 발음되는 유음의 비음화로 나뉜다. 비음화에 대한 TTS 음원 분석결과, 오류율은 5.14%로 비교적 낮은 편이었다. 비음화의 오류는 모두 장애음의 비음화였으며 '경로[경노], 독립[동닙], 난로[날로]' 등과 같이 단어 단위에서 발생하는 유음의 비음화의 경우에는 전혀 오류가 나타나지 않았다. 장애음의 비음화 중 '작문[장문]'과 같이 한 단어 내에서는 오류는 대상 TTS 중 한 곳에서만 나타났고 '먹는[멍는], 닫는[단는], 잡는[잠는]'과 같이 용언의 활용형에 대한 오류는 전혀 나타나지 않아 높은 정확도를 보였다. 그러나 '밥 만들다[밤만들다], 사십 명[사심명], 졸업 먼저[조럼먼저]'와 같이 두 단어를 이어서 한 마디로 발음하는 경우, 많은 TTS 프로그램에서 비표준발음으로 산출되었다. 이는 TTS 음원에서는 두 단어 간 목적격 조사가 생략된 경우, 이를 자연스럽게 이어서 발음하지 않고 입력된 형태 그대로 끊어 읽기를 함으로써 비음화가 적용되지 않은 것으로 보인다. 따라서 비음화에서 나타난 오류의 경우에도 띄어쓰기 여부에 따라 표준발음이 산출될 수도 있다.

〈표 6〉 비표준발음으로 산출된 비음화의 예

유형	예문(비표준발음으로 산출된 TTS의 수)
①	회화보다 <u>작문</u>이 어려워요.(1), 점심에 볶음<u>밥 만</u>들었어요.(2), 오늘 사<u>십 명</u>쯤 왔어요.(2), 졸<u>업 먼</u>저 하고 이사하려고요.(4)
②	-

(3) 유음화

유음화는 유음인 'ㄹ'에 인접한 'ㄴ'이 'ㄹ'로 바뀌는 동화 현상으로 TTS 음원 분석 결과, 오류율은 5%로 비교적 낮은 편으로 나타났다. 유음화는 'ㄹ'과 'ㄴ'의 위치에 따라 순행적 유음화와 역행적 유음화로 구분된다. 순행적 유음화는 'ㄹ'이 'ㄴ'보다 앞에 오는 경우의 유음화이고 역행적 유음화는 'ㄹ'이 'ㄴ'보다 뒤에 오는 경우의 유음화이다 (유현경 외, 2018). 유음화에 대한 TTS 음원 분석 결과, '신라[실라], 대관령[대·괄령]' 등의 고유명사의 경우에는 순행 및 역행적 유음화 환경에서 모두 높은 정확도를 보였다. 그러나 '물냉면[물랭면], 달님[달림]'과 같이 합성어나 파생어와 같은 복합어의 경우에는 TTS 프로그램 중 한 곳에서만 오류가 관찰되었으며 '잃는[일른]'과 같이 용언의 활용형에 적용되는 순행적 유음화의 경우, 대상 TTS 중 세 곳에서 오류가 관찰되어 정확도가 떨어지는 것으로 나타났다. 한편 TTS에서 모두 '핀란드[필란드], 온라인[올라인]'과 같이 외래어의 경우나 '천 리[철리]'와 같이 단어와 단어 사이에서 일어나는 역행적 유음화는 정확하게 처리하고 있음을 확인할 수 있었다.

〈표 7〉 비표준발음으로 산출된 유음화의 예

예문(비표준발음으로 산출된 TTS의 수)
여름에는 **물냉면**을 먹어요.(1), **달님**에게 소원을 빌었어요.(1), 내 마음대로 하면 사람을 **잃는다**.(3)

(4) 'ㅎ' 탈락

'ㅎ' 탈락은 '넣:+어 → [너어]'와 같이 'ㅎ'으로 끝나는 용언 어간 뒤에 모음으로 시작하는 문법 형태소가 결합할 때 'ㅎ'이 연음되지 않고 탈락하는 것을 말하며 음운론에서는 후음 탈락으로 규정하고 있다. 즉, /ㅎ/은 조음 방법만 있고 조음 위치는 없는 음성적 특성에 기인하여 어두에 나타나는 경우를 제외하고는 쉽게 탈락되거나 다른 소리와 합해져서 하나의 소리로 축약되는 특징을 가진다. 'ㅎ' 탈락에 대한 TTS 음성 분석 결과, '좋은[조은], 싫어[시러], 않아[아나]' 등과 같이 용언의 어간 뒤에 어미가 결합하는 경우를 비롯하여 '놓이다[노이다], 끓이다[끄리다]'와 같이 용언의 어간 뒤에 파생 접미사 '-이-'가 결합하는 경우에서 모두 100%의 정확도를 보였다. 한편 체언의 경우, 'ㅎ'으로 끝나는 경우가 없어 후음 탈락을 적용할 수 없지만 현실 발음에서는 '실험[시럼], 변호[벼노]'와 같이 다양한 환경에서 후음 탈락이 일어나는데 추가적인 TTS 성능 평가 결과, 현실 발음을 적용하여 산출되는 것을 확인할 수 있었다.

(5) 구개음화

구개음화는 받침 'ㄷ, ㅌ'이 모음 'ㅣ'로 시작하는 문법 형태소와 결합하여 경구개음 'ㅈ, ㅊ'으로 바뀌는 역행 동화 현상을 말한다. TTS 음원의 분석 결과, 구개음화에 대한 오류율은 2%로 'ㅎ' 탈락에 이어 두 번째로 정확도가 높게 나타났다. 이는 '느티나무'와 같은 단일어나 '밭일[반닐], 끝일[끈닐]' 등과 같은 실질 형태소끼리 결합된 경우에는 구개음화가 실현되지 않아 어휘 단위의 발음 처리가 가능하기 때문으로 보인다. 또한 앞의 형태소가 어휘 형태소이면서 뒤의 형태소가 '이'로 시작하는 문법 형태소에 한정된다는 점에서 구개음화의 적용 환경이 다른 음운 현상에 비해 다소 제한적이기 때문인 것으로 볼 수 있다. 그러나 대상 TTS 프로그램 중 한 곳에서 '곧이[고디]', '햇볕이[해뼈시]'와 같이 비표준발음으로 산출되되는 경우가 있었으나 대부분의 TTS의 경우에는 '밭+이랑 → (바티랑) → [바치랑], 물+밭+이 → (물바디) → [물바지]'와 같이 구개음화가 일어나는 환경에서 정확하게 음원을 산출되고 있음을 확인할 수 있었다.

〈표 8〉 비표준발음으로 산출된 구개음화의 예

음운 현상	예문(비표준발음으로 산출된 TTS)
구개음화 (20개 예문)	그 이야기를 **곧이** 듣지 마세요.(1), 오늘 **햇볕이** 쨍쨍하네요.(1)

(6) 'ㄴ' 첨가

'ㄴ' 첨가는 합성어 및 파생어에서 앞 낱말이나 접두사의 끝이 자음이고 뒤 낱말이나 접미사의 첫 음절이 '이, 야, 여, 요, 유'인 경우 'ㄴ'

음을 첨가하여 [니, 냐, 녀, 뇨, 뉴]로 발음하는 경우와 'ㄴ'이 첨가된 다음 비음화나 유음화 현상이 일어나는 경우로 나뉜다. TTS 음원의 분석 결과, 'ㄴ' 첨가에 대한 오류율은 32%로 분석 대상 음운 현상 중 가장 높은 것으로 나타났다. 'ㄴ' 첨가는 기본적으로 합성어와 파생어에서 일어나고, 경우에 따라 'ㄴ'이 첨가된 말이 앞말의 받침과 함께 다시 비음화나 유음화 현상을 일으키기도 한다. 또한 이러한 조건이 모두 충족된다고 해도 '금융[금늉/그뮹]'과 같이 반드시 'ㄴ'이 첨가되지 않는 경우도 존재한다. 따라서 높은 오류율은 'ㄴ' 첨가의 음운적 환경이나 조건이 매우 복잡한 데에 기인한 것으로 보인다.[9] 분석 대상 예문 중, 두 단어를 이어서 한 마디로 발음하는 '한 일[한 닐], 생선 요리[생선뇨리]'와 같은 예문은 대상 TTS 음원에서 모두 오류로 판정되었는데 이는 TTS가 해당 문장을 한 마디로 이어서 발음하지 않고 휴지를 둠으로써 'ㄴ' 첨가가 적용되지 않을 뿐만 아니라 합성음의 자연스러움도 많이 해치는 것으로 나타났다. 또한 합성어나 파생어인 '두통약[두통냑], 콩엿[콩녇], 직행열차[직행녈차], 웬일[웬닐]' 등과 같이 한 단어 안에서 일어나는 경우에도 대상 TTS 모두 'ㄴ' 첨가를 정확히 반영하지 못하는 것으로 나타났다.

---

9 한국어 발음 교육에서 'ㄴ' 첨가는 '한여름, 맨입'과 같이 명확하게 'ㄴ' 첨가만 일어나는 낱말을 먼저 제시하고 '서울역, 꽃잎'과 같이 다른 음운 현상과 복합적으로 일어나는 낱말은 뒤에서 제시한다. 이후 모든 조건을 충족하더라도 예외적인 어휘는 해당 어휘가 제시될 때 가르친다(허용·김선정, 2006).

〈표 9〉 비표준발음으로 산출된 'ㄴ' 첨가의 예

예문(비표준발음으로 산출된 TTS)
<u>생선 요리</u>가 맛있어요.(5), <u>콩엿</u>을 좋아해요.(5), <u>직행열차</u>를 타세요.(5), 주말에 <u>한 일</u>이 없어요.(5), 여기에 <u>웬일</u>이에요?(2), <u>두통약</u>을 드세요.(5), <u>지난여름</u>은 더웠어요.(5)

(7) 격음화

격음화는 'ㅎ'과 평음 'ㅂ, ㄷ, ㅈ, ㄱ'이 만나서 유기음인 'ㅍ, ㅌ, ㅊ, ㅋ'으로 줄어드는 현상으로 유기음화라고도 한다. 격음화의 경우 '놓고[노코]'와 같이 'ㅎ' 뒤에 오는 자음 'ㄱ, ㄷ, ㅈ'이 각각 'ㅋ, ㅌ, ㅊ'으로 발음하는 순행적 격음화와 '먹히다[머키다]'와 같이 받침 'ㄱ, ㄷ, ㅂ, ㅈ' 뒤에 'ㅎ'이 와서 각각 'ㅋ, ㅌ, ㅍ, ㅊ'으로 발음하는 역행적 유기음화가 있다. 또한 '깨끗하다(깨끋하다) → [깨끄타다]'와 같이 평파열음화 뒤 격음화가 일어나는 경우로 나뉜다. 격음화에 대한 TTS 음원 분석 결과, 오류율은 16%로 다소 높게 나타났다. 구체적으로 격음화의 유형 ①에서 '쌓지[싸치]'와 같이 한 단어 내에서 발생하는 경우는 대상 TTS 중 한 곳에서만 오류가 나타나 대체로 정확하게 산출됨을 확인할 수 있었다. 그러나 '국 한 그릇[구칸그른], 제값 하는 [제갑파는]'과 같이 두 단어가 이어지는 경우, 전반적으로 오류율이 높게 나타났다. 또한 '낮 한 때[나탄때]'와 같이 평파열음화 뒤 격음화가 일어나는 유형 ②의 경우에는 모든 TTS 프로그램에서 오류가 나타났다. 앞서 살핀 바와 마찬가지로 격음화의 경우에도 '아홉 형제'를 띄어서 입력할 경우 [아홉:형제]와 같이 격음화가 적용되지 않았지만 '아홉형제'와 같이 붙여서 입력할 경우 '[아호평제]'와 같이 표준발음으로 산출됨을 확인할 수 있었다.

〈표 10〉 비표준발음으로 산출된 격음화의 예

유형	예문(비표준발음으로 산출된 TTS의 수)
①	거기에 **쌓지** 않았어요.(1), **국 한 그릇** 더 주세요.(4), **밥 한 그릇** 먹고 출발합시다.(2), **아홉 형제**의 성격이 모두 제각각이다.(3), **제값 하는** 물건 찾기가 어렵군요.(5)
②	**낮 한 때** 비가 오겠습니다.(5),

3) 소결

지금까지 '국제통용'의 발음 영역에서 제시하고 있는 음운 현상에 대해 총 190개의 예문을 한국어 TTS 프로그램 5종에 입력하여 산출되는 음원의 발음 정확성을 평가한 결과, TTS별 정확도는 최저 82.11%에서 최고 86.32%이며 평균값은 83.47%인 것으로 나타났다. 음운 현상별 정확도는 'ㅎ' 탈락(M=100)〉구개음화(M=98)〉유음화(M=95)〉비음화(M=94.86)〉격음화(M=84)〉경음화(M=81.6)〉'ㄴ' 첨가(M=68)의 순으로 특정 음운 현상에 오류율이 집중되어 있어 음운 현상별 정확도의 편차가 매우 큰 것으로 나타났다. 이중 '격음화, 경음화, 'ㄴ' 첨가'의 경우 발음의 정확도가 90% 미만으로 교육자료 제작에 TTS를 활용하는 데에 다소 한계를 가지는 결과로 볼 수 있다. 우선 격음화는 순행·역행적 환경을 비롯하여 평파열음화 뒤의 격음화 모두 단어와 단어가 결합하는 경우에 높은 오류율을 보였다. 또한 경음화의 경우, 여러 유형 중 경음화 환경이 아닌 합성어에서 발생하는 경음화의 오류율이 가장 높았고 다음으로 용언의 어간에 다양한 어미가 결합함으로써 일어나는 유음 다음의 경음화의 오류 빈도가 높았다. 끝으로 'ㄴ' 첨가의 경우 음운 현상 중 가장 높은 오류율을 보였는데 이는 'ㄴ' 첨가가 한 단어 내에서나 별개의 단어 사이, 수의적으로 적용되는 경우 등 'ㄴ' 첨가 환경이 매우 복잡하기 때문이다. 이상의 내용을 종합하면 한국어 TTS는 한 단어 내에서보다는 합성어나 파생어 등의 복합어에서 일어나는 음운 현상을 비롯하여 다양한 어미가 결합하여 품사가 달라지는 경우, 그리고 두 단어를 이어서 한 마디로 발음하는 환경에서의 발생하는 음운 현상을 정확히 처리하지 못하는 것으로 볼 수 있다. 이는 띄어쓰기를 하지 않거나 소리나는 대로 입력하는 등 입력 방식의 조정으로 표준발음을 산출할 수도 있겠으나 사용자의 편의 및 TTS의 성능 개선을 위해 보완되어야 할 점으로 볼 수 있다.

5. 결론

최근 인공지능과 딥러닝의 기술의 발달로 음성합성기술을 활용한 한국어 TTS의 성능은 과거에 비해 비약적으로 발전하였다. 이에 따라 한국어 교육계에서는 TTS를 교육자료 제작의 편의성 및 교육적 효용성을 추구하고자 다양한 활용 시도가 이루어지고 있다. 그러나 교육 현장에서의 활용에 앞서 TTS 프로그램을 통해 산출한 음원에 대한 다양한 차원의 평가가 선행될 필요가 있다. 이에 본 연구에서는 기개발된 한국어 TTS, 5종을 대상으로 발음의 정확도를 점검하였다. 그 결과, 한국어 TTS는 전반적으로 높은 정확도를 가진다고 볼 수 있으나 여전히 한국어의 음운론적, 형태론적 특수성은 TTS 성능을 떨어뜨리게 하는 요인으로 작용하고 있음을 확인할 수 있었다. 그러나 특정 음운 현상에 편중된 오류로 인해 TTS의 교육적 활용이 제한적이라고 단정할 수는 없다. 교육적 측면에서 특정 음운 현상이 적용되는 어휘 및 표현의 사용 빈도가 제한적이고 숙달도별 순차적으로 음운 현상이 제시되며 기술적 측면에서 TTS 제작 업체는 경쟁적으로 음성합성기술의 성능 개선을 위해 투자하고 있기 때문이다. 아울러 입력 방식을 조정함으로써 표준발음의 산출이 가능하다는 것을 확인하였다. 그러나 향후 한국어 TTS 성능 고도화를 위해서는 공학 분야의 연구와 개발 실무 단계에서 한국어 음운 현상이 일어나는 환경을 면밀히 파악하여 미흡한 부분을 보완해 나가야 한다. 또한 한국어 교육계에서는 TTS 성능에 대한 점검과 교육적 활용에 대한 탐색이 요구된다. 본고에서는 한국어 TTS에 대한 음운 현상을 중심으로 발음의 정확성을 점검한 바, 추후 TTS 합성음의 정확성과 함께 자연성을 확보하기 위해서는 CSL(Computer Speech Lab) 및 Praat 등과 같은 음성분석 프로그램을 통해 억양 및 피치, 강도 등 운율에 대한 다양한 측면에서의 성능 분석에 대한 연구가 지속적으로 이루어져야 할 것이다.

고 전

구전설화 속 '역병'의 서사화 양상과 의미

〈한국구비문학대계〉의 자료를 중심으로

송소라

1. 들어가며

본고는 구전설화 속 '역병'[1]의 서사화 양상과 의미를 살피는 것을 목적으로 작성되었다. 현대에도 그러하지만, 과거에도 역병은 인류에게 커다란 공포의 대상이었으며 병을 앓는 사람은 물론 그 주변인들에게 심각한 고통을 주었다. 그러나 어느 시기이든 전염병은 지나가고, 사람들은 어떤 형태로든 이를 기억한다. 역병에 대한 기억은 서사를 통해서 이루어질 수 있는데, 당대 역병의 참상을 기록한 문헌,

---

1 '역병'은 오늘날 전염병과 동일한 의미가 있는 것으로 대체로 급성이며 전신(全身) 증상을 나타내어 집단으로 생기는 유행병을 일컫는다. 권복규는 역병(epidemic disease)이란 어떤 인구집단에서 예견되는 빈도 이상으로 일어나는 질병을 의미한다고 하며, 전염병(transmissible disease)은 생물학적 병원체가 한 숙주에서 다른 숙주로 옮겨질 수 있는 병이라고 하였다. 논자에 따르면, 역병은 대부분 생물학적 병원체에 의해 일어나지만, 독소와 같은 다른 원인에 의해서도 일어날 수 있다. (권복규, 「조선 전기 역병 유행에 관하여」, 『한국사론』 43, 서울대학교국사학과, 2000, 54쪽.)

또는 역병과 관련한 이야기들의 기록과 전승이 그것이라 할 수 있다.

역병에 관한 기록을 통해 우리는 역사적 사건으로서 역병 그 자체에 대한 이해를 도모하고, 역병을 둘러싼 당대 사람들의 삶의 모습을 읽을 수 있다. 특히 본고에서 다루고자 하는 설화 속 역병의 모습은 당대인들이 문헌 혹은 구전을 통해 역병을 이해하고 기억한 방식을 확인케 한다. 이는 역사서에 남겨진 역병에 대한 기록과는 다른 것으로, 역사서가 역병의 참상과 심각성, 그것이 어째서 일어났는가, 어떻게 치료해야 하는가 등에 무게를 두고 최대한 사실적으로 역병의 사건을 기록하고 있다면,[2] 문학 작품은 역병이 준 개인적 슬픔, 그 참상의 문학적 묘사, 역병과 관련된 신이한 이야기 등을 기록하는 형태로 존재한다.

그간 문학 작품 속에 형상화된 역병에 관한 연구는 주로 한문학과 필기·야담류를 대상으로 이루어졌다. 먼저, 김영주[3]는 역병 가운데에서도 '두역(痘疫)'에 집중하여 한문학에 나타나는 두역의 형상화를

---

2 특히 조선 시대에는 역병과 관련한 의료서가 충실히 발간되었는데, 이 같은 의료서는 역병의 예방과 치료에 큰 관심을 두고 작성되었다. 조선 시대 역병과 관련하여 남겨진 기록을 토대로 한 주요 연구는 다음과 같다. 三木英, 『朝鮮醫學史及疾病史』, 사문각, 1991; 김두종, 「우리나라 역병고」, 『대한의학협회지』 3(3), 대한의사협회, 1960; 김정대, 「근세 조선시대의 전염병 유행과 보건대책에 관한 문헌적 고찰」, 서울대학교 석사학위논문, 1980; 변정환, 「조선시대의 역병에 관련된 역병관과 구료시책에 관한 연구」, 서울대학교 박사학위논문, 1984; 조원준, 「조선시대 벽역의서에 나타난 역병 예방법」, 『대한예방한의학회지』 12(2), 대한예방한의학회, 2008; 이준호, 「조선시대 기후변동이 전염병 발생에 미친 영향」, 『한국지역지리학회지』 25(4), 한국지역지리학회, 2019; 김영환, 「조선시대 역병발생기록에 관한 분석연구」, 『보건과학논집』 27, 고려대학교 보건과학연구소, 2001; 권복규, 앞의 글 등.

3 김영주, 「조선한문학에 나타난 痘疫」, 『한문교육연구』 29, 한문교육학회, 2007, 522~540쪽.

살펴보았다. 논자는 작자 개인의 경험과 사회적 관계 또는 학문적 사상에 의해 작품 속 두역의 형상화가 차이를 보인다고 하며, 이를 크게 4가지로 유형화하였다. 첫째는 두역으로 인해 가족을 잃은 문인의 슬픔과 좌절이 나타나는 형태이고, 둘째는 두역을 통해 인간관계를 재고하거나, 두역을 희화화하며 해학으로 풀어낸 형태이다. 그리고 세 번째로는 두역을 통해 국왕의 권위를 확인하고, 그 권위에 대한 신하들의 충성과 복종을 되새기는 작품군이다. 마지막은 두역을 '병균', '병증'으로 기록하여 실증적 차원으로 이를 대상화한 작품들이다. 한편, 김동준[4]은 질병 소재의 한시를 살펴보는 과정에서 유경종이 작성한 〈다시(又)〉를 소개하며 이 가운데, '추(瘳)'라는 전염병을 묘사한 시를 소개하였다. 논자에 따르면, 이 시에는 해당 전염병에 걸린 노복을 화자가 목도하고 그 전염병의 증상을 임상적으로 묘사하는 부분이 나타나는데, 한시에서 전염병의 증상 자체를 자세히 묘사한 점이 독특하다고 하였다.

필기·야담류에 나타난 역병을 고찰한 연구로는 강상순[5]의 논의를 주목할 수 있다. 강상순은 조선 시대 필기·야담 속의 역병을 신이담을 통해 논하였다. 우선 논자는 필기·야담을 통해 조선 시대 역병의 불안과 공포, 비참함을 살펴본 후, 이들 작품 속에서 추출할 수 있는 역병의 병인론을 3가지(역학적 병인론, 경험적 병인론, 신이적 병인론)으로 나누어 상세히 살펴보았다. 나아가 필기·야담 속에 수록된 역병

---

4 김동준, 「질병 소재에 대처하는 한국한시의 몇 국면」, 『고전과 해석』 6, 고전문학한문학연구학회, 2009, 101~104쪽.
5 강상순, 「조선시대의 역병 인식과 신이적 상상세계」, 『일본학연구』 46, 단국대학교일본연구소, 2015.

체험은 거의 신이담의 형태를 띠고 있다는 점에 주목하여 이를 세 유형으로 나누어 제시하였다.[6] 그리고, 이승은[7]은 『천예록』에 수록된 전염병과 관련된 이야기를 대상으로 죽음을 대하는 당대 사람들의 인식을 살펴보았다. 논자는 전염병의 원인으로서 가시화된 귀신이 등장하고, 그 귀신이 실은 인간이었음을 다루는 이야기를 통해 전염병의 불안을 해소하고자 한 당대인들의 소망을 읽어냈다. 또한, 마마귀신을 잘 대접하지 못해 화를 당한 이야기를 통해 불가항력적인 전염병의 해결 가능성을 희구한 당대인들의 상상적 바람을 포착하였다. 정장순[8]은 조선 후기 야담 속 '두신'의 형상화를 살펴보며, 야담 소재 두신 이야기는 민간에서 맹위를 떨치는 미신에 대한 조선 후기 지식인들의 수용과 변형을 보여주는 텍스트라 하였다.

한편, 19세기 역병을 야담, 인물 전, 여제의 제문, 한시, 가사, 판소리 등의 다양한 문학 작품 속에서 고찰한 이주영[9]의 연구도 주목할 필요가 있다. 논자는 이들 자료를 통해 역병의 참혹함, 이에 내재된 두려움과 긴장, 불안, 공포 등의 심리적 현실 등을 살펴보았다. 나아

---

6 논자는 그 첫째로 역병을 하늘의 뜻을 대리하는 저승사자 같은 존재에 의해 수행되는 불가항력적인 것으로 받아들이는 이야기를 제시하였고, 두 번째로 역병을 원한을 지닌 여귀의 소행으로 보고, 이를 잘 대접하여야 역병을 물리칠 수 있다는 교훈을 담은 이야기를 제시하였다. 그리고 마지막으로 역병을 일으키는 존재를 기괴하고 비인간적인 속성을 지닌 괴물로 형상화하여 그것에 맞서기 위해서는 굳센 기운과 위력이 필요하다고 주장하는 이야기들을 제시하였다. (위의 글, 87~93쪽.)

7 이승은, 「18세기 야담집의 서사 지향과 서술방식」, 고려대학교 박사학위논문, 2016, 43~55쪽.

8 정장순, 「조선후기 야담에 형상화된 '痘神'의 성격과 의미」, 『어문논집』 76, 민족어문학회, 2016.

9 이주영, 「19세기 疫病 체험의 문학적 형상」, 『동악어문학』 55, 동악어문학회, 2010.

가 재앙 또는 종말의 수사학으로 '괴질'이 사용되는 양상을 분석함으
로써 불확실성과 불안 속에서 표류하는 19세기 조선 사회를 읽어내
려 하였다.

선행 연구는 문학 작품 속에 나타난 역병의 양상을 정리하고, 이를
조선 시대 사람들의 역병에 대한 인식과 결부 지어 흥미로운 해석을
해주었다. 뿐만 아니라, 전쟁과 기근, 질병과 학정 등 불완전하고 무
질서한 세계에 대한 당대인들의 심리적 불안과 공포를 '역병'으로 표
상하여 풀어냄으로써 전염병이 인류에게 주는 고통과 괴로움을 문학
을 통해 섬세하게 드러내는 성과를 거뒀다. 본고는 이와 같은 선행
연구의 견해를 수용하면서도, 그간 역병을 논하는 대상으로 본격적으
로 다루어지지 않은 구비설화를 살펴봄으로써 역병이 서사화되는 과
정에서 새롭게 발견되는 면모를 탐색해보고자 한다.[10]

역사적 기록과 문학 작품 속의 역병 이야기가 차이를 갖는 만큼,
사대부 문인들이 주로 남긴 한문학을 비롯한 필기·야담 속 이야기와
민간의 구전된 '역병' 이야기 또한 차이가 있다. 그들 가운데 일부는
중첩되기도 하지만, 필기·야담에서는 볼 수 없었던 이야기가 구전을

---

10 '구비설화' 속 역병과 관련된 논의는 본격적으로 진행되지 못하였지만, '질병'과 관련된
  연구는 이인경에 의해 다양한 측면에서 논의되었다. 논자는 '치병설화'가 여러 형태로
  구비 전승된 측면에 주목하여, 전승의식은 물론 그것의 의미와 기능을 고찰하였고,
  이후 질병체험이 문학적으로 형상화된 양상과 병자를 향한 타자의 시선을 탐색하는
  연구를 수행하였다. 나아가 치병설화로부터 '의원관'을 살펴보는 등 다양한 시각으로
  질병 설화를 탐색하였다. (이인경, 「구비 '치병설화'의 의미와 기능」, 『국문학연구』
  23, 국문학회, 2011; 「치병설화: 질병체험의 문학적 재현과 병자를 향한 타자의 시선」,
  『어문론총』 56, 한국문학언어학회, 2012; 「의원을 향한 다중적 시선과 타자적 욕망」,
  『국문학연구』 29, 국문학회, 2014.) 그러나, 질병과 역병은 다소 다른 층위에 있는
  것으로, 본고는 구비설화 속 '역병'에 보다 주목하여 논의를 진행하고자 한다.

통해서 전승되기도 하였다.

이에 본고에서는 한국학디지털아카이브 〈한국구비문학대계〉[11]에서 '역병', '호열자', '괴질', '천연두', '역신', '염병', '옘병', '두신', '학질', '두창', '홍역', '콜레라' 등 역병과 연관된 어휘로 이야기를 추출[12]하여 '역병'이 주요 소재로 다루어진 이야기를 살펴보고 그 의미를 짚고자 한다. 구전 서사 속에서 역병 이야기가 어떤 방식으로 향유됐는가를 살피는 작업은 이야기 문화에서 '역병'이라는 소재가 갖는 기능을 검토하게 할 것이다. 나아가 '역병'에 대한 인간의 보편적 사고와 재난을 기억하는 방식의 일면을 보여줄 것이다.

---

11 http://yoksa.aks.ac.kr/jsp/ur/Directory.jsp?gb=1 (검색일 2020.09.15.~30.) 해당 사이트는 1980년에서 1988년까지의 자료를 볼 수 있는 곳으로, 2000년대 이후 채록된 자료는 https://gubi.aks.ac.kr/web/ (2020.12.14.~18) 에서 참고하여 보완하였음을 밝힌다. 『한국구비문학대계』는 구비전승된 각 지역의 설화를 집대성한 구전설화의 대표 자료이다. 본고에서는 구전설화의 다양한 자료집 가운데 이를 연구범위로 설정하여 논의하였으나, 추후 『한국구비문학대계』에서 범주를 넓혀 다양한 지역의 구전설화 속 역병의 이야기와 의미도 풍부하게 밝혀지길 기대한다.

12 해당 어휘로 검색하여 이야기를 추출하였을 때, 118개의 이야기를 찾을 수 있었다. 이 가운데는 물론 이야기의 중심이 '역병'에 있지 않고 인물이 죽은 원인을 간단하게 언급하는 소재로서 역병이 쓰이는 예도 있고, 특정 대상에 대한 욕설의 표현, 또는 시답잖은 행동에 대한 수사적 의미로 다뤄지는 예도 있었다. 본고는 이와 같은 이야기는 제외하고, '역병'이 이야기의 중심 소재로 기능하는 경우로 대상을 한정하였다. 그 결과 118개의 이야기 가운데 분석의 대상으로 다룰 수 있는 이야기는 60개 남짓 되었다. 이 가운데 서사구조의 유사성을 중심으로 논의 대상을 정리하여 2장에서 그 양상을 살폈다.

2. 구전설화 속 '역병'의 서사화 양상

1) 역병으로 죽은 시신의 장례를 치러주는 이야기

『한국구비문학대계』의 '역병'과 관련한 이야기 가운데에 역병으로 죽은 사람의 장례를 대신 치러주는 이야기가 있다. 해당 이야기의 각편을 소개하면 다음과 같다.

번호	제목	채록 시기	채록지
1	오성(鰲城) 이항복(李恒福)의 일화	1980	충북 청주시 내덕동
2	오성과 한음	1979	경북 월성군 안강읍 안강2리
3	오성과 한음의 일화	1984	경북 선산군 옥성면
4	오성대감 이야기	1983	전남 고흥군 과역면
5	전염병으로 죽은 사람을 염한 오성과 한음	2010	경기 포천시 가산면 금현1리
6	대원군과 정선달	1982	경북 군위군 의흥면
7	정원용 정정승	1981	충남 보령군 오천면
8	종계변무 해결한 홍순언의 적덕	1982	충남 부여군 충화면
9	송장 치우고 과거 급제한 망나니	1981	강원 양양군 서면
10	내 마누라 내놔라는 귀신	1984	전남 신안군 하의면

이들 이야기는 역병이 마을에 돌아 시신을 치울 수 없는 상황에서 누군가가 시신을 거둔 것을 공통 서사로 한다. 다만, 각편에 따라 장례를 치러주는 것으로 담력을 보여주는 이야기(1-6), 장례를 치러줌으로써 훗날 복을 받았다는 이야기(7-9), 장례를 치러주었으나, 그의 아내와 사는 바람에 혼령에게 시달리는 이야기(10)로 나누어 볼 수 있다.

먼저, 〈오성과 한음〉의 이야기로 존재하는 첫 번째 이야기는 실존하는 두 인물의 일화를 바탕으로 한다. 네 개의 각편은 마을에 역병이 돌아 한 가정의 식구가 모두 죽었는데, 이들의 시체를 치워주면서 두 사람이 담력을 보여주었다는 것을 공통의 내용으로 한다.

한음대감이 한날 등생이 사이에 사는데 넘어 오더니,
"얘 이거 큰일 났네."
"왜?"
"우리 부락에서 염병을 하다가 일곱 식구나 전부 한 사람도 없이 몰살 죽음을 했으니 염병에 죽었다고 해서 동네 사람 하나 들여다 보는 사람도 없네. 그래 그 동네 훗수에서 그 송장을 방에서 썩게 놔둘 수는 없지 않느냐? 그러니까 치울 사람은 자네하고 나하골쎄. 그러니까 낮에 치울 수도 없구 밤에 오게."
약속을 했단 말여.
"그래 내가 밤에 감세."
했거든. 아 근데 시간 약속을 했는데도 영 오지 않는단 이런 얘기여.
"이 사람이 이럴 수가 있느냐?"
말여.
"이렇게 헛소리를 하고 댕길 수가 있나?"
아 그래 종에게 등불을 들려 가지고 거길 넘어 간 거여. 그래서 인제 그집을 누구 집이라는게 등넘어니께 알 수 있는겨 아녀? 그래 그 집을 가니께 문을 딱 열고 보니까 시체가 전부 늘비하게 들어 누었단 말여. 새끼하고 전부 가지고 가서는,
"등불을 들으라."
하고서는 송장을 묶어 내는거여. 한 서너 채 묶다가서는 묶을랴고 대들으니까 송장이 불뚝 일어나더니 볼아지를 훔씬 때린단 말여. 가만히 맞구서 생각을 하니께 송장이 나를 때렸다면은 죽은 놈의 발바닥 같다는데 뻣뻣한

데, 아파도 보들보들하게 뜻뜻하단 말이여. 가만이 생각하니께,
"요 한음이란 놈이 속이기는구나. 아 요놈한테 복수를 당했구나."
"너 요놈! 한음이지?"
그러니까, 깔깔 웃더라는거여.

〈오성 이항복의 일화〉

해당 각편은 역병으로 일곱 명의 식구가 모두 죽고, 누구도 시신을
수습하려 하지 않는 상황을 내비침으로써 역병이 돈 마을의 비참함
을 보여준다. 그러나 흥미롭게도 이야기의 방점은 그곳에 있지 않다.
한밤중에 일곱 구의 시체를 치우기 위해 혼자임에도 기꺼이 방에 들
어가는 이덕형과 이미 그 집에 와서 이덕형을 놀리기 위해 시체 속에
누워있는 이항복의 담력에 무게를 두고 있기 때문이다. 다른 각편에
서는 벌떡 일어난 이항복에 대해 이덕형이 웃으며 "자슥이 왔으면
묶으지, 거 와 그리 드러누냐? 이 자슥아."[13]라고 응수를 하는가 하면,
"에이, 이케 모땐 거 걸애라. 니가 왔시머 날로 그 놀래그러 한다고
그러나? 같이들 묶깠시머 내가 욕도 안 보재?"라고 말하기도 한다.
이에 대해 한음 또한 "오야, 인자 니는 쉬라."[14]고 하며 친구 간의 우애
를 보여주기도 한다. 인물들의 담력과 끝까지 시체를 치우는 담담한
모습이 이야기를 통해 전달되는 것이다. 이야기의 구술자 또한 담력
이 없으면 그리할 수 없다고 자신의 생각을 덧붙이기도 한다.
　오성과 한음의 이야기 외에 역병으로 죽은 시신의 장례를 치러주
는 이야기는 여러 편이다. 〈대원군과 정선달〉의 이야기는 호열자, 즉

---

13 〈오성대감 이야기〉, 『대계』 6집 13책.
14 〈오성과 한음〉, 『대계』 7집 13책.

괴질로 죽은 여덟 구의 시신을 정선달이라는 사람이 치워주는데, 그 과정에서 대원군에게 도움을 받는 이야기를 다루고 있다. 광명 지역의 구전설화[15]로도 전승되는 '정원용' 이야기 또한 정원용이 역병으로 죽었으나 시신을 수습하지 못해 고충을 겪는 사람을 도와준 이야기이다. 홍순언의 이야기, 송장 치우고 과거 급제한 망나니 등의 이야기도 역병으로 인한 시신을 처리하지 못한 어려움을 드러내고 그것을 해결해주는 이야기를 다루고 있다. 이와 같은 이야기는 문헌설화의 역병 이야기에서는 쉽게 만나볼 수 없다는 점에서 구전된 역병 이야기의 특징적 면모라고 하겠다.

2) 역병으로 죽은 줄 안 사람이 살아난 이야기

구전설화 속 역병을 소재로 한 이야기 가운데에는 역병으로 죽은 줄 알았으나 다시 살아난 사람의 이야기가 여러 편 존재한다. 해당 이야기의 각편을 소개하면 다음과 같다.

번호	제목	채록 시기	채록지
1	원천광 선생의 점괘	1982	경북 군위군 산성면
2	정승이 된 머슴	1982	전북 옥구군 대야면
3	점장이가 지시한 연분	1981	충남 아산군 둔포면
4	조양래의 점괘	1984	경북 선산군 선산읍
5	횡재한 머슴 공씨	1979	충남 당진군 신평면
6	엄지머리 총각과 홍역한 처녀	1981	경북 상주군 공검면 병암리

---

15 http://gwangmyeong.grandculture.net/Contents?local=gwangmyeong&dataType=01 (검색일 2020.10.2.)

7	이백 냥 짜리 점	2012	경기 광주시 곤지암읍 삼합리
8	덕다리에서 살아난 처녀	1980	충남 대덕군 신탄진
9	홍역한 처녀 살린 총각과 옥퉁수	1981	경북 상주군 공검면 병암리
10	마마로 죽었다 살아난 아이	1980	충북 청주시 사직동
11	영조 후비 김씨	1983	강원 횡성군 횡성읍
12	저승 갔다 온 사람	1981	강원 속초시 양양읍

이들 이야기는 각편에 따라 다소간의 차이는 있지만, 가장 많은 전승을 보이는 형태의 공통 서사는 다음과 같다. ①늦도록 장가도 못 가고 어렵게 사는 한 청년이 ②점 혹은 관상을 보러 갔다가 ③점 쟁이의 안내로 특정 장소에 가게 되어, ③전염병으로 죽은 줄 알고 버려진 여인을 우연히 발견하여 그를 구완하고, ④복을 받는 것이다.(1-7) 여기서 ②와 ③의 화소가 빠진 채, 우연히 전염병으로 죽은 여인을 발견하고 그를 구완하여 복을 받은 이야기(8-9), 여인이 아닌 아이를, 아이 아버지의 친구가 구완한 이야기(10), 전염병으로 버려졌으나, 도깨비에 의해 다시 살아 돌아온 영조 후비의 이야기(11), 그리고 전염병으로 죽은 줄 알았으나, 살아 돌아온 사람의 이야기(12) 등이 각편으로 존재한다.

점쟁이의 도움으로 죽은 여인을 살린 이야기는 가장 많은 각편을 가지고 있으나, 이 경우도 점쟁이가 여인을 발견하는 장소를 점쳐준 경우, 점을 보다 곤란을 겪어 도망가는 와중에 여인 묻힌 장소에 도착하는 경우 등 약간의 차이는 있다. 그러나 기본 구조는 전술한 바(①-④)를 따르고 있다. 점쟁이가 등장하지 않는 이야기의 경우는 총각이 우연히 여인을 발견하여 구원하는 것으로 전개된다.

그래 워디를 가다 보니께, 서울을, 서울이 좋단 말을 듣구 서울을 올라가
는 겨. 올라 가는 길인디. 워디 한 군데를 가다 보니께, 큰 동네 앞이 숲이
있는디, 숲 있는 디 가서 이렇게 보니께루 비는 주룩 주룩 오구, 이렇게
보니 덕다리가 있어 덕다리-. 옛날이는 사람 죽우문 그냥 갖다 땅이다
파묻는 게 아니라 이렇게 네 귀다 말뚝을 박구서 거기다 늘이구 뭐구해
놓구서는 영때기다 둘러 싸구서는 다 썩어서 소금물이 다 흘러서 뼈만
남으문 뒤가서 파묻었거든-. 이전이는 덕다리가 있는디 덕다리 밑이가
서 가만히 영때기를 떠들구서 있으니께 비는 안 맞거든. 영때가 있으니께
드러눴이니께, 한심을 인저 자느라구 살풋 자는디, 벼란간에 워서그냥 사
람 살리라구 '아구-, 아구-.' 하거든. 불끈 일어나서 보니께 덕다리 속이
서, 그래 영때기 속이서…. '이게 이상헌 일이다' 허구서는 영때기를 활짝
제끼구서는 보니께루 널이 있는디 널을 위루 잡아 띠구서 보니께루 신치
가 거기 들었는디 보니께 샥씨여. 좋은 공단이루다가 감은 샥씬디, 머리냐
구 예가 참 삼대같은 머리를 따서 이렇게 놓구서는 일곱매장을 질끈 묶어
서는 거기가서 너 놓구서는 그렇단 말여. 사람 살리라구 해서 끌어내가지
구서는 일곱매장 묶은 것을 끌러 놓구서는 인저 이렇게 있으니께 살렸단
말여. 그래,

〈덕다리에서 살아난 처녀〉

우연히 여인을 만나 그녀를 무덤에서 꺼낸 총각은 정성으로 여인
의 회복을 돕고, 마침내 그녀와 결혼을 한다. 1~9의 이야기는 모두
전염병으로 죽은 줄 알고 버려진 여인을 총각이 구해내어 결혼하는
이야기이지만, 각편에 따라 여인과의 연분이 수월하게 되는 경우가
있는가 하면, 여인의 가족들이 결혼을 반대하여 혼사의 장애를 걷는
이야기도 있다. 결국, 총각은 여인과 혼례를 치르며 행복한 결말을
맞게 된다.[16]

다음으로, 전염병으로 죽은 줄 안 사람을 구하여 살게 한 이야기로

여인이 아닌, 아이를 대상으로 한 각편을 보자. 이 이야기는 친구 박종근의 집을 방문하기로 한 마상웅이 그의 집에 가는 길에 비가 와서 잠시 등나무 아래에서 몸을 피하는 중, 위의 고목나무에서 아이의 소리를 듣고 그 아이를 구해주는 내용을 담고 있다. 마상웅이 아이를 안고 박종근의 집으로 가자, 박종근은 자신이 묶어서 내다 버린 아이의 시신을 보고 도깨비가 온 줄 안다. 그리고 아이를 쫓아내려 하였다. 마상웅이 자초지종을 말해도 일주일 전에 내다 버린 아이가 살아올 수 없다며 믿지를 않는데, 마침 그 때 아이가 엄마를 부른다.

> "엄마, 엄마."
> 부르거든. 그래 부인이 환장할 일이지. 아이구 귀신이 왔건 송장이 살아왔건 엄마 소리를 들으니까, 그래 저도 그렇게 크던 애 잃어버리고 환장할 일이지. 뭐 불을 켜 갖고 쫓아나가 보니까 사실 그렇다 말여. 그거여. 그래서 얼싸 안아 내려놓고 미음을 끓여 먹이고 거기서 밥을 참 밥을 같이 제대로 잘 먹고 잠을 자구서 그래 아무럭하면 그렇게 놀랠 수가 있나? 그래 안 놀라게 됐나? 그런데 그때 손 묶었던 데가 커서도 시커멓게 자국이 나 있었어.
> 〈마마로 죽었다 살아난 아이〉

해당 각편은 실제 인물의 성명을 제시함으로써 이야기의 신빙성을 높일뿐더러, 다시 살아 돌아온 아이에 대한 감격을 부각하고 있다.

역병으로 죽은 줄 알고 버려졌으나, 다시 살아온 이야기로써 11번과 12번은 기이한 일화를 전하는 형태로 구전이 되었다. 〈영조 후비

---

16 각편마다 주변의 화소들이 변화를 보이는 것은 전승의 과정에서 총각과 여인의 연분을 이어주는 이야기를 추가하거나 변모시켰기 때문일 것이다.

김씨)는 정순왕후 김씨와 관련된 여러 이야기 가운데 하나로, 그녀가 어린 시절 역병에 걸린 어머니와 함께 버려졌다가 도깨비의 도움으로 어머니와 함께 살아 돌아온 일화이다. 그리고 〈저승 갔다 온 사람〉은 역병으로 죽어 저승에 갔는데, 저승에서 판관이 아직 올 때가 아니라고 하여 강아지를 따라 돌아왔다는 이야기를 전하고 있다. 이러한 이야기는 모두 역병 속에서도 생존한 기이함에 전승의 무게를 두고 있다.

3) 역병을 다스린 존재의 이야기

『대계』 속 역병을 소재로 한 이야기 가운데 가장 많은 형태를 보여주는 이야기는 역병을 다스린 존재의 이야기이다. 이때 '다스렸다'는 여러 면모를 통해 나타나는데, ①역병을 두려워하지 않고 스스로 역병을 불러 얼굴을 얽게 한 강감찬 장군의 이야기를 비롯하여(1-7), ②개인에게 침투한 역병을 달래어 돌려보낸 이야기(8-12), ③마을의 역병을 막아주는 존재/행위에 대한 믿음을 전하는 이야기(13-31)로 나누어 볼 수 있다. 해당 각편을 소개하면 다음과 같다.

번호	제목	채록 시기	채록지
1	강감철	1979	제주 북제주군 구좌면
2	강감찬 장군	1980	경남 거창군 마리면
3	강감찬 장군의 도술	1981	경남 밀양군 밀양읍
4	강감찬(姜邯贊)	1985	전북 정읍군 이평면
5	강감찬과 마마손님	1981	경남 밀양군 산내면
6	대례청에서 여우 잡은 강감찬	1984	경북 예천군 호명면
7	힘이 센 성장사	1984	전북 정읍군 소성면

8	지은보은	1983	강원 횡성군 갑천면
9	적선 끝에 얻은 묘지	1981	충남 아산군 음봉면
10	죽마고우 김진사 아들과 이진사 아들	1982	경북 군위군 산성면
11	한 날 한 시에 난 권씨와 이씨	1982	경북 군위군 군위읍
12	행인 공덕하여 구제한 삼대독자	1982	경북 군위군 산성면
13	처용랑	1979	제주 북제주군 구좌면
14	처용암과 망해사	1984	경남 울산시 북정동
15	임지한의 이야기	1981	강원 속초시 양양읍
16	조통과 아라공주	2013	전남 곡성군 옥과면 미술관로 171-36
17	무당이 대감 찾는 유래	1980	충북 청주시 내덕동
18	화난 역신 달랜 이야기	1981	충북 단양군 매포면
19	단종의 혼령을 모신 여량 성황당 전설	1984	강원 영월군 상동읍
20	고하앞 소나무 숲이 생긴 사연	1984	경남 울주군 언양면
21	노학동의 동제	1981	강원 속초시 금호동
22	복천비	1979	경남 거제군 거제면
23	당산제 영험담	2013	전남 장흥군 관산읍 옥당리
24	백산 서낭당의 명기	2012	강원 태백시 백산동 154번지 장석이 자택
25	빈대절터	2010	경기 파주시 월롱면 덕은리 마을회관
26	솔개섬이 지켜주는 의성마을	2010	여수시 삼산면 초도리 의성마을 마을회관
27	치마 바람으로 화마를 막은 권씨 부인의 보은	2013	경북 영주시 문수면 수도리
28	염병 쫓는 방법	2016	경기 평택시 안중읍 덕우로 243 덕우1리
29	전염병을 막기 위해 지낸 천제사	2012	충북 증평군 증평읍 원평1길 18
30	해동화 놀이의 유래	2012	경기 광주시 중부면 광지원리 179번지 광지원리 경로당
31	할만대 바람을 잠재우기 위한 풍습	2012	공룡엑스포 자원봉사자 사무실

그럼, 먼저 ① 역병을 두려워하지 않고 스스로 역병을 불러 얼굴을

얽게 한 강감찬 장군의 이야기를 살펴보자. 1번과 7번에 걸쳐 볼 수
있는 이야기로, 그가 스스로 마마[17]를 불러 그의 얼굴을 얽었다는 것
을 주된 내용으로 한다.[18]   .

　　강감찬선생이 일곱 살 자시 가지고, 그래 인자 뭘 했는고 하인께네 손
님을 했다 말이라. 손, 이전에 얽고 하는 손. 얽은, 우리 조선에서 얽은
정승은 강감찬뿐이라 카는 기라. 강감찬 선생뿐이라 카거덩. 그런데, 그래
손을 했는데, 그 처음에 와여, 그런 대인이라 놓으이 손님이 와여 손을 시킸
는데, 얼굴이 본대 출생 얼굴카망 훨씬 나아, 면경을 놓고 보이. 이 또, 그래
가 안 된다고, 또, 새로 또, 또, 저 손님 불러 가지고, 다부(다시) 불러 가지고
또 새로 하거덩. 새로 손님을 시키 가, [조사자: 누가예?] 아, 강감찬 선생이.
내 몸으로 말이지, 처음에 손님을 하고 나이, 얼굴이 보이까 훨씬 참 아주
일등 참 호걸이라. 이래 하이, 그래 그 아,
　　"이래 가는(가지고는), 남자 얼굴이 이라몬 안 된다. 호사(好事)한다.
이기 아이다."
　　그래 가지고 그래 인자 손님을 다부 불러 가지고 두 번째 시킸다. 두
번째 시키 놓고 봐도 얼굴이 그기 아이라. 세 번 불러 시키께네, 세 번 불러
다가, 세 번째는 불러 가지고, 마 저 손을 마 호통을 하는데, 뭐 꿩장스리
뭐 귀신을 잡아 옇게 됐거덩, 그 손한테. 그래 안 돼서, '그래 아이라, 이래
가는 안 되이, 마, 이번에는 융(영) 마 괴상스리 맹글자(만들자).' 이래

17　천연두, 마마라고 불리는 두창은 어린아이들에게 걸리는 전염병의 한 가지로, 고름이
　　터진 후 딱지가 되어 떨어지기 전에 함부로 긁어 떼면 곰보가 된다. 이와 같은 마마를
　　손님이라고 부르며, 마마가 호구별성의 여신에 의해 발발한다는 민간의 믿음은 상당
　　히 오래되었다. 마마와 천연두의 개념 및 관련된 민간의 믿음을 상세히 정리한 것으로
　　신동원, 『호환 마마 천연두』, 돌베개, 2013, 160~182쪽을 참고할 수 있다.
18　단, 7번 이야기의 경우는 성 장사라는 사람이 스스로 마마를 불러 얼굴을 얽게 했다는
　　것을 내용으로 한다. 주요 내용은 강감찬의 이야기와 같지만, 힘이 센 어떤 사람을
　　주인공으로 설정하였다.

가 마 강감찬 선생이 얼굴이 우리주리 매고(우글쭈글하고) 괴상했다요.
〈강감찬과 마마손님〉

마마 손님이 와서 얼굴을 얽은 후, 살펴보니 그 얼굴이 더 나아 이번에는 손을 직접 불러 마마를 치르고, 이후에도 두 차례 더 마마가 오도록 하여 총 세 번에 걸쳐 마마를 스스로 앓게 했다는 강감찬 장군의 이야기는 그에 관한 역사적 기록은 물론 문헌설화에서도 볼 수 없는 그의 성장담 및 신이담 가운데 하나이다.[19]

역사적 인물로서 강감찬의 영웅성은 비단 국가를 위한 것뿐만이 아니라, 일반 민중들을 구원하는 방향으로도 전승되었다. 특히 문헌설화와 구전설화를 통해 전승된 그의 이야기는 '민중 영웅'으로서 강감찬의 면모를 잘 드러낸다.[20] 강감찬의 체구가 작고, 얼굴이 못 생겼다는 역사적 기록[21]은 그가 평범한 사람과 크게 다르지 않은 인물임을 제시하는 주된 근거가 되었을 것이다. 아울러 그가 행한 업적과 더불어 그의 외적 평범성조차 그가 마마를 다스리는 신이한 능력으로써

---

19 이야기의 방향은 마마를 불러 얽게 한 후, 위와 같이 얼굴이 더 나아졌다고 말하며 마무리되는 경우도 있지만〈강감찬〉(『대계』, 5집 7책)), 못나진 얼굴로 장가를 가 장모에게 괄시를 받던 중, 그의 신이한 능력이 발휘되어 인정을 받는 것으로 나아가는 유형도 존재한다. 〈강감철〉(『대계』, 9집 1책), 〈강감찬 장군〉(『대계』, 8집 6책), 〈강감찬 장군의 도술〉(『대계』, 8집 7책), 〈대례청에서 여우 잡은 강감찬〉(『대계』, 7집 18책)

20 강감찬의 설화를 통해 그의 민중 영웅성을 끌어낸 연구로 다음을 참고할 수 있다. 최웅, 「강감찬 설화의 의미 분석」, 『인문과학연구』 23, 강원대학교 인문과학연구소, 2009; 김명옥, 「강감찬 설화에 나타난 민중의식과 정치적 지도자의 이미지」, 『스토리앤이미지텔링』 19, 건국대학교 스토리앤이미지텔링연구소, 2020.

21 〈고려사〉, 〈고려사절요〉 등의 문헌기록에 의하면 강감찬은 성품이 청렴하고 검약하여 집안 살림은 돌보지 않았다고 한다. 또한, 체구가 작은 데다가 얼굴이 못 생겼으며 의복은 더럽고 해어져서 보통 사람과 다를 바가 없었다고 한다. (최웅, 위의 글, 169쪽.)

재조직되었다고 할 수 있다.

다음으로 ②개인에게 침투한 역병을 달래어 돌려보낸 이야기의 각편이다. 이 이야기는 지인 관계의 한 사람이 먼저 죽어 마마를 관장하는 사령이 되는데, 우연히 다른 한 사람이 죽은 친구의 혼령을 만나 마마로 죽을 아이를 데려가지 말아 달라고 부탁하는 것을 주된 내용으로 한다.[22]

예로부터 전염병을 물리치기 위해 개인 혹은 마을 차원에서 굿을 하는 행위가 있었다. 그리고 이는 역병이 '역신'이라는 초월적 존재로 인해 발생한다는 믿음에서 기원한다. 이러한 믿음은 관련 설화를 상당히 많이 만들기도 하였는데, 이른바 마마신이 등장하여 아이들을 데려간다는 이야기, 여귀(厲鬼)를 잘 대접하여 역병을 물리치는 이야기 등이 그것이다. 이러한 유형의 이야기는 필기·야담에서도 볼 수 있는 것으로 선행 연구를 통해 검토된 바 있다.[23] 전술한 구전설화 역시 마마신이 아이를 데려간다는 모티프를 가져오고 있다. 그러나 문헌설화와 다른 점이 있다면, 죽은 혼령이 마마신으로 직접 현신하는 것이 아닌, 마마를 앓는 아이를 데려가는 저승사자의 모습으로 등장한다는 것이다.

"여보게 난 죽은 뒤에 헤, 이거 저승에 가서 내가 뭔 책임을 매꼈느냐

---

22 각편에 따라 살려주길 부탁하는 아이가 다른데 이웃의 오대독자 혹은 구대독자를 데려가는 것이 안타까워 자신의 아이를 대신 데려가게 하고 훗날 큰 복을 받은 이야기(〈지은보은〉, 〈적선 끝에 얻은 묘지〉), 자신에게 도움을 줬던 아이를 살려달라고 부탁하고 대신 죽은 친구의 부탁을 들어주는 이야기의 형태가 있다.

23 강상순, 위의 글; 정장순, 위의 글 참조.

하게 되믄, 저 거시기 손님을 한다구 좀, 지금 저 손님을 뭐라 그래노? [정연덕:마마. [진병두씨 아들:마마, 천연두.]응, 그거를 어린애를 금하다 죽는 거, 내 그거 맡아가주구 내가 이렇게 댕기는 사램이여. 그런데."

〈지은보은〉

그런데 자긴 뭘 하나 하면은 저승에 가여 그 관원을 매기는데, 무슨 관원이냐 하면 그 저 손님하는 아들을 잡아가는 그 관원이 되있어. 관혼이 되있는데, 그래 인제 본께네, "나는 바뿌니 고만 간다."카고, 나가던, 나가인데 보이께네 아들이. 애동조절이 얼매나 따라 와여. 꽉 채였는데,

〈한 날 한 시에 난 권씨와 이씨〉

위 이야기는 저승사자를 지극히 인간적인 형태로 그려냄으로써 마마라는 역신에 대한 공포감을 줄인다. 무엇보다, 타인에게 선행을 베푼 아이가 그 선행으로 연명하는 이야기의 구조를 통해, 결국 인간이 쌓은 공덕의 힘이 역신을 다스릴 수 있다고 말하고 있다.

마지막으로 ③ 마을의 역병을 막아주는 존재 또는 행위로 역신을 다스리는 이야기가 있다. 이들 이야기는 역병이 역신으로부터 생겨났다는 믿음에 기반하여 특정 인물, 장소 또는 행위가 역신을 막아준다는 속신(俗信)을 전하는 형태이다.

특정 인물이 역신을 다스렸다는 것은 처용의 이야기에서부터 볼 수 있다. 구전설화에도 역신과 관련된 처용의 이야기가 존재한다.[24] 이 외에도 고려 때 아전이었던 실존 인물 임지한의 이야기도 있다.[25]

---

24 〈처용랑〉(『대계』 9집 1책), 〈처용암과 망해사〉(『대계』, 8집 12책) 처용의 이야기는 『삼국유사』의 기록과 크게 다르지 않은 형태로 구전되었기에, 본고에서는 해당 내용에 대한 자세한 서술은 하지 않기로 한다.

이는 양양에서 전해지는 전설로, 임지한의 전설적 생애와 더불어 그
가 죽은 후 양양에 호열자가 돌면, 그의 사당에서 빎으로써 이를 물리
친다는 내용이다. 이 이야기는 처용과 달리 실존 인물을 역신에 대항
할 수 있는 존재로 격상시켜 역병을 이기고 싶어한 마을 사람들의
소망을 반영했다는 점에서 독특하다.

　인물이 아닌 특정 장소의 힘이 역병을 다스린 이야기 또한 풍부하
게 전승이 되었다. 밀려 들어오는 괴질을 당산 나무의 백건 쓴 영감이
물리쳤다는 〈괴질을 퇴치한 목촌리 당산〉 이야기는 역병을 물리친
신이한 힘에 대한 전승자들의 믿음을 바탕으로 한다. 유사한 이야기
로써 〈고하 앞 소나무 숲이 생긴 사연〉은 '고하(庫下)'라는 부락에 손
님으로 아이들의 죽음이 계속되었는데, 소나무 숲이 마을 앞에 생기
면서 죽음이 사라졌다는 이야기이다.

　특정 행위가 역병을 막았다는 속신도 있다. 징이나 꽹과리를 쳐서
역병을 막고자 했다는 이야기(〈염병 쫓는 방법〉), 전염병이 심하여 천
제사를 지냈다는 이야기(〈전염병을 막기 위해 지낸 천제사〉), 해동화놀이
를 하여 전염병을 막고자 했다는 이야기 등이 그것이다.

　전염병을 다스린 존재에 대한 이야기는 앞선 두 유형의 이야기 양
상과 달리, 신이성을 바탕으로 하고, 환상적이면서도 불가능한 서사
를 많이 가지고 있다는 점에서 특징적이다. 그리고 이는 전염병이
역신에 의해 발생한다는 민간의 믿음에 기초하고 있기 때문이다. 그
럼에도, 역신에 대한 두려움과 공포, 좌절과 비극을 전승하기보다,
결국 이들조차 인간의 질서 속에서 다스릴 수 있다는 믿음을 전승하

---

25 〈임지한 이야기〉, 『대계』 2집 5책.

고 있다는 점에 주목해야 한다.

3. 구전설화 속 '역병' 이야기의 의미

1) 역병이 가져온 '죽음'에 대한 기억의 전승

구전설화 속 역병 이야기는 역병으로 인한 '죽음'을 전승한다. 역병으로 인해 죽은 시신을 치워주는 이야기는 물론, 역병으로 죽은 줄 알았다가 살아난 사람의 이야기 안에도 역병이 몰고 온 죽음의 비참함이 드러나고 있다.

〈송장 치우고 과거 급제한 망나니〉 이야기의 구술자는 "그 송장이 어떻게 된거냐 하면, 예전에 그 장질부사 인저 그 못된 옛병이라고, 그리는 그 병에 제 식구가 다 죽은 거라. 그리니 이웃에서도 어트게 해 볼 수도 없는 거지."라고 하며 전염병으로 인한 죽음이 남긴 고통을 강조한다. 구술자들의 이러한 덧붙임은 전염병으로 몰살당해 장례를 치르는 데 어려움을 겪는 이야기 안에서 공통으로 나타나는 것으로, 역병이 초래한 죽음이 일반의 죽음에 비해 냉혹한 사회적 취급을 당할 수밖에 없는 현실을 잘 드러낸다. 이러한 죽음은 장례조차 제대로 치르지 못한 채 버림받는 풍습 속에서도 엿볼 수 있다.

그래 인제 그 색씨는 어떻게 된 색씨냐 하며는, 대갓집 따님인디, 딸인디, 아들 형제하고 고거 딱 하나야. 하난데 그 색시는 어째서 그리된고 하니 전염병을 앓아 가지고서 말이여. 전염병을 앓아 가지고서, 참 뭐냐 씰다시피 했는데 이거 그냥 두면 말이야, 집안 식구가 전부 다 전염병에

가겠다고, 죽은 줄 알고서, 죽은 줄 알고서 널 속에다 넣어서 갖다 내 버린
거야, 그게.

〈점장이가 지시한 연분〉

아, 그래 처녀 좋고 암만 부자라도 [청중 :그 홍역하다 보냄(죽은) 거는,
거 하매 별써 하매 이거 죽었은께 갖다 내비린(내버린) 기, 그기 살았은게
네로 옛날에는 그걸 묻지도 안하고. 그 동네에 홍역홍역이 들어 오만, 그
동네에 홍역이 다 끝나야 이걸 매장을 하고. 그 인자 아니면 인자 나무 위에
갖다 사람을 달아 매고. 아, 또 이래 머 어거지를(거적대기를) 해가이고 밖에
이래 놔두고. 이래저이들도(저희들도) 그런 걸 옛날에 마이 왔는데 말이
라.] [조사자 :홍역이 그홍역이 나가야] [청중 예. 나가야 인자 그걸 묶어
매장하고 이랬어. 그걸 못 묻으여.

〈엄지머리 총각과 홍역한 처녀〉

그래서 옛날에는 홍역하다 죽은 애는 땅에다 안 묻는다 그랬어. 거적에다
가 싸가지고 그냥 갔다가 이 낭구에다가 나무 높이 동구 나무가쟁이에다가
얹혀놔서 거기서 오작의 밥이 됐어. 그래 지 아들이 죽었으니까 참 거적에
싸서 갔다가 참 그 도랑말 앞에 그 제방에 옛날에 그 동구 나무 뭐 저
거 뭐 고목나무가 쭉 있는데 그 고목나무에다 갔다 얹어 놨어.

〈마마로 죽었다 살아난 아이〉

전염병이 마을에 돌아 죽은 사람이 생기면, 온전히 매장하여 장례
를 치르기보다 거적으로 덮어 밖에 내어두거나, 널 속에 넣어 뚜껑을
달아 내버리거나, 그도 아니면 나무 위에 달아매어 시신을 수습하였
음을 알 수 있다.[26] 전염병이라는 특수한 상황 속에서 정상적으로 시

---

26 이 외에도 〈꽃다리 초분터〉, 〈마마 걸린 아이〉, 〈아장터〉 이야기에서도 전염병으로

신을 거두지 못했던 일들이 사람들의 기억에 안타깝게 남은 채 전승
된 것이다.

구비설화의 이야기에는 누군가의 죽음을 이야기하는 과정에서 그
저 역병으로 죽었다는 식으로 처리하는 예도 있다. 아이를 혼자 키운
여인의 이야기에서 남편은 괴질로 죽은 것으로 서사를 꾸리기도 하
고,[27] 혼자가 된 노인이 다시 아내를 얻는 이야기를 하는 과정에서
자식은 모두 전염병으로 죽은 것으로 이야기를 설정하기도 한다.[28]
'역병 = 죽음'이라는 인식이 전승자들에게 짙게 드리웠기 때문이다.

또한, 특정 시점을 서술하면서 괴질과 더불어 그 시기를 자연스럽
게 구술한 흔적도 볼 수 있다. 제주도 설화인 〈부대각 남매〉[29]에는
부대각의 죽음을 이야기하며 "부대각이 돌아가실 때 벵술년(丙戌年)
이라고 호열자 닮은 벵이 잇엇입니다."라고 하며 병술년을 호열자와
등치시켜 구술하는 방식을 취한다. 사람들에게 1886년 병술년은 곧
괴질이 창궐하여 모두를 죽음에 빠트리던 시기로 기억되는 것이다.

특정 시점을 역병과 더불어 기억하며 구술하는 방식은 〈묘자리 훔
쳐 감사가 되었다가 망한 이야기〉[30]에서도 살펴볼 수 있다. 조선후기
에 충청감사를 지낸 남일우의 이야기를 하는 과정에서 그의 죽음을
이야기할 때, "경술년(庚戌年) 괴질(怪疾)통"이라는 표현을 쓰고 있기
때문이다. 여기서 경술년은 1910년을 말하는 것으로, 이 시기는 콜레

죽은 사람을 묻지 않고 그저 버려두는 장례의 면모를 엿볼 수 있다.

27 〈당동 당부동, 부동당 당동(當動 當不動, 不動當 當動)〉, 『대계』 2집 4책.

28 〈노인의 정력시험〉, 『대계』 1집 1책.

29 〈부대각 남매〉, 『대계』 9집 2책.

30 『대계』, 3집 4책.

라가 발생하여 많은 사람들이 사망하던 때였다.

괴질의 끔찍한 유행은 1821년(신사년)부터 기록으로 나타난다. 『순조실록』은 이 병 때문에 한 달 동안 무려 10만 명 이상이 죽었다고 기록하고 있다. 이후에도 괴질은 조선사람들을 죽음으로 몰아넣는 무서운 병이었는데, 1858, 1859, 1862년에 대유행이 있었고, 개항 이후 1886년과 1895년에는 수만 명이 괴질의 제물이 되었다.[31] 이러한 유행은 1900년대 초기까지 이어진 것으로 보이는데, 당시 괴질은 무차별적으로 사람을 죽이며, 끔찍한 고통을 수반하였다는 점에서 모두를 공포로 몰아넣기에 충분한 것이었고, 인력으로 어찌할 수 없는 재앙이었다.

근얼 소위 콜러라ー라ᄒᆞᆫ 것은 본릐 한국에셔 쥐ㅅ통이라 칭ᄒᆞ던 괴질이니, 사름이 이 병에 걸니면 완연히 쥐의 ᄀᆞᆺ흔 물건이 ㅅ지빅테로 올나오고 ᄂᆞ려가ᄂᆞᆫ 것 ᄀᆞᆺ흐며 굴신도 임의로 못ᄒᆞ고 뼈만 남ᄒᆞ여 죽ᄂᆞᆫ 고로 쥐ㅅ통이라 일홈ᄒᆞ니 병이 ᄒᆞᆫ집에 드러가면 ᄒᆞᆫ 집의 사름이 거의 다 죽으며 ᄒᆞᆫ 촌으로 드러가면 ᄒᆞᆫ촌ㅅ사름이 거의 다 죽고 이촌에셔 뎌촌으로 이 고을에셔 뎌 고을노 측덩굴ᄀᆞᆺ치 벗여가며 일덕에 니러난 불과 ᄀᆞᆺ치 퍼지ᄂᆞᆫ 고로 지나간 긔묘년과 병술년 일을 말만ᄒᆞ여도 지금의 사름으로 ᄒᆞ여곰 머리싯치 쥬쎄ㅅᄒᆞ고 몸에 소름치가 돗ᄂᆞᆫ지라[32]

구비설화 속에 역병은 죽음과 밀접된 대상으로 기억된 채 전승되는데, 이는 당시 역병의 치료 방법을 몰라 속수무책으로 당할 수 밖

31 신동원, 위의 책, 145~159쪽.
32 「감회를 긔록홈」, 『대한매일신보』, 1909.9.24.

에 없던 비참함에 대한 기억이 이야기에 녹은 채로 전승되었기 때문
이다.

2) 역병의 참담함 속에서 나타나는 인간적 선함에 대한 갈망

전염병으로 몰살을 당한 가족의 시신을 치워주고 복을 받는 이야
기는 전염병과 관련한 문헌설화에서는 보기 어려운 구비설화만의 독
특함이다. 오성과 한음 이야기의 경우, 오성 이항복과 한음 이덕형에
관한 많은 이야기가 전승되어 왔지만, 시체 치우기의 일화는 구비설
화에서만 볼 수 있는 형태이다.[33] 소탈하면서도 위트있는 성품으로
민중과 심적 거리가 가까웠던 이항복에 관한 다양한 이야기가 전승
되는 속에서 이와 같은 이야기 역시 파생되었다고 할 수 있다. 특히
이 유형의 이야기에서 두 인물의 담력 못지않게 어려운 상황을 직접
해결하려고 하는 선한 마음과 실천력을 주목할 필요가 있다.

선한 마음과 실천이 보다 강조되는 형태의 이야기는 〈정원용 정
정승〉이라고 할 수 있다. 해당 이야기는 실제 존재했던 인물인 정원
용의 이야기로, 그의 선행과 이로 인해 복을 받는 면모를 상세히 전
한다.

---

[33] 이항복과 관련한 인물 전설의 상세한 분류 및 분석은 유혜련, 「오성 전설 연구」, 한국
교원대학교 석사학위논문, 1999에 잘 정리되어 있다. 논자 또한 시체 치우기의 이야기
가 구비설화에서 볼 수 있다고 서술하고 있다(위의 논문, 42쪽). 이 외에도 오성과
한음과 관련된 설화 연구로 이병찬, 「'오성과 한음'의 교유(交遊) 연구」, 『영주어문』
27, 영주어문학회, 2014; 「'오성과 한음 설화'의 캐릭터 분석과 교육적 의의—구비설화
를 중심으로」, 『국제어문』 67, 국제어문학회, 2015; 이승수, 「이항복 이야기의 전승
동력과 기원」, 『한국어문학연구』 56, 한국어문학연구회, 2011; 김명옥, 「이항복 역사인
물동화 전승 양상」, 『스토리앤이미지텔링』 7, 건국대학교스토리앤이미지텔링연구소,
2014 등이 있다.

정원용은 가난한 어린 시절에 공부하기 위해 외사촌에게 돈을 빌려 집으로 돌아오던 중 우연히 한 마을을 지나다 처량한 곡소리를 듣게 된다. 주막의 주인에게 물어보니, 김진사라는 사람의 가족이 전염병에 걸려 모두 죽고, 나이 어린 부인 한 명만이 남아 장례도 치르지 못하고 저렇듯 울고 있다고 하였다. 이를 안타깝게 여긴 정원용은 사촌에게 빌린 돈을 모두 그 여인에게 주어 장례를 치를 수 있도록 돕는다. 집으로 돌아가 자신의 어머니 께 돈이 없는 까닭에 대해 자초지종을 말하자 그의 어머니와 아내 또한 잘한 일이라며 그의 마음을 이해해 준다. 성균관에서 계속 공부를 하며 벼슬을 준비하고 있는데, 어느 날 성균관으로 임금이 찾아와 유생들과 대화를 나누다가, 지난날 정원용이 한 일에 대해 알게 된다. 그리고 그를 크게 쓰고자 삼남 어사의 벼슬을 내린다. 삼남 어사가 된 정원용은 지난날 김진 사 댁을 지나게 되고, 그곳에서 자신이 도움을 주었던 김진사의 아내와 해후 한다. 김진사의 아내와 그의 유복자는 정원용을 위해 언제나 기도를 하며 살고 있었고, 어사가 되어 온 그를 기쁘게 맞이한다. 그 집을 나서 길을 떠나던 정원용은 김진사의 집 부근에서 혼령으로 나타난 김진사를 만난다. 김진사는 은혜를 갚겠다고 하며, 정원용이 어사 일을 수행하는 데 많은 도움 을 준다. 김진사의 도움으로 정원용은 어려운 일을 잘 해결하고 귀하게 된다. 그리고 김진사는 은혜를 갚았으니 이제 한이 없다고 하며 이승을 떠나고, 김진사의 아내와 자식과도 정원용은 계속해서 이웃에서 좋은 인 연을 이어갔다.[34]

이 이야기는 정원용의 자비로운 마음과 그의 가족의 인간다움을 잘 드러내고 있다. 그 시체들은 어떻게 하냐는 정원용의 말에 사람들 은 "보통 병에 죽은 것두 아니구 괴질에 죽었으니 전염병이라 위험허 구, 또는 재력이 부족허니 워트게 처단할 수가 읎읍니다."라고 말한

---

34 『대계』〈정원용 정정승〉 요약 정리.

다. 이에 정원용은 앞서 친척에게 빌린 돈을 모두 내어주고 장례를
치르게 한다. 그리고 이를 안 그의 어머니는 정원용을 나무라기보다
"남에게 적선을 하구 은혜를 베풀었이닝깨 너는 장래 앞으루 큰 인물
이 되여. 니가 내 자식여, 과연."이라며 칭찬을 아끼지 않는다. 정원용
과 그의 어머니는 지독한 가난한 속에서도 더 어려운 이를 생각하는
인간다움을 절실하게 보여준다.

〈홍순언〉의 이야기도 홍순언이 역병으로 인해 장례의 어려움을 겪
은 한 기녀를 도와주고, 훗날 그 여인이 은혜를 갚았다는 내용을 담고
있다. 홍순언이 역관이었을 때 도운 사람이 그에게 보답한 이야기는
『어우야담』을 비롯하여 『계서야담』, 『대동기문』, 『동야휘집』, 『삽교
만록』, 『청구야담』 등의 야담집은 물론 『성호사설』, 『통문관지』 등의
문헌에도 수록이 되어 있다.[35] 본고에서 주목하는 지점은 해당 이야기
를 담고 있는 자료들이 여인의 사연을 동일하게 기록하고 있지는 않
다는 것이다. 이를테면 『어우야담』에서는 홍순원이 도움을 준 이가
환란을 만나 가업을 마치고 처자까지 모두 팔아야 하는 처지의 남성[36]
이었고, 『청구야담』에서는 공금 수만금을 사사로이 쓰고 감옥에 갇힌
아버지를 구하고자 기녀가 된 여인이었다.[37] 그리고 『계서야담』에는

---

35 홍순언과 관련된 이야기는 39가지의 자료에 실려 있다고 한다. 그의 이야기는 소설로
   도 발전이 되었는데, 실존했던 그의 생애와 다양한 그의 일화, 그리고 소설화된 경향과
   관련한 연구도 진행이 된 바 있다. 관련 연구로는 이경선, 「홍순언전 연구」, 『한국학논
   집』 3, 한양대 한국학연구소, 1983; 정명기, 「홍순언 이야기의 갈래와 그 의미」, 『동방
   학지』 45, 연세대학교 국학연구원, 1984; 박일용, 「홍순언 고사를 통해서 본 일화의
   소설화 양상과 그 의미」, 『국문학연구』 5, 국문학회, 2001 등을 제시할 수 있다.
36 유몽인 지음, 신익철·이형대·노용희·노영미 옮김, 『어우야담』, 돌베개, 2006, 584쪽.
37 이강옥 옮김, 『청구야담』, 문학동네, 2019, 780쪽.

기녀의 아버지가 연경에서 벼슬을 하다 열병에 걸려 일시에 모두 돌아가신 것으로 설정된다.[38]

홍순언 이야기의 전체적인 틀 안에서 그가 도와준 여인의 사연은 크게 중요하지 않을 수도 있다. 도움을 주고, 나중에 은혜를 받은 기이한 만남과 인연이 이야기의 중심이기 때문이다. 그러나, 이야기를 전승하는 과정에서 화소의 선택과 탈락은 필연적임을 생각할 때, 여인의 불행한 사연이 전승자에게는 의미 있게 다가왔다고 생각한다. 그리하여 이것을 구체화하여 설정하고, 기억하여 전승한 것이다. 그리고 이는 곧 역병의 고난과 고통 속에서도 인간적 선함을 갈망하고 염원했던 당대인들의 마음이 이야기 속에 담겨 있는 것이라 해석할 수 있다.

3) 역병으로부터의 회생과 구원에 대한 소망

전염병은 한 마을에 퍼지는 순간 모두를 죽음으로 몰아넣을 정도로 참혹하여 그 안에서 목숨을 부지하는 것은 바라기조차 어려운 일이었다. 특별한 치료제가 없던 과거에는 더욱 그러하여 오로지 초월적 존재를 향한 기도와 염원으로 삶을 지속하길 원했고, 걸렸던 병에서 치유되길 소망하였다. 전염병과 관련된 이야기에 신이담이 많은 까닭도 그와 같은 이유 때문이다.

그럼에도, 앞서 살펴보았듯 구전설화에는 전염병때문에 버려졌던 사람이 다시 회생하는 기적같은 이야기가 존재한다. 그리고 이러한 기적은 단지 이야기 속에서만 존재하는 것이 아니라 사람들의 믿음

---

38 이희준 편찬, 유화수·이은숙 역주, 『계서야담』, 국학자료원, 2003, 221쪽.

안에서 이루어졌음을 알 수 있다.

그러이 옛날에는 그 저 마마 손님병 지금 말하자면 천연두지요. 해가 죽으며는 그래 인제 덤을 해가지고 남게 갖다 달아놓으마 살아온다 카는 미신이 있었다요. 그 미신을 믿고 산에 갖다 달아났기 때문에 그 균은 점점더 퍼져가지고 고마 인종이 멸망하듯이 했던 모양이라요. 그 혹시나 사는 수가, 집에 나놔도(나둬도) 살 사람이겠지요. 그 사는 기야. 이왕 사는 사람은 집에 나둬도 살 사람이라는 말이다. 그럴긴 데 산에 갖다 달아놓면 산다 이런 미신이 있어가지고, 그래 갖다 달아났는 기 그거 참 마침 살았던 모양이라.

〈원천강 선생의 점괘〉

옛날에는 이별사 손님이라구 하면은 그게 제일 무서웠습니다. 홍역과 별사라는 게 손님을 하다가 이래 죽으면 이 떡대를 이렇게 제놓고 그 꼭데기 갖다가 엎쳐 놓는데요 그러면 혹 살아나는 사람이 있대요. 그래서 그분이 어려서 죽어서 거기에다 엎쳐났더니 그 닷새만에 피해났대요. 닷새만에 피해났는데 이 볼테기가 썩어서 이렇게 이 자리가 났다구 해요.

〈저승 갔다 온 사람〉[39]

손 쓸 겨를도 없이 전염병으로 가족을 잃은 경우, 그 시신을 내버리면서도 사람들은 회생을 소망하였다. 혹시나 살아 돌아올지도 모르는 불가능한 가능성에의 믿음인 것이다.[40]

---

39 이 이야기는 홍역을 앓고 죽은 줄 안 사람이 살아왔다는 이야기로, 어떤 할머니의 얼굴이 찌그러져 있는데, 죽었다가 닷새 만에 살아나서 얼굴 한쪽이 썩었다가 이리 된 것이라고 한다.

40 무라야마 지준은 전염병으로 죽은 아이를 풍장하는 것은 역신의 노여움을 피하기 위해서라고 하였다. 그는 시체를 역신에게 바치는 것은 인간에 대한 용서를 구하고 더

『어우야담』에 수록된 〈화복에 관한 낭설〉[41]을 보면, 홍양 지방에
서 역병으로 죽은 사람의 무덤가에서 "사람 살려! 사람 살려!"하는 소
리가 나는데도 마을 사람들이 구조하지 않는 이야기가 소개된다. 마
을의 한 사람이 그 집으로 달려가 알리려고 하자, 어떤 이가 그를
말리며 "속담에 이르지 않았소? 죽었다가 다시 살아난 사람을 보고
그 집에 알려 주면 도리어 그 죽음을 받게 된다오."라고 한다. 후에
그 무덤을 살펴보니 관 뚜껑이 열려 있고, 교포가 풀어져 있었으며
수의가 풀린 채 시신이 엎어져 있었다.

이 이야기는 죽었다고 믿었던 사람이 다시 회생하는 경우, 이를
돕는 일이 일반적이지 않음을 보여준다. 흥미로운 것은 구전설화 속
에는 이처럼 돕지 않음으로 인해, 끝내 살 수 있는 희망을 놓친 이야
기는 확인되지 않는다는 것이다. 이로 볼 때, 죽어가는 사람을 구하려
고 애쓰고, 실제로 이로 인해 회생하는 이야기는 역병으로 인한 죽음
속에서도 누군가의 구원으로 기적이 일어나길 바라는 구비 전승자들
의 간절한 바람을 보여주는 것이라고 생각한다.

마마를 다스리는 사령이 되어 아이들을 저승으로 잡아가려는 친구의
이야기에서도 역병이 피해가길 바라는 전승자들의 열망이 표출된다.

"아이고 친구야, 야가, 야가 내가 약사약사하고 이래 내가 대접받고 그

이상 환자가 나오지 않길 염원하는 의미라고 하였다. 그에 따르면, 역병으로 사망한
자는 역신의 재앙으로 사망한 것이므로 역신의 용서로 그 재앙이 풀리면 다시 살아나
는 수도 있기 때문에 잠시 풍장하여(곧 묻지 않고), 역신에게 축수한 것이라고 한다.
(村山智順, 『조선의 풍수』, 민음사, 1990, 310~313쪽.)
41 유몽인 지음, 신익철·이형대·노융희·노영미 옮김, 위의 책, 796쪽.

집에 이틀 밤 자고 내가 하루 쉬이가주고 대접을 얼마나 받고 노잣돈꺼정 받아간데, 그 그게 삼대 외동이고 둘 고부찌리 야 하나만 바래고 사는 그, 그 가정에 니가 야를 델고 와가 되나? 우야든지 야를 살리조라 야를 델고 와가 안 된다. 안 된다. 그 집에 고부찌리 야 하나 바래고 사는데, 고부찌리 그래 사는데 그라만 안 된다. 내가 대접을 받았는데 어야든지 친구야 나를 봐서 야 하나만 살리조라."

카이, 그래,

"그래야."

카미, 책장을 이래 이래 닝기디마는(넘기더니),

"그래 내 야는 살리주지."

〈행인 공덕하여 구제한 삼대독자〉

"안동 김진사에 오대 독자(五代獨子)의 아들루, 오대 독자, 독자에 아들인데 아, 명령으루 갤 데루 오래니, 내가 어퉁기 가긍하나, 그 오대 독잘 으퉁게 차마 그 데려갈 수가 없으니까 이랠 수두 읎구 그래 내가 데리구 가는 길이여. 근데 그 안동 김진사가 말년에 무일점혈육(無一點血肉)하다가 저거 하나 만득으루 됐는데 저 오대 독자야. 한데 그걸 내가 데려간다."

구. 그래 그, 그 사람이,

"그 너무 가혹하잖어? 그래 그 집이 문 닫잖어?"

〈지은보은〉

〈행인 공덕하여 구제한 삼대독자〉 이야기의 경우, 자신에게 도움을 주었던 아이가 삼대독자라며 아이를 살려달라고 하자 사령인 친구는 알겠다고 하고 아이를 살려주기로 한다. 〈지은보은〉에서는 오대 독자인 아이를 데려가는 것에 대해 친구는 물론 사령 자신도 큰 괴로움을 느낀다. 그리고 마침내 친구의 부탁대로 오대 독자를 살려준다. 마마로 아이들을 데려가는 역신을 무시무시하면서도 메마른 감정을 가진 어떤 개체로 표현하는 것이 아니라, 인간적 모습을 한 친구로 형상화한 것에서 역병 속에서 혹시 모를 기적을 염원했던 전승자들의 마음을 엿볼 수 있다.

역병이 역신에 의해 발생하며 이를 막을 수 있는 각 지역의 여러 속신에 관한 이야기에서도 역병에 대한 두려움 못지않게, 이를 막았고, 또한 막을 수 있다는 강한 믿음을 확인할 수 있다. 무엇보다 전염병을 물리칠 수 있는 특정 사람, 장소, 놀이 등에 관한 이야기는 오랜 시간 동안 전승되어 왔다. 특히, 다른 이야기들이 주로 1980년대에 채록되었던 것과 대비되어 전염병을 이길 수 있는 속신에 관한 것은 2000년대 이후에도 꾸준히 전승되었다. 첨단과학과 의학이 발달했어도 역병을 피하고 싶어 했던 당대인들의 절실한 소망이 지속적으로 이어진 것이다.

4. 나가며

'역병'은 예측 불가능하며 또한 무차별적이다. 지위의 고하를 막론하고 누구에게나 닥칠 수 있는 환란이며, 개인은 물론 가족과 지인을 일순간에 죽음으로 몰아넣는 두려운 대상이다. 그리고 그것은 인간의 힘으로 쉽게 물리칠 수 있는 성질의 것도 아니다. 그리하여 예로부터 '역병'은 '역신'의 장난, 저주, 혹은 노여움에서 비롯되었다고 생각하였고 초월적 존재에 기도함으로써 그 재앙에서 벗어나길 원하였다. 오랜 전통의 축귀의례가 이를 단적으로 보여준다고 하겠다. 그렇다면 역병이 지나고 난 다음에는 어떨까. 사람들은 '역병'을 어떻게 이야기할까. 그리고 어떻게 기억하고 전할까.

그간 문학 작품에 나타난 '역병'에 대한 논의가 없었던 것은 아니다. 그 이야기들은 대부분 역병의 고통과 참혹함, 그것으로 인한 슬픔과 괴로움, 그리고 역병을 귀신의 소행으로 바라보며 형성된 신이함에 관한 것이었다. 그러나 구전설화가 다루는 역병 이야기에는 그와 같은 이야기의 비중이 상당히 적다는 점에서 주목이 필요하다. 역병으로 인해 죽은 가족, 혹은 잃은 사람에 대한 슬픔을 전하는 이야기는 물론 역병이 휩쓸고 간 자리에서의 고통이나 괴로움을 토로하는 이야기 또한 확인하기 어렵다. 다양한 전승자 집단을 통해 이야기가 전해 내려온 만큼 개인적 슬픔이나 고통의 형상화가 부족한 것은 어쩌면 당연할 수도 있다.

흥미로운 것은 역신의 소행으로 인해 벌어진 역병의 피해, 역신을 잘 모시지 못해 고통을 겪은 것과 같은 이야기 또한 쉽게 볼 수 없다는 것이다. 즉, 문헌설화에는 역신의 횡포와 그에 대한 두려움을 보여주는 이야기와 역신이 도움을 주는 이야기가 공존하고 있다면, 구전설화에는 공포를 자아내는 이야기는 거의 확인되지 않는 것이다. 오히려 구전설화에는 역병을 이겨낸 이야기, 이겨내고 싶은 소망에 관한 이야기, 그리고 역병의 참혹함 속에서도 인간다움을 지켜낸 이야기가 많은 비중을 차지하고 있었다.

본고는 『한국구비문학대계』에서 역병이 서사의 주요한 요소로 작동하는 60여 개의 이야기를 추출하여, 구전설화 속 역병 이야기의 양상을 ①역병으로 죽은 시신의 장례를 치러주는 이야기 ②역병으로 죽은 줄 안 사람이 살아난 이야기 ③역병을 다스린 존재의 이야기로 정리하여 살펴보았다. 그리고 이와 같은 이야기를 통해 역병이 가져

온 '죽음'에 대한 기억이 깊게 전승되고 있다는 것을 분석하였고, 역병의 비참함 속에서도 인간적 선함에 대한 갈망이 지속적으로 표출되는 점을 중요하게 짚었다. 마지막으로 역병으로부터의 회생과 구원에 대한 당대인들의 강렬한 소망을 읽어내었다.

역병의 재난은 참혹하다. 그러나, 그것이 지나간 자리에서 민중이 말하는 '역병'은 그 어떤 유형의 서사에 비해 인간에 대한 희망을 붙잡고, 역병의 고통을 이겨내고 싶은 소망을 담고 있다. 인간은 어려움을 겪으면서 고통과 괴로움만을 기억하지 않는다. 절망 속에서도 언제나 희망은 있고 참혹함 속에서도 선의는 존재한다. 사람들은 절망과 참혹함을 말하기보다 희망과 선의를 말하고, 전달하는 것에 보다 익숙한 것일 수 있다.

본고는 그간 본격적으로 다루어지지 못한 구전설화 속 '역병' 소재 이야기를 통해, 역사적 기록, 혹은 한문학과 문헌설화 속 '역병' 이야기와는 다른 양상의 이야기들을 제시하였다. 이로써, 인간이 '역병'을 기억하고 서사화하는 다양한 면모를 실제적으로 확인하고, 이야기 문화 안에서 발현되는 인간의 스스로에 대한 믿음과 보편적 희망에의 염원을 읽어낼 수 있었다.

18세기 장흥지역 향촌의 위기상황과 대응양상

〈임계탄(壬癸嘆)〉을 중심으로

박수진

1. 머리말

자연재해는 지금도 끊임없이 발생한다. 심지어는 사람의 목숨을 앗아가기도 한다. 2020년 4월에는 이른 폭염이 한 달 동안 지속되었고, 7월에는 이른 장마로 평균 기온보다 낮았으며, 강수량도 역대급으로 엄청났다. 하루에 150㎜, 1주일 사이에 700㎜ 넘는 비가 퍼부었고, 평년 기준 32일간 내렸다던 장마는 중부지방은 54일, 남부지방은 38일, 제주는 49일 동안 이어졌다.[1] 2020년에는 오랜 기간 많은 비가

---

1 2020년 6월에서 8월까지 월별 날씨를 인터넷 뉴스(2020년 9월 9일 기사)에서 기온, 폭염일수로 나타냈다. (https://newsis.com/view/?id=NISX20200909_0001159669&cID =10201&pID=10200)

	6월				7월				8월		
평균기온	1위	22.8도	1.6	↑	44위	22.7도	1.8	↓	6위	26.6도	1.5	↑
최고기온	1위	28도	1.5	↑	46위	26.3도	2.5	↓	14위	30.7도	0.9	↑
최저기온	2위	18.4도	1.7	↑	41위	19.8도	1.3	↓	2위	23.7도	2.2	↑
폭염일수	1위	2일	1.4	↑	45위	0.1도	3.8	↓	19위	6.4도	1.1	↑

내렸고, 더군다나 전에 없었던 코로나바이러스감염증(COVID-19)으로 인해 대한민국의 상황은 더더욱 악화되었다.

이러한 자연재해는 조선시대에도 빈번하게 나타났다. 기근(飢饉)은 잊을 만하면 한 번씩 전국을 휩쓸고 갈 정도로 연례행사처럼 찾아왔다. 기근의 위력은 개인과 가정, 지역 공동체의 존립을 위협했으며, 특히 경신대기근(庚辛大飢饉, 1670~1671)에는 국가 전체를 흔들어 놓을 정도로 강력한 위력을 지녔었다는 것 또한 알 수 있었다.[2] 조선시대 기후를 연구하는 학자들에 따르면, 특정 시기의 기온이 평년에 비해 아주 낮은 이상저온 현상 즉, 소빙기 현상을 보였고, 이것이 재해와 기근 발생에 심각한 영향을 주었다고 보고 있다.[3] 조선시대 기후변동은 그 기후적 특성에 따라 1511~1560년의 소빙기 1기, 1641~1740년의 소빙기 2기, 1801~1850년의 소빙기 3기로 구분되며, 특히 소빙기 2기에는 여름 기온이 매우 한랭하고 가뭄도 심하였다[4]고 한다. 17세기 조선은 유난히 자연재해를 자주 입었던 시기로, 이상기온과 일기 불순 현상이 장기간 지속되어 갖가지 자연재해도 뒤따랐던 시기였다. 대기근이 발생하여 전염병도 유행했던 위기가 일상이 되었던 그런 시대였던 것이다.[5]

---

2 김덕진, 『대기근, 조선을 뒤덮다』, 푸른역사, 2008, 36쪽.

3 김연옥, 「한국의 소빙기 기후-역사기후학적 접근」, 『지리교육논집』 14, 서울대학교 지리교육과, 1984.; 나종일, 「17세기 위기론과 한국사」, 『역사학보』 94·95, 역사학회, 1982.; 이태진, 「소빙기(1500-1750) 천변재이와 조선왕조실록」, 『역사학보』 149, 역사학회, 1996.; 정형지, 「조선시대 기근과 정부의 대책」, 『이화사학연구』 30, 이화사학연구소, 2003. 재인용.

4 정형지, 위의 논문, 2003, 223쪽.

5 김덕진, 앞의 책, 푸른역사, 2008, 22~29쪽.

본고에서 살펴볼 〈임계탄〉은 소빙기 2기에 해당하는 작품이다. 1731~1733년까지의 전라도 장흥지역에서 발생한 대기근과 백성에 대한 폭압적 수탈상을 그 지역의 재지사족 지식인이 체험적 진술로 생생하게 그려낸 장편의 현실비판가사이다.[6] 〈임계탄〉은 자연재해로 농사가 흉황(凶荒)이 된 향촌의 심각한 상황과 굶주려 죽을 지경에 놓인 향민들의 모습을 묘사하고 있으며, 지방 관리들의 부정부패한 모습을 통해 향민들의 힘든 상황을 자세하게 드러내고 있다.

〈임계탄〉에 대한 지금까지의 연구는 그리 많지 않다. 그 중에서도 작품에 대한 첫 연구는 이형대에 의해서였다. 그는 다른 현실비판가사와의 차별된 모습을 언급하면서 그 창작 시기를 60여 년 앞당길 수 있다고 보았다. 또한, 현실비판가사의 비판 내용의 특성으로 작자명을 확인하기 어렵다는 점을 제시하면서 작가를 경제적으로 넉넉지 않은 민중 현실에 대해 사려 깊은 이해와 애민의식이 투철한 향촌지식인으로 판단하였다.[7] 임형택은 〈임계탄〉이 현재 알려진 현실비판가사 가운데 시대가 가장 앞선 것으로 보고, 작자의 비판의식은 매우 심각하면서 구체적이라 언급하였다. 그러면서 작가를 호남의 장흥부 관산(冠山)에 거주한 선비임이 확실시된다고는 했으나, 장흥지역에서 세거한 양반사대부 위백규(魏伯珪)의 부친인 위문덕(魏問德, 1704~1784)으로 추정하였다.[8] 안혜진은 18세기의 향촌 문제를 중심으로 경

---

6 이형대, 「18세기 전반의 농민현실과 〈임계탄〉」, 『민족문학사연구』 22, 고려대학교 민족문화연구원, 2003, 37쪽.

7 이형대, 위의 논문, 2003.

8 위문덕이라는 인물의 성향은 철저한 유교적인 정의감이 강렬하다는 점과 음악을 좋아하여 아들에게 술을 마신 연후에나 달밤이면 자주 평우조(平羽調)의 노래를 부르도록

화사족과 향촌사족의 대비를 통해 작품의 차이를 당대의 상황과 관련하여 고찰하였다. 그 과정에서 현실비판가사인 〈임계탄〉을 통해 향촌사족의 문제를 심각하게 제기하며, 이를 해결하고자 하는 향촌사족들의 의지와 노력을 설명하였다.[9] 안대회는 전근대 한국 문학 속의 자연재해 양상을 조사하고 분석하면서 〈임계탄〉을 18세기의 사례로 들어 전라도 장흥지역의 대기근을 묘사하고 향촌사회 지식인의 자연재해를 보는 시각과 정서를 살폈으며, 19세기와의 자연재해의 실상에 대해 고발하는 특징을 언급하였다.[10]

이상의 논의들을 토대로 하여 본고에서는 〈임계탄〉에 드러난 18세기 장흥지역 향촌의 자연재해로 인한 천재(天災)와 지방 관리들의 폐단(弊端)과 학정(虐政) 등의 인재(人災)로 나누어 살펴보고, 향촌사족들의 위기 상황과 이에 따른 대응양상을 논하고자 한다. 더불어 작품에 나타난 대응방안을 모색해 보고, 그 이후의 대응방안까지 찾아 그 변화양상에 대해 논의해 보고자 한다.

하고, 혹은 여러 자손들로 하여금 돌아가며 화답케 하거나 스스로 화답한 것을 들어 이 작품의 작가를 위문덕으로 추정하였다. 임형택, 「신발굴 가사를 통해본 가사의 재인식」, 『옛 노래, 옛 사람들의 내면풍경』, 소명, 2005, 338~339쪽.

9 안혜진, 「18세기 가사를 통해 본 경향사족간 의식의 거리」, 『한국고전연구』 15, 한국고전연구학회, 2007.

10 안대회, 「전근대 한국 문학 속의 자연재해」, 『일본학연구』 53, 단국대 일본연구소, 2018.

2. 장흥지역의 향촌사족 의식

〈임계탄〉은 18세기에 지어진 작품이다. 이 작품은 장흥지역의 지
리적, 지형적 특징을 기반으로 향촌의 피폐한 현실상황을 제시하고
있다. 이 작품의 작가는 선행연구에서도 언급했지만, 논자 역시 〈임
계탄〉의 작가를 관산(冠山)에 거주하는 위씨문중 사람이라 생각한다.
그래야만 향민들의 생활상을 통해 향촌의 문제를 자세히 그려낼 수
있기 때문이다.

향촌은 '촌락'을 의미하며, '촌락'은 자연스럽게 이루어진 마을을
기반으로 삼은 동, 리, 촌 등을 가리킨다. 촌락은 농민들이 자연스럽
게 형성한 마을의 모습이 아닌 국가의 지방 지배 또는 재지사족의
촌락 지배를 위한 인위적인 행정단위를 말하며,[11] 일정한 지역적 편제
만이 아니라 편제된 지역의 인간과 토지, 산천 등 공간 구조를 포괄하
는 개념[12]으로 봐도 좋다. 그런 까닭에, 향촌사족들은 향촌을 공간적
의미로 중앙에 계층적 관계로 보고, 지방 중의 어느 한 부분으로 형상
화되었음을 제시한 것이다.

또한, '향촌'은 중앙과는 대립되는 개념으로 지방, 지역, 시골의 의
미를 드러내며, 행정 관아와 각종 시설이 있는 향리와 관속들이 상주
하는 읍치로서의 향, 소, 부곡 등을 의미한다.[13] 여기서는 '대립 양상'
을 강조한다. 조선시대는 중앙집권체제로 왕권이 강화되어 한양에서

---

11 정진영, 『조선시대 향촌사회사』, 한길사, 1998, 24쪽.
12 정진영, 「성씨와 촌락」, 『지방사연구입문』, 민속원, 2008, 139쪽.
13 정진영, 위의 책, 2008, 139쪽.

먼 지역일수록 다양한 혜택을 누리지 못했을 뿐만 아니라, 향촌은 중앙에 귀속되지 못한 소외된 생활을 할 수밖에 없었다. 그런 이유로, 향촌사족들은 그들만의 사회를 만들고, 그곳에서 새로운 지역 문화를 구축하게 되며, 그들 독자적인 소외된 주변부의 문화를 형성하기에 이른다.[14] 즉, 향촌은 중앙과 대립적 관계가 형성되어 중앙과는 다른, 향촌으로서의 지역적 특징을 강조한 것이다. 그런 까닭에 향촌사족들은 출사의 유일한 통로였던 과거에서조차 합격을 기대하기가 어려운 상황이었다.

일반적으로 향촌사족들은 향촌에 살고 있기 때문에 교과서를 구하기가 쉽지 않았고, 시험에 관한 정보에도 더딜 수밖에 없었다. 그래서 이들보다 상대적으로 유리한 여건에 있는 중앙[한양]에 있는 사족들에 비해 과거를 통해 진출할 기회를 마련하기가 힘들었다. 그래서 향촌사족들은 별안간 치루는 별시보다는 시험 시기가 고정되어 있는 식년시에 많이 응시하였고, 책을 구하기 쉬운 경서시험에 전력을 다하는 상황이었다.[15]

장흥위씨[16]는 장흥지역의 방촌(傍村)을 대표하는 향촌사족[17]으로

---

14 졸고,『문화지리학으로 본 문림고을 장흥의 가사문학』, 보고사, 2011, 56쪽.

15 이성무,『한국의 과거제도』, 집문당, 1995, 198쪽.

16 장흥위씨가 살았던 '방촌'은 원래 위씨들이 정착하여 살았던 곳은 아니었다. 하지만, 그들은『세종지리지』에는 장흥군도호부 수령현의 제 1성으로 기록되어 있고,『여지도서』장흥부 성씨조에는 처음으로 본관과 함께 장흥위씨로 기록되어 있다. 원래 위씨 성은 중국에서 온 성씨로『문헌비고』에는 수령위씨계와 장흥위씨계를 구분하여 수령위씨의 시조는 위문개(魏文愷)로, 장흥위씨는 선조대의 위인걸(魏仁傑), 위천우(魏天佑) 부자를 계파의 대표 인물로 각각 적고 있다. 그러나 수령현이 장흥의 속현으로서 고려말 왜구의 내침으로 장흥의 새로운 치소가 된 지역임을 생각해 본다면, 두 위씨계가 별개일 수 없는 것이다. 또한, 조선 초기『세종실록지리지』에 수령의 성으로 기록되

꼽을 수 있다. 이들 가문은 방촌에서 가문을 계승하고 발전시켜 향촌 사족으로서의 자부심을 가지고 있었기 때문에 향민들과의 교류도 자 연스럽게 연결될 수 있었던 것이다. 이렇듯 향촌사족과 향민들의 친 밀한 관계는 향촌사회의 문제로까지 인식할 수 있는 계기가 되었음 을 의미한다.

특히, 18세기 장흥지역의 경우는 향촌의 재정비를 맞이하여 마을 사람들이 생활 공동체를 형성하려 하였고, 이 과정에서 장흥위씨들이 동족적 기반을 강화하면서 서서히 주도권을 장악해 가는 모습을 살 필 수 있었다.[18] 그래서 향촌사족들에게 '향촌'은 사회적 지도자로서 의 위상과 책임을 실현할 수 있는 유일한 공간이었다.[19] 그런 상황에 있는 향촌사족들의 '향촌'에 대한 관심은 그들의 생활과 매우 밀접한 연관성이 있음을 알 수 있다.

어 있었던 위성(魏姓)이 영조 대의 여지도서에서 장흥위씨로 일괄처리되는 것도 그런 사실을 보여주고 있으며, 실제도 장흥위씨와 수령위씨는 동일한 계통으로 인식되고 있다. 장흥군 방촌마을지편찬위원회, 『(전통문화마을) 장흥 방촌』, 향지사, 1994, 84~ 85쪽.

17 향촌사족은 사대부였지만, 양란 이후 조선사회의 현실은 그들의 처지는 계급에 부합 하는 생활의 영위를 불가능하게 했다. 기존 농업 중심의 생산 토대 위에서 주자주의적 인 유교 이념을 여전히 고수하면서 사족으로서의 입지를 강화하려고 노력한 계층이 다. 향촌사족은 조선 전기와 후기의 특징이 조금 다르다. 조선 전기 사족은 향촌의 경제적 기반이 튼튼하여 세속적 가치와 정치현실에 대한 거부 의식이 뚜렷하여 전원 적 삶을 긍정하되 정치 현실과 자연을 관조적 자세로 대한 반면, 조선 후기 사족은 경제적 궁핍과 향촌사회의 변동 속에서 유가적 이념에 대한 신뢰까지 무력화시킬 만 큼 절박한 처지에 놓이게 되어 경제적으로는 일반 농민들과 별반 차이가 없었다. 김수 진, 『〈농가월령가〉에 나타난 향촌사족적 현실인식』, 청주대학교 석사학위논문, 2011, 10쪽.

18 장흥군 방촌마을지편찬위원회, 앞의 책, 1994, 120쪽.

19 안혜진, 앞의 논문, 2007, 322쪽.

중앙과 지역이라는 '괴리'에서 오는 양면적 특징[20]은 향촌사족들의 의식에도 큰 영향을 보인다. 향촌사족이지만 중앙에 진출하고자 하는 욕망과 향촌사족으로 지켜야 하는 책임과 의무는 향촌사족들의 '괴리감'으로 나타나게 되었던 것이다. 즉, 이는 향촌사족으로 현실과 이상 사이의 차이는 점점 멀어질 수밖에 없었다. 하지만, 이 간극을 최소화시킬 수 있는 방안을 모색하고자 하는 실정을 드러낸 것이라 볼 수 있다.

3. 작품에 드러난 향촌의 위기상황

〈임계탄〉의 '임계(壬癸)'는 임자년의 '임(壬)'과 계축년의 '계(癸)'를 나타낸다. '탄(嘆)'은 탄식하다는 의미로 '임자, 계축년을 탄식하는 노래'를 의미한다. 〈임계탄〉은 가뭄, 폭염, 병충해, 해일(海溢) 등의 천재(天災)와 환곡과 요역의 피해, 부세(賦稅), 지방 관리들의 학정(虐政)과 무능(無能) 등의 인재(人災)에 의해 만들어진 재해로 어렵고 힘든 향촌의 실상을 알기 위해 쓰인 작품이다. 작품의 내용을 서사, 본사, 결사로 간단하게 정리하면 다음과 같다.

---

20 이는 향촌사족이 처한 현실적 상황과 신분적 기대 상황 사이의 간극이 너무 멀리 떨어져 있는 데 연유한다고 할 수 있는데, 향촌사족은 생활 현실과 유교적 이상 사이에 존재하는 거리 때문에 오로지 하나의 통일된 의식으로 생활할 수 없었기 때문이다. 임미경, 『존재 위백규의 시가에 나타난 18세기말 향촌사족의 의식』, 아주대학교 교육대학원 석사학위논문, 2005, 12쪽.

서사: 장흥의 참상을 알리고자 장안에 부치겠다는 창작 취지와 상황
　　　제시
본사: 1. 장흥의 지역적 특징과 풍요로웠던 시절의 회고
　　　2. 현재의 참상과 역대 대기근에 대한 폐단 비교
　　　3. 신해년(1731)의 천재(天災)와 인재(人災)
　　　: 가뭄과 벼멸구, 환곡과 요역 피해, 향민의 유리도산(流離倒産)
　　　4. 임자년(1732)의 천재(天災)와 인재(人災)
　　　: 흉년, 벼멸구와 해일 피해, 관리의 학정(虐政)과 무능(無能),
　　　　향민의 유리(流離)와 아사자(餓死者) 발생
　　　5. 계축년(1733)의 천재(天災)와 인재(人災)
　　　: 대기근과 전염병, 인육(人肉)을 먹는 처참함
결사: 재해의 참상을 임금에게 직접 알리려는 염원 제시[21]

　이 작품은 장흥지역의 참상을 해마다 천재와 인재로 나눠 제시하
고 있다. 장흥지역의 천재와 견주어서 인재를 관리들의 횡포로 제시
하고 있다. 그러면서, 백성들의 혹독한 모습을 묘사하였고, 그 실상을
온 나라의 백성들과 임금께 알리고자 한 것이다. 3년 동안 이어진
천재로 피폐해진 향민들의 힘겨운 상황을 언급하면서도, 지방 관리들
이 횡포와 학정을 천재보다 더 큰 원인으로 꼽고 있다. 물론 이 시기
천재는 장흥지역뿐만 아니라 다른 여러 지역에서도 발생하였고, 그
피해는 무던히도 컸다. 그렇지만 장흥지역을 중심으로 〈임계탄〉이
창작된 이유를 짐작해 본다면, 지방 관리들의 지나친 횡포는 천재의
피해를 가중시켰음을, 더불어 작자의 향민을 향한 애정(愛情)과 연민

21　이형대, 앞의 논문, 2003, 38쪽과 안대회, 앞의 논문, 2018, 42쪽에서 정리한 줄거리를
　　축약하여 제시한다.

(憐憫) 때문이었을 것이다.

1) 천재(天災)로 발생한 위기상황

조선시대 역사 기록들을 살펴보면, 장흥지역은 기후상으로 축복받지 못했음을 알 수 있다.[22] 향촌은 농업을 기반으로 하고 있었기 때문에 향촌에서 발생할 수 있는 위기상황으로는 천재가 가장 크다. 이당시 작품에 드러난 첫 번째 위기상황으로 천재를 꼽을 수 있다. 즉, 작품에 드러난 천재는 가뭄과 홍수, 해일 등의 천재지변과 벼멸구 등의 병충해로 인한 흉년을 들 수 있고, 전염병으로 발생하는 재해 등으로 나눠 살펴볼 수 있다.

이러한 천재 가운데서도 최악으로 평가하는 것이 바로 17세기 대기근(1651~1700)이다. 이 시기의 재해는 왕조의 존립 자체를 위협할 만큼 강력한 위력을 지닌 초대형 기근이었다[23]고 전한다. 그러나 이러한 기근은 1731~1732년(영조 7~8)에 다시 찾아왔고, 대기근 이후에는 현저히 약화되었다고 볼 수 있다. 하지만, 향민들의 피해는 실로 엄청났다. 실록에 기근[1733년(영조 9)]으로 사망한 사람이 13,113명으로 기록되어 있다[24]고 전한다.

---

22 숙종, 영조년간만 하더라도 복숭아 크기 만한 우박이 떨어져 농작물을 손상시키고, 큰 해일이 일어 200여 명의 사람들을 바다로 휩쓸고 간 사실들이 기록되어 있는데, 이 시기의 사료에 익숙해지다 보면 그다지 놀랄 만한 일도 아니다. 더구나 이러한 기상재해 다음에는 전염병이 돌아 수많은 사람들이 떼죽음 당하는 것이 통례이다. 이형대, 위의 논문, 2003, 42~43쪽.

23 김덕진, 앞의 책, 2008, 15쪽.

24 『영조실록』 9년 5월 을유(乙酉), 신묘(辛卯), 을사(乙巳)의 기록에 전한다. 김재호, 「한국 전통사회의 기근과 그 대응: 1392~1910」, 『경제사학』 30, 경제사학회, 2001, 58쪽.

〈임계탄〉은 1732~1733년의 일을 탄식하는 노래다. 그러나 이 작품에서는 이전 상황[1731년]을 자세하게 묘사하여 당시 천재로 인한 향민들의 위기상황을 보다 극적으로 서술하여 향촌의 어려운 실상을 드러내고자 했던 것이다. 작품에 등장하는 천재를 연도별로 나누어 그 특징들을 살펴보자.

(1) 신해년(1731)에 등장한 천재(天災) - 가뭄, 폭염, 병충해

신해년의 천재는 가뭄과 폭염, 병충해[멸구]로 제시된다. 흉년의 1차적 원인은 가뭄과 폭염이지만, 2차적 원인은 병충해[멸구]로 흉년의 극단으로 몰아넣고 있다. 흉년의 피해는 오롯이 향민들에게 돌아가고, 설상가상으로 향촌 간의 싸움까지 이르게 되는 어려운 상황을 묘사한다. 작품 안에 등장하는 가뭄과 폭염, 풍파, 병충해에 대한 내용이다.

祝融이 南來하야 火龍을 채질하니 旱魃이 肆惡하니 乾坤이 紅爐로다 山原이 불리나니 田野 다타거다 赤地 千里하니 惶怯이 절로난다 時雨를 못어드니 移秧을 어이하리 不違農時 이말씀 人力으로 못하리라 六月望 오는비는 嗚呼晩兮 그러나마 제판의 쎄 게된모 옴겨두고 試驗하세 南村北村 사람 時刻을 쟁선하다 슬프다 農民드라 이畢役 못하야서 獝惡코 凶한風波 被害도 慘酷하다 곳곳지 남은田地 낫낫치 섯는禾穀 이後나 무病하면 生道를 보라더니 놀납다 滅吳虫이 四野의 니단말가 엊그제 푸른들이 白地純色 되거고나

여기서는 가뭄과 폭염의 상황을 축융(祝融), 화룡(火龍) 등으로 비유하고 있다. 과장된 표현처럼 느껴질 수도 있지만, '엄청난 폭염으로

인해 천지가 불구덩이처럼 타오르고, 산과 논밭이 다 타겠다'라며 향
촌의 실상을 묘사하고 있다. 그러나 화자는 농사를 걱정하며 흉년으
로 거둘 것 없는 땅에 '황겁하다'는 심정을 드러낸다. 이는 화자가 향
민들의 애타는 마음을 대변하는 표현이기도 하다. 또한, 폭염 중에
농촌 현실의 상황을 묘사하는데, 모내기할 시기를 놓친 농민들의 모
습도 그려진다. 농사일에서 시기의 중요성을 언급한 부분으로, 향민
들의 애절함과 굳은 의지도 함께 드러내고 있다. 그러나 임자년에
있었던 천재의 피해상황에서 화자는 체념적인 모습을 보인다. 논밭
은 풍파와 병충해[벼멸귀로 인해 푸른 빛이 흰 빛으로 변했고, 이러
한 변화는 향민들의 마음 역시 희망에서 절망으로 변했음을 의미한
다고 볼 수 있다.

위에서 제시한 이러한 묘사들은 향민들의 감정을 강조하는 역할을
한다. 논밭을 화자의 마음에 비유하여 더 이상 자랄 수 없는 절망을
병든 벼의 흰 빛으로 나타냈으며, 사람의 힘으로 할 수 없는 절망적인
상황을 다시 황겁(惶怯), 슬픔, 참혹한 감정으로 제시하고 있다. 더불
어 놀라운 지경에 이르는 감정의 변화까지 드러내고 있다.

(2) 임자년(1732)에 등장하는 천재(天災) - 벼멸구, 보리 흉작

신해년에서 임자년으로 이어지는 천재는 벼멸구와 보리 흉작으로
나타난다. 신해년에 발생한 벼멸구는 사라지지 않고 해일과 함께 임
자년으로 이어지며, 임자년의 농사는 큰 피해를 입게 된다. 이처럼
한 해에 발생한 천재는 한 해에 그치지 않고 연속해서 다음 해까지
영향을 미친다. 즉, 신해년에 있었던 천재는 임자년까지 이르게 됨을
나타낸다. 처음에는 멸구가 시작되었고, 이후에는 태풍, 해일, 대벌레

에 이르기까지 천재가 복합적인 양상으로 드러났음을 서술하고 있다.

東역들 올벼논에 上年滅吳 또일거다 □□들 中벼논애 □滅吳 삭기천
어와 이滅吳여 원슈엇 며외노다 이해예 다시날제 尋常이 삼겨시라 早벼
가 업서거니 中벼가 나물넌가 早中稻 다바리니 이時節 可知로다 殺年이
되랴할제 風波들 업슬런가 七月 七夕風波 不意예 大作하여 上年 流豆風波
오늘날 代을하여 海澤을 들너보니 海溢浦落 가이업다 大災을 가초올서
惡水들 업슨넌가 田形이 업서거니 成川이 거의로다 禾谷이 업서거니 伏沙
가 거의로다 이被災 免한農形 긔얼마나 남어는고 四方을 周覽하니 焦原
의 余草로다 져나락 사긴滅吳 이나락의 들거고냐 이고지 뷔온滅吳 져고
지로 건내넌네 一時에 枯損하니 到處의 同然하다 霜降인가 積雪인가 一樣
은로 희여게다 滋甚하다 대벌기는 空莖조차 다새겻네 져압픠 너룬들은
碧海가 말난는가 이뒤예 노푼들은 秋山이 뷔엿는가 百谷을 혜여보니 萬無
一實이로다 고지마다 嗟歎이오 들마다 곡성이다

신해년에 시작된 천재는 임자년에는 태풍과 해일로 이어지고, 상
황은 점점 더 악화되어 간다. 태풍과 해일로 인한 피해상황은 논밭에
물이 차고 모래만 쌓여 가는 모습으로 묘사하고 있으며, 남은 벼마저
벼멸구로 큰 피해를 입는 지경에 이르게 됨을 언급하고 있다. 벼멸구
의 피해는 신해년보다 더 심하며, 전에 없던 대벌레까지 등장하기에
이른다. 천재들의 상황을 하나하나 자세히 묘사하면서 농사일을 할
수 없는 어렵고 힘든 향촌의 상황을 설명하고 있다.

신해년에는 가뭄과 폭염, 벼멸구로 인해 농사를 제대로 지을 수
없는 상황을, 임자년에 심었던 벼에는 멸오에서부터 태풍, 해일, 벼멸
구, 대벌레에 이르기까지 많은 천재들이 발생하게 되었음을 묘사하고
있다. 이로 인해 계속되는 흉년의 상황은 농민들을 점점 더 힘들게

하며, 이는 곧 피폐해진 향촌의 모습으로 이어졌음을 의미한다.

(3) 계축년(1733)에 등장하는 천재(天災) — 염역[전염병]

계축년에는 단 하나의 천재만이 서술된다. 염역 즉, 전염병이다. 전염병은 짧은 시간에 세상에 퍼져 사람의 목숨을 빼앗는 위험한 존재다. 이 전염병은 무서운 천재로, 먹을 것이 없어 굶어 죽는 상황에 이르렀음을 제시하기도 한다. 그러면서, 이웃 마을 강진에서는 산 사람은 먹을 것이 없어 사람을 잡아먹는다는 이야기가 전해졌다고 서술한다. 그러나 이러한 상황은 꼭 이웃 마을 강진에서만 이루어진 이야기는 아니었을 것이다.

> 慘酷한 染疫조차 天地의 그물도여 飢寒의 나문百姓 걸리나니 다죽는고
> 이리죽고 져리죽고 億兆群民 다죽거다 百姓이 업슨後의 國家를 어이하리
> 나라히 나라안여 百姓이 나라히요 百姓이 百姓안여 衣食이 百姓이다 衣食
> 百姓 다업스니 이時節 어이될고

계축년의 상황을 제시한 부분으로, 전염병의 무서움을 언급하면서도 무엇보다 모순된 현실에 대한 비판의식을 강하게 드러내고 있다. 지방 관리의 폐정으로 인한 향민들의 고통은 양반들이 강조한 올바른 정치에 대한 염원으로 나타난다. 즉, 나라는 곧 백성이고, 백성은 곧 의식이라며 다시 편안히 잘 살았던 예전으로 돌아가기를 염원하는 마음을 담고 있는 것이다.

참혹한 역병은 천재에 살아남은 사람들을 그물로 잡아가는 것처럼 살아 있는 향민들을 참혹한 역병으로 잡아가는 것에 비유하고 있다. 즉, 굶어 죽은 향민들, 전염병에 걸려 죽은 향민들은 모두 나라의 근

간이 되는 백성들이므로, 백성들이 죽으면 나라가 망하게 된다고 설명한다. '나라 = 백성 = 의식'이라는 생각은 먹고 사는 기본적인 문제가 해결되어야 함을 의미한다. 그래야만 나라가 바르게 설 수 있다는 뜻이기도 하다. 즉, 백성들이 죽으면 나라가 망하게 되니 나라의 근간은 곧 백성임을 나타내고, 이러한 백성이 곧 의식임을 바로 잡아야 한다는 것이다.

계축년은 전염병을 자연재해로 들어 설명하고 있지만, 결국 이 전염병은 인재로 연결되는 중요한 역할을 하기에 이른다. 그런 까닭에 전염병이 나라의 근본적 문제와 연결되어 결국 조선의 폐단을 깨뜨려서 윤리적 규율과 정치적 이념을 바로 잡은 매개적 작용을 한다고 볼 수 있는 것이다.

2) 인재(人災)로 발생한 위기상황

조선시대 향촌사회는 삼정의 문란상이 심화되어 향민의 생존권이 심각하게 위협을 당하게 되[25]었고, 이에 향민들은 생활의 어려움을 토로하기에 이르렀다. 18세기 조선 왕조의 구조적 모순이 심화되는

---

25 정조 때에는 심각해질 대로 심각해진 농촌 문제를 해결하기 위해 전국에 농서를 지어 올리라는 윤음(綸音)을 내렸다. 그래서 이 시기는 역사상 유례없이 많은 농서와 농학이 논해지는 시기를 이루게 되었다. 이때 농서를 지어 올린 대부분의 사람은 향촌사회 내에서 사족층을 구성하는 유학과 생원, 그리고 진사들이었다. 지방하층사족은 향민을 대신하여 소나 의송을 써서 올리고, 향민을 대신하여 서울에까지 올라가 장계를 올리기도 하고, 통문을 써서 향회를 열어 관권에 대항하는 공론을 이끌어내기도 하고, 혹은 인사들을 대규모로 모아 민란을 도모하기도 했다. 지방하층사족층이 가사를 통해 현실에서 자행되고 있는 수취상 모순을 고발하고 지배층의 가렴주구를 비판한 것은 향민은 물론 향촌사족층과의 연대를 통해서 이루어질 수 있었다. 고순희, 『현실비판가사연구』, 박문사, 2018, 297~300쪽.

과정에서 신음하는 농민의 현실이 있었고, 크고 작은 민요(民擾)가 적지 않았다. 〈임계탄〉과 같은 현실비판가사 창작에 대한 사회적 기반은 충분히 마련되어 있었[26]던 것이다. 이는 〈임계탄〉에 드러난 두 번째 위기상황인 인재와 깊은 연관이 있어 보인다. 작품에서 인재와 연관된 부분을 살펴보자.

(1) 신해년(1731)에 등장한 인재(人災) – 환곡 징수

신해년에 등장하는 인재(人災)는 환곡 징수뿐이다. 그러나 그 환곡 징수는 향민들을 대단히 괴롭게 한다. 흉년으로 인해 힘들고 어려운 환경에서 백성들의 구휼이 제대로 이루어지지 않고 있는데, 거기에 더하여 환곡 징수까지 행해지고 있다. 그 구체적인 내용은 작품에서 살펴보자.

> 江東의 安石旆을 다시조차 나라온가 千載人無魯恭하니 뉘라서 消災할고 이朝夕 難繼하니 後生涯 보랄소냐 秋糴乙 펴여시들 져徭役 뉘當糖澹 □□이 極嚴하니 □□道 어렵도다 男負女戴ᄒ고 가로라 定處업시 自然이 離散하니 村落이 가이업다

제시된 내용은 선정(善政)을 베풀지 못하는 양반들에게 하는 충고를 나타낸 것이다. 향민들은 선정(善政)하는 지방관을 원하지만, 그런 지방관은 없다며 지금의 지방 관리들을 비판한다. 이상과 현실에 대한 대조적인 모습을 드러낸 것이다. 이는 어렵게 하루하루를 살아가

---

26 이형대, 앞의 논문, 2003, 36쪽.

는 향민에게 환곡의 필역을 부가하는 행위로, 향민들은 향촌을 떠나 유리걸식(遊離乞食)하기에 이른다. 즉, 1단계에서 자연재해의 피해가 발생했다면, 2단계는 지방관들의 폐정(弊政)이 일어났음을 제시한다. 이러한 반복된 피해는 향민들을 혹독하게 만들고, 향민들은 그런 피해를 줄이기 위해 선정을 베풀어 달라고 호소한다. 이는 자연재해의 무서움보다 지방 관리들의 학정(虐政)의 괴로움을 강조한 것으로 보아야 할 것이다. 향민들은 지방관의 선정을 바라지만 선정을 베푸는 지방관이 없기에 결국 향민들은 향촌을 떠날 수밖에 없는 지경임을 나타낸다. 그런 까닭에 향민들은 일정한 거처 없이 유리걸식하며 살아갈 수밖에 없는 현실을 비판하고 있는 것이다.

(2) 임자년(1732)에 등장한 인재(人災) - 고리대금, 아전들의 횡포 등

임자년에는 등장하는 인재는 고리대금, 세금 독촉, 아전들의 횡포, 수령의 무능함, 각종 부세 및 세납의 독촉, 진휼에만 힘쓰는 무성의한 감진사 등으로 그 폐단은 한 두 가지가 아니다. 신해년에서 임자년으로 이어지는 흉년으로 각종 부세는 세납의 독촉으로 이어지고, 가사 탕진과 유리걸식으로 연결된다. 이러한 인재(人災)는 작은 것에서 큰 것으로 확대되고, 향민들에게 그 피해는 고스란히 전가된다. 작품을 통해 구체적인 내용을 살펴보도록 하자.

辛亥冬 남은百姓 壬子春 만나고야 □□다 饑民드라 賑恤 奇別 들어슨다 當初에 뫼흔谷石 精備하야 바다더니 賑恤廳 모든쥐가 各倉의 궁글뚫고 晝夜로 나들면서 셤셤이 까먹언네 이번의 타낸乞粮 空穀으로 의포하예 糶糴맛튼 져斗카아 너조차 무슴일로 孔輪子 밍근信을 鐵木으로 삼겻

192 위기와 성찰의 뉴노멀 시대 _ 고전

거늘 無端이 換面하고 憑公營私 하나슨다 엊그제 寬洪量이 奸貪코 狹隘
하다 變世은 變世로다 사름이 거북되여 賑倉의 들어안자 모든쥐를 사피
더니 本性이 鼠狀이라 못참내 어이되어 倉中 賑穀米을 다주어 무러가라
녁코닢풀 굴을삼고 暮夜의 藏置하니 碩鼠歌 일러난들 狡穴餘腐 뉘이시리
실갓쓴 小令監은 秦王의 姓을어더 但坐嘯 다방부리 指揮中의 녀허 두고
朱墨을 擅弄하며 殘民을 椎剝하니 져餓殍 越視하고 私貨財 圖謀하다 賑
政事 말게하소 無實存名 가이업다 賑監色의 진진챵을 고뷔고뷔 다치오니
饑民아 네죽거라 事事로 殺歲로다 이時節 이러하니 보랠 것 업서도야

신해년 겨울에서 임자년 봄으로 넘어가는 시기에 있었던 관리들의
학정(虐政)을 꼬집어 서술한다. 자연재해는 사람의 힘으로 할 수 없기
때문에 수긍하고 받아들일 수밖에 없다. 하지만, 진휼은 사람에 의한
것이므로 원망이 더욱 크게 나타난다. '진휼(賑恤)'은 원래 흉년에 곤
궁한 백성들을 돕기 위해 만든 기관인데, 지방 관리들에 의해 백성을
괴롭히는 공간이 되어 버린다. 화자는 작년 농사가 흉년이었음을 알
기 때문에 진휼의 기별을 묻지만, 지방 관리들의 부패로 인해 제대로
된 진휼이 이루어지지 못함을 제시한다. 이 부분은 진휼에서의 지방
관리들의 비리를 자세히 드러낸 것이다. 지방 관리들의 비리는 향민
들에게 나눠 줄 곡식을 빼내 빈 껍데기를 채워 넣는 것, 되와 말을
속여 향민들을 농락하는 것, 공적인 일을 빙자하여 관리들의 이익을
채워 넣는 것 등으로 '부정(不正)'한 방법을 드러낸다. 화자는 그런 관
리들을 쥐에 비유하여 그들의 교활함을 알리고자 한다. 교활한 관리
를 쥐에 비유한 것은 『시경(詩經)』의 〈석서가(碩鼠歌)〉[27]에서 근원을

---

27 碩鼠碩鼠아 無食我黍어다/ 三歲貫女(汝)어늘 莫我肯顧인댄(란대)/ 逝將去女하고 適彼

찾을 수 있다. 이 부분은 지방 관리가 자연재해로 어려운 지경에 있는 향민들을 두루 살피지 못한 책임을 묻는 것이다. 중앙 관리에게도 "진정사(賑政事) 말게하소 무실존명(無實存名) 가이업다"라 하여 진휼을 담당하는 책무를 다하라고 충고한다.

> 문노라 官人드라 이때가 어느때뇨 稅米還上 各項밧자 舊未收은 무슴일고 아무리 式年인들 新戶籍 무슴일고 可笑로다 卽今脩單 合沒絕戶 方時로다 塗炭의 빠진百姓 奚暇의 눌을뜨고 실고튼 이목숨이 질금도 질글시고 굼고먹고 그리져리 天幸으로 살아난들 父母同生 어디가고 夭逝子息 더욱 섧다 눈의는 피가나고 가슴은 불이난다 罔極다 痛哭이여 到處의 慘酷하다 이몸이 遑遑하야 心不能定情하니 이殺歲 사라나셔 이樂歲 볼동말동

이 역시 지방 관리들의 행태를 신랄하게 비판하는 부분이다. 화자는 "이때가 어느 때냐?"며 자연재해로 어렵고 힘든 상황임을 상기시켜 지방 관리의 행태를 비판하고 있다. 지방 관리는 전에 빌린 누적된 체납분 징수에 대한 일과 새로운 호적 등록에 대한 일로 공분을 산다. 그러나 관리들은 더 많은 세금을 징수하여 본인들의 이익을 취하려 하고, 이런 지방 관리의 행동은 향민들의 망극과 통곡으로 나타난다. 특히, "눈에는 피나고 가슴에 불난다"는 표현으로 향민들의 감정을 대변하고 있다. 그러면서 도처에 굶어 죽는 사람들로 참혹한 현장을

樂土호리라/ 樂土樂土여 爰得我所ㅣ로다
碩鼠碩鼠아 無食我麥이어다/ 三歲貫女어늘 莫我肯德인댄(이란대)/ 逝將去女하고 適彼樂國호리라/ 樂國樂國이여 爰得我直이로다
碩鼠碩鼠아 無食我苗어다/ 三歲貫女어늘 莫我肯勞인댄(란댄)/ 逝將去女하고 適彼樂郊호리라/ 樂郊樂郊여 誰之永號리오 『시경(詩經)』의 〈석서가(碩鼠歌)〉
동양고전종합DB (http://db.cyberseodang.or.kr)

묘사한다. 자연재해로 맞은 흉년과 지방 관리의 횡포는 허둥지둥 어쩔 줄 모르게 급한 상황과 마음을 안정시키지 못한 매우 극분한 상태로 죽을 것 같이 힘든 상황을 비유한 것이다. 힘든 흉년을 버텨야 하는 향민들의 심정을 드러내며, 이때 살아난다 하더라도 풍년의 즐거움을 누릴 수 있는 가능성이 거의 없음을 시사한 것이다.

지방 관리는 향민들에게 선정(善政)을 베풀어야 하는 희망이 되어야 한다. 그러나 이 작품에서 지방 관리는 향민들에게 절망과 비난의 대상이 되어 버린다.

> 아모리 連凶인들 上納을 근치손야 行關이 連續하야 各項밧자 停止할나
> 大同 結役米와 □還上 乞粮本錢 各色保米 運役과 統戶役 香徒役을 區別區
> 別 別音ᄒ랴 一時의 督捧ᄒ니 이리하야 못하리라 別差檢督 내여코야 別差
> 檢督 主人使令 약정면장 眼同ᄒ니 咆哮하는 號令소리 閭閭이 振動한다
> 官令을 미엿거니 名分을 도라보랴 內庭의 作亂ᄒ니 壬辰倭亂 이럿턴가
> 戶首次知 面任次知 里正次知 一族次知 다자바 因禁ᄒ고 星火로 督納하니
> 永嘉적 時節인가 荷擔은 무슴일고

계속된 흉년에도 각종 세금 징수에 곤란을 겪는 향민들의 모습을 자세히 진술하고 있다. 한꺼번에 갑자기 세납을 독촉하여 거둬들이고, 없는 세금을 만들어 징수하게 하는 등 부당하게 세금을 걷는 소리로 온 마을이 시끄럽다. 세금은 정해진 법에 맞게 준비하였음에도 불구하고 나라에는 현실과 어긋나게 상납됐다고 전한다. 그러니 이를 채우기 위한 관가들의 착출은 실로 엄청났을 것이다. 관아에 보내는 세금 독촉 공문들은 갖가지 항목들을 적어 세금으로 거두니 여염집은 물론이고, 내정을 뒤흔들기까지 한다. 그럼에도 세금을 내지 못

하면 차별하여 가두고 빨리 갚는다는 약속을 받아내기 위해 폭력을
쓰기도 한다. 이 징수 현장은 임진왜란 때보다 더 살기 어렵다고 말한
다. 즉, 극한의 상황인 전쟁보다도 더 힘들고 곤란하다는 것은 더 이
상 살고자 하는 의지도, 살아갈 수 있는 방법도 없음을 의미하는 것이
다. 면임차지, 이정차지, 일족차지 다 잡아 가두고 죄인을 풀어줄 때
는 세금을 물어내도록 하는 포악한 정치를 일삼는다. 이에 향민들은
향촌에서 더이상 살아갈 수 없게 됨을 거리를 떠돌게 되었다고 제시
하고 있는 것이다.

(3) 계축년(1733)에 등장한 인재(人災) - 부정부패, 세금 징수 등

계축년에 등장하는 인재로는 부정부패, 세금 징수 등을 꼽는다.
관아에서 정해진 규칙을 깨고 자신들에게 유리하도록 세금을 징수하
며 부유한 백성들의 인색함을 드러낸다. 게다가 관아의 관리들은 법
을 어기면서까지 빚을 징수하는 행위를 서슴치 않는다. 이와 연관된
내용들 가운데 한 부분을 살펴보자.

　事目을 塞責하야 設賑으로 作名할제 壬午年 해저을고 癸丑正月 다금온
다 우리令監 神明하샤 饑民戶을 預知하야 人口數을 磨鍊하야 三等의 分定
하고 定式數로 成冊하라 嚴俊히 傳令하니 乥麼한 尊位約正 違越官令 뉘
이시리 七八九 인는戶을 二三口로 抄出하고 優劣업슨 져饑民을 定數外예
물리치니 成冊의 못든饑民 눈물지고 시설한들 官令메신 져面任이 加減을
어이하리 長擇셔 타온 乞粮 終始히 일어하면 드나마나 셜워마라 타나마
나 彼此업다

탐관오리들의 부정부패를 꾸짖는 부분이다. 환곡을 배정하면서 중

간에 개입된 관리가 그들의 사리사욕을 취하고자 향민들을 누락시킨다. 애초에 향민들은 눈에 보이지도 않았던 것이다. 중간에 개입된 관리들은 굶주린 백성들에게 꼼수를 썼고, 인구수를 거짓으로 꾸며 등급을 나누었으며, 숫자를 정해 문서를 다시 만들어 이를 활용하는 수법을 사용하였던 것이다. 즉, 환곡 배정에서 이중 문서를 만들어 인구수에 맞춰 등급을 매기고, 사람을 시켜 강압적으로 명령을 내려 이를 따르도록 한 것이다. 관아의 관리들의 강압적인 명령에는 향촌의 재지사족들도 모두가 따를 수밖에 없었던 듯하다. 굶주린 백성들 역시 이미 정해진 숫자에 대해 따지는 사람이 없었음은 관리들과 겨룰 힘도 없거니와 싸워도 이길 승산이 없었기 때문이다. 관아 수령을 모시는 면임의 경우에는 중간에 환곡을 마음대로 조정할 수 있었음을 알 수 있다. 그러므로, 장흥지역 향촌 관리들은 탐욕을 부려 자신의 이익을 채울 수 있는 상황이었음을 제시하고 있는 것이다.

4. 장흥지역 향촌사족들의 대응양상

〈임계탄〉에서는 재해를 자연과 인간으로 분류하여 그 피해 양상을 서술하고 있다. 향민들에게 드러난 두 가지 위기현상은 향촌사족들이 중앙집권세력에게 갖는 불만을 드러내기에 충분했고, 이는 가사 창작의 계기를 마련하였다고 할 수 있다. 향민들은 천재(天災)로 인해 굶주려야 하는 고통을 경험해야 했다. 더불어 조세를 가로채 부정한 방법으로 이익을 취하는 지방 관리들의 인재(人災)로 인해 고통스러운 날들을 보내야만 했다. 그런 까닭에 화자는 〈임계탄〉에서 천재와 인재의 광경들을 묘사하고, 이에 대한 대응방안을 모색하고자 했던 것이다. 본고에서는 〈임계탄〉을 기점으로 시대를 구분하여 〈임계탄〉에 드러난 대응방안과 그 이후의 대응방안으로 나누어서 장흥지역 향촌사족들의 대응방안에 대해 살펴보고자 한다.

1) 〈임계탄〉에 드러난 대응방안

〈임계탄〉에서는 향촌사족으로 할 수 있는 대응방안을 작품의 처음과 마지막에 담아냈다. 첫 부분에서는 장안 대도시에 노래를 붙이는 방법을 서술하고 있고, 마지막 부분에서는 임금께 상소를 올려 탄원을 제기하는 방법을 언급하고 있다.

> 슬프다 백성드라 이내말 드르스라 壬子癸丑 無前凶年 介介히 이로이라 듯고보는 이景色을 三尺童도 알건마는 刻骨한 이시절을 銘心하야 닛지말자 無識한 眞諺文을 才助업시 매와내니 句法은 보잔하고 時不見만 젹어다가 長安 大道市예 붙이로다 百姓들아 가업는 이時節을 無興하나 보아스라 슬프다 古老人아 일언時節 보안느냐

작품의 첫 부분이다. 첫 문장에서부터 화자는 자신의 감정을 솔직하게 드러내고 있다. 첫 번째 묘사하고 있는 감정은 '슬픔'이다. 화자는 슬픔을 토로하면서 백성들에게 향촌의 실상을 호소하고자 한다. 여기서 말하는 '백성들'은 조선의 모든 사람들을 가리킨다. 모든 조선의 백성들에게 화자는 신분, 성별에 관계없이 누구든지 억울한 자신의 심정에 대해 귀기울여 달라 하소연하고 있는 것이다.

'~~아 이내말씀 들어보소'의 형식적 특징은 작품 첫 부분에서 주로 사용하여 독자의 흥미를 끈다. 그런 까닭에 이 작품은 특정 대상이

아닌 일반적인 누군가에게 이야기하듯 무언가를 호소하는 목적으로 만들어진 작품임을 알 수 있다. 그리고, 장안 대도시에 향촌의 실상을 전달하기 위함이라는 설명을 덧붙인다. 그렇기 때문에 화자는 사람들을 끌어 모을 수 있는 충분한 요소들이 필요했던 것이다. 이에 화자는 읽기 쉽고 알기 쉬운 한글의 형태로 운율을 갖추어 부르기 쉽고, 읊조리기 쉬운 운율을 지닌 가사 형식으로 작품을 창작한 것이다. 그러면서 화자는 글의 목적에 대해서는 삼척동자도 알만한 흉년의 상황을 "뼈에 새길 이 시절을 명심하여 잊지 말자"며 기억과 기록으로 남겨 천재(天災)로 입은 피해와 더불어 향촌의 사정과 지방 관리들의 무능력함으로 구분하여 백성들에게 널리 알리려 했던 것이다. 그렇지만, 겸손하게도 글을 잘 쓰지 못하는 본인의 글솜씨를 염려하며 진실하게 거짓 없이 글을 엮어낸다며 차마 보지 못했던 광경에 대한 묘사를 적나라하게 드러내고자 한다. 또한, 화자는 장안 대도시에 글을 붙여 향촌의 실정을 여러 사람들에게 널리 알리기를 원한다. 이는 작품의 창작 배경이기도 하거니와 이 작품의 궁극적인 목적이기도 하다. 중앙과 멀리 떨어진 하나의 작은 향촌에서 벌어진 일이라고는 하지만, 중앙에서 '권력'을 행사하는 사람들에게 향촌의 어려움을 알리고자 했고, 그 당시의 배경을 자세히 서술하여 중앙의 권력자 특히, 최고의 권력자인 임금께 향촌의 어려움을 알리고자 한 글이었음을 알 수 있다.

화자의 두 번째 감정은 가엾음이다. 먹고 입을 것 없는 시절에 흥이 없다는 것을 언급하면서 암울하고 우울한 날들에 대한 걱정을 대신하고 있다. 그러나 무엇보다도 작품은 향민들의 가엾음에 대해 언급하고 있다. 슬픔은 가엾음에서 오는 감정으로 슬픔을 탄식한 것이다. "늙은 노인아, 이런 시절 보았느냐"라며 지내온 세월에서 이렇게 비참하고 어려운 시절이 있었는지를 자신에게 묻고 있다. 화자는 스스로 물으면서도 늙은 노인에게 질문하는 비유적인 방법을 활용하였는데, 그 이유는 화자가 살아온 세월 동안 이렇게 비참하고도 처참한 상황이 있었는지의 존재 여부를 확인하고자 하는 것이 아닌 지금처럼 이렇게 끔찍하고 처참한 광경을 본 적이 없음에 대해 강조한 부분이라 보았기 때문이다.

> 슬프다 이런말씀 다하쟈면 가이업다 周民의 黃金歌와 傷田歌 一篇詩을 流民圖 한 가지로 이 곳에 긔려 내어 니르자면 목이메고 보쟈하면 눈물나다 十襲 同封하야 百拜稽首하야 님계신 九宮宮闕의 들여볼가 하노라.

〈임계탄〉의 마지막 구절이다. 위에서 언급한 자연재해로 인해 삶이 어려워진 백성들의 생활과 더불어 부정한 관리들의 횡포들로 굶주릴 수밖에 없는 백성들의 원망을 그리고 있다. 시적 화자는 원망과 분노의 감정을 '슬프다'고 표현한다. 그 이유는 백성들의 원망을 들어줄 대상의 부재 때문이다. 이 구절에서는 '이런 말씀 다 하자면 끝이 없다'며 백성들에 대한 원망과 분노의 감정을 작품에 녹아내고 있다. 하지만, 문제가 해결될 수 없는 상황임을 화자 스스로도 짐작하고 있다고 볼 수 있을 것이다. 주나라 백성들이 불렀다던 〈황금가〉와 〈상전가〉라는 시와 백성들의 참혹함을 그림으로 그려낸 〈유민도〉를 통해 그 실상을 알린 것처럼 〈임계탄〉에서도 향촌의 참혹한 실상과 향민들의 애타고 원통한 마음을 대신하여 동봉하여 붙인다고 한 것이다. 〈황금가〉와 〈상전가〉는 너무도 애잔하여 들으면

목이 메고, 〈유민도〉는 너무도 참혹하여 보면 눈물이 난다고 하니 참혹하고 안타까운 현실을 그대로 반영하고 있음을 알 수 있다. 그러면서 참혹한 상황에 대해 "이르자면 목이 메고 보자 하면 눈물난다"라 하였고, 화자의 염원에 대해 "열 겹으로 꽁꽁 싸매 여러 번 겹손하게 절하여"라는 구절로 귀하고도 간절한 염원의 마음을 담아낸다. 님은 '임금'으로, "넓은 궁궐에 드려 볼까 하노라"라 하여 상소를 직접 올리겠다는 뜻을 전하고 있다. 이는 지방관에 대한 처벌과 향민들의 구휼을 임금께 직접 아뢰고자 하는 염원을 가사작품의 마지막에 싣고 있는 것이다.

〈임계탄〉에 드러난 대응방안은 모든 백성이 지역의 한미한 향촌에서 일어나는 참혹한 실상을 알게 하는 것과 상소를 올려 임금께도 탄원을 제기하는 것이다. 이는 향촌사족으로 할 수 있는 최선의 방법을 동원하여 대응방안을 모색하고 있는 것임을 알 수 있다. 하지만, 향민 스스로 개선하려는 그들의 움직임이 보이지 않았던 이유는 아무래도 그들이 행사할 수 있는 권력의 부재 때문이었을 것이다.

> 이리하야 못당(糖)라 도로혀 풀쳐혜자 인무원려(人無遠慮)하면 필유근우(必有近憂)라니 기면빈사(旣免殯死)하고 우당농절(又當農節)하니 입아(立我) 백성(百姓)드라 작농(作農)을 고쳐하자

화자는 향민들에게 맞지 않는 농사법을 고쳐보기를 권한다. '사람은 먼 근심이 없으면 반드시 가까운 근심이 있다'며 이래하나 저래하나 걱정하고 근심하는 것은 있기 마련임을 시사한다. 근심의 상황은 언제나 같지 않지만, 굶어 죽는 것을 면해 또 농사지을 때가 되면

똑같은 일을 반복하지 않도록 화자는 다른 방법을 제안한다. 그것은 바로 농사법을 바꾸는 일이다. 농사는 자연의 영향으로만 지을 수 없음을 언급하며, 사람의 힘으로 바꿀 수 있는 부분들은 바꿔서 좀 더 효율적, 효과적인 방법으로 개선하고자 한다. 즉, 화자는 사람의 능력으로 이를 보완하고자 한 것이다. 이전에 쓰고 있던 방법으로 큰 수확을 기대하지 못했다면 자연의 힘을 활용하는 방안을 모색해야 하는 것이 당연하다는 의미이다. 이에 농사법을 바꿔보도록 제안하고 있는 것이다. 그러면서 어떤 방법으로 논의할 것인지에 대해서는 서술하고 있지 않다. 즉, 방법의 개선이 필요하다는 것만을 제시한 것이다. 이는 실학에 근거를 두어 효율적 방안을 모색하고자 하는 측면에서 향촌사족 가운데서도 깨어 있는, 변화를 요구하고 맞서는 향촌의식을 지닌 인물이었음을 나타낸다. 하지만 그 당시 향촌사족들에게 제도를 바꾸고 모색하는 일이란 '고발의 형태'로 지역의 일을 세상 사람들에게 알리는 일이고, 가장 적극적인 방법으로는 향민들의 행동을 바꾸는 것이며, 가장 강력한 방법으로는 임금께 상소하여 지방관리들의 비리를 폭로하여 그들의 죄를 묻는 것이었음을 알 수 있다. 즉, 이는 〈임계탄〉에서 가장 적극적인 해결책을 모두 드러낸 것이라 할 수 있다.

2) 〈임계탄〉 이후의 대응방안

〈임계탄〉 이후의 대응방안으로 이전과는 다른 양상을 보인다. 물론, 시기를 나눠 대응방안이 확실하게 분별되는 것은 아니다. 그러나 이전과 이후가 분별되는 어떤 계기가 필요했다는 것을 의미하는 것이기도 하다. 〈임계탄〉 이후의 대응방안을 드러내기 위해 본고에서 논하고자 하는 인물은 18세기 후반 장흥의 문중조직과 위상강화에 힘썼던 존재 위백규(1727~1798)이다. 그러나 그에 의해서만 대응방안에 대한 변화양상이 나타났다고 말할 수는 없다. 하지만, 그의 작품 가운데 〈농가구장〉은 농부화의 추세 속에 놓인 향촌사족층이 서생의 자리에서 자영농의 자리로 이전해 가는 단계를 전형적으로 반영하고 있는 작품으로, 스스로의 처지와 운명을 영농의 질서 속에 내맡기고 그러한 질서로서 자신과 자신이 속한 문중 집단을 규율해 나가고자 했던 18세기 장흥 방촌 위씨 일문의 '영농의 노래'였다고 보았다.[28] 이러한 맥락으로 그의 작품 《연연행》 연작[29]을 살펴보면, 〈임계탄〉의 내용과 매우 유사하다는 것을 발견할 수 있다. 그런 점에서 〈임계탄〉과 다른 대응방안을 모색하기에 가장 적합하다고 생각했던 것이다.

위백규는 18세기 향촌사족으로서, 향촌의 변화를 모색하고 관아의 폐단을 없애기 위해 노력하였던 인물이라는 점과 농업에 힘쓰고자 노력하였다는 점에서 그가 향민들에게 많은 관심이 있다는 것을 알 수 있다. 따라서 그는 스스로 누적된 사회의 폐단을 제도 개선의 미봉책으로는 해결할 수 없다고 보고 대대적인 개혁의 필요성을 주장했으며, 향촌 개선론을 지적하였다.[30] 그 가운데서 향민들이 스스

---

28 김석회, 『존재 위백규 문학연구』, 이회문화사, 1995, 250~259쪽 참조.

29 위백규의 《연연행》 연작은 공통적으로 자영농의 농업경영과 농경 현장의 혈투를 생생히 진술하는 한편, 그러한 경영과 노작을 허무로 만들어 버리는 자연조건의 냉혹성과 사회구조의 모순을 정확하게 묘파해 내고 있다. 〈연연행 일〉에 고통과 파탄에 처하게 된 자영농적 삶의 사회적 형태가 사실적으로 드러나 있다면, 〈연연행 이〉에는 이로 말미암은 농촌공동체의 해체 위기 앞에 선 시적화자로서의 고립무원(孤立無援)의 유자적 농촌인상(農村人像)이 뚜렷한 형상으로 부각되어 있다. 김석회, 위의 책, 1995, 131~132쪽.

30 존재의 향촌사회 개선론은 크게 세 가지로 구분된다. 첫째, 향촌질서를 유지하려는

로 해결할 수 있는 대책을 마련하게 하는 일이 급선무였을 것이다. 《연연행》연작[31] 가운데서도 〈연연행 일〉에 제시된 멸구잡이 부분을 살펴보자.

豈謂滅高之毒蝗	어찌 멸구벌레의 독함을 이를 수 있으리.
生似糠糜復作慝	겨 같이 생겨나서 자꾸만 사특함을 짓네.
一旬之內滿四郊	열흘 안에 온 들판에 가득 차서
嫩靑叢綠漸看赤	여린 싹, 푸른 포기, 점점 붉게 시드네.
此蟲爲災甚水旱	이 벌레 재앙은 장마 가뭄보다 더 심하여
壬癸乙丙人相食	임계, 을병년엔 사람이 사람을 먹게 됐다네.
旱歲晚稼恒敗斯	가문 해 늦모는 항상 이로조차 패하나니
陌上相弔心膽落	밭두둑에서 서로 위로하나 가슴은 천근만근.
人人廢耘事捕捉	김매기 제쳐두고 사람마다 멸구잡이 일
手持敗瓢擊水白	손에 깨진 바가지 잡고 물창을 희게 쳐대네.
三三五五作團驅	삼삼오오 무리 지어 몰이에 나서니
蛻沫跳漚雜黃黑	죽은 껍질, 튀기는 거품, 황흑 빛이 섞였네.
披叢逐水勢自急	벼포기 헤치고 물을 급히 쳐대니
手脚俱忙不敢息	손과 다리 함께 바빠 쉴 엄두를 못 내네.
面目浮腫背焦爛	얼굴엔 종기 부풀고 등짝은 타들어 가니
白汗赤淚相交滴	비지땀 붉은 눈물 쉼 없이 흘러내리네.

교화의 측면, 둘째, 정치기강의 해이와 사회침체에 따른 민생의 도탄을 구제하는 면, 그리고 마지막으로 향촌지식인 중심의 향촌자율질서관 등이었다. 존재의 학문과 사상은 민중이라는 보잘 것 없는 계층을 역사적 실체로 부각시키고 동시에 자신과 같은 재야지식인이 사회문제에 대한 견제와 비판, 민중옹호의 기능을 수행함으로 당시의 사회모순을 축소시키자는 것이 존재의 주장이고 이상이었던 것이다. 장흥군 방촌마을 지편찬위원회, 앞의 책, 1994, 134쪽.

31 여기 제시한 《연연행》은 〈연연행 일〉과 〈연연행 이〉인데, 모두 김석회, 앞의 책, 1995 의 내용을 참고한 것이다.

騣篩布帒爲緊器	말총키 베자루가 요긴한 기구인데
數日一易難繼作	몇 날 못가서 바꿔야 하니 이어대기 어렵네.
長安富家騣遮日	장안의 부자집 말총 차일은
寔宜此用安可覓	실로 여기 쓸만 하나 어찌 구할 수 있겠나.

〈연연행 일〉의 23구부터 42구까지의 내용이다. 기근으로 논밭에 벼멸구가 생기자, 벼멸구를 없애기 위해 마을 사람들은 힘을 합쳐 농사일을 거들고자 한다. 여기서는 멸구의 속성과 말총키, 베자루가 멸구를 없애는 요긴한 기구라 말한다. 즉, 멸구를 없애는 방법에 대해서는 잘 알고 있지만, 이를 실천에 옮기지 못함을 의미한다. 그 이유는 재료가 비싸서 쉽게 구하기 없기 때문이다. 이 부분에서는 〈임계탄〉과는 다른 양상을 보이는데, 〈임계탄〉에서는 천재와 인재를 함께 제시하고 전체적인 부분에 대해서만 대응방안을 논하고 있는 반면, 〈연연행 일〉에서는 천재와 인재에 대해 각각 구체적인 해결방안을 제시하고 있다. 그러나 해결방안을 제시할 뿐, 향민들이 제대로 해결할 수 없는 상황을 지켜볼 수밖에 없는 현실을 안타까워할 뿐이다.

但畏官人眼光梴	다만 두려운 건 관인들의 쏘는듯한 눈초리
苟令身上免赤棒	진실로 맨몸에 곤장만 면케 된다면
敢望飯餌厭口腹	어찌 감히 먹을 것이 구복에 족하길 바라리.
黃精橡實與茨菰	황정과 도토리, 자고(무릇)
天與農人味似錫	하늘이 농부에게 준 것이니 하사품의 진미일세
寒家計活有常術	가난한 집 살 계책은 늘 뻔한 방도니
只怕冬春闕饘粥	다만 겨우 봄내 죽이라도 끓여 대는 걸세.

인재를 드러낸 부분이다. 이 부분은 천재로 인해 먹을 것이 없는

상황이라도 인재만 없으면 바랄 것이 없다고 언급한다. 즉, 향민들에게 가장 두려운 것이 바로 관인들의 눈초리와 맨몸으로 맞는 곤장이기 때문이다. 그만큼 향민들은 관인들에게 모진 협박과 수탈에 시달려야 했음을 나타낸 것이다. 농사로 지은 곡식을 먹지 못한다고 하더라도, 하늘이 준 하사품인 구황작물들이 있음에 감사한다. 향촌의 생활상을 제시한 부분으로 가난한 삶이라 해도 겨울과 봄 내내 죽이라도 먹어 살아갈 수 있는 상황을 드러낸 것이다.

오늘날 '황정'은 둥글레이고, '상실'은 도토리, '자고'는 무릇열매다. 모두 구황작물이다. 흉년이 들어 배고픔에서 벗어나기 위해 곡식 대신 먹을 수 있었던 야생의 식물로, 향민들은 이를 두고 하늘의 하사품이라 말하고 있다. 즉, 사람들이 정성을 다해 직접 기르지 않았지만, 하늘이 자연스럽게 농민들에게 준 선물로 삶을 이어주는 의미를 갖는다고 언급하고 있다.

種稻未飽一盂飯	벼는 심어도 밥 한 그릇 배불리 먹을 수 없고
種綿未具袍與褌	면화는 심어도 도포와 속고의 갖출 수 없네.
三百六十夜與晝	삼백 예순 밤과 낮을
風雨寒暑長役役	비바람 추위 더위, 노역만 끝이 없네.
殫此一生辛苦力	일생의 신고한 모든 노력이
備與侯門供玉帛	갖추어 후문의 옥백에 이바지하네.
侯門事與中華別	후문의 일은 중국과도 또 달라
世世卿相傳奕舄	세세로 경상들이 크게 빛나도록 전해지네

〈연연행 일〉의 93구에서 100구까지로, 마지막 부분에 해당한다. 농촌의 열악하고도 부조리한 삶에 대한 조건을 제시하며, 향민들의

열악한 생활상을 나타낸다. 즉, 노동을 통해 얻을 수 있는 결과는 분명 존재하지만, 이를 이룰 수 없는 현실적 상황에 대한 결론을 드러낸 것이다. 벼를 심어 거둔 '벼'들과 면화 심어 거둔 '도포와 속고'는 수탈로 빼앗겨버린 농민들의 삶을 의미한다. 더우나 추우나 밤낮 가리지 않고 해야만 하는 노역의 끝없음은 곧 당대 지배층의 폭압적인 탐욕을 나타낸다. 중국과 다른 양상을 드러낸다고 하지만, 결국 향민들의 열악한 환경을 통해 관리들의 현실비판적인 모습은 똑같이 구현됨을 의미한다.

從云億萬	비록 이르기를 억만이라 해도
蚩蚩天下恤	어리석은 생명들 하늘이 구휼치 않는다면
我則知天	나는 하늘을 아노니
天公寧不怍	하느님인들 어찌 부끄러워 않으실까
寧不怍兮彼天公	어찌 부끄러워 않으시리, 저 하느님이여
我不爲惡	나는 악을 행하지 않았거늘
胡令至此極	어찌 이다지 참혹한데 이르게 하십니까!

〈연연행 일〉의 마지막 부분이다. 천재와 인재에 대한 대응방안을 제시하고 있지만, 확실하고 명확한 방법을 드러내지는 못한다. 여기서는 하늘이 준 다섯 가지 재앙에 대해 백성들을 구해야 함을 하늘도 알지만 왜 구하지 않느냐고 원망한다. 그러면서 하느님도 부끄러워해야 한다고 말한다. 이는 하늘에 바라는 소망이기도 하면서, 하늘에 도움을 청하는 것이기도 하다. 마지막 구절인 "어찌 이다지 참혹한데 이르게 하십니까!"라 하여 하늘이 관장할 수 있는 다섯 가지 재앙에 대한 간절한 도움을 드러낸다. 즉, 초월자가 존재하고, 그 초월자는

하늘에 살고 있다. 인간이 초월자를 찾는 경우는 인간이 해결하지 못하는 일을 한다거나 현실적으로 가능하지 못한 일에 대한 희망, 염원을 드러낼 때 초월적 존재를 찾는다. 화자가 초월적 존재를 찾는 이유는 현실적으로 불가능한 일이기 때문이다. 그러나 화자는 그 불가능한 상황에 대한 간절한 염원을 "어리석은 백성들을 하늘이 구휼하지 않으면 하느님도 부끄러워할 것이라"는 구절로 대신하고 있다.

향촌사족들은 현실적으로 농민과 다름이 없었기 때문에 향민들과의 이해관계를 보다 효율적으로 해결할 수 있었던 것이다. 이런 향촌사족들에 드러난 향촌에 대한 인식은 현실비판가사를 중심으로 상세하게 이루어졌고, 향촌의 특정 공간을 배경으로 그 피폐한 실정과 이로 인한 향민들의 고통을 생생하게 그려내 향촌이 안고 있는 문제를 심각하게 제기할 수 있게 되었던 것이다.[32] 또한, 위백규의 〈갈근〉과 〈유근〉이라는 두 편의 시[33]에도 기근 양상이 자세히 드러난다. 이 작품들은 흉년일 때 먹을 것을 대체하는 구황작물을 나타낸 것이다. 갈근은 칡을, 유근은 느릅나무를 나타낸다. 이 두 구황작물은 먹을 것이 없을 때 밥 대신 먹을 수 있는 비상식량으로, 배를 곯지 않기

---

32 안혜진, 앞의 논문, 2007, 310쪽.

33 다음 작품들은 김석회, 앞의 책, 1995, 106쪽의 내용을 참고하였다.

形似神笭麵似桃　　형체는 신령한 감초같고 가루는 광랑나무 녹말같아
鍊成瓊膏遞糜粮　　잘 반죽하여 치대면 보배기름이라 죽거리를 대신하네
仙人强解塵間事　　선인이 티끌 세상의 일을 이해하고도 남아
故泄眞方救歲荒　　짐짓 참된 비방을 누설하여 흉년을 구함일세. 〈갈근(葛根)〉

冷窓疎烟煮赤榆　　가난한 집 어쩌다 오르는 내는 느릅나무 끓이는 것이니
野人生活盡堪吁　　야인으로 산다는 것은 참으로 탄식할 만한 일이로다.
如今國乏三年積　　이제 온 나라의 궁핍함이 삼년이나 쌓였는데도
肉食諸君念也無　　기에 배부른 분네들은 생각이나 있는지 없는지. 〈유근(榆根)〉

위한 대책으로 사용했던 것이다.

5. 맺음말

본고는 〈임계탄〉을 중심으로 18세기 장흥지역 향촌의 자연재해와 지방 관리들의 폐단(弊端), 학정(虐政) 등에 대해 알아보았고, 향촌사족들이 갖는 위기상황과 대응양상을 논의해 보고자 하였다. 더 나아가 〈임계탄〉에서 드러난 대응방안 뿐만 아니라 장흥지역 향촌사족에게 보이는 위기상황의 대응방안을 모색하여 두 변화양상에 대해 살펴보고자 하였다.

장흥지역 향촌사족 중의 한 인물이 썼을 것이라 예상하는 〈임계탄〉에 나타난 향촌의 위기상황을 제시하였다. 그리고 작품의 위기상황을 자연재해의 위기와 관리들의 횡포로 인한 위기로 나누어 설명하였다. 자연재해의 경우는 가뭄과 폭염, 태풍과 해일, 병충해, 전염병에 이르기까지 다양한 현상이 등장하였고, 관리들의 횡포로 찾아온 위기는 환곡과 요역의 피해, 백성들의 유리도산(流離逃散), 관아의 학정(虐政) 등으로 제시하였다.

이러한 위기상황에 대한 대응방안으로 〈임계탄〉에서는 장안의 대도시에 노래를 붙이는 것, 맞지 않은 농사법을 개선하는 것, 임금께 상소를 올리는 것 등을 통해 향촌사족으로서의 직접 할 수 있는 가장 적극적인 대응 방안을 제시하였다. 그런 반면, 〈임계탄〉 이후에는 이전과 다른 양상들이 나타났다. 논자는 이를 설명하기 위해 위백규 (1727~1798)의 작품을 예로 들어 제시하였다. 그 이유는 《연연행》 연작이 〈임계탄〉과 매우 유사하고, 그의 작품이 향촌사족 의식을 가장 잘 반영하고 있기 때문이다. 그는 농업의 중요성을 제시하며, 부정한 관리들의 횡포를 없애 향촌개혁의 필요성과 향촌 개선론을 주장하였고, 향촌사족으로 향촌의 발전과 변화를 모색하기 위해 노력하였다는 점과 지방 관아의 폐단을 없애기 위해 힘썼다는 점을 들 수 있었다. 또한, 18세기 장흥지역 향촌사회에서는 가장 유명한 인물이라는 점에서 그를 선택하기에 충분한 조건이라 생각했기 때문이다.

'나쁜 여자'의 정치학

일제강점기 유성기음반과 소설 『카르멘』을 중심으로

이혜원

1. 들어가는 말 : '제자리'에 돌아가기를 거부하는 여성들

2017년과 2019년, 한국과 미국에서는 여성 솔로 아티스트의 노래가 발표된다.[1] 저마다 다른 색깔을 가진 이들임에도 불구하고 이들에겐 한 가지 공통점이 눈에 띈다. 바로 뮤직비디오 속 그들이 착용하고 있는 '교정기'다.[2] 그들은 무표정한 얼굴로 자신의 치아에 채워진 교정기를 벗어던진 채 카메라를 응시한다. 그리고 그들은 두 번 다시 교정기를 찬 과거의 모습으로 돌아가지 않는다. 언뜻 무관해 보이는

---

[1] 각각 현아, 〈Lip & Hip〉(2017.12.04.), Billie Eilish, 〈Bad Guy〉(2019.03.30.)를 말한다.

[2] 현아의 〈Lip & Hip〉 뮤직비디오에서는 1절 후렴구가 시작하기 바로 직전에 현아가 입에 차고 있던 교정기를 벗어던지며 후렴구가 시작되며, 빌리 아일리시의 〈Bad Guy〉 뮤직비디오는 서두에서 빌리 아일리시가 'My invisalign has ······ I have taken out my invisalign And this is my album(내 투명 교정기는 ······ 교정기는 뺐났고, 이게 내 앨범이야).'라고 말하며 교정기를 뺀 뒤 노래를 시작한다.

이들의 이야기는 본 연구의 주제를 상징적으로 드러낸다. 여성들의 입에 채워진 교정기, 교정기를 벗어던지는 여성들, 그리고 다시는 교정기를 차지 않는 여성들. 그들은 과거에도 있고 현재에도 있다.

교정기 혹은 교정 장치는 고르지 못한 치열을 바르게 하는 데 쓰이는 도구다. 즉 교정기의 역할은 제자리에 있어야 할 치아를 제자리로 돌려놓는 것이라 할 수 있다. 하지만 앞서 언급한 여성 가수들은 교정기를 벗어던진다. 이들이 교정기를 벗어던진다는 것은 곧 제자리로 돌아가지 않겠다는 의지를 천명한 것으로 볼 수 있다. 그렇다면 이때 두 가지 질문을 던져볼 수 있다. 첫 번째로 '제자리'는 무엇을 의미하는 것이며 두 번째로 어째서 이들은 제자리로 돌아가기를 거부하는가이다. 이 질문들에 답하기 위해선 교정기와 교정기를 벗어던지는 행동의 상징성을 보다 확대할 필요가 있다.

교정기의 의미를 보다 큰 사회적 의미로 확대해보면 어떨까. 교정기가 바르지 못한 것을 '교정(矯正)'한다는 의미라면 그것은 곧 사회적 규범 혹은 규칙으로 볼 수 있지 않을까. 그렇다면 여성 가수들에게 채워진 교정기는 곧 그간 여성에게 요구된 사회적 규범이라 할 수 있다. 교정기가 제자리에 있지 않은 치아들을 제자리로 돌려보내는 역할을 하듯이 사회적 규범들은 제자리에 있지 않은 여성들을 제자리로 돌려보내는 역할을 하는 것이다. 하지만 여성 가수들은 교정기를 벗어던짐으로써 이러한 사회적 규범들에서 벗어나고자 한다. 이것은 21세기 여성들의 이야기다.

하지만 20세기에도 이런 여성들이 존재했다. 당대에 권장되는, 사회적으로 그래야만 하는 여성의 모습에서 벗어난 여성들이 존재했다. 바로 일제강점기 유성기음반 속 유행가와 소설 『카르멘』이 그러하다.

그들은 일반적인 남녀 관계를 전복하며 여성이 우위에 서 있는 듯한 모습을 보여준다. 이들은 바로 온 도시를 벌벌 떨게 하는 '모던걸'과 한 남성을 파멸에 이르게 한 '팜므파탈(femme fatale)'의 전형 카르멘이다. 역설적이게도 그런 여성의 모습을 그린 이들은 모두 남자였다. 그렇기에 이 여성들은 어디까지나 '희화화'의 대상이 되고 '경계'의 대상이 된다. 하지만 우리는 이러한 여성들의 존재를 통해 두 가지 중요한 사실을 알 수 있다.

첫 번째는 당대의 사회적 상식과 규범을 뛰어넘은 여성들이 존재했다는 것이며 두 번째는 남성들이 이러한 여성들의 존재를 두려워했다는 것이다. 이러한 여성들이 희화화되고 경계되었다는 것은 곧 이들에 대한 남성들의 심리적 불안이 존재했음을 의미한다. 이들 작품이 한계를 지닌다고 하더라도 현대에 끊임없이 재조명되고 재해석되어야 하는 이유다. 따라서 본 연구는 일제강점기 유성기음반과 소설『카르멘』을 통해 1920, 30년대에 소위 '나쁜 여자'로 규정되는 여성과 그에 대한 사회적 의미를 살펴보고자 한다.

2. 일제강점기 유성기음반 속 '전복하는' 여성과 '전복되는' 남성

일제강점기 대중가요에는 여성을 소재로 한 작품들이 많은데, 주로 떠나간 연인을 그리워하거나 가정을 위해 헌신하는 여성의 모습을 다룬 작품이 상당수를 차지한다. 이러한 노래들은 여성의 감성을 내밀하게 표현하거나 그들이 가진 슬픔에 공명하는 가사로 이루어져

있는 특징을 보인다.[3] 하지만 개중에는 이러한 틀 안에 포섭되지 않는
여성의 모습도 상당수 존재한다. 이처럼 일제강점기 대중가요에 등
장하는 여성의 모습이 굉장히 다양하기에 기존 연구들에서도 일제강
점기 대중가요에 나타나는 여성의 모습을 여러 유형으로 나누어 분
석하였다.

이형대는 대중가요에 나타나는 여성의 모습을 크게 노동하는 여
성, 사랑하는 여성, 어머니로서의 여성의 세 가지로 나누며 일제강점
기 대중가요를 통해 식민지 시기를 살았던 여성들의 현실을 엿볼 수
있다고 하였다.[4] 최은숙은 일제강점기 대중가요 중에서 여성을 다룬
노랫말에 여성을 바라보는 당대의 시선이 존재한다고 보았는데, 이는
크게 몸·사랑·소비의 세 가지이다. 이를 통해 당시 여성을 다룬 대
중가요 속의 상당수가 여성을 상대화하거나 관찰되는 대상으로 그려
냄으로써 여성에 대한 당대의 증폭된 관심을 표현한다고 보았다.[5] 이
은진은 1930년대 유행가에 나타나는 여성성을 크게 비탄의 목소리를
드러내는 여성과 유혹의 목소리를 드러내는 여성의 두 가지로 나누
었다.[6] 그리고 전자는 구여성을, 후자는 신여성을 대표하며 대중가요

---

3 정두고 가신다면 / 가는님을 잡지마소 / 꽃님속에 자든나비 / 바람분다고 놀내겠만
/ 다시맛날 그님이니 / 눈물거두세요 // 정두고 가신다면 / 가는님을 잡지마소 / 가신
곳을 바라보면 더운눈물이 압흘가려 / 산은놉고 물깁흔곳 / 그저아득해요 / 정두고
가신다면 / 가는님을 잡지마소 / 맑은 강에 노든원앙 / 썰처버리고 나라간 듯 / 물소리
도 처량하게 / 리별아뢰우네(〈가는임을잡지마소〉, 현우 작사, 전기현 작곡, 함영애
노래, Columbia 40772-A, 1938.)
4 이형대, 「일제시기 대중가요와 식민지 여성 현실」, 『한국고전여성문학연구』 10, 한국
고전여성문학회, 2005.
5 최은숙, 「1930년대 대중가요에 나타난 여성과 당대의 시선」, 『열상고전연구』 24, 열상
고전연구회, 2006.

에 드러나는 여성의 욕망이 남성 기획자들에 의해 만들어진 것임을 밝혔다.[7]

　이처럼 일제강점기 대중가요, 그중에서도 여성을 다룬 노래들은 일찌감치 많은 연구 성과가 이루어졌다. 이들 연구는 공통적으로 여성을 다룬 대중가요에 '남성'들의 시선이 존재한다는 점을 지적하였다. 그도 그럴 것이, 여성의 모습 혹은 목소리가 드러나는 대중가요들은 비록 여성 가수가 부른다고 하여도 대중가요를 생산하는 주체 ─ 투자자, 작사가, 작곡가 ─ 는 대부분 남성이었다. 따라서 이들 노래에 남성의 시선이 존재하는 것은 당연한 일이라 할 수 있다. 본고는 앞선 연구들의 관점을 인정하면서도 기존에는 제시되지 않았던 새로운 관점을 제시하고자 한다. 그것은 바로 여성을 다룬 일제강점기 대중가요에 나타나는 '전복성(顚覆性)'이다.

　앞서 언급했듯, 일제강점기 대중가요에는 여성을 다룬 작품이 많으며 대개는 떠난 임을 그리워하는 여성의 모습을 그린 작품이 상당수를 차지한다. 이런 작품에서 여성은 남성에게 사랑을 애원하고 남성이 자신에게 돌아오기를 바라는 모습으로 그려진다. 그러나 흔히 '모던걸'로 불리던 신여성들은 이와는 사뭇 다른 모습을 보인다. 이들은 근대의 산물인 자유연애[8]를 즐기는가 하면 남성과의 관계에서 우

6　이은진, 「1930년대 유행가에서 나타나는 정형화된 여성성─근대적 젠더규범에 대한 음악적 해석」, 『음악사연구』 2, 음악사연구회, 2013.

7　이은진, 「근대적 여성성의 구성과 훈육─일제강점기 대중가요의 여성 이미지를 중심으로」, 이화여자대학교 박사학위논문, 2017.

8　1910년대에 남성 지식인들에 의해 자유연애라는 개념이 열광적으로 수용되어 1920년대에 이르러 신여성들의 여성해방론과 맞물려 자유연애론은 더욱 활발히 논의되기 시작한다(이은진, 「1930년대 유행가에서 나타나는 정형화된 여성성─근대적 젠더규범

위를 차지하는 모습을 보이기도 한다. 즉 일제강점기 대중가요에는 '전복하는' 여성과 '전복되는' 남성의 관계가 등장하는 것이다.

> 1. 서울이라 장안에 처녀들도만하 아가씨네 절남회나 열어볼가
> 고흔아씨 미운아씨 만키도 할걸 쌤마질 소리 마라 …… 하 …… 우서워
> 2. 검정굉이 핸드색든 스텍기썰에게 東大門박 가는길을 무러보다가
> 팔자업는 트라이푸에 톡털니고서 빈주먼이 만남어 …… 하 …… 우서워
> 3. 푸투 얏투한분이 電車안에서 어느 젊은아씨의 발등을 밟어
> 도라오는 答禮가 쌤하나철석 이게무슨 忘身인가 …… 하 …… 우서워
> 4. 레스트란트에서 신사한분이 젊은女給스카트에 매여달녀서
> 점잔치 못하게 울고잇스니 …… 그게무슨 사정일가 …… 하 …… 우서워
> 〈서울가두풍경〉, 김광 작사, 김탄포 작곡, 김용환 노래,
> Polydor 19025-A, 1933.

〈서울가두풍경〉은 곡종으로는 유행가에 해당하는 노래로 총 4절로 이루어져 있다. 이 노래는 각 절에서 다양한 신여성의 모습을 보여주고 있지만, 남성은 모두 여성에게 쩔쩔매는 모습으로 그려지고 있다. 서울에 아가씨가 많으니 아가씨 전람회나 열어볼까라는 생각에 '뺨 맞을 소리'라며 자조하기도 하고, 길 가는 여성에게 길을 물어보았다가 돈을 뜯기기도 하고, 전차 안에서 실수로 젊은 아가씨의 발등을 밟아 뺨을 맞기도 하고, 레스토랑에서 젊은 여급에게 매달려 점잖

_____
에 대한 음악적 해석」, 101~102쪽). 그 당시 자유연애는 근대적 교육을 받은 신여성만이 누릴 수 있는 특권이자 상징으로 이해되어왔는데(유정선, 「근대이행기 규방가사와 공적 제도로서의 학교-〈생조감구가〉를 중심으로」, 『한국고전연구』 31, 한국고전연구학회, 2015 참조), 그렇기 때문에 일제강점기 대중가요에서도 신여성이 자유연애를 하는 모습이 종종 묘사되곤 한다.

지 못하게 울기도 한다. 이처럼 〈서울가두풍경〉에 나타나는 남성의
모습은 전형적인 남성의 모습에서 벗어나 있다. 마치 여성이 우위에
선 채 남성에게 위세를 떨치는 모습이다. 이에 대해 노래의 화자는
계속해서 '우습다'라는 감상을 덧붙인다. 작사가·작곡가·가수 모두
남자로 이루어진 이 노래의 화자는 당연히 남자일 것이다. 현재 음원
은 남아있지 않기에 이 곡이 어떤 분위기로 불렸는지는 알 수 없지만,
가사를 지배하고 있는 전체적인 분위기는 '우습다'로 지칭되는 풍자
성이다. 남성이 여성에게 쩔쩔매는 모습을 유머러스하게 표현하며
여성이 우위에 서 있는 관계를 이 곡의 화자는 우습고 웃긴 것으로
치부하고 있다.

1. 거리에 오락가락 임자없는 히로인 / 배달선생 그 타입이 양거지가
   분명해 / 이걸로 꽉꽉꽉 꼴불견 하하하 / 이것도 왜이러냐 그러냐
   / 모다가 골치아파 죽겠네
2. 연애주문 드리다 보기좋게 미끄러져 / 스카트에 매달려 사정사정
   통사정 / 이걸로 꽉꽉꽉 꼴불견 하하하 / 이것도 왜이러냐 그러냐
   / 모다가 골치아파 죽겠네
3. 서양 활동사진식 최신년의 비결은 / 지나가는 마담에게 함부로 추파
   지 / 이걸로 껄껄껄 유모아 하하하 / 이것도 왜이러냐 그러냐 / 모다
   가 골치아파 죽겠네
4. 보기에는 텅비어도 먹을때는 좋았지 / 먹고나니 외상이라 모양 창피
   하구나 / 이걸로 껄껄껄 낯부끄러워 하하하 / 이것도 왜이러냐 그러
   냐 / 모다가 골치아파 죽겠네
   〈이꼴저꼴〉, 김광 작사, 김탄포 작곡, 김용환 노래,
   Polydor19077-A, 1933.[9]

〈이꼴저꼴〉은 〈서울가두풍경〉과 같은 해에 같은 작사가·작곡가·
가수가 발매한 노래로 내용 또한 유사하다. 〈이꼴저꼴〉은 모던걸만
을 풍자한 〈서울가두풍경〉과 달리 모던보이와 모던걸을 함께 비판하
고 있다. 이 노래에서 주목할 만한 부분은 바로 2절이다. 2절의 내용
은 당시 『포리돌매월신보』에 실린 노래 광고를 통해 '연애주문(戀愛注
文) 드리다가 밋그러진얼간'에 대해 노래하고 있음을 알 수 있다.[10]
내용을 보다 구체적으로 살펴보면 남성으로 추정되는 화자가 여성에
게 연애를 청하지만 보기 좋게 거절당하여 여성의 스커트에 매달려
사정하는 모습을 우스꽝스럽게 그리고 있다. 여성에게 매달려 사정
하는 남성은 '얼간이'로 표현되며 풍자의 대상이 되고 있다.

이처럼 일제강점기 대중가요는 전형적인 남녀 관계에서 벗어난 남
녀의 모습을 그리면서 관계에서 우위를 점령한 여성과 여성의 위세
에 눌린 남성의 모습을 보여주고 있다. 하지만 이들 노래는 결론적으
로 이러한 남녀의 모습을 희화화하고 풍자하고 있다. 희화화와 풍자
는 어떤 대상의 부정적인 속성을 간접적으로 비판하는 방법이다. 이
들 노래에서 전복적인 남녀의 관계를 희화화하고 풍자하고 있다는
것은, 곧 전복적인 남녀 관계를 부정적으로 보고 있음을 뜻한다. 이것

---

9 가사는 장유정, 「김성집의 대중가요 가사 연구」, 『한국문학논총』 59, 한국문학회,
   2011, 304쪽에서 참조.
10 "이꼴저꼴!! 이노래는複雜한都會地의風景을스켓취한愉快하고도快活한년센쓰流行歌
   임니다 거리로 酒店으로 모혀드난 모썬모썰 其中엔 볼수업는꼴不見도만치요만 이꼴
   저꼴에기맥힌꼴도만슴니다. 거리로헤매이는 임자업는히로인 戀愛注文드리다가 밋그
   러진얼간 지나가는마담마다秋波를던지다가보기조케작우한개 抱腹絶倒할우슴의名盤
   作曲은서울街頭風景의傑作을내여絶對의好評을밧든本社專屬作曲家 金灘浦君 歌手
   는?"(『포리돌매월신보』, 1933.09.08.)

은 곧 관계에서 여성이 우위를 점하고 남성이 아래에 존재하는 관계를 부정적으로 인식한다는 것이다. 남성은 원래 남성이 있어야 할 자리에 있어야 하며 여성은 원래 여성이 있어야 할 자리에 있어야 하는 것, 그것이 바로 이들 노래를 창작한 이들의 기본적인 관점이었을 것이다. 이러한 관점은 비단 두 노래의 창작자들에게만 존재하는 것은 아니었다.

1924년에 발매된 『신여성』이라는 잡지에는 「여학생계유행가시비」[11]라는 글이 실렸는데, 음악연구가인 다섯 명의 엘리트 지식인들이 여학생에게 좋은 음악을 만들어주어야 한다고 주장하는 것이 글의 주된 요지이다. 여기에서 이들은 공통적으로 현재 여학생들이 듣는 음악이 정서적으로 좋지 않으므로 정서에 좋은 음악, 특히 동요(童謠)를 만들어야 한다고 주장한다.

> 좀더 조촐해보이고 좀더 고상한 취미를 가즘즉한 녀학생들이 조촐하지 못한 야비한 노래를 입에 올니는 것은 물론 조치 못한 일임니다.
> (「학교 당국을 책망하시오」, 숙명여교음악교사(淑明女敎音樂敎授) 김영환(金永煥))

> 하필 녀학생뿐이겟습닛가. 남녀로유를 물론하고 감경이 잇는 이샹에야 흥에 씌워서 춤추고 노래하는 것을 시비할 사람이 누구겟습닛가마는 그래도 남자와도 달나서 여자의 몸으로 더구나 학생의 신분으로 아름답지 못한 노래를 입에 담는다는 것은 절대로 찬성하지 못할 일임니다.
> (「해는 잇슬지언정, 리익은 업습니다」, 연악회(研樂會) 홍난파(洪蘭坡))

---

11 『신여성』, 개벽사, 1924년 6월호.

그리고 만일 우에 말한 그런 조촐하지 못한 노래를 진정으로 즐겨서 부르는 여자가 잇다면 남이 엽헤서 시비를 말할 것은 아니라 하드래도 그것은 결국 자긔의 심정이 고결하지 못하고 취미가 몹시 야비한 것을 나타내는 것인고로 그럿케 쏘타 할 수 업는 것입니다.

(「일종의 군-소리겟지요」, 한기주(韓琦柱))

인용한 세 사람의 글을 살펴보면 공통적으로 음악이 사회·문화적으로 미치는 영향을 매우 중대하게 인식하고 있다는 점을 알 수 있다. 음악을 단순한 예술 장르로 보는 것이 아닌, 여성의 정서에 지대한 영향을 끼칠 수 있는 도구로 인식하고 있다. 그렇기에 여학생들이 당대에 유행하던 창가를 들음으로써 그들의 정서가 타락하고 있다고 여기고 여학생들의 심성을 올바른 길로 이끌 수 있는 좋은 음악을 만들어야 함을 설파하고 있는 것이다. 이처럼 당대 조선의 엘리트 지식인들은 음악의 영향력을 높이 보고 이를 정치·사회·문화 전반에 걸쳐 자신들의 이념을 담을 수 있는 도구로 활용하였다. 따라서 앞선 두 노래 역시 단순한 유행가로 보는 것에서 그 의미를 보다 확장할 수 있을 것이다.

또한 홍난파의 글에는 의미심장한 문장이 있는데, '남자와 여자가 다르다'라는 구절이다. 이러한 논리에 따라 홍난파는 여학생은 아름답지 못한 노래를 입에 담아서는 안 된다고 말하고 있다. 뒤이어 나오는 윤기성의 글 역시 유사한 맥락을 담고 있다.

一、 가레스스끼 또는 『데아보라』 갓흔 것은 우리 여학생계(女學生界)에는 노래하지 안어도 조흔 것입니다. 그 가사(歌詞)라든가 곡조(曲調)는 더욱이 허락(許諾)하지 못할 그런 원인(原因)이 잇습니다.

一、데아보라(Fra Diovolo)는 오번(O ber)씨(氏)의 작곡(作曲)한 것인데 남성중(男聲中) 상저음창자(上低音唱者)를 위(爲)하야 한 작곡(作曲)임니다. 그 노래의 풍정(風情)을 여자(女子)는 표현(表現) 식히지 못할 쑨 아니라 작자(作者)와 노래하는 이 사이에 제일(第一)로 큰 모순(矛盾)이 생김니다.

(「취미(趣味)가 저급(低級)한 것을 표백(表白)하는 것이외다」, 윤기성(尹基誠))

윤기성은 당대 유행하던 〈가레스스키〉와 〈데아보라〉를 예시로 들며, 두 노래가 가사나 곡조면에 있어서 여학생이 부르기에 적절하지 않다고 말하고 있다. 추측하건대, 〈가레스스키〉는 가사면에서 〈데아보라〉는 곡조면에서 여학생이 부르기에 적절하지 않은 곡으로 보인다. 〈가레스스키〉는 〈선두소패(船頭小唄)〉의 또 다른 제목으로 1921년에 노구치 우조 작사, 나카야마 신페이 작곡으로 발매된 곡이다. 이 노래는 힘겨운 삶을 살아가는 화자의 절절한 애환을 담은 노래로 인생에 대해 상당히 체념적인 태도를 보이고 있다. 이러한 부정적인 정조로 인해 윤기성은 〈가레스스키〉가 여학생이 부르기에 적절하지 않은 곡으로 선정한 듯하다.

주목할 만한 부분은 바로 〈데아보라〉이다. 〈데아보라〉는 프랑스의 작곡가 다니엘 오베르(Daniel-François-Esprit Auber, 1782~1871)가 작곡한 3막의 오페라 코미크(Opéra comique)인 〈프라 디아볼로(Fra Diavolo)〉에 나오는 아리아 곡이다.[12] 조선에서는 일찍이 〈어엿븐 도

---

12 "이 작품은 프랑스의 나폴리 점령에 저항한 유명한 게릴라 지도자 '디아볼로'(본명 미켈레 페차, 1771~1806)의 삶을 바탕으로 외젠 스크리브(Augustin Eugène Scribe, 1791~1861)가 쓴 대본을 원작으로 한다."

적에 노래〉라는 제목으로 유행하였다.[13] 〈데아보라〉는 도적질을 일삼는 남성이 도적질하여 훔친 돈을 가난한 이에게 나누어 준다는 내용으로 추측되지만, 현재 남아있는 자료가 많지 않기에 구체적인 내용은 알 수 없다. 중요한 점은 이 연극이 남성을 중심으로 한 남성적 가극이었다는 것이다.[14]

一、바위엣웃둑섯는 그무서운사람은
한손에총銃을들고 위험危險을뵈인다
모자帽子를눌너쓰고 얼골은안보이지만
번적이는그의옷은 바람에펄々々
(후렴)무서워 세상世上이무섭다고
벌々쓰는그의일흠은 데아보로ㅅㅅ
무서워 세상世上이무섭다고

「장유정의 음악 정류장 [14] 윤심덕의 '디아볼로'」,『조선일보』, 2022년 2월 3일자 기사, https://n.news.naver.com/article/023/0003670083 (검색일 2022년 2월 28일)

13 "『산송장』을이십일밤까지맛친토월회(土月會(토월회))의광무대(光武臺(광무대))에서는 이십일일밤부터『데아블로』와『희생하든날밤』의 두가지연극을상연하리라는데『데아블로』는일즉이조선에서 류행되야오든『어엿븐도적에노래』를연극으로 꾸민것이니 세상의드문미남자로 도적질을잘하야 세상사람들은 그를호랑이 가치무서워하나 그는한번미인만 맛나면염소가치 순하야진다 잇는사람의 돈을훔치어다가 업는사람을주며 가엽슨이를위하야 서는생명을 앗기지안는 의협이가슴에찬 활비극이니『총대한 편손에잡고……』라는노래를외오든 이는누구냐다『데아블로』의일홈을알것이다『희생하든날밤』은사랑을 기생에게서 차즈랴다가 무참한절망을하고 맛츰내 그기생을죽여바리는 요사히 조선화류계를 대조삼은현대극이라한다" (「토월회공연(土月會公演) = 名劇(명극)신데야보로」,『동아일보』, 1925.05.13., 3면.)

14 "世界名作歌劇技華週間(세계명작가극기화주간)메리메原作(원작)카르멘 二幕(이막) 尹理多主演痛快(윤리다주연통쾌)한男性的歌劇新(남성적가극신)데아보로 二幕(이막) 金睡蓮主演(금수련주연)체홉프原作(원작)곰(熊(웅))二幕(이막)"칼멘"은윤심덕(윤심덕(尹心悳))양득의의노래가만히있서 윤양의녀배우로서의 기능을여긔서볼수가잇슬듯십다"(「舊正初興行(구정초흥행)」,『동아일보』, 1926.02.13., 5면.)

벌々쓰는그의일흠은 데아보로ヘヘ

二、 원수怨讐와마조치면 왼몸이괴물이나
어엿븐아해兒孩들에겐 덧업시친절親切타
길일코행길에서 울면서발구를쌔
이상異常타손목이쓸고 집까지보낸다

三、 악惡한일은하드래도 어든물건物件다터러서
모도다나누어주니 뉘안이고마워
세상世上사람들에겐 미움을밧드래도
에엿븐아가씨에겐 무릅을쑤노라

〈데아보로〉, 『신식유행이팔청춘창가집』, 경성: 시조사, 1929, 133쪽.

〈데아보로〉는 연극의 내용을 압축적으로 제시한 가사로 이루어져
있다. 연극의 주인공은 이름만 들어도 세상이 벌벌 떨 만큼 두려운
존재이지만, 도적질로 훔친 재화를 가난한 사람에게 나누어주고 아이
와 여인에게는 더없이 친절한 존재로 그려진다. 연극 『데아보로』는
1920년대 후반부터 1930년대 내내 『신 데이야보로』, 『데아블로』, 『염
정(艶精) 데아보로』 등의 제목으로 버전을 달리하며 공연되었다.[15] 연
극이 흥행함에 따라 연극에 삽입된 노래 역시 많은 사람에게 불린
것으로 보인다.[16] 강인한 남성이 주인공이었던 만큼 연극에 삽입된

---

15 문경연, 「1920~30년대 대중문화와 신여성－활동사진과 유행가를 중심으로－」, 『여성
   문학연구』 12, 한국여성문학학회, 2004, 322~323쪽.

16 일제강점기의 유명한 성악가인 윤심덕(尹心悳, 1897~1926) 역시 〈데아보로〉를 취입하
   였는데, 윤심덕의 또 다른 노래인 〈추억〉이 실린 유성기음반 앞면 곡이 바로 〈디아볼로〉
   이다(유성기음반에는 '디아볼로'가 아닌 '쩌아부로'로 표기되어 있다). 윤심덕이 취입한
   〈디아볼로〉는 우리나라 사람이 노래한 최초의 오페라 아리아 음반이기도 하다(「장유

노래 역시 상당히 남성적인 분위기를 가진 것으로 추측되는데, 앞서 인용한 『신여성』에 실린 윤기성의 글을 보더라도 〈데아보로〉가 남성의 음역 중에서도 '상저음(上低音)'을 위하여 작곡한 글이라는 서술에서 알 수 있다. 상저음은 남성의 테너와 베이스 사이의 음역으로 상당히 낮은 소리에 해당한다. 즉 이 노래는 철저히 남성의 목소리만을 염두에 두고 만들어진 곡이다.[17]

하지만 이런 남성적인 노래를 당대의 여학생이 부르는 상황에 엘리트 지식인들은 우려의 목소리를 낸다. 그것은 〈데아보로〉가 남성만이 부를 수 있고, 또 남성만이 불러야 하는 노래이기 때문이다. 물론 곡조면에서 〈데아보로〉가 남성 음역대의 노래이기 때문에 여성이 부르기에 적절하지 않으므로 이런 문제점을 지적한 것으로 볼 수 있다. 하지만 윤기성의 글에서 곡조면의 문제뿐만 아니라 '그 노래의 풍정을 여자는 표현 식히지 못할 쑨 아니라'고 지적한 대목이 문제적이다. 여기서 다시 〈데아보로〉의 가사를 살펴볼 수 있다. 〈데아보로〉는 이름만 들어도 세상이 벌벌 떨 만큼 강인한 남성을 노래하고 있다. 그런 남성의 노래를 여성이 부른다는 것은 당시의 통념으로 보았을

정의 음악 정류장 [14] 윤심덕의 '디아볼로'」, 『조선일보』, 2022년 2월 3일자 기사). 윤심덕의 음반 이외에도 〈데아보로〉는 『세계유행명곡집』(1926), 『신식유행이팔청춘창가집』(1929), 『오동나무 신창가집』(1932) 세 개의 가집에 노랫말이 수록될 만큼 당대에 크게 유행했던 것으로 보인다.

17 하지만 윤심덕이 〈데아보로〉를 취입한 점이나, 당대의 여학생들이 이 노래를 부르는 것이 유행했다는 점에서 연극의 주인공(남성 인물)을 여성이 맡았을 수도 있다는 추측을 해 볼 수 있다. 남성 가수나 남학생들이 〈데아보로〉를 불렀다는 자료가 남아있지 않다는 점도 이러한 의심을 뒷받침해준다. 그러나 현재로서는 〈데아보로〉에 대한 자료가 매우 적은 실정이기에 이는 추측에 맡길 수밖에 없다. 향후 〈데아보로〉에 대한 추가적인 연구의 필요성을 제기하는 것으로 본 연구의 소임을 다하고자 한다.

때 적절하지 않은 행위임은 분명하다. 즉 윤기성의 글은 노래 부르는 행위를 통해 여성이 남성의 역할을 대신하고 더 나아가 남성의 영역으로 넘어올 수도 있다는 지식인 남성들의 불안을 상징적으로 드러내고 있다 할 수 있다.

이처럼 일제강점기 대중가요에는 여성을 다룬 노래 혹은 여성과 노래의 관계를 다룬 현상들이 존재한다. 일제강점기에 여성의 존재와 여성의 사회적 위치는 매우 복잡한 양상을 띠고 있었기 때문에 여성을 다룬 대중가요 역시 상당히 문제적이라 할 수 있다. 언뜻 남성의 우위에 서 있는 모습을 그린 듯한 노래들에는 사실 여성이 남성의 영역으로 침범할 수도 있다는 지식인 남성의 불안을 내포하고 있다. 전복하는 여성의 모습이 풍자적으로 그려진다는 것은 그 자체로 여성에 대한 부정성을 나타내는 것이다. 그리고 이는 〈데아보라〉와 이를 둘러싼 지식인들의 담론을 통해서 더욱 확실히 알 수 있다. 남성은 남성의 자리에 여성은 여성의 자리에 있어야 하며, 그렇기에 남성은 남성의 노래만을 여성은 여성의 노래만을 불러야 한다. 이것은 조선시대에서부터 뿌리 깊게 이어진 남성들의 관념이자 새로운 시대의 도래에 드러내고야 만 남성들의 불안일 것이다.

3. 나쁜 여자로 '규정된' 여성으로서의 카르멘

소설 『카르멘(Carmen)』은 프랑스의 소설가 프로스페르 메리메(Prosper Merimee, 1803~1870)가 1845년에 쓴 중편소설이다. 소설은 군인이었던 돈 호세가 근처 담배 공장에서 일하는 집시 여인 카르멘을 만나 사랑에 빠진 뒤 서서히 파멸에 이르는 여정을 보여주고 있다. 공장에서 소동을 일으켜 경찰에 연행된 카르멘을 구해준 뒤 돈 호세와 카르멘은 깊은 관계를 맺게 된다. 하지만 카르멘과 함께 있던 자신의 상사를 질투심에 살해하고 만 호세는 카르멘과 함께 밀매업에 뛰어들게 된다. 그러나 이러한 생활에 지친 돈 호세는 카르멘에게 미국에 정착하여 안정적인 삶을 살 것을 제안하지만 카르멘이 이를 거절하자 그녀를 찔러 죽이고 절규한다. 소설『카르멘』은 이처럼 두 남녀의 격정적이고도 비극적인 사랑을 그리고 있다.

소설『카르멘』은 1845년에 조르주 비제(Georges Bizet, 1838~1875)의 작곡으로 오페라로 공연되면서 본격적인 흥행을 끌기 시작한다. 1919년에는 일본의 예술좌(藝術座)가 제12회 공연으로 카와무라 카료(川村 花菱, 1884~1954)의 각본으로 연극『카르멘』을 상연한다. 예술좌의 연극『카르멘』은 오페라『카르멘』의 구성을 거의 그대로 가져옴으로써 원작의 묘미를 최대한 살렸다. 조선에서는 1924년에 토월회(土月會)에 의해『카르멘』이 최초로 공연된다.[18] 당시 조선에서 이슈의 중심이었던 소프라노 윤심덕(尹心悳, 1897~1926)이 '카르멘' 역할을 맡으면서 화제를 모았다. 토월회의『카르멘』은 두 번이나 상연될 정도로 나름대로 흥행을 끌었던 것으로 보인다.

『카르멘』은 주인공이 돈 호세인 만큼 돈 호세를 중심으로 이야기

---

18 토월회의 연극『카르멘』은 예술좌의『카르멘』공연을 그대로 모방하였을 가능성이 높은데, 왜냐하면 토월회의『카르멘』에 삽입된 노래가 예술좌의『카르멘』에 삽입된 노래와 동일하기 때문이다. 이에 대한 자세한 논의는 김재석,「식민지조선의 외국극 수용에 대한 연구 방법론의 모색 – 연극 카르멘을 대상으로」,『한국극예술연구』59, 한국극예술학회, 2018; 이혜원,『20세기 초 근대극 삽입 가요의 번안 양상 연구』, 연세대학교 석사학위논문, 2020 참조.

가 서술된다. 그 때문인지 그간 카르멘은 돈 호세를 파멸에 이르게
한 악녀(惡女), 팜므파탈(Femme fatale), 경국지색(傾國之色)의 이미지
로 대표되었다. 이러한 명맥은 지금까지도 이어져 내려온다고 할 수
있다. 메리메의 원작 소설에서 카르멘은 소설 서두의 '여자는 쓸개즙
처럼 쓰다. 여자가 달콤할 때는 단지 두 번, 잠자리에서와 무덤 속에
서뿐이다.'[19]라는 문장을 통해 파괴적 속성을 지닌 여자로 형상화된
다. 카르멘의 악마적 심상은 원작 소설에서부터 시작된 것이다. 그러
나 원작 소설에서는 돈 호세와 카르멘의 이야기가 끝난 후 뒤에 집시
의 민족성을 부기함으로써 카르멘의 악마적 심상을 중화시키고 있
다.[20] 오페라에서는 유일하게 카르멘의 주체성이 강조되지만, 일본과
조선에서의 수용은 원작 소설의 악마적 심상을 그대로 따라가며 오
히려 이를 한층 심화하는 양상을 보인다.

예술좌의 『카르멘』 각본을 맡은 카와무라 카료는 오페라 『카르멘』
의 구성을 거의 그대로 가져왔지만 어느 정도 각색을 시도하였다.
특히 돈 호세가 카르멘을 찔러 죽이고 절규하는 부분의 대사를 각색
하였는데, 바로 이 부분이 카르멘의 악마적 심상을 형성하는 데 결정
적인 역할을 했던 것으로 보인다. 원작에서는 돈 호세가 카르멘을

---

19 프로스페르 메리메, 『카르멘 : 소설 카르멘에서 오페라 카르멘으로』, 한정주 역, 지성
공간, 2020.
20 소설 『카르멘』은 총 4장으로 이루어져 있으며, 1장과 2장은 프랑스의 고고학자인 '나'
를 화자로 하여 '나'가 우연히 돈 호세와 카르멘을 만나게 된 사정을 설명한다. 3장은
'나'가 돈 호세에게 들었던 이야기를 전하는 형식이지만 화자는 돈 호세로, 본격적으로
돈 호세와 카르멘의 격정적인 사랑 이야기를 다룬다. 4장은 다시 고고학자인 '나'의
서술로 돌아와 카르멘의 삶에 대한 이해를 돕기 위하여 스페인에 거주하는 집시의
독특한 문화에 대해 설명하고 있다(김재석, 위의 논문, 21쪽).

찌른 뒤 '칼멘, 오 내 사랑!'이라고 외치지만, 예술좌의 『카르멘』에서
는 '마침내 네가 원하는 대로 되었다. 너는 이제 아무것도 말을 못하
는가.'라며 울부짖는다.[21] 마치 돈 호세의 살인이 카르멘에 의한 것처
럼 만듦으로써 돈 호세의 살인을 카르멘의 탓으로 돌려버리고 만 것
이다. 이를 통해 카르멘은 결국 평범한 한 남자의 인생을 파멸에 이르
게 한 악녀의 이미지로 굳어진다.

이러한 카르멘의 악녀적 이미지는 당대 일본의 엘리트 지식인층에
게 수용된다. 일본 다이쇼 시대를 대표하는 소설가 아쿠타가와 류노
스케(芥川龍之介, 1892~1927)는 실존 인물을 바탕으로 한 『카르멘』이라
는 소설을 써낸 바 있다. 러시아의 오페라단 단원이었던 '이이나 부르
스카야'라는 여인을 사모했던 철도기사가 이이나에 대한 실연으로 음
독자살했다는 신문기사를 각색한 작품이 『카르멘』이다.[22] 아쿠타가
와는 메리메의 『카르멘』을 바탕으로 자신만의 『카르멘』을 써냄으로
써 여성성의 잔혹성과 야성에 대한 자신의 생각을 펼쳐내었다.[23] 아
쿠타가와에게 있어 카르멘은 팜므파탈의 전형이었으며 이러한 모티
프를 자신의 작품 속에 적극적으로 활용한 것이다. 예술좌의 『카르멘』
으로부터 시작된 카르멘의 악녀성은 조선으로 그대로 이어진다. 1924
년 『동아일보』에는 토월회의 연극 『카르멘』이 상연되기에 앞서 다음
과 같은 홍보 기사가 실린다.

---

21 김재석, 위의 논문, 35쪽.
22 김난희, 「아쿠타가와 류노스케(芥川龍之介)문학에 나타난 팜므파탈 모티프 고찰」, 『일
    본학보』 104, 한국일본학회, 2015, 129쪽.
23 김난희, 위의 논문, 129쪽.

여러분은 임의 아실줄암니다만은"부활"은 세계덕문호"톨스토이"의 걸작으로 여러번출연에 만흔갈채를밧든것이며"카르멘"이라는것은 유명한 "메리메"의소설을 각색한것으로 한적은게집으로말미암아 수염난남아들이 얼마나롱락되며 나라를기우리든 미인의최후를 보는것이니이것을 특히지명함은 한갓위안거리가아니라 좁흔장면에흐르는 위대한암시(暗示)를 독자제씨와가치하려함이외다[24]

〈사진 1〉 토월회의 연극 『카르멘』 홍보 기사[25]

---

24 「독자위안(讀者慰安) 토월회관극(土月會觀劇)」, 『동아일보』, 1924.6.29., 3면.
25 「독자우대(讀者優待) 토월회관극당야(土月會觀劇當夜)의 성황(盛況)」, 『동아일보』, 1924.07.03., 3면.
   "사진은 지난달삼십일과재작일이틀동안 시내인사동 조선극장에서 독자제씨의위안삼아 열닌토월회(土月會)의 연극중『카르멘』의 둘재막『투우장』의문압과『카르멘』이란 악독한녀자의악독한솜씨에 흥분되다못하야 긴장하여진 만장관중의모양"

1924년 『동아일보』에는 두 차례 토월회의 『카르멘』 홍보 기사가
실렸는데, 첫 번째는 공연이 시작되기 전이며 두 번째는 공연이 시작
된 후 사진과 함께 실렸다. 두 기사에는 공통적으로 카르멘이라고
하는 여성에 대한 설명과 그 평가가 서술되어 있다. 첫 번째 기사에서
는 '남자들을 농락하여 나라를 기울인 미인'과 같다고 말하며 카르멘
을 경국지색(傾國之色)의 인물로 설명하고 있다. 두 번째 기사에서도
유사하게 '악독한 여자'로 카르멘을 설명하고 있다. 이처럼 조선에서
는 이미 그 시작부터 카르멘이 악녀와 경국지색의 이미지로 고착된
것이다. 그리고 이러한 카르멘의 이미지는 일본에서와 마찬가지로
조선 남성 지식인들에게 그대로 수용된다.

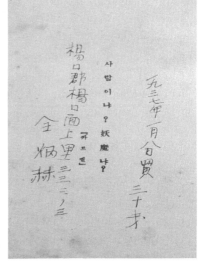

〈사진 2〉 나도향의 『카르멘』(박문서관본) 표지[26]

이처럼 카르멘은 악독한 데다 위험하기까지 한 여성이었기에 식민지 남성 지식인들에게 카르멘은 경계의 대상이었다. 그렇기에 조선에서 카르멘이 수용되기 위해서는 카르멘의 악마적 심상이 순화될 필요가 있었다. 이에 본격적으로 조선에서 카르멘 순화 작전이 펼쳐진다. 나도향은 조선에서 최초로 1925년에 박문서관에서 『카르멘』 번역서를 발간하였는데, 책의 표지가 주목할 만하다. 당시로서는 드물게 나도향의 『카르멘』 번역서는 매우 화려하고 또 다채로운 그림을 활용하여 표지를 장식하고 있다. 당시 대부분의 책 표지가 단순히 제목만을 활자화하여 프린팅한 점을 미루어 보았을 때, 나도향의 『카르멘』 표지는 당시로서는 매우 독특한 사례라 할 수 있다. 주목할 만한 점은 그림에 나타난 여성 인물의 형상이다.

그림 속에는 돈 호세와 카르멘을 상징하는 듯한 남성과 여성 캐릭터가 그려져 있으며, 여성 캐릭터는 총 3가지의 모습으로 나타나고 있다. 이는 그림에 표시해놓은 화살표 방향의 순서대로 보는 것이 자연스러운데, 첫 번째는 속옷만 입은 채 거의 전라의 상태로 자유로운 포즈를 취하고 있는 여성이며 두 번째는 원피스를 입고 구두를 신고 외투를 걸치고 있는 여성이며 마지막 세 번째는 모든 복장을 갖춘 채 마찬가지로 완벽한 의복을 갖춘 남성에게 다가가는 여성이다. 이 그림에 대해 손성준은 천의 얼굴을 가진 카르멘의 이미지를 구현하려 한 것이라고 보았는데,[27] 물론 그럴 가능성도 있지만 본 연

---

26 번역서 원문은 성균관대학교의 박진영 선생님께서 제공해주셨습니다. 지면을 빌려 박진영 선생님께 감사의 말씀을 전합니다.

27 손성준, 「나도향 문학의 한 원천-『카르멘』(나도향 역, 박문서관, 1925)」, 『근대서지』 17, 근대서지학회, 2018, 110쪽.

구에서는 조금 다른 시각에서 그림을 해석하고자 한다.

나도향의『카르멘』표지에 그려진 3명의 여성은 모두 카르멘을 형상화한 것으로 보인다. 주목할 점은 그녀가 전라의 상태에서 의복을 갖춘 상태로 변화하고 있다는 점인데, 이는 카르멘이 야만인의 상태에서 문명인의 상태로 변화하는 모습을 은유적으로 표현한 것으로 보인다. 소설 속 카르멘은 집시로서 자신의 욕망에 충실하며 하루하루의 만족과 즐거움을 위해 살아가는 여성이다. 그런 카르멘은 당시 남성 지식인들의 눈에 야만인으로 보이기에 충분했을 것이다. 게다가 그런 카르멘의 자유분방함이 결국은 카르멘과의 안정된 삶을 꿈꾸던 돈 호세의 삶을 파멸로 이끌었기에 카르멘은 야만인의 상징 그 자체로 여겨졌을 것이다. 그러나 앞서 설명했듯, 그러한 카르멘의 파괴적 속성은 그대로 수용되기에는 위험했기에 이를 순화할 필요가 있었다. 그렇기에 야만의 상태에 있던 카르멘이 문명의 상징인 의복을 갖추고 남성에게 다가가는 그림을 통해 카르멘의 악마적 심상을 중화한 것이다. 다른 한편으로 카르멘과 같은 악녀가 문명의 상태, 즉 당시 사회가 요구하는 여성성에 부합하기를 희망하는 당시 남성 지식인들의 소망을 그림에 담은 것으로도 볼 수 있다. 이처럼 나도향의『카르멘』표지는 소설의 내용과는 매우 동떨어져 있다는 점에서 매우 이질적이며 그렇기에 매우 흥미로운 텍스트라 할 수 있다.[28]

---

28 나도향의『카르멘』표지가 나도향의 의도와는 무관한, 삽화가의 단독적인 행동으로 보기에는 어려운 것이, 서문을 통해 나도향이 삽화를 적어도 한번은 검토했다는 사실을 알 수 있기 때문이다. 나도향은 서문에서 '제목을 고친 것을 원작자에게 죄를 사하는 바이다.'라고 언급하였는데, 이는 삽화의 표지에 '카르면'이라고 제목이 잘못 적혀 있는 점을 지적한 것으로 보인다. 본문 및 판권장 등에는 모두 '카르멘'으로 표기되어 있는 만큼 '카르면'은 표지 삽화가의 실수로 보인다(손성준, 위의 논문, 110쪽). 따라서

두 차례에 걸친 『카르멘』 번역의 영향 때문인지, 그 후 소설가로서 나도향이 쓴 작품에는 『카르멘』의 흔적이 곳곳에서 확인된다. 각각 1925년 9월과 12월에 발표된 『물레방아』와 『뽕』이라는 소설에는 카르멘과 유사한 여성 캐릭터가 등장한다. 이 외에도 『지형근』이나 중편소설 『청춘』 등 여러 작품에도 『카르멘』의 흔적이 삽입되어 있다.[29] 〈사진 2〉를 보면 나도향의 『카르멘』 겉표지 바로 다음 면에는 '사람이냐? 요마(妖魔)냐?'라는 글귀가 쓰여 있다. 이를 통해 나도향이 카르멘을 악녀로 인식하였으며 이후 그의 작품에 등장하는 요부(妖婦)형 여성 캐릭터들 역시 카르멘의 영향을 받았음을 추측할 수 있다.

또한 1928년 10월 22일부터 1929년 4월 24일까지 『매일신보』에 연재된 염상섭(廉想涉, 1897~1963)의 장편소설 『이심』에서도 『카르멘』의 흔적을 엿볼 수 있다. 『이심』은 『카르멘』의 돈 호세와 카르멘과 유사하게 파국에 이르는 남녀 주인공의 관계를 보여주며 여성 주인공인 '춘경'에 대해 서술자가 직접적으로 '탕부(蕩婦)'라고 규정한다. 여기서 더 나아가 춘경은 카르멘의 이미지에서 주체적인 면을 제거해버리고 남성의 욕망의 대상이자 수동적 유혹자로 그려짐으로써, 가부장제 질서를 옹호하려는 작가의 의도를 드러내고 있다.[30] 이처럼 조선에서 카르멘은 남성을 파멸에 이르게 하는 나쁜 여성의 이미지로 수용되었다.

조선의 『카르멘』은 이미 시작부터 카르멘을 악녀 혹은 요부로 규

표지 삽화는 나도향이 적어도 한 번 이상은 검토하고 출판한 것으로 추측할 수 있다.

29 손성준, 위의 논문, 115쪽.

30 장두영, 「염상섭 『이심』의 『카르멘』 수용」, 『외국문학연구』 74, 한국외국어대학교 외국문학연구소, 2019, 185쪽.

정한 일본의 인식을 그대로 수용했기 때문에[31] 카르멘은 악녀의 이미
지를 벗어나기 어려웠다.[32] 하지만 미약하게나마 카르멘을 기존의 시
각과 다르게 보고자 하는 시도 또한 분명히 존재했다. 1921년 9월
21일부터 1923년 6월 21일까지 『조선일보』에서 연재되었던 벽하(碧
霞) 작 『형산옥(刑山玉)』[33]이라는 장편소설에 카르멘에 대해 언급하는
장면이 나온다.

이때에상무는 비로소영자부인과서로날을건늬ㄹ만한말거리을발견한
것과갓치속으로깃버하연셔또다시무리보앗다
「그러시면 아마近代(근대)의작 품(作品(작품))을 조와하겟습니다그려」
「네ㅡ 점보기는 보앗습니다만은 엇덧케 근대 적의것이조흐니고 전적
의것이조흐니할문학에대한 지식이잇슬수가잇나오」
「쳔만의말삼이올시다 실례지오 만은 부인께서는 만흔책을보 섯슬쥴로

---

31 나도향의 『카르멘』 번역 역시 이쿠다 쵸코의 번역본 『カルメン』을 저본으로 삼은 번역
이었다(손성준, 앞의 논문, 103쪽). 또한 염상섭은 일본에서 나도향과 같은 하숙방에서
생활하며 나도향을 통해서 소설 『카르멘』을 접했을 가능성이 높다(장두영, 앞의 논문,
174쪽).
32 "호리호리한 키 부드러운 살결 열정과 음탕으로 빛나는 눈 남자의 몸을 억매어 끄는
매력을 가진"(「칼멘 메리메작」, 『신가정』, 1933.07., 11쪽.)
"李瑞求ㅡ나는 內心에, 요카난의목을달내서 生피를 빨리 깁버춤추든 「사로메」 같은
女性이잇지안나, 또는 「나나」가치 「春姬」가치 純情을 純情을 익이지못하며 일시거리
에 피는꽃이 되지안었나, 그래서 「칼멘」가치 사내를 죽이기까지 하려들지나 안었나
하였던데 여러분의 대답정도면 安心하기로하지오, 하하하."(「女高出身인인테리妓生,
女優,女給座談會」, 『삼천리』, 1936.04., 162쪽.)
33 『춘몽(春夢)』, 『백발(白髮)』에 이은 『조선일보』의 세 번째 연재소설이었으며 총 연재
횟수는 243회로 되어 있으나 실제로는 233회로 추정된다. 작가인 '벽하(碧霞)'는 필명
이며 지은이에 관한 다른 어떤 정보도 알려진 것이 없다. 벽하 작 『형산옥』에 대한
자세한 설명은 표언복, 「벽하작 『형산옥』에 대하여」, 『현대소설연구』 8, 한국현대소설
학회, 1998 참조.

짐삭합니다」

「아규! 그럴수업지오 그런데 제가조와하는것은 「메리에,아 나톨ㅡ후 란스, 옥따ㅡ부,밀뽀ㅡ」 갓흔것을대우지미가잇시보 앗슴니다」

「그리시면 그책수인공(主人公(주인공)) 되는「칼멘」을엇더케생각하심 닛가」

「나는그사람을매우사랑하고동 정합니다」곳대답하면서 영자부인은아 람다시우섯다

「저는이러케생각합니다 녀자에게배척을밧덧다고 그녀자를죽이는 것 은 참말로남자의 포학한성질이오며 또는남자는너무도지긔의욕심대로만 행동을가진다고생각합니다 모든남자들은오날은이녀사 래일은겨녀자를 희롱질하야도 조곰도붓그럽지아니한일로생각하고 마음대로행동을가지 되 녀자는 이와졍반대로 여러남자와교졔를 하는때에는셰상의별별못된욕 을밧지아거치못합니다 져는 「호졔」의무서운칼날아래에찌르니여 즉은 「 칼에ㄴ」을생각할따마닥 셰상의 남자의포학하고 욕심이만흠을분개히 여 기지아니치못하는바이올시다」

이러케말하는영자부인의아람다문얼들은 매우흥분되얏고 약간의붉으 레한두쌈은 바라보는사람으로하야금 침혹하지할만하얏다

어떠에상무는 륭셩이후에비로소남자에게 조곰도붓그러울바가업시 대 등가는훌륭한 녀셩과만나본갓치생각하얏다[34]

인용문은 소설의 남자 주인공으로 추정되는 '상무'라는 인물이 '영 자부인'이라는 여성 인물과 함께 길을 걷다 이야기를 나누는 장면이 다. 영자부인은 당시의 여성으로서는 드물게 근대 교육을 받은 여성 으로 보인다. 그런 영자부인에게 상무는 카르멘에 대해 어떻게 생각 하냐고 질문한다. 그러자 영자부인은 카르멘을 사랑하고 동정한다고

---

34 「刑山玉(형산옥) 第一四三回(제일사삼회)」, 『조선일보』, 1923.02.16., 4면.

말한다. 곧이어 호세의 행동의 불합리함을 지적하며 더 나아가 호세
와 카르멘의 관계가 남성과 여성에 대한 세상의 차별적인 시선에서
비롯된 것임을 역설한다. 남자가 여러 여자와 교제하는 것에 대해서
는 침묵하면서 여자가 여러 남자와 교제하는 것에 대해서는 비난하
는 세태에 대해 비판한다. 영자부인의 말을 들은 상무는 이처럼 훌륭
한 여성을 만난 것에 대해 감탄한다.

 『형산옥』에 나타난 카르멘의 이야기는 그간 일본과 조선에서 수용
된 카르멘의 이미지와는 사뭇 다른 양상을 보인다. 앞서 살펴보았듯
이, 카르멘 수용에 있어서 카르멘의 악녀성은 카르멘 개인의 일탈로
치부되었다. 소설의 비극적 결말 역시 카르멘의 문제일 뿐 여기에는
어떠한 사회적 문제도 거론되지 않았다. 하지만『형산옥』의 여성 인
물 영자부인은 최초로 호세와 카르멘의 관계에 사회적 문제를 끌어
온다. 남성과 여성을 다르게 바라보는 사회의 시선이 카르멘을 악녀
의 화신으로 만들었음을 지적한 것이다. 이러한 영자부인의 말은 남
성인 상무에 의해서 다시 한번 긍정됨으로써 결론적으로 이것은 작
가의 의도로 환원된다.『형산옥』의 작가에 대해서는 현재까지 자세
히 밝혀진 바가 없지만, 그가 남성이든 여성이든 카르멘을 바라보는
획기적인 시선을 제시한 것만은 분명하다.

 하지만 카르멘에 대한 긍정적인 시선은『형산옥』에만 그친 것으로
보인다. 일본과 조선에서 수용되었던 악녀의 이미지가 카르멘을 대
표하는 이미지가 되어 현재까지도 카르멘은 팜므파탈의 대표로 알려
져 있다. 물론 현대에 들어 카르멘을 주체적 여성으로 바라보고자
하는 연구도 늘어나고 있기에 과거만큼 카르멘의 악녀성이 두드러지
지는 않는다. 그러나 20세기의 카르멘은 일본과 조선의 엘리트 지식

인들에 의해 나쁜 여자로 규정됨으로써 카르멘에 대한 새로운 해석을 불가능하게 만들었다. 여기에는 남성의 통제를 벗어난, 자신의 뜻대로 되지 않는 여성에 대한 남성들의 불안이 작용한 것이라 할 수 있다. 이런 여성을 나쁜 여자로 규정하고 경계의 대상으로 삼음으로써 현실의 여성들이 카르멘을 동경할 수 없도록, 그리하여 현실에서 카르멘 같은 여성이 탄생할 수 없도록 하는 것이 그들의 의도였을 것이다.

4. 나오는 말 : 나쁜 '여자'가 아닌 나쁜 '사람'

이제 다시 처음의 질문으로 돌아와 보자. 서론에서 제시했던 두 가지 질문이 있다. 첫 번째는 '제자리'란 무엇이며 두 번째는 어째서 여성들이 제자리에 돌아가기를 거부하는가이다. 그리고 2장과 3장에서 살펴본 일제강점기 유성기음반과 카르멘의 이야기를 통해 이 질문에 대한 대답을 제시할 수 있을 것이다. '제자리'란 사회적으로 여성이 있어야 할 위치, 여성이 있기를 요구받는 자리일 것이다. 일제강점기 대중가요에서 남성과의 관계에서 우위에 서 있는 여성의 모습은 희화화되고 풍자되었다. 그것은 여성이 남성과의 관계에서 결코 우위에 서 있어선 안 되기 때문이다. 또한 카르멘은 당대의 통념에 비추었을 때 규범적인 여성상에 부합하지 않는 여성이었다. 그렇기에 그녀는 악녀로 규정되고 호세의 칼에 찔려 죽음을 맞이할 수밖에 없었다. 이것은 원래 있어야 할 자리에서 이탈한 여성에 대한 당대 남성들의 두려움과 공포, 그리고 혐오의 표현이었다.

'제자리'의 의미를 규정함으로써 자연스럽게 두 번째 질문에 대한 답도 제시할 수 있을 것이다. 현대에 들어 소수 혹은 다수의 여성은 제자리에 돌아가기를 거부하기 시작했다. 그것은 곧 사회가 정한 여성의 역할을 거부하는 것일 수도 혹은 암묵적으로 여성들에게 강요되는 사회적 규범을 거부하는 것일 수도 있다. 마치 카르멘을 사랑하고 동정했던 '영자부인'처럼 말이다. 그렇게 그들은 자신의 입에 채워진 교정기를 벗어던지고 자신의 욕망을 자유롭게 분출한다. 그리고 마침내 그들은 나쁜 '여자'가 아닌 나쁜 '사람'이 된다.

2019년에 발매된 빌리 아일리시의 노래 제목은 〈Bad Guy〉이다. 이 노래에는 엄마를 슬프게 만들고 상대 남자의 여자친구를 미치게 만들고 남자의 아버지마저 유혹하는 나쁜 여성이 등장한다. 뮤직비디오에서도 시종 남성을 아래에 두고 우위에 서 있는 여성의 모습을 보여준다. 하지만 노래의 화자는 자신을 'Bad Woman'이 아닌 'Bad Guy'라 지칭한다. 'Guy'는 '남자, 녀석, 사내'라는 뜻이지만 일반적으로 성별과 상관없이 자신을 지칭하는 용어로 사용된다. 즉 노래 속 화자는 자신이 나쁜 이유는 '여성'이어서가 아니라 그냥 자신이라고 하는 사람 자체의 문제에서 비롯된 것이라고 말하고 있는 것이다.

본 연구에서 살펴본 자료들은 모두 남성에 의해 관찰된 여성의 모습만을 다루고 있다. 즉 여성의 목소리는 소거되어 있는 것이다. 따라서 관찰의 대상이 된 여성들은 어떤 생각을 했는지 알 수 없다. 그저 남성의 시선 아래 규정된 부정적인 모습으로만 현재까지 남아 있는 것이다. 하지만 여성의 목소리가 배제되어 있다 하더라도 그 안에서 해석할 수 있는 여지는 충분하다. 따라서 앞으로의 연구는 이런 자료들 속에 감춰져 있는 여성들의 존재와 목소리를 발굴하여 그 의미를 밝히는 작업이 되어야 할 것이다. 그렇지 않으면 과거의 여성들은 남성에 의해 규정된 모습 그대로 박제되고 말 것이다. 그리고 현대를 살아가는 여성의 모습 또한 과거처럼 타인에 의해 규정된 채 묻혀버릴 것이다. 과거를 조명하고 그 의미를 해석하는 것, 그것은 곧 현대의 삶을 재조명하는 또 다른 형태의 방법이며 최종적으로 본 연구에서 제시하고자 하는 방향이라 할 수 있다.

현 대

부드러운 전제(專制)와 노동 - 자본의 뫼비우스띠

2010년대 후반 일·노동 재현법의 변화와
향후 문제설정 방식에 대한 단상을 중심으로

김미정

1. "알바를 RESPECT!"

여러 재현미디어 중에서도 광고만큼 시공간의 압축을 통해 시대의 단면을 직감케 하는 미디어도 없다. 2018년 하반기~2019년 상반기, 국내 대표적 구인구직 플랫폼 기업들의[1] 메시지는 "알바는 딱! 알바답게" "알바를 RESPECT!"로 간명하게 요약할 수 있었다. 계약된 시간과 임금에 할당된 내용만큼만 충실하면 된다는 것, 그리고 알바

---

1 '알바천국'과 '알바몬'의 광고들을 지칭한다. '알바천국'의 본사인 ㈜미디어윌네트웍스는, 1997년 pc통신 나우누리에 아르바이트 정보를 제공하면서 시작되었고(주식회사 설립은 2003년), '알바몬'의 본사인 '잡코리아'는 1998년 취업검색엔진 ㈜칼스텍으로 시작했다.

도 노동시장 내의 어엿한 직업으로 인정, 존중받아야 한다는 메시지였고, 이것은 일견 '아르바이트'(이하 '알바')라는 비정규, 단기, 임시직 노동형태의 권리를 노동시장 안에서 정당하게 자리매김하자는 캠페인에 가깝기도 했다.[2] 두 광고는 불안정노동에 대한 문제의식은커녕, 자본-노동 관계에 내재해온 적대의 낌새도 사라진듯한 시대를 감지케 했다. 일회용 노동력의 이미지를 쇄신하고 알바로서의 능력과 자부심을 강조하고자 하는 기업측의 적극적인 분식(扮飾) 노력도 흥미로운 것이었지만, 그 분식에 현 사회의 능력주의나 젠더역할에 따른 고정관념이 동원되는 것도 징후적이었다.

이와 관련하여 전 알바노조, 현 라이더유니온 활동가 박정훈은[3] "알바를 RESPECT!"라는 메시지는 커피전문점의 복잡한 주문 메뉴얼에 능통한 알바생의 능력을 예찬한다고 명확히 지적한다. 'RESPECT!'라는 제안은 알바의 능력을 단서로 이루어지고, 능력이 있다면 그에 상응하는 대우를 받아야 한다는 메시지를 분명하게 전한다는 것이며, 또한 "알바는 딱! 알바답게"라는 메시지를 여자 알바 모델이 단호하게

---

2 물론 이것은 구인구직 기업들이 노동시장의 기울어진 관계를(대등하게 계약되는 관계라고 해도 노동력 판매자가 많은 상황에서는 늘 구매자에게 유리하므로) 바로잡겠다는 식의 정의로운 발상 때문은 아니다. 평생직장, 가장의 노동력에 구성원 전체가 의존하던 가족 모델 등이 붕괴하며 규범적 세대·젠더의 노동분할이 흐릿해지고, '알바'로 상징되는 불안정한 일의 형태가 오히려 상례가 된 것, 그리고 노동력 판매자와 구매자 모두 노동시장 플랫폼 기업들에게 동등한 '고객'으로 간주되는 상황의 반영일 것이다.

3 박정훈, 「알바노동과 기본소득」, 『문학3』, 창비, 2019년 2호, 39~49쪽.('일×존엄을 상상하기'라는 기획주제 하에 실린 글이다.) ; 박정훈, 「쌈디와 전소미의 '알바 광고', 이렇게 전복적일수가」, 『오마이뉴스』, 2019.2.19. (http://www.ohmynews.com/NWS_Web/Series/series_premium_pg.aspx?CNTN_CD=A0002512607) 최종검색일 2022.3.5.

복기할 때, 이것은 알바의 노동권에 대한 정당한 주장처럼 전달되지만, 당시 최저임금인상을 둘러싼[4] 특정 역할(고용주와 고용인 사이의 갈등을 부추기는)이 여성젠더에 할당되었다는 것이다. 단적으로 말해 능력 있는 알바의 이미지는 남성 모델에게, 그리고 고용주에게 권리를 민감하게 주장하며 자극하는 이미지는 여성 모델에게 할당된 것이 특히 유의하여 볼 일이었다. 즉, 2020년을 목전에 둔 한국사회에서 당시 막 새로운 문제계로 등장하는 능력주의와 유구한 젠더규범은, 이 경쟁하듯 송출된 두 구인구직 플랫폼 기업의 1분 남짓 광고에서 상당히 투명하게 드러난 셈이었다.

2018년 하반기부터 두 업체가 송출한 이 광고들은 여러모로 한국의 노동 관련 변화의 핵심을 환기시켰다. 가령 자본가/노동자, 정규/비정규직 식의 대립적 이분법이나, 산업노동(물질생산노동)에 근거해온 '노동'의 이미지가 유동해온 것, 과거 파트타임이라는 이름으로 여성(주부)에게 할당된 비정규직과 정규직 남성 노동의 규범성이 깨진 것, 나아가 노동시장에 새롭게 포섭되고 있는 비정규 알바 노동이 기존 노동법의 사각지대에 놓이는 문제, 그리고 일의 존엄에 대한 메시지까지 이 광고들은 정확히 상기시키고 있었다. '불안정한 무산계급'을 함의하는 '프레카리아트'라는 말도 특정 계급 개념이나 사회학적 분석 개념이 아니라 대다수 사람들의 삶의 양태, 조건이 되었다. 그리고 이제는 그 불안정함과 취약함을 어떻게든 전유해서 잘 살아내자

---

4 2018년 최저임금은 2017년 6470원에서 7530원으로 16.4% 대폭인상되며 자영업자 vs. 알바생 구도의 여러 논란이 오가기도 했으나, 최저임금 인상은 2017년 대선 당시 모든 후보의 공약사항이기도 했다.

는 메시지까지 기업 측에서 발화하는 중인 것이다. 더불어 이 광고들
이 능력을 매개로 한 평등과 공정의 감각을 서사화하고 능력주의를
존엄의 선행 조건처럼 놓은 것은, 오늘날 인권·노동권조차 21세기식
사회진화론의 심상에 호소되고 있음을 암시한다. 요컨대 '알바'를 노
동시장 안에서 정당하게 평가해야 한다는 인식, 그리고 노동을 고된
일이 아닌 '자기선택'에 의한 성취와 존엄의 확인으로 연결하자는 제
안은 현재 노동력 시장 플랫폼 기업 측에서 적극적으로 발화 중이다.
그리고 이것이 2022년 현재까지 한국의 노동-자본 관계를 보여주는
단적인 풍경이다.

　한편 오늘날 구인구직 플랫폼 기업이라고 말해지는 이들의 일(인
력알선소개)은 사실 과거 ILO에서 금지되었던 것이고, 각 문화권에서
도 떳떳하지 못한 이미지를 갖고 있던 것이었다. 하지만 산업구조
및 노동시장의 변화 요구 속에서 ILO는 1994년 총회에서의 안건 채택
에 이어 1997년 민간고용서비스사업 협약(Private Employment Agencies
Convention) 권고를 채택[5]했고, 이후 전세계적으로 간접고용사업은 확
대되어갔다. 이른바 인간의 노동력을 책임소지 불분명한 장소에 놓
고 일회용 상품처럼 취급하는 일이 법제화, 자연화한 것이 어쩌면 지
금 노동 관련 문제들의 핵심이다.

　한국의 경우 1998년 '파견근로자보호등에 관한 법률'(이하 '파견법')

---

5 문무기, 「간접고용(근로자공급·하도급·파견·용역) 규율의 법리」, 『노동리뷰』 4 한국
　노동연구원, 2005. 4, 35~46쪽. 한편, 일본의 경우도 민간의 직업소개업이나 노동자
　공급업은 전후(戰後)에 원칙적으로 금지되어 있었고 노무 공급은 본래 야쿠자의 일이
　라는 부정적 인식이 있었으나, 1986년 노동자 파견법 적용 이래 전직종으로 확대된다.
　-아마미야 가린, 김미정 옮김, 『살게 해줘! : 프레카리아트, 21세기 불안정한 청춘의
　노동』, 2017, 1장, 7장.

제정과 함께 오늘날 무수한 현장에서 쟁점이 되고 있는 간접고용(근로자공급, 파견 하도급, 용역 등) 형태가 일반화되기 시작했고, 2006년 11월 비정규직보호법이라는 이름으로 오늘날 노동 형태의 일반적 조건이 완비되어갔음은 주지의 사실이다. 지금 간접고용 노동력 시장 플랫폼에서 목도되는 노동권 존중, 인간 존중의 메시지는, 인간 노동력을 민간의 상품으로 취급하며 시장 안의 탄력적 일회용품으로 전제하던 시장 측의 20여 년 사이의 발 빠른 태세전환이기도 한 것이다.

이러한 태세전환의 과정에서 '노동'이 아니라 '일'이라는 말이, '노동자'가 아니라 '근로자'라는 말이 다시금 강조되는 경향도 새삼 주목된다.[6] 이것은 일견, 체제 분단 이후 국가-자본이 노동(勞動)을 근로(勤勞)로 대체해온 남한 현대사의 흔적과 관련되지만,[7] 그것만으로 설명할 수 없는 사정도 더 감안하고 싶다. 앞의 광고 사례들처럼 고된 노동, 착취, 소외, 나아가 21세기 내내 문제시되었던 불안정노동의

---

6 참고로, 어원적으로 '노동'으로 번역되어온 labor(영), Arbeit(독), travail(프)에는 고되고 가혹하며 강요받는 노예적 노동의 뉘앙스가 담겨있다. 이와 비교할 때 work(영), Werk(독), oeuvre(프) 쪽은 예술상의 일, 작품 등의 의미에 가까운 일로 사용된다. 단적으로 독일어에서 신의 천지창조는 Werk이고, 어떤 성취를 위해 필요한 인간의 노고는 Arbeit로 표현된다. 고대 그리스어에서도 육체노동과 정신노동은 대립되었고, 정신노동 우위의 노동관이 중세까지 이어진다. 이것은 한나 아렌트가 『인간의 조건』에서 노동, 작업, 활동을 구분하는 맥락과도 관련이 있다. 이에 대해서는 다음 책들을 참조할 수 있다. 柴田隆行(監修), 石塚正英, 『哲学·思想翻訳語事典』, 論創社, 2003, 121~122쪽. ; 존 홀러웨이, 조정환 옮김, 『크랙 캐피탈리즘』, 갈무리, 2013. ; 한나 아렌트, 이진우·태정호 옮김, 『인간의 조건』, 한길사, 1996.

7 같은 시기에 일, 노동, 근로 등의 한국어 용법과 관련해 민주언론시민연합이 신문·방송모니터위원회와 공동기획한 노동 관련 용어 모니터 보고서(「노동자는 근로자일까?」, 2019.09.10./ http://www.mediatoday.co.kr/news/articleView.html?idxno=202284)(최종검색일 2022.3.5.)는 '근로-수동-소극적-객체 vs. 노동-능동-적극적-주체'의 도식처럼 한국에서 '노동'이 지양되고 '근로'가 사용되어온 맥락을 선명하게 보여준다.

부정적 이미지를 자기 선택에 의한 성취감의 이미지로 전유하는 분위기가 최근 구인구직 플랫폼 업체의 기조처럼 여겨진다. 이전보다 훨씬 능동적으로 피고용인 친화성을 표방한다. 예를 들어 최근 한 건설 일자리 플랫폼 업체 대표는 "'노동(labor)'에서 더 나아가 '일(job)'로, '노동자(laborer)'가 아닌 '근로자(worker)'로서 업에 대한 태도의 변화를 만들어 건설에 대한 선한 영향력으로 부정적인 사회인식을 바꾸고 누구나 건설에서 당당하게 인정받으며 일하고 싶은 세상을 만들고 싶다."는 인터뷰를 한다.[8]

인용에서도 명료하게 확인되지만 '노동(labor)'과 '노동자(laborer)'가 아닌 '일(job)'과 '근로자(worker)'를 지향해온 것은 늘 자본 측이었다. 이 인용은 육체노동의 고되게 여겨지고 폄하된 이미지를 '일' '근로'라는 말로 분식하고 생산력 향상을 도모해온 국가-자본 측의 오래된 메시지와도 상통한다. 또한 최근 발간되는 일 관련 자기계발서의 메시지 역시, 유연한 노동이 권장되는 시대의 행복한 삶을 위해서 '직장인'이 아니라 '직업인'이 되자고 역설한다. 이때에도 일(work)이라는 말이 다용(多用)된다. 반복건대 '자부심을 가지고 열심히 일하라'는 메시지는 늘 자본-국가 권력 측의 것이었다. 하지만 이른바 유적(類的) 존재로서의 인간이 되자는 메시지를 지금 자본 측에서 적극적으로 발하고, 그것이 위화감 없이 받아들여지는 상황은 분명 유의해서 볼 일인 것이다.

---

8 『이슈메이커』, 「한국의 인물-건설 일자리 플랫폼 부문 : (주)웍스메이트 대표 인터뷰」, 2020.11.12. http://www.issuemaker.kr/news/articleView.html?idxno=32763 (최종검색일 2022.3.5.)

즉, 최근 노동시장 플랫폼의 일 관련 메시지는 기존 '노동/근로'라는 말의 역사성에 더해, 노동이란 말 자체에 깃든 고되고 힘든 이미지, 그리고 자본주의 속 노동의 역사를 포함하여 불평등의 문제나 직역에 따른 폄하의 시선 등을 적극적으로 벗겨내고자 하는 의도까지 모두 포괄한다. 강조하지만 이것은 비정규의 유동적 노동이 상례화된 시대, 재생산노동이나 비물질노동이라는 말로 노동의 의미가 확장·이행한 것 등, 요컨대 포스트 포디즘 체제 하에서 계속 유동해온 노동-자본 관계 혹은 노동 조건의 구조 변화에 상응한다.

'존중받는 일'이라는 기업 측 말은 지금 세계의 조건을 발빠르게 전유하려는 전략이지만 이것이 당연히 노동 현장에서의 오랜 요구였음은 강조할 필요도 없을 것이다. 요컨대 노동-자본의 관계가 단순한 적대 관계로만 이해되지 않는 상황에 대한 문제의식은, 최근 노동 활동(운동) 현장의 전략에서도 감지된다. 서로가 서로에게 점점 더 노동자이면서 고객이면서 자본가(자기사업자)라는 분열적 정체성을 동시에 부여받으면서, 자율적 노동이라는 말에 속고 있는 상황들이 운동 측 문제설정에 반영된다. 비정규직의 정규직화라는 전략을 넘어서, 비정규, 플랫폼, 알바 노동을 어엿한 직업, 제3의 노동으로 인정해야 한다는 요구와 전략까지 제안되고 있다.[9] 실제 그 의미와 평가는 차치하더라도, 자본 측과 같은 조건에서 경합하는 상황에 대한 노동 측 고군분투로서 이해하기에는 충분하다.

---

9 박정훈, 『이것은 왜 직업이 아니란 말인가』, 빨간소금, 2019, 서론 및 1장.

2. 시스템의 압도성 :
한국소설이 선택한 표제어의 의미와 노동의 재현법

한편, 비슷한 시기 발표되고 화제가 된 한국소설들의 제목에서도 '일'이라는 말이 두드러진 것은, 2010년대 후반의 시대적 관심이 무엇이었는지 단적으로 상징했다고 할 수 있다. 2018년 창비신인소설상 수상작은 장류진의 「일의 기쁨과 슬픔」이었다. 판교 테크노밸리의 한 IT스타트업 회사에 근무하는 젊은 사무직 여성들의 이야기였고 당시 많은 독자(유저) 사이에서 '현실적인 직장생활 이야기'라는 감상이 오갔다. 또한 비슷한 시기, 통신회사 노조 취재를 바탕으로 작가 김혜진은 『9번의 일』을 발표한다.[10] 이는 통신회사 설치기사로 26년 근속 후 퇴직을 강요받는 남성의 이야기를 다루었고 연대(마을)와 개인 모두 파국에 이르는 과정을 그린 소설이었다.

엄밀히 말하자면 이 소설들의 표제어가 '일'이어도 '노동'이어도 그 함의는 크게 다르지 않았을 것이다. IT스타트업 사무실 안에서의 일이건, 연장과 도구를 갖고 현장을 뛰며 땀흘리는 일이건 모두 통상 말하는 '노동'이지만 '일'이 표제어로 선택되었다. 지금, 장류진과 김혜진 소설이 노동시장 플랫폼 기업 측이 다용하는 '일'의 맥락에 놓인다는 말을 하려는 것은 아니다. 더구나 시장 속 상품으로서의 소설에 '노동' 아닌 '일'이 표제어가 된다는 것도 이상할 것 없다. 하지만 표제

---

10 장류진, 『일의 기쁨과 슬픔』, 창비, 2019. (2018년 9월 중순, 계간 '창작과비평' 홈페이지에 공개되면서 SNS 등의 입소문을 타고 40여만 건의 누적 조회수를 얻어 화제가 된 바 있다.) ; 김혜진, 『9번의 일』, 한겨레출판, 2019. (두 소설집 모두 2019년 10월에 출간되었다.)

어 '일'이 자본주의 속 노동인 한, 적어도 그것이 과거 '노동'의 표상과 얼마나 같고 다른지 생각하는 일은 불가피하다. 지난 세기 강렬했던 노동문학의 유산, 그 문제의식과 표상을 괄호치고 새롭게 '일' '노동'이 주제화한 소설들을 읽을 수 없다는 의미이기도 하다. 또한 일, 노동 관련 재현이야 늘 있어왔겠으나, 2010년대 들어 이것이 (독해하는 이의 문제의식이 아니라 작가의) 문제의식을 동반하여 비로소 유의미하게 가시화했다는 사실은 강조해도 될 것이다. 그리고 이것이 일, 노동 재현의 문제를 적어도 한국의 문학사에서는 단절적으로 이해할 수밖에 없는 이유다. 그런 의미에서 지금 2010년대 후반 강력하게 가시화한 '일'이라는 표제어는 우선은, 과거의 산업 노동, 노조와 연동되던 '노동' 재현과 대비시키지 않을 수 없다.

1980년대 노동소설을 논한 정고은은 "노동소설이 소규모가 아닌 대규모 작업장(조선소 등의 중화학공업 현장을 중심으로), 여성노동자가 아닌 남성노동자, 단일 사업장이 아닌 다른 사업장과의 연대를 그려내는 것"이 작품의 성패를 결정했다고[11] 지적한다. 이것은 과거 노동 표상이 젠더, 심신의 건강성 여부, 연대의 성패 등과 직결되었음을 의미한다. 또한 당시 노동의 표상이 정규직 남성중심, 건강한 육체를 생산수단으로 삼는 노동, 노조 중심 연대의 규범성과 관련되었음을 확인시킨다. 어쩌면 지금 소설 속 일·노동 재현이란 이러한 규범적 노동 표상과 재현을 넘어, 다양한 특이성과 주체성의 발화 가능성을 보여주고 있다는 점을 우선적인 특징으로 꼽을 수 있다. 일이라는

---

11 정고은, 「노동이 멈춘 자리 - 방현석 노동소설 재독」, 『반교어문연구』 46, 반교어문학회, 2017, 173쪽.

표제어는 우선은 −돌봄, 가사, 감정 노동 등 여성에게 전통적으로
할당된 재생산 노동의 실제 및 (최근 비로소 환기되는 바지만) 비인간
동물(+생태)의 막대한 부불 노동이 추출, 수탈되어온 역사 등− 기존
노동 표상, 노동소설의 규범성에 대한 의식, 부담을 줄여주는 측면이
있다.

　한편 표상의 문제는 필연적으로 대표, 재현의 문제와 연동된다.
1980년대 노동문학을 돌아보는 과정에서 노동(자)의 대표성과 전도
(顚倒)의 문제를 읽어내는 이혜령은, 1980년대 노동문학의 생산주체
는 "당대 한국의 현실과 미래에 대한 노동자계급의 시각을 담아야
한다는 의식"에서 생성된 결과 "노동문학은 이론이나, 과학적 세계관
으로 일컬어진 것에 지나치게 지배되고 있었다기보다는 노동자들을
그것으로 소외시켰다."고[12] 말한 바 있다. 이혜령의 말에서 생각할 수
있는 것은, 첫째 존재 자체가 무언가에 의해 대표(재현)될 수 없는
근본적 운명이 특히 1980년대 노동문학에서 역설로서 두드러졌다는
것이고(그렇기 때문에 노동자 글쓰기에 대한 학계의 관심은 필연적이었던 것
으로 보인다), 둘째 문학의 운동성을 둘러싼 지난 세기 대표−재현의
관계가 지금 소설에서는 현저하게 다른 양상으로 드러난다는 점이다.

　가령 '노동'의 표상·재현·대표의 문제를 생각할 때 김혜진의 『9번
의 일』에서 '노조' 관련 대목들은 특히 유의해서 보아야 한다. 예컨대
오길영은[13] 김혜진 소설에 노조가 등장은 하지만 주인공이 그에 대해

---

12 이혜령, 「노동하지 않는 노동자의 초상 − 1980년대 노동문학론 소고」, 『동방학지』175,
　　연세대학교 국학연구원, 2016, 315쪽.
13 오길영, 「노동소설에서 사회소설로 : 장류진『일의 기쁨과 슬픔』과 김혜진『9번의 일』」,
　　『황해문화』107, 새얼문화재단, 2020년 여름호, 299~314쪽.

기대를 걸지 않고 비판적이며, 사태를 해결하는 데 도움이 된다고 보지도 않는다고 평했다. 실제 김혜진의 소설에서 노조는 누군가의 죽음을 "시위나 파업에 이용"하거나 "국가 자본, 세계와 빈곤 같은 거대한 단어"들을 통해 개별자의 삶을 "힘없고 나약한 피해자"로 만드는 존재처럼 묘사된다. 노조와 회사는 개별자의 삶 앞에서 마치 등가적인 것처럼 그려진다. 그리고 여기에서 유독 대비되는 것이 "노조에서 하든 회사에서 하든 무슨 상관인가요. (...) 저랑 애들은 살아야죠. (...) 전 돈이 필요해요." 같은 말이다.

하지만 오길영이 지적한 김혜진의 비관주의는, 이 작가가 그동안 재현-대표의 문제에 대한 질문을 거듭해온 과정에서의 일이기에 간단치 않다. 즉, 소설 속 노조 묘사가 단순히 노조, 연대에 대한 회의라고만 보기 어려운 것은, 서술 '주체'와, 보여지는 '대상' 사이의 '역학'을 민감하게 질문하는 문제의식이 개재해있기 때문이다. 기존의 노조, 노동자 표상을 성립시키는 연대와 공동체의 이미지를 그대로 답습하는 것이나 외부자의 시선에 의해 낭만화되기 쉬웠던 문제를 피하려는 작가의 의도가, 오늘날 노조가 대표성을 잃게 된 상황에 상응하는 것은 우연이 아니다.[14]

이렇게 진술하는 것이 노조의 현재적 의의를 부정하는 것일 리는 없다. 하지만 지금 분명한 것은, 서비스 감정 노동자의 굴욕적 일상

[14] 재현에 대한 김혜진의 고심은 여성, 퀴어, 소수자, 약자 등과 관련된 고정된 이미지 박스로부터 이탈시키려고 재창조하려는 노력으로 표현되었다. 하지만 간혹 결과적으로 존재나 사안이 개별화되거나 연대·공동체적 타개 가능성을 차단한 듯 보이는 것과 그 효과에 대해서는 생각해볼 것들이 있다. 그 점은 '노동'이라는 주제를 넘어 표상·대표·재현에 대한 질문이 객관이나 중립 강박과 연결되거나, 의도치않게 안전한 자기 보존의 방법으로 연결되는 최근 서사들의 문제와 함께 더 논의되어야 할 것이다.

(황정은,「복경」, 2014), 노동거부에 가까운 사무직 비정규직의 삶(김금희,「조중균의 세계」, 2014), 알바생과 중간관리자의 갈등(장강명,「알바생 자르기」, 2015), 바이럴 마케팅 종사자의 죄책감(김세희,「가만한 나날」, 2018), IT 스타트업 사무실의 풍경(장류진,「일의 기쁨과 슬픔」, 2018), 신뢰해온 회사에 배신당하는 노동자(김혜진,『9번의 일』, 2018), 시스템이 만드는 노동의 분할과 적대들(조해진,「경계선 사이로」2019) 외주화된 가사 노동과 분할되는 여성들(장류진,「도움의 손길」, 2018 / 이주혜,『자두』, 2020), 교육현장 고학력 여성들의 생존기(서수진,『코리안티처』, 2020), 프리랜서 일의 모멸과 존엄(김세희,「프리랜서의 자부심」, 2020) 등등 나열하기에도 벅찬 무수한 일의 현장과 더불어, 동물 수탈을 노동의 관점에서 접근할 여지까지 주는 소설에 이르기까지,[15] 과거 식민지기부터 한국문학사 전반을 관통하던 노동문학 속 노동의 표상과 지금 소설 속 노동의 장면은 적어도 노동 주체와 발화의 문제에 있어서 현격한 차이를 보인다는 사실이다. 적어도 한국소설이 골몰했던 노

---

15 자본의 입장에서 같은 착취의 대상이라고 해도 인간의 노동력(가변자본)과 달리 동물은 유동자본 혹은 불변자본이다. 전통적 마르크스주의자들도 동물은 무상으로 전유(착취)당하는 존재들일 뿐 노동력, 임금관계, 노동계급 등에 포함하지는 않는다.(제이슨 W. 무어, 김효진 옮김,『생명의 그물 속 자본주의』, 갈무리, 2020, 159쪽.) 하지만 최근 에콜로지 마르크스주의 혹은 동물권 담론(운동) 속에서 동물은 인간과 공동 생산하는 존재, 혹은 노동계급이나 노동력으로 간주되기도 한다.(이에 대해서는 生田武志,『いのちへの礼儀』, 筑摩書房, 2019, 294~313쪽 및 로지 브라이도티, 이경란 옮김,『포스트휴먼』, 아카넷, 2015, 94~95쪽.) 또한 엄밀히 말해 동물은 모든 것을 인간이 취하기 때문에 수탈의 대상이지만, 운동 전략상 노동이라는 말을 통해 동물의 문제를 이야기하는 일이 많다.(2021년 1월 21일 '젠더정치연구소 여세연' 주최 '자연화된' 임신과 출산, 낯선 인간생산노동 토론회에서 DXE 동물권 활동가 은영 님의 발언) 따라서 최근 비인간 동물, 생태에 대한 문제의식과 연동하여 쓰여진 소설들 중 소위 사역동물, 실험동물, 가축 등에 대한 이야기도 '노동'의 문제설정 방식을 달리한다면 충분히 노동소설의 범주 내에서 이야기할 수 있고, 해야 한다고 생각한다.

동의 문제는 표상(대표)이든, 개념이든, 의제든 이미 하나의 능선을 넘었고, 천정환의 말대로 "새로운 정세 속에서 (...) '사회적인 것'의 새로운 배치 속"에[16] 다시 놓이게 된 것이 분명하다. 또한 그것이 말할 것도 없이 포스트 포디즘으로의 이행, 혹은 인지/정동 자본주의로의 형질 변환 등에 상응하는 것임도 다시 환기해둔다.

그렇기에 지금 다양하게 등장하는 '일' '노동' 소설들이, 과거 노동문학의 문제의식과 절합하는, 혹은 미끄러지는 지점과 그 조건들을 보는 것이 중요하다. 기존 노동 표상으로 환원되지 않는 무수한 정념과 문제의식이 주제를 변주하지만 동시에, 노동을 조건지우는 시스템으로서 자본주의가 변주하며 작동하는 한 양상은 달라도 핵심은 크게 다르지 않기 때문이다.[17] 어쨌거나 목하, 고된 노동이 아니라 존중받는 일을 내세우며 태세전환을 하는 자본, 그리고 과거의 규범적 노동 표상으로 환원되지 않는 무수한 일·노동의 현장을 그리고 있는 한국소설, 양측 모두 강조컨대 이 세계와 노동이 변화, 이행해온 상황을 각각의 방식으로 전유하고 있는 중이다.

지금 한국소설들이 자각적으로 선택한 '일'이라는 말과 그 현장들은 한편으로 스스로를 과거 노동, 노동문학과 변별시키면서도, 근대 자본주의의 노동이 늘 야기시켜온 모멸의 문제와 그 속에서의 존엄을 희구하는 양상을 다양한 정체성, 위치성을 매개로 하여 보여준다.

---

16 천정환, 「세기를 건넌 한국 노동소설 : 주체와 노동과정에 대한 서사론」, 『반교어문연구』 46, 반교어문학회, 2017, 131쪽.

17 예컨대 2020년부터 시작한 전세계적 팬데믹 상황을 겪으며 노동 안의 젠더, 인종, 세대, 지역 등 불평등 문제 뿐 아니라 기술낙관론의 허구(모순) 등이 더욱 가시화된 것은 다른 지면을 요한다.

소설 속 인물들은 어떤 일의 현장에서건 자기(라고 믿어지는 존재)를 잃지 않기 위해 분투한다는 점에서는, 앞서 언급한 구인구직 플랫폼 기업의 메시지도 같은 것을 골몰한다고 할 수 있다. "서로가 서로에게" 시달리고 혐오하면서 서로를 "고객"이라고 여기게 만드는 극악한 세계(황정은, 「누가」, 2014), 이름 대신 '뚱한 표정'의 여자아이로만 불리는 세계(장강명, 「알바생자르기」, 2015), 통근버스에서 아침햇살을 보는 것이 거의 유일한 좋음인 알바 소녀가장(권여선, 「손톱」, 2016), 월급을 포인트로 적립받으면서 "심장께의 무언가가 발밑의 어딘가로 곤두박질쳐지는 것만 같은 모멸감"을 승화시키는 세계(장류진, 「일의 기쁨과 슬픔」, 2018), 정규직 채용 전 건강검진을 받은 후 비로소 "존중받"는 느낌을 받게 하는 세계(장류진, 「백한번째 이력서와 첫 번째 출근길」, 2018), 그리고 일일이 나열하기 어려운, 약자간 연대할 수 없게 하는 소설 속 현장들과 거기에서의 안간힘을 생각해본다.

2010년대 한국소설 속 여러 노동의 자리에서 두드러지는 이 모멸－존엄 사이의 진자운동은, 노동이 서사화되는 자리마다 공통적인 경향이었다고 해도 될 것이다. 하지만 가령 1980년대 노동 서사와 다른 지금 서사의 결정적 차이는, 직접적으로 착취, 수탈하는 자본으로부터 존엄을 희구하는 방식이 아니라, 자본과 부지불식중 공모된 노드로서의 자기에 대한 효능감 충족이 관건이라는 사실이다. 산업노동 중심성을 넘어 스펙트럼이 넓어진 노동의 추상화 경향은 노동의 근본적 조건을 잊기 쉽게 한다. 물론 이것을 노동－자본 관계에 대한 작가 개인의 문제의식 여부 등으로 돌리기 어렵다. 자본주의는 고정된 시스템이 아니다. 앞서 이야기한 바지만, 동원이나 착취를 행하는 게 아니라 인권과 노동권을 배려하는 얼굴도 오늘날 자본측의 얼굴

이다. 오늘날 자본주의의 생산 역시 이전과 같은 수직적 착취나 약탈
로만 설명되지 않는다. 과거 자본주의 생산의 동력은 주로 대규모
산업의 노동착취에 있었지만, 지금은 종종 자본주의 스스로가 공통적
인 것(사회적 노동의 협력)으로부터 가치추출(주로 금융, 기술적 수단을
통한) 한다. 구글, 페이스북은 익명의 유저들이 제공하는 주인 없는
데이터더미 없이는 존속할 수 없다. 오늘날 인간은 그 회로에 의식·
무의식중 공모되어 있다. 어쩌면 시스템은 더욱 압도적인 것이 되었
지만, 거기에서 시스템과 '나'를 분리하기는 더욱 어려워졌다.

간단히 말해 오늘날 분야를 막론하고, 공모(협력)과 상호작용의
네트워크 속에서 더 많은 생산이 이루어진다. 이것은 반드시 인간
사이의 공동생산이 아니라, 인간 자연과 비인간 자연 모두에 의한
것을 포함한다. 공유경제 같은 말이 힘을 얻은 것은 자본주의가 이
타적으로 태세 전환을 해서가 아니다.[18] 소위 자연에 개입하여 그것
을 변화시키며 무언가를 생산해내는 것이 노동 개념의 전통적 이해
였다면, 지금 그 생산/재생산하는 노동은 더욱 우리 존재의 근거가
되고 있는 것이다.[19]

즉, 오늘날 한국소설 속 인물들은 그들이 어느 위치와 상황에서건
최소한의 자존감, 존엄이나마 지키고자 하는 안간힘을 보여주지만,
그것은 과거와 달리 그들의 일의 과정을 더욱 추상화한 세련된 시스

---

18 김미정, 「소유를 질문한다 : 문학과 커먼즈(1)」, 『웹진 문화다』, 문화다북스, 2019.8.16.
(http://www.munhwada.net/home/m_view.php?ps_db=letters_vilage&ps
_boid=42&ps_mode= (최종검색일 2022.3.5.)

19 A. 네그리, M. 하트가 『제국』(2002), 『다중』(2008), 『공통체』(2013), 『어셈블리』(2017)
등에서 내내 주장해온 것이 오늘날 이러한 생산의 이중성(dualism) 혹은 생산 = 존재론
이기도 했다.

템의 산물이다. 캐릭터가 그가 하는 일 혹은 시스템의 성격에 의해 좌우되는 양상도 이와 무관치 않을 것이다. 이런 사정을 잠시 2016~2019년 발표된 다섯 편의 소설(김혜진의 『9번의 일』, 장류진의 「일의 기쁨과 슬픔」, 김세희의 「가만한 나날」, 조해진, 「경계선 사이로」 「하나의 숨」)을 통해 살피고자 한다.

3. 노동-자본의 뫼비우스띠, 그리고 서사의 문제설정 방식들[20]

우선, 김혜진, 장류진, 김세희, 조해진 소설 속 '일'의 장면으로부터 공통적으로 발견되는 주제가 있다. 첫째, 일은 존재를 결정한다. 일종의 주체성 형성 장치로서 일이 사유되고 있다. 둘째, 일은 모멸감과 자부심 혹은 슬픔과 기쁨을 동시에 느끼게 한다. 혹은 현실의 모멸감이나 슬픔에도 불구하고 자부심이나 기쁨은 언제나 갈망되고 있다. 셋째, 일들은 모두 고도로 추상화(추상노동)되어있어서 존재를 소외시킨다. 이 주제 모두 과거 노동문학에서의 주제와 썩 멀지 않은 자리에 놓일 것이다. 그럼에도 이 소설들이 오늘날 노동-자본, 인간-시스템에 대해 보여주는 문제설정 방식이 과거의 그것과 차이나는 바를 분석하지 않고 그 재현법의 공과를 논할 수는 없다.

---

20 이 글에서 다루는 텍스트의 서지사항은 다음과 같다. 김혜진, 『9번의 일』(한겨레출판, 2019) ; 장류진, 「일의 기쁨과 슬픔」(『일의 기쁨과 슬픔』, 2019) ; 김세희, 「가만한 나날」(『가만한 나날』, 민음사, 2019) ; 조해진, 「경계선 사이로」, 「하나의 숨」(『환한 숨』, 문학과지성사, 2021)

1) 시스템의 압도성, 인간의 패배 : 김혜진의 『9번의 일』(2018)

김혜진의 『9번의 일』의 주인공은 26년 근속하던 회사로부터 모욕적으로 퇴직을 강요받고 있다. 그는 동료와 직장에 대한 신뢰를 통해 책임감, 소속감, 동질감 이상을 확인하며 살아왔지만, 회사는 그 신뢰를 쉽게 망가뜨려버린다. 그를 둘러싼 세계는 압도적이고 그는 속수무책 파국으로 치닫는다. 그는 "타인이 결코 짐작할 수 없는 성취와 감동, 만족과 기쁨, 즐거움과 고마움의 순간들"이 각자의 일과 삶에 있을 것이라는 믿음의 소유자이지만, 점점 내몰리게 되면서 스스로가 감정과 생각을 가졌다는 것을 잊어야 살아남을 수 있다는 위악을 체현하고, 결국 26년 사이 변화한 세계의 원리에 패배한다.

소설은 어떤 일을 하면서 "자신이 어떤 사람으로 바뀌어버리는지" 비극적으로 서사화한다. 마을을 파괴하고 약자끼리 다투게 하는 일에 개입하며 생존을 도모하지만 그 결과는 공멸일 뿐이다. 자부심을 가지고 일에 고투해도 생존을 위해서는 스스로의 의지와 무관하게 회사(시스템)의 부품이 되어야 한다. 여기에서 앞서 언급했듯, 노조로 대표되어왔던 신뢰와 연대의 공동체는 이미 사측과 등가적인 위치를 점할 뿐, 사안은 개별화되고 비극으로 치닫는다.

이때 "사는 동안 그는 단 한 번도 어느 한쪽으로 완전히 기울어진 적이 없었다. 객관적이고 현실적이어야 한다는 강박은 내내 그를 그림자처럼 따라다녔다. 어느 쪽도 아닌 중립을 지키려고 했고 어떤 순간에도 균형을 잃지 않으려고 애썼다."라고 묘사되는 주인공의 성격은, 소설 속 기존 노조 표상의 전형성을 깨는 것의 알리바이처럼 읽힌다. 잠시 잊기 쉬운 것이지만 주인공이 자신의 일에 집착하는 것도 사실은 노후 대비 부동산의 욕망에 편승한 뒷감당과 관련된 설정으로 그려져 있다. 따라서 노조가 사측과 등가적으로 그려지는 듯한 소설 속 장면도, 주인공의 캐릭터와 관련되는 정합성을 지닌다.

이런 캐릭터 형상화나 노조에 대한 묘사 등은, 어떤 존재나 사안을 기존 익숙한 표상이나 서사로부터 이탈시키려는 객관화의 강박과도 무관하지 않아 보인다. 오늘날 전형성이란 타자화나 대상화와 동일시되는 경향이 있다. 어딘가에 치우치지 않으려는 포지션이 안전하게 여겨지는 경향도 있다. 그런 점을 고려할 때 이러한 노조 표상은 각별히 유의할 것이 있다. 우선 소설 밖 실재하는 구조적, 제도적 역학은 중립적 거리두기, 감정이입을 차단하는 서술 속에서 왜곡되거나, 소설 밖 또 다른 정동·표상(예컨대 노조 혐오)과 교착하기도 쉽기 때문이다. 또한 엄연히 다른 가치가 등가적으로 놓일 때의 착시는 분명 독자 탓이 아니다.

이와 관련하자면, 오길영은 장류진, 김혜진의 소설들을 다루며[21] "일의 소외, 노동의 소외 양상은 더 심해졌"지만 이 소설들에서 "저항의 양상"이나 "소통과 연대의 정서는 거의 찾기 힘들"고 "고립된 단자론(單子論)의 세계"만을 보여준다고 비판한 바 있다. 특히 김혜진의 소설에 대해서는 "그 사태를 바라보는 주인공의 반응과 태도"는 미덕으로 보면서도 "노동-자본의 관계를 사유하는 것을 포기했거나 그런 관계를 따지는 것이 실효성을 상실하지는 않았는지" 질문하고 "무력감의 징후"를 발견한다. "고통스러운 노동자의 삶을 표현"하는 것을

---

21 오길영, 앞의 글. 이러한 그의 입장은 같은 시기 발표된 김세희의 소설들에 대해서도 비슷하게 견지된 바 있다. ―오길영, 「합당한 수상작인가? : 김세희 소설집 『가만한 나날』과 이소호 시집 『캣콜링』」, 『황해문화』 105, 새얼문화재단, 2019년 봄호, 405~419쪽.

넘어 "고통의 근원에 다가가는 것은 두려워한다"고 그는 말한다.

일·노동의 문제를 그릴 때 그것의 압도적 조건이 되는 자본주의를 사유하는 것은 여전히 중요하고 어쩌면 핵심이다. 실제로 일·노동의 문제에 골몰할 때, 그 조건을 마련시킨 자본주의의 문제나 현실에서 체감되는 부조리를 기피하기란 쉽지 않다. 그런데 오길영의 말처럼 지금 소설들 속에서 노동의 조건에 대한 정치경제학적 사유는 확실히 필수사항은 아닌 듯 보인다. 대신 이러한 소설 안팎의 경향을 둘러싸고 소확행, 욜로, 워라밸, 뉴노멀 같은 트렌드 분석, 마케팅의 언어를 통한 분석은 드물지 않았다. 하지만 그 자체가 현상과 네이밍을 전도시키는 일이 되기 쉽고, 사람들의 행위와 욕망을 방향짓는 가스라이팅의 언어로 작동하기도 쉽다는 점은 오길영의 비판과 함께 다시 상기될 필요가 있다.

2) 공모의 조밀한 회로와 생존 테크놀로지로서의 기묘한 활기 : 장류진, 「일의 기쁨과 슬픔」(2018)

그렇다면 과거 재현법을 준거로 이런 소설들을 '세태소설' '사회소설'이라고만 단언하기에는 더 읽어야 할 것이 있어 보인다. 우선 그것을 작가 개인의 성취와 실패로 돌릴 수 있을지 생각해본다. 미리 적어두건대, 이때, 개인의 책임을 면제시키고 시스템을 악마화하는 식도, 구조로부터 자유로운 개인의 행위성만을 강조하는 식도 유의해야 한다. 이는 배타적 택일의 문제로 접근할 수 없는 시대의 조건을 살펴야 한다는 이야기이고, 미리 더 말하자면 오늘날 개인과 시스템이 자연스레 공모되는 회로의 양의성(비관/잠재성)과 그 전유 가능성까지 잘 살펴야 한다는 말이다.

그런 의미에서 장류진 소설도 생각해본다. 장류진의 「일의 기쁨과 슬픔」 속 일의 세계는 강지희의 말처럼 "윤리적인 지점을 초과하는 미묘한 활기"[22]가 있다. 이것은 김혜진 소설에서와 같은 잔혹한 리얼리티가 보이지 않는다는 이유만은 아닐 것이다. 오히려 일종의 핍진한 리얼리티가 이 소설에는 있다. 구체적으로 말하자면 일의 비애와 모멸을 현실적으로 능수능란하게 조정하는 사람들의 세계가 있다. 가령 주인공은 음악이 흐르는 이어폰을 꽂고 사무실의 스트레스를 차단한다. 또한 연차를 끌어쓴 휴가를 이용해 해외 공연을 예매하며 일의 현장과 스스로를 분리한다. 또 다른 주인공(거북이알)은 사무실을 나서는 순간부터 회사 일은 "머릿속에서 딱 코드 뽑아두고" 취미에만 몰두한다. 그녀들에게 직장에서의 모멸은 잘 관리하며 쉽게 승화시켜야 할 것일 따름이다. 정념은 쉽게 휘발시켜야 일상을 영위할 수 있다는 듯 말이다.

심지어 회장의 SNS보다 먼저 공지를 올렸다는 이유로 승진이 취소되고 다른 팀으로 발령받은 이는 "뭐, 좌천되거나 그런 건 아니었어요. 여기도 그렇게 할 일 없는 부서는 아니거든요. 오히려 카드사의 메인 업무고, 그때까지만 해도 이 기회에 새 업무 해본다 생각하자, 싶었어요."라며 재빨리 모드전환을 한다. 또한 월급을 포인트로 받게 되는 상황에서 "굴욕감에 침잠된 채로" 밤을 지새우며 "이미 나라는 사람은 없어져버린 게 아닐까" 하면서도 금세 "이상하다는 생각을 안 해야 해요. 그 생각을 하기 시작하면 머리가 이상해져요."라고 상황

---

22 강경석·서영인·강지희·이철주 좌담, 「새로운 작가들의 젠더 노동 세대감각」, 『창작과비평』 183, 창비, 2019, 264~292쪽.

을 빠르게 추수, 재가공한다. 나아가 포인트를 돈으로 환산하여 결제할 수 있는 시스템을 통해 불행한 상황을 역전시키고, 그 과정에서 그 시스템을 매개로 만난 사람(주인공)과 일상의 소소한 휴식과 동질감을 나누기도 한다.

　강조컨대 이 소설이 흥미로운 것은 김혜진의 『9번의 일』처럼 냉혹한 경쟁 질서에 의해 파괴되는 노동의 서사와 전혀 다른 분위기 때문만은 아니다. 또한 그 시스템의 원리를 쉽게 수락하고 오히려 능수능란하게 이용하는 인물들과 서술자(작가)의 거리가 보이지 않아서만도 아니다. 인물－서술자(작가) 사이의 거리가 잘 안보이기 때문에 오히려 이 소설이 의도치 않았을 것들이 독자에게 보인다. 인물들의 처세/응전 과정을 잘 들여다보면, 주인공들의 능수능란한 테크놀로지처럼 보이는 것은 그들의 능동적 선택이나 의지에 의한 것이라기보다 실은, 시스템이 마련해둔 테크놀로지와 회로 속 결과이기도 하다.

　월급 대신 적립된 포인트는 분명 더없이 굴욕적이고 불합리한 노동권 침해의 징표다. 하지만 그 포인트를 화폐화할 수 있는 시스템과 방법은 이미 동시에 갖추어져 있다. 그리고 그 방법에 능통한 이에게 굴욕은 타협하며 휘발시킬 수 있는 것이 된다. 이것은 소설 밖 자연화한 일상의 일이기에 잘 보이지 않을 수도 있다. "미묘한 활기"는 패널티와 보상을 자유자재로 구사하는 시스템과 공모되어 있는 자신의 조건을 간파한 자의 가면이다.(그런데 종종 위악도 악이고 가면도 얼굴이다.) 이때 주인공의 일은 고전적 착취, 수탈, 소외만으로 설명하기 어려운 성격의 노동이다. 그리고 이것이 오늘날 소설 밖 무수한 일·노동임은 말할 것도 없다.

　하지만 여기에서 인물－서술자(작가) 사이 거리 혹은 미끄러짐이

잘 보이지 않는 점이 이 소설을 단순한 세태 반영소설처럼 보이게
한다. 자각적이거나 의도된 설정이 아니지만 설정 자체가 이 세계의
회로를 가늠케 한다는 점에 이 소설 혹은 이 시대의 아이러니가 있다.
즉 앞서 언급한 오길영의 최근 한국소설에 대한 문제제기는, 단순히
세대나 젠더의 위치성의 차원에서만 읽을 수 없는 부분이 있다. 노동
의 문제가 늘 자본의 구조와 연동되어온 엄연한 사실에도 불구하고,
그것을 소위 시대착오적 거대담론으로 기피해 온 사유의 관습이 장
류진 소설에서처럼 어떤 미끄러짐으로 드러나는지도 모른다. 이에
대해서는 주제와 지면을 달리해야 할 것이다.

3) 통제·제어사회에서 자연화하는 무기력 :
김세희, 「가만한 나날」(2018)

한편, 김세희의 「가만한 나날」의 일과 인물 역시 앞의 두 편의 소
설 속 그것과 성격을 공유한다. 여기에서도 인물의 캐릭터와 처세가
먼저 두드러지고 그것과 주인공─서술자(작가)의 거리가 역시 다소
모호하다. 주인공에게 일이란 우선 성취감, 능력과 관련된다. "20대
중반까지는 돈을 지불하고 뭔가를 학습하고 받아들이기만 했다. 그
런데 이젠 돈을 내는 것이 아니라 받았고, 내 머리와 손끝을 써서
뭔가를 생산해냈다. 그 느낌이 너무 좋았다. 쓸모 있는 존재라는 느
낌"이 들었다는 구절처럼, 주인공에게 일이란 "성취감" "프로" "능력"
등과 관련된다. 한편, 주인공과 달리 일을 잘 못한다고 평가받고 주눅
들고 눈치만 살피다가 퇴사하는 인물(예린)도 있다.

주인공은, 그녀에 대해 일을 못해서 쫓겨나는 것은 당연하다고 우
월감을 느끼기도 한다. 자연화한 능력주의와 모멸의 구조는 젠더, 세

대적 동질감도 냉정하게 균열내며 작은 사무실 안에서도 조밀하게 작동한다. 그런데 여기에서도 인물과 서술자(작가) 사이의 일체감이 소설의 의중을 모호하게 하는 측면이 있다. 물론 이 일체감은, 일이라는 것이 어떻게 존재의 의지와 무관한 결과를 가져오는지, 혹은 버전 업하는 자본주의 하에서의 노동이 어떻게 사람을 주조해가는지 메커니즘을 보여준다는 점에서는 설득력이 있다.

주인공은 "나는 스스로 기계라고, 다이얼을 한 칸 돌리면 다른 채널로 바뀌는 머신이라고 중얼"거리면서도 자부심과 열정을 가지고 열심히 블로그 바이럴 마케팅 일을 한다. 그리고 생각지도 못한 방식으로 타인의 비극에 자신의 일이 연결되었음을 알게 된 후 고민이 시작되고 복잡한 감정에 휩싸이는 과정이 소설의 주요 서사이다. 요약하자면, '그저 마케팅 조직의 분담된 역할에 충실했던 나의 일이 누군가의 불행에 연루됨을 알게 되었을 때 '나'는 무엇을 할 수 있을까'의 질문이 이 소설을 가로지른다. 그리고 소설의 마지막은 이렇게 끝난다. "그곳을 나온 이후 나는 『채털리 부인의 연인』을 읽을 수 없게 되었다. 책장에 꽂혀 있으나 어쩐지 펼쳐 볼 마음이 일지 않는 책. 나는 어디에서도 『채털리 부인의 연인』을 좋아한다고 말하지 않는다. 나는 그런 사람이 되었다."

"나는 그런 사람이 되었다."라는 말은 이 소설 전개상 정합적이다. 또한 무기력한 죄책감처럼 보이는 것이 맞다.[23] 하지만 여기에서 비로소 소설 속 캐릭터의 입체성과 서술자(작가)의 거리(자기성찰)가 확보되는 것도 아이러니하다. 그렇기에 이 소설에서 더 읽어야 할 것이

---

23 오길영, 앞의 글.

있다면, 주인공이 열심히 자부심을 가지고 한 일이 그녀를 어떤 존재로 만들고 주조하는 과정일 것이다. 애초에 주인공은 일하고 있다는 자부심과 성실함에 도취되어 그것이 어떤 맥락에서 어떤 의미를 가지는지 생각하지 않았다. 그리고 사건이 발생한 후에야 자신의 일이 어떤 의미였는지 가늠하게 된다. 복잡한 심경을 동료(팀장)와 공유해 보려 하지만 그 시도는 이내 차단된다.

이런 폐색적 서사는 평범한 주인공의 직장과 그녀의 업무가 설명해준다. 주인공이 지금 하고 있는 일, 업무는 합법적이고 정당하다. 하지만 소설 속 바이럴 마케팅 업무가 상징하는 것은 명백하다. 이 시스템은 사람의 욕망을 자유롭게 공모시키면서 그 시스템 안에서 서로의 연결을 추상화한다. 그 시스템은 명령, 강제, 금지로 작동하지 않는다. 상호 동의와 자발성과 행위에 기대어 작동하지만 선택지는 일정하게 회로화되어 있다. 문제는 이것이 소설에서처럼 결정적인 상황일 때, 책임 소지가 누구에게 있는지, 개인의 책임을 어디까지 물을 수 있는지, 무엇을 해야 하는지 가리기 어렵게 만든다는 것이다.

이때 나의 자유로운 노동이 자유롭지 않았음도 알게 된다. 하지만 단순히 시스템의 탓만을 할 수 없는 상황이 된다. 누구든 자칫하면 사무실의 아이히만이 될 수 있다. 즉, 일의 과정과 목적과 결과를 점점 추상화시키고, 존재를 소외시키는 세계를 이 소설에서 읽게 된다. 이 소설은 점점 더 부드러운 전제(專制)에 공모되게 하는 (1980년대 후반 들뢰즈, 가타리가 통제·제어(control)사회라고 말했던)[24] 오늘날 세계

---

24 통제·제어(control)사회는 근대적 훈육·규율(discipline)의 원리와 반드시 배치되는 것만은 아니다. 그 둘은 대체의 원리가 아니라 오늘날 동시적으로 작동한다. 기술적

에 대한 알레고리처럼 읽힌다. 앞서 장류진의 「일의 기쁨과 슬픔」속 세계와 같은 시스템과 회로를 갖는, 그러나 다른 처세, 응전의 세계라고 읽을 수 있다.

이 소설은 마지막 대목에서 비로소 서술자와 인물 사이 성찰적 거리가 확보된다는 점에서 다루고 있는 제재에 대해 자각적이라고 할 수 있다. 또한 신자유주의적 능력주의를 내면화한 여성의 서사가 좌절되는 장면들은 오늘날 성공하는 여성 서사에 대한 대중의 갈망을 반성적으로 점검케 하는 측면도 있다. 하지만 이 세계의 가동 원리를 앞지르거나 혹은 넘어서는 상상력까지 적극적으로 작동시키지 못할 때 그것은 자주 폐쇄회로 안의 무기력한 반성 서사로 그칠 수 있다. 어쩌면 지금 한국문학에서의 재현이 단순한 반영 혹은 모방처럼 환원되는 경향도 이러한 서사화의 문제와 관련되는 것인지도 모른다.

4) 이중구속 시스템, 그러나 다른 조건에 대한 상상 :
조해진, 「경계선 사이로」(2019) / 「하나의 숨」(2019)

조해진의 「경계선 사이로」는 다른 조금 다른 의미에서 문제작이다. 이 소설은 오늘날 일·노동 안의 분할, 그리고 사람들 사이 낙인/갈등의 기원을 예리하게 보여준다. 표면적으로 이 소설은 신문사 기

조건과 자본주의의 통치술이 정교해지는 가운데 최근 비로소 일상의 감각 속에서도 체감되어가고 섬세하게 의제화되고 있다. 그 원론적 논의에 대해서는 질 들뢰즈의 1980년대~1990년대 저작들 ; 브라이언 마수미, 『정동정치』(조성훈 옮김, 갈무리, 2018) ; 마우리치오 랏짜라토, 『사건의 정치』(이성혁 옮김, 갈무리, 2018) ; 조정환, 『인지자본주의』(갈무리, 2013) 등 참조.

자 파업 기간 동안 대체인력으로 들어간 주인공과 파업 중인 선배들 사이의 갈등에 대한 이야기다. 선배들은 후배들과 거리를 두고, 주인공은 모멸감과 도덕적 열등감 등 복잡한 감정에 휩싸인다. 수습기자가 되면서부터 생긴 낙인에 주인공은 괴로워한다.

이 소설에는 두 개의 일·노동이 등장한다. 첫 번째는 청소용역 중년여성 노동자의 일·노동이다. 주인공에게 영향을 준 선배 윤희가 기자가 된 것은, 그녀 어머니의 치욕스러운 죽음과 관련된다. 누군가 자신의 일터에서 사망하더라도, 그것이 쉽게 산재 승인을 받지 못한다는 것은 결코 소설적 과장이 아니다. 일터에서의 죽음을 개인 탓으로 전가하는 시스템은 이 세상의 노동과 삶을 치욕스럽게 만드는 유력한 용의자다.

소설 속 또 하나의 일·노동은 앞서 말했듯, 신문사 내의 분열적 상황이다. 예컨대, 해직 기자 복귀 후 대응을 위해 수습 출신 기자들이 모여있는 장면을 보자. 후배들은 선배들이 복귀하면 자신들이 오히려 시위를 해야 할 수도 있는 상황을 맞는다. 하지만 애초에 그들은, 노조와 무관할 것이며 시위 동참도 하지 않겠다는 계약서를 쓰고 입사했다. 이들은 모이는 일조차 자유롭지 않다. 이들을 기회주의자, 무임승차라고 비난하기는 쉽지만, 정작 이들은 시작부터 자신을 보호할 기제를 제대로 가지지 못했다. 선택지가 한정된 그들에게 비난의 말은 공허하다. 정작 겨누어야 할 것은 늘 다른 곳에 있었다. 시스템이 만들어 놓은 링 안에서 사람들은 다투고, 시스템은 링 바깥에서 뒷짐을 지고 있는 형국이다.

반복컨대, 오늘날 많은 소설의 캐릭터가, 그가 하는 일 혹은 그가 처해 있는 시스템의 성격에 좌우되는 경향을 보여준다. 그런데 조해진 소설은 조금 다른 것이 있다. 인물들의 곤혹스러운 부대낌을 그대로 보여주되, 실패할지라도 어떤 사유와 행위의 주인이 되려고 하는 초과가 거기에는 반드시 있다. 이 소설에서도 자발적으로 퇴사한 선배 윤희나 그녀의 퇴사 이유에 골몰하는 주인공은, 결코 시스템으로 환원될 수 없다.

한편 「하나의 숨」은 청소년 취업과 산업재해를 제재로 한다. 이 소설은 고등학교를 졸업한다고 하여 모두가 대학생이 되지 않는다는 명백한 사실을 새삼 환기시킨다. 힘들고 어렵다는 일의 현장에 누가 있고, 산재나 그것을 둘러싼 무책임한 공방이 왜 망각되는지 보여주며, 계약직, 임시직 같은 일의 성격이 우리 삶에 관여하는 장면들을 섬세하게 보여준다. 나아가 「하나의 숨」은, 짧은 계약직 노동 관계 속에서도 생겨버리는 정서·정동적 관계를 과연 계약서가 종료시킬 수 있을지 질문한다. 소설 속 사람들은 관계를 멈칫하고 중지하지만, 그것은 그들이 침착하거나 냉정해서가 아니다. 그들은 계약과 관련된 서로의 사정을 조금씩 짐작한다. 서로 부담을 주지 않으려는 조심스러움이 서로를 멀어지게 하고 어느새 관계도 종료된다. 먼 곳에서 그저 마음으로 헤아리고 궁금해한다. 이것은, 계약서에 명기된 노동의 기한이 곧 관계의 유통 기한이 되는 시대의 배려법인 셈이다.

오늘날 변했지만 변하지 않았고, 세련된 외피 너머에서 더 안 좋게 변한 일의 현장은 많다. 시스템과 그 안의 사람들이 뫼비우스의 띠처럼 공모되기 쉬워진 오늘날의 일·노동의 조건을 생각할 때, 그 심연까지 들여다보지 않으면 그저 사람끼리의 아등바등만 도드라지기 쉽다. 수락, 회의, 냉소는 간편하다. 하지만 「하나의 숨」은 노동 자체를 위해 인간이 소용·소외되는 비참만 보여주고 끝나지 않는다. 계약서와 무관하게 이 존재들끼리 연결되는 또 다른 명백한 조건들이 소설에서는 기어이 발견된다. 예컨대 우리가 함께 내쉬고 있을 숨은 결코 사유화, 영토화될 수 없다. 공기를 구획하여 가둘 수 없듯, 우리가 서로 내쉬는 숨도, 사람 사이의 정서·정동적 관계도 자르거나 가둘 수 없다.

즉, 오늘날 삶과 일·노동의 문제를 이야기할 때 무구한 활기, 시스템에 압도되는 캐릭터 등과는 다른 방식으로 그 폐색성을 돌파한다는 점이 「하나의 숨」의 특징이다. 지금 이 점을 주목하는 것은, 최근의 일·노동 관련 다른 소설들과 달리 이 소설의 주제가 곧 관계적 존재론 혹은 관계적 노동론의 사유 가능성을 제시하는 것이기 때문이다. 지금까지 강조한 바지만, 오늘날 노동이나 생산이 자본과 맺는 관계는 일방적이지 않고 점점 더 부드러운 전제(專制) 상황에 공모 속에서 이루어진다고 할 때, 거기에서 역으로 공통적인 것(commons)의 가능성을 적극적으로 재전유하고자 한 이들의 논의도[25] 이 방법과 크게 다르지 않기 때문이다. 요컨대, 주어진 이 세계의 조건과 회로 너머에 대해 가까스로나마 상상할 수 있도록 이끄는 측면이 이 소설에는 있다.

---

25 A. 네그리, M. 하트가 오늘날 '바깥' 없는 시대의 상황을 분석하며 재전유해온 '삶노동' '삶정치적 생산' 개념을 통해 관계적 존재론, 관계적 노동론에 대한 사유를 시작해볼 수도 있겠다.

4. 다시, 인간의 조건 : 향후 재현 속 일·노동의 문제설정
     방식 전환에 대한 단상을 겸해

김세희 「가만한 나날」의 마지막 문장 "나는 그런 사람이 되었다."
의 형식은, 비관과 가능성 모두를 포함하여 한국의 일·노동 소설의
현재 단계를 암시했다. 나의 자유가 누구의·무엇의 자유일지, 내가
자연화한 것은 무엇의 효과일지, 괴로운 일은 왜 해야 하는지, 일하지
않는 것을 선택할 수는 없을지, 내가 하는 일로부터 되도록 소외되지
않고 소위 인간다움을 어떻게 확인할 수 있을지, 그런데 그 인간다움
이란 것은 대체 무엇인지 등등, 이전 문학 속 일과 노동의 현장이
늘 질문해왔지만 이 소설들 주인공과 그의 근심, 죄책감은 지금 일·
노동 서사의 평균적 감수성을 의미할 것 같다.

하지만 같은 상황에서 그런 행동을 하는 사람도 있는 반면, 그러지
않는 것을 택하는 사람도 있다. 어떤 가치-행동의 회로가 이미 마련
된 상황에서 선택과 행위는 구속력을 떨치기 어렵다. 하지만 먼저
간파해버리고 또 떨치는 사람도 있다. 또한 회로는 주어져있을지언
정, 교섭이나 처세/응전은 늘 복잡하고 다양하며, 아예 다른 상상으
로부터 출발할 수도 있다. 앞서 살핀 소설의 폐색성이나 캐릭터 특징
은, 궁극적으로 근대적 인간관, 노동관의 전제를 질문하고 문제설정
방식을 달리하면서 다른 모색을 해볼 수도 있겠다는 말이다.

즉, 지금까지 살폈듯 오늘날 세계의 조건은 각자를 시스템과 더욱
부드럽게 공모, 연루시킨다. 소위 견고한, 주체적, 능동적이라고 상정
된 근대적 '개인(individual)'의 양태로 존재하기 어렵게 만든다. 정치경
제적·사회적·생태적 격변과 부침 속에서 우리는 점점 더 (비유, 상징

이 아니라) 실제로 불안정하고 취약한 존재가 되고 있다. 한편 2010년
대 중반 이후 내내 페미니즘의 문제의식을 경유하면서 누가 보편이
고 정상 인간인지에 대한 질문이 이어졌다. 모두가 다빈치의 인체도
속 모델 같은 존재일 수 없다는 것을 다시금 알아차렸다. 본래 인간이
라는 존재가 늘 자유롭고 능동적이며 어떤 사유와 행동의 선험적 주
체로서 놓여있지 않다는 것이 환기되고 있다. 그렇다면 전적인 개인
의 자유와 능동성이라는 것이 더욱 제약받는, 앞서 소설에서 살핀 객
관현실은 우선은 비관적이다. 하지만 자유, 능동성이 근대적 이념형
이었다는 사실을 동시에 떠올리면, 아예 다른 관계성과 존재론을 상
상해야 할 필연성과 만나게 된다. 그리고 이런 의미에서 마지막으로
다룬 조해진의 일·노동 소설들의 의미를 조금 확장하여 생각해본다.

지금까지 이 글은, 식민지 시기 노동소설로부터 1980년대 노동소
설에 이르기까지의 압도적인 노동담론과 대비되는 최근 여성 작가들
의 일·노동 서사를 주목했다. 즉, 한국문학 속의 일·노동이란 그 자
체가 남성젠더화 되어있었기 때문에 여성작가의 일·노동 서사 혹은
여성인물의 일·노동 서사를 주목하는 것 자체가 일종의 출발일 수
있었다. 시민으로서의 노동자라는 측면에서 이것은 피할 수 없는 점
검의 과정이기도 했다. 문제는 단순한 반영의 차원을 넘어서 그것을
어떻게 다시 조망하고 서사화할지이다. 이른바 노동에 대한 문제설
정 방법이 더욱 중요해진다.

여성의 일·노동의 문제란, 오랜 시기 여성에게 할당되어온 가령
'돌봄' '재생산노동'의 문제를 재구성해온 것을 경유하지 않을 수 없
다. 돌봄은 여전히 결코 욕망되거나 지향되는 일의 종류가 아니다.
또한 돌봄은 가까스로 노동의 지위를 획득하기는 했으나, 임금노동

중심의 노동에 온전히 환원될 수 없는 복잡성을 지니는 활동이기도
하다. 이런 문제의식과 직접 관련하자면 당장 한국소설 담론 속 '돌
봄' 논의의 중요성도 언급해야 할 것이다. 가사, 돌봄, 감정 노동 등
을 포괄하여 돌봄의 문제는 앞서 언급한 한국노동문학 뿐 아니라 전
통적 노동의 범주에서 제외되어온 대표적 노동이다. 1960, 70년대
서구 페미니스트들이 전개한 가사노동 임금투쟁은 우선은 재생산노
동이 자본주의 관계 바깥에 있는 것이 아니라, 재생산노동 그 자체
가 자본주의-가부장주의를 유지하는 필수불가결한 동력이었음을
밝히는 것에 있었다. 가사노동 임금투쟁은 그것의 상징적 투쟁전략
이었다.

그러나 더 중요한 것은, 그녀들의 투쟁이 결국 임금체계로 온전히
환원될 수 없는 돌봄, 재생산의 특수성을 환기시켰고, 나아가 자본주
의의 가치체계를 근본적으로 질문했다는 사실이다.[26] 가사노동을 궁
극적으로 임금체계로부터 이탈시키기 위한, 즉 자본주의 관계를 거절
하고자 하는 그들의 투쟁은 시민권 요구였지만, 궁극적으로는 시스템
을 이탈하고 다른 가치의 세계를 재구축하고자 했다는 데에서 지금
적극적 의미를 발견, 재활성화시켜야 할 것이다.

또한 사적 영역에 할당되면서 공적인 영역에서는 늘 평가절하되어
온 돌봄의 영역은 애초 의존성, 상호의존 개념이 결여된 서구 자유주
의 정치상의 시민성 개념-즉, 심신 건강, 개체, 자립, 능동, 존엄, 남

---

26 실비아 페데리치, 황성원 옮김, 『혁명의 영점』, 갈무리, 2013. ; 마리아 미즈, 최재인
옮김, 『가부장제와 자본주의』, 갈무리, 2014. ; 마리아로사 달라 코스따, 이영주, 김현
지 옮김, 『페미니즘의 투쟁』, 갈무리, 2020.

성, 이성애 중심 가족 등-이 지지해온 것[27]과 관련이 깊다. 즉, 오늘날 돌봄의 문제는 심신 건강, 개체, 자립, 능동, 남성, 이성애 중심 가족 등에 근거해온 근대의 인간관, 노동관을 질문할 때 중요한 아이디어를 제공한다. 이것이 '돌봄'을 '노동'으로 편입시키는 것만이 궁극적 목적이 되어서는 안 될 이유이기도 하다.

즉, '생산'의 형태로 기여를 하지 않는/할 수 없는, 또는 그 차이를 존중받아야 할 무수한 존재들이 그저 이곳에 있다는 것, 살아있다는 사실만으로도 존중받을 수 있음을 기억하는 것은 중요하다. 어떤 존재를 생산성과 쓸모와 기여도와 가치 등으로 평가하지 않고, 존재 그 자체의 역능을 존중한다는 것은 지금 일·노동을 근원적으로 생각할 때 핵심이어야 할 것이다. 일·노동은 골방에서 혼자 하는 무엇이라고 해도 늘 누군가·무언가와 연결되는 것이고, 필연적으로 관계에 대한 상상을 수반한다. 문학과 일·노동, 문학 속의 일·노동이라는 주제가 페미니즘의 문제의식을 경유한다면, 궁극적으로 그런 것을 상상할 수 있게 하는 말들을 고안하고 발명하는 것이 되어야 할 것이다.

오늘날 우리의 정체성은 노동자 = 소비자 = 자본가(자기사업자)의 동시성으로 설명해야 할 때가 많아지고 있다. 기술의 발달과 노동의 종말이 자주 상상되지만, 기술로 해결할 수 없고 외주화할 수 없는 노동의 자리도 무수히 많다. 노동할 수 있음은 시민의 징표처럼 여겨진다. 여전히 저항과 투쟁으로 가까스로 얻어내야 할 권리의 문제도 많다. 일할 수 없고 생산할 수 없고 기여할 수 없다는 이유에서 노동

---

27 캐슬린 린치 외, 강순원 옮김, 『정동적 평등 : 누가 돌봄을 수행하는가』, 한울아카데미, 2016, 4장.

할 수 없는 이들을 떠올리면 노동은 분명 시민권의 문제다. 하지만
더 근본적으로 노동은 인간을 해방시켜 주는 것이 아니라 노동으로
부터 인간이 해방되어야 할, 즉 시민권 너머의 문제로까지 상상될 수
있어야 한다.

그런 의미에서, 이 글에서 다룬 서사와 그 재현법 너머의 문제의식
을 덧붙이며 마무리하고 싶다. 요컨대, 일·노동이 모멸 vs.존엄, 혹은
동물 vs.인간, 혹은 그저 태어난 목숨(zoe) vs.살 가치가 있는 삶(bios)
도식 속에서 내내 유동해온 사정과, 그것에 대한 문제제기다. 예컨대,
로크의 노동가치설 이래로, 그리고 한나 아렌트의 '정치적, 활동적 삶
(vita activa)'에 대한 예찬에서처럼[28] 근대 이래의 일·노동 문제를 말해
온 오랜 레퍼런스들이 전제해온 것은 방금 적은 소위 '동물 vs.인간'
'조에 vs.비오스' '고된 노동 vs.활동(정치적 삶)' '모멸 vs.존엄' 도식이
다. 이 도식 속에서 늘 동물, 조에, 고된 노동, 모멸이 지양되며 인간,
비오스, 정치적 삶, 존엄이 지향되어 왔다. 즉, 노동할 수 있는지 없는
지를 중심으로 시민성은 구축되어왔고, 그것은 여전히 인간, 비오스,
활동(정치적 삶), 존엄을 통해 설명되는 것이다. 하지만 그 가치들을
위해 동원되는 동시에 배제되는 구성적 외부(장애, 미성년, 나이듦, 질
병, 동물 등)의 문제는 여전히 '노동'의 사각지대로 남는다.

그렇다면 과감하게 이 우열관계 도식에 근거하는 '노동'을 근본적
으로 질문하는 일도 필요하지 않을까. 이 도식에 대한 정치철학적
질문과 해체는 가령 동물권의 문제의식 속에서 풍부하게 전개되어
오기도 했다.[29] 노동 중심성, 노동 = 시민권의 사유로부터 과감히 이

---

28 한나 아렌트, 이진우, 태정호 옮김, 『인간의 조건』, 한길사, 1996, 2~3장.

탈할 지성적 용기도 필요한 시대라고 여겨진다. 끊임없이 갱신되어
온 노동 담론의 흐름을 문학 바깥의 것으로 배제하지 않을 관심도
이와 관련될 것이다.

최근 비주류경제학자, 기본소득 연구자 가이 스탠딩(Guy Standing)
은 노동으로 환원되어온 일의 문제에 대해 문제제기를 했다. 그는
최근, 그동안 좌파가 노동(labor)과 일(work)을 동일시해온 것과 그 효
과에 대해 비판하는 논의를 남겼다.[30] 스탠딩의 말에 따르자면 'work'
는 활동과 노동의 의미 모두를 갖고 있었으나, 20세기 내내 사민주의
자들이 "일(work)의 의미를 노동(labor)혹은 소득을 버는 활동에 국한
시켰"고 그로 인해 일의 노동에의 종속, 노동의 규범화(시간, 젠더, 위
치부여, 보호여부 등등)가 진행되었다고 한다. 가령 소련 헌법에서 '노동
하지 않는 자는 먹지 말아야 한다'라는 레닌의 문구로 인해 노동은
오늘날 병리적 필연성이 되었다고 한다.

이에 대해 소개·논평하는 커먼즈 연구활동가 정남영에 의하면 이

---

29 이에 대해 일일이 분별하는 것은 다른 지면의 일이지만, 다음과 같은 글을 참고할
수 있다. 조르주 아감벤, 박진우 옮김, 『호모 사케르』, 새물결, 2008. ; 최성희, 「동물의
시선 : 포우의 '검은 고양이'와 데리다의 고양이」, 『새한영어영문학』 55(4), 새한영어영
문학회, 2013. ; 특집 '동물과 문화연구', 『문화과학』 76, 문화과학사, 2013년 겨울. ;
황정아, 「동물적인 것과 인간적인 것 : 문학의 질문과 『엘리자베스 코스텔로』」, 『창작
과비평』 44(1) (통권 171), 창비, 2016년 봄. ; 황정아, 「동물과 인간의 '(부)적절한'
경계 : 아감벤과 데리다의 동물담론을 중심으로」, 『안과밖』 43(43), 창비, 2017. ; 심아
정, 「사건화되지 못한 죽음들에 대한 정치철학적 단상 : 생명정치의 극단에서 드러나는
죽음정치적 노동에 연루된 '우리'」, 『문학선』 16(3), 문학선 편집부, 2018년 가을.

30 Guy Standing, "Left Should Stop Equating Labour With Work.", *Social Europe* (2018.
3.13.) https://www.socialeurope.eu/why-work-not-labour-is-ecological-imperative.
원문 소개 및 이에 대한 논평 등은 커먼즈 연구활동가 정남영의 홈페이지에서 도움을
받았다. http://commonstrans.net/ 참조. (최종검색일 2022.3.5.)

말은 오늘날 오히려 '무노동 무임금'이라는 슬로건으로 바뀌면서 주로 노조탄압의 말로 사용되고 있다고 한다. 스탠딩이 이 2018년의 글에서 주장하는 것은 노동을 격상시켜온 역사의 흐름으로부터 이탈하여 '비노동주의적 접근법'을 택하자는 것이다. 이것은 "노동이 아닌 일의 가치(보통 사용가치라고 불리는 것)가 적어도 노동의 가치와 동등한 무게를 부여받게 되어야 한다"는 것이다. 노동의 문제를 임금노동 체제나 시장으로부터 탈구시키는 방식을 상상케 하고, 나아가 단지 이 세상에 태어나 존재한다는 이유에서 최소한의 생존은 보장받아야 한다는 논리(가령 기본소득)로 연결된다는 점에서 이 논의는 중요하다. 이것은 노동과 존재론에 대한 제안이지만, 동시에 상상력과 일종의 용기에 대한 문제이기도 하기 때문이다.

즉, 한국의 문학이 광고 서사 및 재현과 달리 아직 실현되지 않은 문제의식에 대한 상상과 과감히 접속, 공명할 때 서사도 현실도 조금은 도약할 수 있지 않을까 한다. 이 글이 언급한 상황과 텍스트는 주로 2016~2019년의 것들이다. 2020년 이래로 펜데믹을 통과하며 일·노동의 문제는 연이은 또 다른 국면으로 이행해왔다. 근대의 노동중심성에 대해서는 일찌감치 문학 바깥에서 갑론을박이 이어져 왔지만, 여전히 변하지 않은 일·노동의 현장들이 체감되고 있다. 그렇기에 여전히 투쟁의 형식으로만 쟁취되어야 할 무수한 노동과 인권의 양상이 있는 동시에, 다시 노동중심성만으로 해결하기 어려워지는 난감한 상황들이 동시에 공존한다. 시민으로서의 인간의 가치를 노동할 수 있는지 없는지의 여부에 따라 가늠해온 오랜 관성도 비로소 질문되고 있다. 비물질노동의 인지, 정동을 포획하는 (플랫폼)자본주의 장치들은 조밀해지고 있고, 거기에서 우리는 내내 숨바꼭질을 한다. 이런 복잡함이 어떻게 서사로 재현될 것인지, 그리고 그것이 어떻게 경험하지 않은 것에 대한 상상으로 연결될 수 있을지, 더 나아가 그 결과물로서의 재현이 역으로 이 세계를 향해 어떤 힘으로 작용할지에 대해서도 생각해보게 된다.

이 글의 목적은 두 가지였다. 첫째, 2010년대 후반 노동-자본의 조건이 서사의 재현법과 어떻게 관계 맺고 있는지 검토했다. 이를 위해 이 글은, 오늘날 노동-자본 관계가 텍스트 안에서 어떻게 의식·무의식적으로 교섭하고 있는지 살폈다. 이것은 반드시 오늘날 노동의 조건과 시대의 성격에 대한 검토를 요구했던 바, 이 글이 특히 주목한 것은 오늘날 시스템에 인간이 부드럽게 공모되어 가면서 노동-자본의 관계가 단순한 적대로 환원될 수 없는 복잡성을 보이고 있다는 점이다. 능동적, 주체적 인간관 역시 흔들리고 있다. 이것은 창작방법의 차원에서 일·노동 소설 주인공의 캐릭터가 만들어지는 측면과도 관련된다. 소설의 캐릭터는 대체로 그가 속한 시스템 및 그가 하는 일에 의해 결정되었다.

두 번째로 이 글은, 노동을 문제설정하는 방식이 달라져야 한다는 점을 제안했다. 이 글에서 다루는 일·노동 소설들은, 일을 둘러싼 '모멸'과 '존엄' 사이에서 갈등하고 고민한다. 그리고 결국에는 '존엄' 쪽으로 도약하기를 갈망한다. 이런 점에서는 과거의 일·노동 서사와 크게 다를 바는 없다. 하지만 이러한 노동의 관점은 근대적 '인간 = 비오스(bios) = 존엄 = 능동 = 주체 = 개체 = 자립 = 심신건강' 등의 가치에 기대고 있다. 이것은 자연스레 '동물 = 조에(zoe) = 모멸 = 수동 = 객체 = 의존 = 장애 = 질병 = 나이듦'을 구성적 외부로 갖는다. 그리고 노동의 규범성은 이런 구성적 외부를 지양하면서 추구되어왔다. 그렇기에 노동할 수 있는 권리는 곧 시민권과 동일시되기도 했다.

하지만 이때 임금노동으로 환원될 수 없는 수많은 활동과 정동을 놓치기 쉽다. 또한 권리의 분배 문제를 틀 지우는 자본주의 시스템 바깥에 대한 상상은 더욱 봉쇄된다. 즉, 노동은 현실 속 시민권의 문제이기도 하지만, 다른 관계와 세계에 대한 상상으로 연결될 수 있어야 한다. 궁극적으로 근대의 노동중심성을 질문하는 것은 이 글의 조심스러운 결론이자 다른 글의 시작이어야 할 것이다.

한국문학장의 뉴노멀과 독자 문제

페미니즘 리부트 이후의 비평담론과 독자의 위상

김요섭

1. 들어가며

한국문학의 위기 선언은 너무나 많이 반복되어서, 문학평론가 한영인의 말처럼 "'한국 문학'은 기원부터 위기를 자신의 쌍생아처럼 달고 태어났다고 말하는 것이 옳을"[1]지도 모른다. 물론 시기에 따라 한국문학이 마주했던 위기의 양상은 각기 다른 모습이었고, 그 차이에 의해서 한국문학이 적응해야 할 정상적 상태의 기준 역시 달라졌다. 예를 들어 한국의 대학-출판-문단이라는 안정적 제도를 통해 생산되어온 한 문학 장르는 20세기 초에 본격적으로 근대문학으로 출발한 직후 (한국문학 전체를 대표하는)'한국문학' 또는 '순문학'으로 자임해

---

1 한영인, 「문학성(文學性)에서 문학성(文學+成)으로, 그리고 그 밖으로」, 『문학과지성하이픈』 봄호, 문학과지성사, 2017, 72쪽.

왔으나, 근래에는 그 대표성이 크게 축소되었다. 광의의 한국문학을 구성하는 여러 장르문학과 비교하면서 그 생산의 기반을 강조하는 '문단문학'이라는 명칭의 사용이 크게 늘었다. 또 전통적으로 문단문학을 의미해온 '순문학'이란 용어를 문예지를 중심으로 생산되는 특정한 장르문학을 의미하는 용어로 재정의하자고 주장[2]하는 사례 역시 나타나고 있다. 특히 한국문학에 대한 이러한 명칭의 변화가 오랜 시간 문학 제도의 관리자로서 기능해온 비평가 집단에 의해 이루어지고 있다는 사실은, 변화된 구조가 안착하고 있음을 보여준다. 이처럼 문단문학이 그동안 한국문학 일반에 가졌던 보편문학의 지위를 내려놓고, 변화된 위치에서 인식되게 된 새로운 정상성, 뉴노멀(New Normal)은 어떤 위기를 통해서 형성되었는가?

한국문학이라는 보편적 지위에서 내려와 문단문학 혹은 (문단을 중심으로 형성된 특수한 장르로서)'순문학'으로 이동하는 과정을 작동한 동인은 단일하지 않다. 국문학계 안에서 단일한 문학사 서술의 불가능성에 대한 인식이 커지고, 학계의 문화연구자나 페미니스트 연구자·평론가들이 문단문학과 남성 중심의 문학사를 해체하려던 시도[3]가 있었다. 또 출판시장의 구조화된 장기불황 속에서 웹소설 등 출판매체 이외의 문학 시장의 확장 역시 주요한 원인이었다. 한편으로 한국 SF문학의 약진[4]으로 대표되는 장르문학의 성장도 큰 영향을 끼쳤다.

---

2 순문학을 일종의 문학의 하위 장르로 규정하는 논자로는 평론가 노태훈이 대표적이다. 노태훈, 「순문학이라는 장르 소설」, 『문장 웹진』 16년 11월호, 한국문화예술위원회, 2016.; 노태훈, 「(순)문학이라는 장르와 매체」, 『현대비평』 1호, 한국문학평론가협회, 2019 참조.

3 『문학사 이후의 문학사』(푸른역사, 2014)나 『문학을 부수는 문학들』(민음사, 2018)과 같은 작업이 대표적이다.

하지만 이러한 변화를 추동한 가장 결정적 요인은 문학성의 준거가 전문문학인에서 '독자'들로 옮겨갔다는 인식일 것이다.

문학평론가 복도훈은 2000년대 이후 10년간의 한국문학비평을 둘러싼 논쟁의 핵심이 "작가에서 작품으로, 작품에서 독자로의 거의 확고부동한 중심 이동"[5]에 있었다고 지적한다. 이러한 인식이 확고하게 자리 잡은 배경에는 2015년의 신경숙 표절사태와 2016년의 문단 내 성폭력 해쉬태그 운동으로 대표되는 페미니즘 리부트 국면이 있었다. 신경숙이 1994년에 발표했던 단편소설 「전설」이 미시마 유키오의 소설 「우국」을 표절했다는 소설가 이응준의 고발로 촉발된 표절사태는 한국문학장의 폐쇄성에 대한 비판으로 이어졌다. 이는 이응준이 전통적인 문학 매체가 아닌 인터넷 언론을 통해 직접 독자를 상대함으로써 파급력을 높였을 뿐 아니라, 사태에 대응하는 주요 출판사와 문예지들이 독자와의 소통에서 무능력함을 보였기 때문이다.[6] 표절사태를 통해서 형성된 문단의 위기의식은 '문단 내 성폭력 해쉬태그 운동'을 기점으로 새로운 위기 국면으로 전환된다. 폐쇄적인 문단의 구조가 표절에 대한 묵인에서 그치지 않고, 구조화된 성폭력의 조건이 되고 있다는 사실이 폭로된 것이다. 2010년대 한국의 문단문학장이

4　김초엽과 같은 베스트셀러 작가들의 등장으로 활력을 얻은 한국 SF문학은 자신들의 재생산 구조 역시 혁신하고자 했는데 이 과정에서 문학상−비평−문예지라는 문단문학의 전략을 참고하려는 경향이 나타나기도 했다. 이에 대해서는 필자의 졸고 「보편의 문학'들' 사이에서−복수의 문학성과 비평이라는 분배의 제도」(『학산문학』 여름호, 학산문학사, 2020)에서 분석한 바 있다.

5　복도훈, 「유머로서의 비평−축제, 진혼, 상처를 무대화한 비평의 10년을 되돌아보기」, 『문학과지성 하이픈』 봄호, 문학과지성사, 2018, 92쪽.

6　서영인, 「한국문학의 독점 구조와 대중적 소통 감각의 상실」, 『실천문학』 가을호, 실천문학사, 2015, 152쪽.

경험한 이러한 총제적 위기를 극복하기 위한 쇄신은 크게 '독자'·'페미니즘'·'비평(가) 비판'이라는 3가지 축으로 전개되었다. 그리고 이러한 쇄신은 독자의 위상이 이전과는 달라졌다는 공통된 인식을 전제한다.

표절사태로 인해서 문단문학장을 구성하는 핵심적인 구조들의 위기는 곧 비평의 위기로 인식되었다. 문단문학장에서 비평가들은 문학장의 제도를 실행하고 관리하는 주체로 활동했다. 이들이 그 운영에 깊숙하게 관여해온 등단·문예지·문학상 등 문단문학의 핵심적 재생산 제도는 문단의 폐쇄성과 위계적 구조를 생산한 원인으로 지목되었다. 이런 인식 위에서 문예지와 비평을 분리하려는 시도가 이어졌다. 표절사태 직후 창간된 문예지 『악스트』는 필자에서 비평가들을 철저히 배제하면서 오히려 "어떤 비평적 아젠다가 없기 때문에 영역의 확장이 가능"[7]할 수 있다고 기대했다. 문학출판사 민음사의 문예지 『세계의 문학』을 폐간 후 등장한 『릿터』는 평론가 중심의 편집위원 체제 대신에 한국문학팀 편집자들이 기획을 맡았다. 『릿터』를 창간 당시 민음사 한국문학팀의 팀장이었던 서효인은 "문예지의 편집권이 궁극적으로는 편집위원에서 편집자에게로 이전"[8]되어야 한다고 주장했다. 표절사태 이후 문단문학장은 비평가 없는 문학제도에 대한 논의가 활발히 이루어졌고 이는 "한국문학 시스템의 붕괴는 평론가 집단 혹은 평론가들이 그동안 담당해 왔던 비평적 작업의 효

---

7 백다흠, 「문예지의 변신은 문학의 변신인가? 『악스트』의 사례」, 『지금 다시, 문예지』, 미디어버스, 2016, 36쪽.

8 박민정 외, 「한국문학의 폐쇄성을 넘어서─신경숙 표절 논란으로 살펴보는 문단 권력과 문학 제도의 문제」, 『실천문학』 가을호, 실천문학사, 2015, 52쪽.

용성이 역사적으로 임계점에 도달했다"[9]는 진단 위에서 이루어졌다.

문단문학장의 쇄신 국면에서 이루어진 비평(가) 비판이 곧 비평적 행위의 불필요성에 대한 주장은 아니었다.[10] 오히려 문학전문가로서의 비평가에서 시민-독자로 비평 행위의 주체가 전환되었다는 진단이 이어졌다. 평론가 소영현은 사회의 탈권위화로 비평의 후광이던 규범적 권위가 상실된 상황에서 비평이 소수 전문가의 영역이 아니라 시민에 의해 이루어지는 '비평 민주화'가 도래했다고 진단했다.[11] 평론가 윤경희 역시 비평 행위의 주체는 독자로 이동하고 있으며 문단문학장의 일련의 사태가 "독자 세계로 향하는 과도기적 단계에서 비평가의 소멸을 목도"[12]하는 것이라 진단했다. 독자에 대한 주목은 비평 담론에 한정되지 않았다. 문학제도의 쇄신 역시 독자의 역할을 확장하는 방향으로 이루어졌다. 민음사가 운영하는 '오늘의작가상'은 2015년부터 기출간 소설 단행본을 대상으로 변경하면서 본심대상 작품 선정에 온라인 독자 투표를 통해 진행했고, 최종 심사위원에는 독자를 섭외하기도 했다. 문예지 쇄신 역시 독자를 전면에 내세워 진행되었다. 민음사와 창비가 발행한 신생 문예지 『릿터』와 『문학3』 모두

---

9 강동호, 「문예지의 현재와 미래 : 문예지, 다르게 그려보기」, 『지금 다시, 문예지』, 미디어버스, 2016, 54쪽.

10 비평가의 역할을 축소하는 문예지들이 연이어 등장했지만, 비평가가 담당했던 특별기획이나 작품에 대한 선별, 계보화, 작가에 대한 분석작업 등에 대한 시도가 사라진 것은 아니었다. 평론이라는 글쓰기의 한 형식에 의해 과잉대표되어 있었던 비평적 수행성의 다양한 측면이 파악되었다는 지적도 있었다. 문예지의 기획과 운영이라는 측면에서 비평적 수행의 문제를 살펴본 글로는 장은정의 「설계-비평」(『창작과 비평』 179호, 창작과비평, 2018)이 있다.

11 소영현, 「민주화 시대의 비평(2)」, 『문학3』 웹, 창비, 2017.02.18.

12 윤경희, 「어떻게 독자 세계가 될 것인가」, 『문학3』 3, 창비, 2017, 70쪽.

독자를 중요한 문예지 혁신의 방향으로 삼았다. 『문학3』의 경우 정기적으로 '독자편집회의'를 진행하고 문예지에 발표된 시와 소설에 대한 독자 좌담을 문예지에 수록했다. 2000년대 이후 문예지는 독자참여가 확대되면서 독자와의 쌍방향 소통 구조를 특징으로 한다[13]는 지적은 이 시기 문예지 쇄신의 방향성을 설명해준다.

비평의 위기나 독자 지향의 문학제도 쇄신은 독자를 문단문학장의 핵심적 행위자로 선언하는 과정이었다. 이를 통해 문단문학은 독자의 적극적 수행성을 가정했다. 독자의 능동성과 주체성을 강조했다면 그 행위의 성격도 새롭게 규정될 필요가 있었다. 능동적인 문학주체로서 독자의 행동에 대한 설명은 페미니즘을 통해서 이루어졌다. 한국문학 독자를 대표하는 모델로 페미니즘-여성 독자를 내세운 것은 문화연구자 오혜진이었다. 그는 오늘날 비평적 행위의 핵심은 대중독자가 수행하는 취향의 경합이며, 이 과정에서 독자는 (K문학)비평의 종말 속에서도 오히려 행복할 것이라 단언한다. 그는 오늘날 비평의 위기는 비평가들의 태도의 문제가 아니라 오히려 문학관과 가치관들의 위상이 취향의 영역으로 재편되었으며, 이 취향들 사이의 경합이 21세기의 비평 모델이라고 주장한다.[14] 오혜진은 취향 경합으로서의 비평을 주도하는 주체로 독자를 내세우면서, 한국문학장이 그 주요 독자층인 20~30대 여성을 중심으로 재편되어야 한다고 주장한다. 이후 문단 내 성폭력 문제의 공론화와 『82년생 김지영』 등장과

---

13 이현정, 「2000년대 이후 문예지와 문학장 변화 연구」, 『시민인문학』 38, 경기대학교 인문학연구소, 2020, 182쪽.
14 오혜진, 「퇴행의 시대와 'K문학/비평'의 종말」, 『문화과학』 85, 문화과학사, 2016, 96쪽.

페미니즘 문학의 부흥을 거치면서 페미니즘-여성 독자는 문학장의
핵심 주체로 안착했다. 특히 '문단 내 성폭력 해쉬태그 운동'을 거치
며 페미니즘-여성 독자에게는 능동적 행위자의 성격이 부여되었다.

2010년대 중반의 구조적 위기 이후 문단문학장의 새로운 준거, 뉴
노멀은 '독자중심주의'로 압축될 수 있다. 표절사태와 문단내 성폭력
이라는 위기 상황에서 문단문학 변화의 세 개의 축이었던 페미니즘
과 독자 지향, 비평(가)의 역할 축소는 모두 독자의 위상을 재정립하
는 과정이었다. 문단문학장에서는 현재의 국면을 '독자 시대'로 호명
하기도 한다. 그러나 위기 국면이 점차 안정화된 이후 문단문학장이
여전히 비평적 행위자이자 문학 주체로서의 독자의 모델을 상정하고
있는가를 되묻게 하는 징후들이 있다. 표절사태 이후 독자의 적극적
참여를 내세워 등장했던 『문학3』은 무기한 휴간에 들어갔고, '오늘의
작가상'의 선정과정에서 독자 참여의 제도적 장치들은 사라졌다. 서
울문화재단에서 운여하는 웹진 『비유』에서 비등단 시민-독자의 창
작 참여를 돕기 위한 제도였던 최초예술지원[15] 사업은 2020년에 '창작
준비지원 RE:SEARCH'로 재편되면서 전문 창작자가 참여할 수 있는

---

15 2018년부터 서울문화재단에서 운영하고 있는 웹진 『비유』는 창작지원의 형태로 비등
단 작가 및 독자의 창작 참여를 제도화했다. 『비유』의 시민-독자 참여는 '하다'프로젝
트라는 연재물 공모를 통해서만 이루어지는 것으로 인식되고 있지만(장은영, 「문예지
확장과 공공성의 구현」, 『한국문예비평연구』 62, 한국현대문예비평학회, 2019, 51~52
쪽.) 오히려 서울문화재단의 청년지원사업이었던 '최초예술지원'이 웹진의 모태였다.
최초예술지원은 연극, 무용, 음악, 전통, 다원, 시각, 문학 등 다양한 예술 분야의 39세
이하 청년예술가 지원 사업이었다. 다만 문학 지원에서는 2019년까지 비등단자로 그
자격을 제한했고, 지원 대상이 된 이들의 작품은 『비유』를 통해서 현역 작가들의 작품
과 함께 게재되었다. 작가의 출신 지면 등을 밝히지 않는 『비유』의 편집 방향은 등단제
도에 대한 반감과 작가 위상의 재정립이라는 목적(장은영, 위의 책, 51쪽)도 있었지만,
청년지원사업의 일환이라는 점도 원인이었다.

방식으로 재편되었다. 일련의 구조적 위기 이후 문단문학장에서 독자의 참여를 유도할 수 있는 공간은 축소되었다. '독자'라는 표상은 여전히 문단문학장 안에서 새로운 기획과 작품 선택, 그리고 비평 담론의 핵심적인 근거가 되고 있으나 독자와의 소통을 위해 전면화했던 쇄신들은 오히려 사라져가고 있다. 그렇다면 독자중심주의를 내세운 문단문학의 변화는 허상이었는가? 그렇지 않다. 독자중심주의는 비평 담론이 점차 힘을 잃어가는 문단문학의 현 상황에서 더욱 강화될 것이다. 질문해야 하는 것은 독자중심주의가 아니다. 오히려 독자중심주의라는 호명 속에서 문단문학장이 말했던 '독자'란 무엇이었는가 되짚어야 한다. 이를 이해하기 위해서는 비평적 논의 안에서 독자의 위상이 재정립되는 과정을 다시 살펴볼 필요가 있다.[16]

2. 표절사태 이후 문단의 위기와 폐쇄적 구조 비판

2010년대 문단문학장의 총체적 위기를 촉발하게 한 신경숙 표절사태는 사태의 파급력은 예상치 못한 것이었다. 2015년 소설가 이응준은 인터넷 언론인 『허핑턴포스트코리아』에서 「우상의 어둠, 문학의 타락−신경숙의 미시마 유키오 표절」이라는 글을 발표했다. 이응준

---

16 본고는 비평장의 담론을 중심으로 한국문단에서 독자중심주의가 등장하게 된 과정을 살펴보려고 한다. 이는 본고가 주목하는 독자중심주의가 독자들의 소비자로 이어지는 흐름이 한국문단의 변화와 맞물려 있기 때문이다. 한편으로 전통적인 문예지 체계를 벗어난 것으로 여겨지는 독립문예지들의 사례는 연구자의 검토가 부족하여 후속 논의로 남겨둔다.

은 그 글에서 신경숙이 미시마 유키오의 「우국」을 표절하여 단편 「전설」을 썼다고 주장했다. 이 주장을 접한 문단문학 내부의 반응은 극적이지 않았다. 이미 몇 차례 문예지와 신문기사 등을 통해서 신경숙이 다른 작품을 표절했다는 주장이 나왔었기 때문이다. 더욱이 「전설」이 「우국」을 표절했다는 주장도 이미 15년 전에 평론가 정문순에 의해서 주장된 바가 있기 때문이다.[17] 하지만 이응준의 폭로는 문단문학장 외부의 매체를 통해서 시민들에게 전파되었고, 이전의 표절 고발과는 전혀 다른 양상으로 전개되었다.

이응준의 폭로에 대응하는 과정에서 문단문학장의 주요 출판사와 문예지들은 표절 판단의 명확한 근거와 규범을 내세웠으나, 사태를 진정시키지 못했다. 표절사태를 둘러싼 문단문학장의 논쟁은 크게 표절 개념에 대한 문학이론적인 접근과 문학권력 비판, 문학장 재생산 제도 비판의 차원에서 이루어졌다. 문학이론적으로 표절을 어떻게 규정할 것인가에 대한 논쟁에 참여한 이들은 윤지관, 권희철, 정은경, 남진우, 최원식 등이 대표적이다. 이들은 「전설」에서 「우국」에 나타난 문장의 동일성을 인정하지만, 플롯 차원의 표절을 인정하긴 어렵고 차용과 표절이 가진 문학적 효과에 대해서 검토할 필요가 있

---

17 정문순은 2000년에 문예지 『문예중앙』 가을호에 「통념의 내면화, 자기 위안의 글쓰기」라는 글을 통해 신경숙의 표절문제를 제기했었다. 이보다 앞서 1999년에 박철화는 신경숙의 『기차는 7시에 떠나네』가 파트릭 모디아노와 최윤, 윤대녕의 작품과 너무 유사하다고 지적했고 미루야마 겐지의 작품에 대한 표절 혐의도 주장한 바 있다. 한겨레신문사의 기자인 최재봉도 같은 해에 신경숙의 『딸기밭』이 재미유학생 안승준의 유고집 『살아는 있는 것이오』에서 동일한 여러 문장과 표현이 발견된다면서 표절 의혹을 제기했었다. 오창은, 「베껴쓰기, 혹은 필사(筆寫)의 파국-신경숙 표절 사건과 한국문학의 폐쇄성 비판」, 『문화과학』 83, 문화과학사, 2015, 209~211쪽.

다고 주장했다.[18] 이들의 입장은 논쟁국면에서 『창작과비평』, 『문학동네』와 같이 문단문학장 주류 매체의 인식을 대표했다. 이들과 다소 거리가 있던 소설가 장정일이 상호텍스트성 개념과 같은 탈근대주의 문학이론에 입각해 표절 사태를 "낭만주의적 작가 관념 속에 사로잡힌 독자와 대중들의 착각으로 인해 발생한"[19] 것으로 규정한 사례가 눈길을 끈다. 하지만 표절문제를 문학적 논리를 통해서 대응하려고 했던 일련의 시도들은 별다른 성과를 거두지 못했다.

표절사태를 문학이론적 차원에서 분석한 이와 같은 논의들은 문단 문학장의 폐쇄성이 사태의 주요한 원인이라는 인식을 키운 계기였다. 문학권력 비판은 문단의 폐쇄적 구조가 문학장 내부의 주요 주체들 사이에 형성된 권력적 위계에서 비롯되었다는 인식을 보인다. 이는 표절을 폭로했던 이응준 자신이 이 문제의 기원으로 "문학 권력과 문학적 권위, 그리고 상업적 이익이 강고하게 구조화된" 문학장의 상황을 지목하는 것에서도 확인된다. 문학권력 논쟁은 2000년대 초반 소장 평론가들이 중심이 되어 『문학동네』, 『문학과사회』, 『창작과비평』이 출판자본화 되면서 문학을 상업화하고 문학장 내의 권력이 그들에게 집중되어 문학의 공공성이 훼손되었다는 비판으로 전개되었다. 문학권력 논쟁에 적극적으로 참여했던 평론가 이명원 등이 신경숙 표절사태에 개입하기는 했으나, 문학권력 비판의 양상은 이전과는 크게 달랐다. 문학평론가 서영인은 "'문학 권력'이라는 용어가 일반적

---

18 허병식, 「차이와 반복, 2000년대 한국문학장의 표절과 문학권력」, 『사이間SAI』 20, 국제한국문학문화학회, 2016, 341~343쪽.

19 허병식, 위의 책, 344쪽.

으로 사용될 때 행위자 주체성만 은연중 강조되는 경향"이 있음을 지적하면서 2000년대의 논쟁이 가졌던 "문학장 내의 권력 투쟁 형태를 띔으로써 새로운 문학장의 구성과 주체의 문제를 충실히 제기하지 못했다는 한계"를 반복하는 것을 경계한다.[20] 이동연 역시 과거 문학권력 논쟁이 "문학장의 형성 원리의 지배적 구조에 대한 분석이라기보다는 논쟁에 참여한 비평가들의 감정적 태도와 비난에 대한 반비판이 주를 이룸"[21] 한계를 보였다고 지적한다.

문학권력 논쟁에 대해서 이처럼 거리를 두었지만, 문학장에서 특정한 출판사와 문예지들이 지배적 위치를 점유하는 과정에서 발생한 문제라는 인식은 공유되었다. 서영인은 문학상을 매개로 문학동네와 창비 등이 신인발굴부터 문학적 평가까지를 문학장을 분할 점유하는 폐쇄적 구조가 형성되어 있었다고 지적한다.[22] 이동연 역시 문학성에 대한 대립하는 입장을 내세우는 문학단체나 출판사들이 광의의 공모 관계로 엮여 있다고 비판한다.[23] 문학권력 논쟁이 전재했었던 문학장이 주요한 문학적 주체들에 의해 점유되어 있다는 문제의식은 반복된다. 그러나 이 문제의식이 문학장의 재생산 구조에 대한 고민으로 이어졌다는 점이 이전 시기의 문학권력 비판과 달라진 지점이었다. 이러한 문학장의 구조적 특징에 주목한 이 시기 문학권력 비판은 문학장 외부에 큰 관심을 기울이면서 문학장 안으로 포섭되지 않은 문

---

20 서영인, 위의 책, 154~155쪽.

21 이동연, 「문학장의 위기와 대안 문학 생산 주체」, 『실천문학』 가을호, 실천문학사, 2015, 174쪽.

22 서영인, 위의 책, 161쪽.

23 이동연, 위의 책, 176쪽.

학 주체의 잠재적 능력을 주목하는 경향이 두드러졌다.[24] 그리고 문학장 외부의 문학 주체는 전통적인 데뷔방식을 거치지 않는 작가나 매체를 지칭하기도 했지만, 잠재적 창작자이자 비평가로서 상상되는 '독자'였다.

문학장의 재생산 제도에 대한 비판은 크게 작가 데뷔방식과 매체 문제에 초점을 맞췄다. 신인 작가의 데뷔방식, 즉 문단문학장의 등단 제도는 작가가 문예지와 출판사, 그리고 이러한 제도 운영에 관여하는 비평가에게 종속되는 구조를 만드는 원인으로 지목받았다. 등단 제도에 대한 비판은 특히 작가들 사이에서 강하게 나왔다. 등단제도와 이와 연결된 문단의 공모제도 전반을 폐지해야 한다는 주장이나 등단제도로 인한 작가의 서열화가 한국의 학벌주의보다 더 심각할 수 있다는 주장이 나오기도 했다.[25] 그러나 역설적으로 등단제도를 둘러싼 논의 속에서 비평가의 등단 문제는 비평가들을 제외하면 거의 이야기되지 않았으며, 이러한 경향은 15년 이후 등단에 대한 작가 대담 기획들에서 관찰된다. 이 과정에서 제도운영에 관여하는 비평가들의 역할을 축소하거나 편집자처럼 다른 직군으로 대체해야 한다는 주장이 나오기도 했다. 매체에 대해서는 문단문학장의 지배적 매체들 이외의 대안적인 문학공동체, 매체를 찾아야 한다는 주장이 주를 이루었다. 그중 가장 전면적인 쇄신의 필요성을 주장한 이는 평론가 임태훈이었다. 그는 표절사태에서 촉발된 문단의 위기 국면이 출판매체를 중심으로 형성된 문학체계의 전면적인 붕괴의 전조로 인식

---

24 허병식, 위의 책, 354쪽.
25 박민정 외, 위의 책, 24~28쪽.

하면서 디지털 매체를 중심으로 문학에 대한 인식과 생산양식을 전면적으로 쇄신할 것을 주장했다.[26]

문단문학장의 폐쇄성 비판은 표절사태에 대한 문단과 대중 사이의 인식 격차를 주목했다. 이 비판의 전개과정에서 주목할 것은 문단문학장의 폐쇄성을 단순히 원활하지 않은 소통의 문제가 아니라 문학 주체로서의 참여와 행동 조건을 결정하는 구조적 문제로 바라보았다는 사실이다. 문단문학장 안에서 작가와 작품에 대한 인정자본이 폐쇄적인 구조 속에서 소수의 그룹에 의해 독점적으로 생산되었다는 인식은 대중 독자를 설득할 수 있는 문학성의 모색을 넘어서, 이들이 문학장의 새로운 주체로 참여할 수 있는 방식들에 대한 고민으로 이어졌다. 물론 이 단계에서 새로운 문학 주체의 상이 '독자'로 대표되었던 것은 아니었다. 독자가 주도적 위치로 상상되기보다는 작가·출판사·독자라는 전통적인 문학 주체들이 관계를 재정립하는 '새로운 동맹'[27]의 차원을 상상할 따름이었다. 문단문학장의 폐쇄성 비판은 새로운 문학주체를 발견하기 위한 갱신을 요구했지만, 이 과정에서 어떤 주체가 출연할 것인가에 대해서는 명확한 답을 내놓지는 못했다.

3. '시민-독자'의 발견과 독자의 수행성

신경숙 표절사태로 촉발된 논쟁은 문단문학장의 폐쇄성과 그 원인

---

26 임태훈, 「환멸을 멈추고 무엇을 할 것인가?」, 『실천문학』 가을호, 실천문학사, 2015, 204~207쪽.

27 이동연, 위의 책, 181쪽.

이 된 재생산의 구조에 대한 비판으로 이어졌다. 그리고 문학장의 재생산 구조를 갱신하기 위해서 새로운 문학 주체의 등장을 요청하고 있었다. 새로운 문학 주체의 후보로 가장 유력하게 거론된 것은 역시 표절사태에 민감하게 반응했던 독자들이었다. 그러나 독자가 구체적으로 어떤 역할을 할 것인가에 대해서는 분명하지 않았다. 독자는 출판시장의 소비자이자, 예비 작가군이며 동시에 비평적 주체로 여겨졌다. 이러한 역할을 포괄하여 '시민-독자'라는 상이 안착하게 된 것은 2016년의 문단 내 성폭력 해쉬태그 운동과 2017년의 촛불혁명을 경험하면서다. 이 사건들을 거치면서 독자는 윤리적이고 정치적인 행위를 하는 시민적 주체로 재인식되었다.

문단문학장의 가부장적 속성을 'K-문학/개저씨 문학'으로 규정하면서 논란이 되었던 오혜진의 「퇴행의 시대와 'K문학/비평'의 종말」은 독자를 중심의 비평 담론들에 상당한 영향을 끼쳤다. 오혜진은 표절사태 직후 비평이 제 기능을 하지 못했다는 비판들이 실상 비평에 대한 독자들의 무관심과 냉대를 전혀 반영하지 못하는 것이라 주장한다. 그가 독자들의 표현을 빌려 'K-문학'이라고 지칭한 한국문학장의 민족주의적이자 가부장제적이고, 시장패권주의적 특질을 공유하고 있다고 보는 것이다.[28] 문단문학의 지배적 양상에 대한 'K-문학'이라는 부정적 호명은 즉각 격렬한 논쟁을 촉발했다.[29] 한국문학장의

---

28 오혜진, 위의 책, 91~92쪽.
29 글이 발표된 직후 정홍수가 「당신은 왜 한국문학을 걱정하는가」(『문학동네』 여름호, 문학동네, 2016)라는 비판을 글을 발표했고, 『문학과사회』는 「우리 세대의 비평」(『문학과사회-하이픈』 가을호, 문학과지성사, 2016)이라는 비평가 좌담을 통해 논쟁에 나섰다.

여성혐오와 가부장제적 특징, 위계성에 대한 오혜진의 문제의식은 '문단 내 성폭력 해쉬태그' 운동과 페미니즘 리부트를 거치면서 문단 문학의 비평가들 다수가 공유하는 인식이 되었다. 주목해야 할 것은 그가 상정하고 있는 독자의 성격이었다.

오혜진의 문학비평에 대한 비판은 비평 주체의 전환에 초점을 맞추고 있다. 그는 문학이 일종의 '취향 공동체'가 되었으며, 비평이란 취향 정당화의 문제로 수렴되었기 때문에 문학적 가치관에 대한 계몽 역할 대신에 "자신의 '좋은 취향'을 시민사회의 공통감각으로 등재시키기 위한 끊임없는 '시도'의 형식으로만"[30] 기능할 수 있다고 주장한다. 그의 관점에서 21세기 가장 능동적인 비평의 주체는 대중들이며, 그들의 취향 경합이 만들어낸 주요한 비평적 화두인 '한국문학과 여성혐오'과 같이 문학장을 역동하게 하는 문학적 사건을 포착할 시민-비평가로서의 감각[31]이 필요하다고 지적한다. 오혜진은 문학비평이 갱신해야 할 방향이 이전과는 달라졌음을 지적한다. 그리고 동시에 비평적 주체 역시 취향을 두고 경합하는 독자들로 초점이 옮겨가고 있음을 주장한다.

독자가 비평가의 자리를 대신하여 능동적인 비평 주체로 거듭날 것이라는 인식은 2016년 이후 크게 확대되었다. 백지은, 소영현, 윤경희 등 능동적인 독자 주체를 내세우는 비평적 작업들은 일정한 온도차가 있기는 하지만 독자의 주체적 역량에 대해서 공통된 인식을 보인다. 그렇다면 독자의 비평 주체로서의 역량을 긍정한다고 할 때,

---

30 오혜진, 위의 책, 96쪽.
31 오혜진, 위의 책, 97쪽.

그들의 비평적 행위란 어떤 방식으로 확인되는가? 문단문학장에서 독자를 비평적 주체로 보는 인식의 확립은 신경숙 표절사태와 문단 내 성폭력 해쉬태그 운동과 같은 구체적 사건들을 경유했다. 이 과정에서 독자의 수행성은 저항적인 직접 행동, 새로운 작품의 발견 등으로 나타났다.

독자의 직접 행동은 문단 내 성폭력 해쉬태그 운동을 거치면서 확인되었다. 2016년 문단 내 성폭력 해쉬태그 운동은 SNS 등을 통해서 확산되면서 문단의 작가와 평론가 등이 참여하는 연대단체가 등장했다. 특히 고양예고 졸업생 연대 「탈선」의 사례처럼 연대행동에 나서는 이들 중에는 그동안 문단문학장에서는 주변화되어 있었던 비등단 문학도들이 수행적 능력을 보여주기도 했다. 문단 내 성폭력 해쉬태그 운동은 소영현의 지적처럼 문학장 내의 위계적 폭력의 문제를 "문학의 이름이 아니라 시민의 이름으로 해결하려는 노력이 우선적으로 필요하다는 사실"을 인식하는 계기[32]였다. 그리고 한편으로 이는 독자의 수행성이 SNS와 같은 디지털 매체를 활용해서 결집하여 이슈를 생산하고 직접 의견을 개진하는 '디지털 공중'[33]으로 나타날 수 있음을 보여주었다. 디지털 매체와 시민적 실천이 결합되어 나타난 독자의 직접 행동은 표절사태의 공론화 양상과 유사하게 문단문학장의 전통적 매체 대신에 디지털 매체를 통해 이루어졌다. 흥미로운 것은 해쉬태그 운동으로부터 5년이 지난 2021년까지도 독자의 수행성을

---

32 소영현, 「포스트 미투 운동과 '시민-독자'의 자리」, 『여성문학연구』 47, 한국여성문학회, 2019, 126쪽.
33 이지은, 「몹(mob)잡고 레벨업」, 『문학3』 3, 창비, 2017, 78쪽.

뒷받침할 문단문학장 내의 매체가 활성화되지 못했다는 사실이다. 독자의 실천적 개입이 구조적 변화로 안착하지 못하는 상황은 이런 행동의 의미를 일회적 사건으로 제한했다.

독자의 비평적 행위로서 가장 큰 주목을 받은 것은 역시 『82년생 김지영』 현상으로 대표되는 새로운 작품의 발견이었다. 『82년생 김지영』에 대한 여성 독자들의 열광적 지지는 문단문학장에서 예상치 못한 상황이었다. 문단문학장의 비평가들은 『82년생 김지영』에 대한 독자들의 열광에 당혹감을 보이면서, 작품의 미학적 결함에 대한 지적이 이어지기도 했다. 대표적으로 평론가 조강석은 『82년생 김지영』을 '정치적 올바름'을 문학이 당위적으로 수용하는 주요한 사례로 지적하면서 이 작품이 메시지가 전경화 됨으로써 총체적 실효성을 상실할 수 있다는 점을 한계로 지적한다.[34] '김지영 현상'의 의미를 긍정하는 비평가들의 논의는 크게 두 가지 양상으로 나타났다. 하나는 독자들이 작품의 미학적 한계를 인지했지만, "작가·평론가 등의 전문 독자의 언어와는 별개로 이미 그것을 읽는 대중 독자 사이에 어떤 독서의 회로, 스키마가 형성"[35]되어가고 있다는 인식이다. 이런 입장에서 김지영 현상은 한국문학장의 젠더 분할과 위계를 교란하는 새로운 비평 주체로서의 페미니즘 독자의 형성과정[36]으로 이해한다.

---

34 조강석, 「메시지의 전경화와 소설의 '실효성'−정치적·윤리적 올바름과 문학의 관계에 대한 단상」, 『문장 웹진』, 2017. 4. 1.

35 김미정, 「아리아드네의 실−독서할 수 있는/없는 시대의 회로 속에서」, 『문학과사회− 하이픈』 여름호, 문학과지성사, 2019, 10쪽.

36 허윤, 「광장의 페미니즘과 한국문학의 정치성」, 『한국근대문학연구』 19(2), 한국근대문학회, 2018, 136~137쪽.

또 다른 경향은 김지영 현상을 문단문학장의 미학이 담보하지 못했던 윤리적 가능성을 확인시켜주는 것으로 보는 시각이다. 이러한 입장이 전자의 경우와 분명하게 나뉘는 것은 아니다. 다만 전자의 시각이 독자들의 비평 주체로서의 능동성에 더 주목한다면, 후자는 문단문학장 내의 미학적 기준에 대한 반성과 윤리적 실천성을 더 강조한다. 김지영 현상 직후 비평가들 사이에서 '정치적 올바름'이 재현의 영역을 협소화하는 것이라는 비판[37]이 등장하기도 했다. 그러나 문단 내 성폭력 해쉬태그 운동처럼 문학장이 자명하게 여겼던, 문학의 윤리에 대한 믿음이 흔들리고 있었다. 평론가 조연정은 "소설의 (미학적-인용자)태만을 지적하는 일보다 태만한 현실에 분노하는 일을 먼저 해야하는 것"이어야 하며, 미학적인 한계를 인식한다고 하더라도 문학에 요청되어야 할 일은 현실에서의 역할이어야 할 시기라고 진단한다.[38] 조연정의 글은 '정치적 올바름'이라 명명되었던 윤리적 문제가 문단문학장 안에서 사유되었던 방식을 보여준다. 조연정의 작업은 총체적 위기에 직면했던 문단문학장이 페미니즘 문학을 통해 윤리적 역할을 회복해야 한다는 다급한 상황을 반영한다. 정치적 올바름의 틀로 묶인 논쟁들은 페미니즘 문학과 페미니즘 독자를 취향들 사이의 경합보다는 윤리성 문제로 바라보게 하는 계기였다.

비평 주체로서 독자의 수행성은 문단 내 성폭력 해쉬태그 운동과

---

37 정치적 올바름을 문학적 재현에 대한 제한으로 보는 입장으로는 이은지의 「문학은 정치적으로 올발라야 하는가」(『문학3』 웹, 창비, 2017.3.7.)와 복도훈의 「신을 보는 자들은 늘 목마르다−2017년 한국문학과 '정치적 올바름'에 대한 비판적인 단상들」(『문장 웹진』, 한국문화예술위원회, 2017.5.8.) 등이 대표적이다.

38 조연정, 「문학의 미래보다 현실의 우리를」, 『문장 웹진』, 한국문화예술위원회, 2017.8.10.

같은 직접 행동과 새로운 작품의 발견으로 인식되었다. 특히 김지영 현상으로 대표되는 페미니즘 문학에 대한 독자의 호응은 문단과는 다른 새로운 해석적 규범을 갖춘 '독자-공동체'의 출현[39]을 암시하며, 동시에 문단문학으로 하여금 윤리적 재현의 요구를 직시하게 했다. 이러한 독자 수행성은 전문 비평가들의 위상에 대한 전면적인 재조정을 요구하는 것이면서도, 동시에 그들이 독자에 다가가 여전히 문학적 매개로서 기능할 수 있는 방향성도 함께 제시했다. 문단문학장의 구성원들이 독자라는 준거를 통해서 자신의 위치를 규정하는 '독자시대'의 문학장이 도래한 것이다. 그러나 '독자시대'의 등장 과정에서 독자의 행위성의 다양한 측면, 즉 비평적 역할과 시민으로서의 독자의 역할이 하나로 뒤엉켜져 인식되었다는 사실 역시 주목해야 한다. 이러한 한계는 '문단 내 성폭력 해쉬태그' 운동과 같은 일련의 문학적 사건들이 역설적으로 문학 제도 자체에 영향을 끼치지 못하고 시민의 직접 행동과 사법적 과정에 대한 의존성이라는 모순적인 결과를 남긴 이유 중 하나였다.

4. 대의제로서의 비평과 독자 가독성

오늘날 한국문학을 독자 시대로 규정하는 시선은 2010년대의 문단문학의 구조적 위기와 이 과정에서 독자의 위상이 재정립되는 과정

---

39 백지은, 「텍스트를 읽는 것과 삶을 읽는 것은 다르지 않다」, 『문학과사회-하이픈』 여름호, 문학과지성사, 2018, 18쪽.

을 경험한 역사적 산물이다. 2016~2017년 정치적 올바름과 미학적 가치에 대한 논쟁이 "기존의 문학성이 젠더화, 장르화된 개념이며 독자 또한 독자성에 의해 해체되고 재구성될 수 있는 개념임을 성찰하게 했다"[40]는 평론가 인아영의 말처럼 독자는 더는 변화하지 않는 수동적 대상이 아니었다. 일련의 사건을 거치면서 문단문학의 쇄신은 명확하게 독자의 역할을 확대하는 방향으로 이루어진다. 특정한 문학 에콜이나 담론을 통해 자신들을 정체화하는 대신에 독자를 전면에 내세운 문예지를 간행하고, 비평가의 역할을 축소하거나 대체하려는 시도도 적지 않았다.

문단문학장의 재생산 구조의 한 축이었던 등단제도와 문학상을 쇄신하려는 다양한 시도가 있었다. '오늘의작가상'이나 '심훈문학상'처럼 문학상의 심사에 독자가 직접 참여하기도 했고, 등단 대신 작품을 투고받는 문예지들도 다수 등장했다. 창비가 발행한 『문학3』은 독자가 참여하는 정기적 편집회의를 진행하고 수록 작품에 대한 독자들의 대담을 게재하면서 이들에게 비평적 역할을 부여했다. 서울문화재단의 『웹진 비유』은 공모제 형식을 통해서 문단문학의 전통적 장르 구분을 넘어서고, 또 비등단 문인들을 위한 지면을 확보하고자 했다. 문예지의 구성과 형식에 대한 고민이 곧 "누구를 위하여 우리의 시간과 공간을 할애할 것인가, 즉 누구에게 말하고 또 들릴 수 있는 감성적 역량을 부여할 것인가의 문제로 바꿔볼 수 있다"[41]는 평론가 안서현의 말처럼 문단문학의 제도적 갱신 시도들은 문학 주체의 변

---

40 김건형 외, 「독자를 다시 생각한다」, 『문학동네』 겨울호, 문학동네, 2019, 149쪽.
41 안서현, 「포스트 시대의 문학지」, 『자음과모음』 봄호, 자음과모음, 2019, 152쪽.

화를 반영하려는 노력이었다.

그러나 앞서 살펴보았듯이 문단문학장이 독자의 참여를 유도하고
자 했던 기획들은 상당수 사라졌거나, 전문문인을 위한 제도로 변경
되었다. 그리고 2020년의 소설가 김봉곤의 사적대화 무단인용 사태
에 대한 일련의 논쟁들 속에서 2015년 이전과 기시감을 가지게 하는
논의들이 등장하기도 했다. 평론가 이소연은 사적대화 무단인용 공
론화 이전 김봉곤의 소설들을 고평해온 비평가들을 비판하면서 비평
이 대중 독자를 배제하고 "대학(국문과, 문예창작학과)·대형 출판사·
등단제도(신문사·출판사)라는 권력 기관"의 자족적 구조 안에 안착해
있다고 비판한다.[42] 그는 사적대화 무단인용과 같은 작가의 윤리적
일탈과 비평가들의 독립적 비판 정신의 결여를 결부한다. 표절사태
직후 문학권력 비판의 연장선처럼 보이는 이러한 비판의 논리는 독
자 시대를 거쳐오면서도 문단문학장이 변화하지 못했음을 보여주는
것처럼 보인다. 더욱이 앞서 살펴본 것처럼 독자의 참여를 확대하고
자 했던 일련의 시도들 후퇴하는 상황을 염두에 둔다면 더욱 확고해
보인다. 하지만 실제 양상은 이처럼 단순하지 않다.

독자를 새로운 문학과 비평의 주체로 호명하려고 했던 기획들이
연이어 사라지고 있는 것은 분명한 사실이다. 하지만 이를 여전히
독자를 배제하는 문학장의 폐쇄성으로 설명하기는 어렵다. 오히려 독
자의 주체성을 확장하고자 했던 기획들에 내재하고 있는 어떤 한계를
보여주는 것이었다. 비평 주체로서 독자의 역할을 확대하고자 했던

---

42 이소연, 「소금이 짠맛을 잃으면–비판 정신과 비평의 책무」, 『문학과사회』 가을호, 문
　　학과지성사, 2020, 460~461쪽.

담론들은 해쉬태그 운동과 같은 직접적 발화와 연대, 새로운 작가와 작품을 적극적으로 소비하고 해석하는 과정을 주목했다. 이를 통해서 독자의 역할과 역량을 확인하고자 했던 시도는 타당한 목표였다. 그러나 이 논의들이 문단문학장의 제도와 담론으로 수용되는 과정에서 대부분 초점이 다른 쪽으로 이동했음을 기억할 필요가 있다.

문단 내 성폭력 해쉬태그 운동으로 대표되는 독자의 연대와 실천은 한국사회 일반의 위계적 성폭력 문제에 대한 대응으로 이루어졌다. 소영현의 지적처럼 운동을 통해 해결하고자 했던 폭력의 구조는 법원의 판결을 기다리는 개별의 사건으로 환원되었으며, 문학장 내부의 작동방식을 변화하려는 시도는 주변화되었다.[43] 독자들이 활동했던 운동의 매체로서 SNS 등과 문학장 사이의 견고한 연결은 만들어지지 못했다. 독자들의 공론장은 문단문학장이 포괄하기에는 너무 유동적이었고, 독자들의 관심 역시 문단문학장과 오래 결합하지 못했다. SNS를 통해서 사회적 문제에 대해 참여했던 시민의 직접행동에서 한국문학 속 폭력의 문제는 한국사회의 여성혐오를 보여주는 여러 장면 중 하나였다. 공론화 이후 가해자 작가들의 책에 대한 절판과 법적 조치로 독자들의 시선이 옮겨가면서, 폭력이 가능했던 구조에 대한 비판과 성찰은 문단 내의 비평적 논의로 다시 조정되었다. 이는 문단의 자기반성 차원에서 필요한 일이었지만, 동시에 문학제도와 문학장에 대한 독자의 판단을 어떻게 듣고 수용할 수 있느냐는 개별

---

43 소영현이 문단 내의 특수한 구조보다는 위계적 성폭력 문제의 보편적 이해의 틀에서 논의되었던 문단 내 성폭력 해쉬태그 운동을 문학장 내부의 메커니즘과 결부하는 것으로 인식이 전환되어야 한다고 지적한다. 문학장 내부의 메커니즘에 의해 가해자는 남겨지고 피해자가 떠나는 문제가 계속되고 있기 때문이다.(소영현, 위의 책, 127~128쪽)

작가와 비평가의 개인적 작업으로 환원되었다. 결국 독자의 공론장
은 문단문학장 내부의 구조와 연결되는 대신에 외부의 충격이라는
형태로 나타날 따름이었다. 페미니즘 리부트 국면에서 독자는 디지
털 매체를 통해 강력한 행동능력을 보여주었지만, 역설적으로 그 강
한 파급력 때문에 문학장의 내부와 외부에 그어진 선명한 경계를 의
식하지 못했다. 시간이 지남에 따라 운동의 동력이 약화되고 구조의
지속성만 확인되었다.

새로운 작품과 작가에 대한 독자의 지지는 적극적 소비의 모델로
설명되기도 했다. 페미니즘 리부트 국면에서 출판시장을 주도했던
여성 독자들의 독서와 구매는 사회운동의 한 양상으로 설명되었다.
이 페미니즘 독자들은 "'책을 산다'는 행위를 통해 자신의 의제를 표
현"[44]하였고 읽기의 경험을 통해서 자신들의 정체성을 구성했다. 동
시에 여성 독자를 대표성을 가진 독자집단으로 호명되는 과정에서
그들이 출판시장의 핵심적인 소비자임을 근거[45]로 내세우는 논리를
어렵지 않게 찾을 수 있었다. 이는 출판시장에서 독자의 감식안이
김지영 현상을 이끌어 낸 상황을 반영하는 것이자, 독자 수행성의 핵
심적인 부분을 소비행위로써 각인시켰다. 새로운 작가와 작품, 그리
고 이를 설명하는 문학담론의 구성이 독자의 수행성에 기존의 한국

---

44 허윤, 「로맨스 대신 페미니즘을!」, 『문학과사회-하이픈』 여름호, 문학과지성사, 2018,
   53쪽.

45 "한국문학의 주요 독자층은 언제나 20~30대 여성이라는 점은 바로 그 (여성혐오적
   한국문학장을 갱신할-인용자)대수술을 감행해야 할 강력한 이유이자, 그 방향"(오혜
   진, 위의 책, 104쪽)이라고 말한 오혜진의 입장이 대표적이다. 물론 이러한 강조는
   독자의 대표성을 여전히 남성에 부여하고 여성 독자를 비가시화했던 문학장에 대한
   비판이었다.

문단이 응답할 수 있는 유효한 방식으로 인식되었다. 소비로써 수행하는 독자를 위해 그 독자가 소비할 수 있는 작품과 작가를 선보이는 일이 문단의 자성을 보이는 한 방법이 된 것이다. 이러한 논리는 신경숙 표절사태 이후 방향성을 잃었던 한국문단의 나침반이 되어주었지만, 주기적으로 새로운 작가와 작품, 담론을 교체하며 유지되었던 문학 제도의 관성에서 벗어나지 못했다. 한국문단의 세대교체의 동기가 될 수는 있었지만, 구조의 변화가 필요하다는 사실을 설득할 수는 없었다. 특히 소비행위는 시민의 직접행동에 비해 그 행위의 메시지가 단순화될 수밖에 없기 때문이다. 소설가 정소연이 출판시장에서 독자의 영향력 확대가 자본주의적 시장화의 경향이므로 이를 정치적 행위로 보기는 어렵다고 지적[46]했던 것처럼 말이다. 이러한 비판이 일견 타당한 점은 독자의 소비자로서의 수행성이란 동질적이고 비교 가능하며 대체 가능한 단위로 환원되는 과정이기 때문이다. 익명의 소비자는 개별의 목소리가 아니라 여러 동기와 목적을 단순화하는 판매량이라는 지표를 통해서만 포착된다. 이를 보완해주는 것이 SNS라는 독자 공론장의 존재였지만, 그 공간에서 독자의 목소리는 승인되어 수용되는 양상을 거치게 된다. 독자의 목소리가 주체로서 발화하는 것이 아니라 특정한 입장들이 논자에 따라 과잉대표될 수밖에 없다는 지적은 이미 16년부터 제기되기도 했다.[47] 독자의 발화가 존

---

46 김건형 외, 위의 책, 145쪽.

47 한 대담에서 평론가 황현경은 오혜진의 논의 속에서 'K문학'을 호명하는 독자가 과연 한국독자를 대표할 수 있는 이들인가 의문을 제기했다.(강동호·박인성·오혜진·이우창·황현경, 「우리 세대의 비평」, 『문학과사회 하이픈』 가을호, 문학과지성사, 2016, 59쪽)

재하지 않는 것이 아니라 선별적으로 인용됨으로써, 담론을 구성하는 주체가 아니라 담론의 근거로 활용될 뿐이다. 소비자로서 수행성을 발휘하는 독자와 시민으로서 직접행동하는 독자의 다름을 분명히 하는 대신, 소비자 독자의 그림자가 독자의 시민적 행동의 자리가 점차 비어가고 있음을 가림으로써 구조의 연속성은 역설적으로 정당화될 수 있었다.

비평담론 안에서 독자의 수행성을 계속 강조한다고 하더라도, 독자의 행동이 주체성을 보이는 조건은 제한된다. 독자들의 주요한 공론장은 여전히 문단문학장 외부로 분리되어 있다. 그리고 독자 공론장에서 이루어진 논의는 취향의 경합을 보다는 일종의 문학적 스캔들을 중심으로 인식되며, 이 문제를 해결하기 위한 윤리적 개입은 "해당 작가의 작품에 대한 폐기, 전량 회수, 교환, 환불, 삭제를 요구하거나 거기에 동의하는" 방식으로 제한될 위험이 있다.[48] 분리된 장 사이에서 오가는 정보는 제한적일 뿐더러, 윤리적 문제를 (출판)시장 퇴출의 방식으로 대응하는 것이 지난 몇 년 사이 출판시장에서 학습된 해결의 방안이기 때문이다. 이는 독자의 행위성이 비평적 주체로 기대되었던 것과 달리, 실제 소비자운동의 행위자로 부각되었음을 보여준다. 그리고 소비자로서 독자의 성격을 강조해온 과정은, 새로운 출판시장의 소비구조를 확보해야 했던 문학자본의 필요에 부응하기도 했다. 문학 자본은 소비자─독자의 성향에 맞게 적용해가면서, 비평가의 역할은 제도의 운영자에서 문학시장에 대한 독자 접근성을 높

---

48 김주희, 「속도의 페미니즘과 관성의 정치」, 『문학과사회─하이픈』 겨울호, 문학과지성사, 2016, 27쪽.

일 수 있도록 문학 행사와 유튜브 등으로 다양하게 전환되고 있다.

독자의 수행성이 점차 문학시장의 소비자로 강조되는 이러한 상황은 독자의 위상이 급격하게 축소되었음을 의미하는 것은 아니다. 문단문학장의 독자중심주의는 여전히 견고하다. 문제는 독자를 인식할수 있는 '가독성'이다. 사회인류학자 제임스 C.스콧은 국가와 같은 거시적 행위자는 자연과 공간, 사물 그리고 다양한 사회적 행위자들 사이에서 맺어지는 관계들을 단순화해서 인식하려는 성향이 있다고 지적한다. 그는 이를 '가독성'이라는 개념을 통해서 설명한다. 사회의구조와 하위주체, 그 관계들을 "중앙 집권적인 차원에서 기록하고 감시할 수 있는 하나의 표준화된 격자를 창조"[49]함으로써 세계를 단순화하여 전체적인 구도를 파악할 수 있는 가독성을 높여간다는 것이다.개선된 가독성은 사회를 통제하는 국가의 주도성을 강화하지만, 사회에 대한 다른 해석과 이해를 갖춘 사회성원들의 역량을 제한한다.특정한 목적에 맞춰서 발달된 가독성의 수단이 오히려 사회적 가능성을 제약한다는 점은 문단문학장의 독자 가독성 문제에서도 동일하게 나타난다.

문단문학장의 독자중심주의가 소비자-독자의 역할을 중심으로전개되고 있는 상황은 독자에 대한 높은 가독성이 출판시장이라는구조와 맞물려 형성되었음을 보여준다. 비평 주체로서 독자의 목소리를 반영할 수 있는 연결을 충분히 갖추지 못한 상태에서, 독자의행동은 문학시장과의 연관을 중심으로 가시화되었다. 시민-독자의비평적 개입을 관찰하고 이를 분석할 수 있는 수단이 제한된 상황

---

49 제임스 C.스콧, 전상인 옮김, 『국가처럼 보기』, 에코 리브르, 2010, 21쪽.

속에서 문학작품에 대한 독자의 판단은 출판시장 내의 선택 논리로 단순화되었다. 윤리적 문제가 되는 작품이라면 소비자의 항의와 이를 의식한 시장 퇴출의 과정으로 이어졌다. 반면에 작품과 작가에 대한 독자들의 지지는 다수 독자의 소비를 통해서 확인되는 것이었다. 시민–독자를 찾고자 했던 기획들은 소비시장을 통한 '독자 가독성'의 구조 안에서 비가시화되면서 점차 퇴조하고 있다. 이러한 단순화된 독자 가독성은 독자중심주의를 내세우면서 전개되었던 비평적 의제와 질문들에 대해서 충분히 답하지 못함으로써, 문학장의 변화에 대한 다양한 가능성을 반영하지 못하고 기성의 구조로 회수되는 결과를 낳고 있다.

평론가 김건형은 독자 시대의 비평을 일종의 대의 민주적인 제도로 상상해보기를 제안한다. 그는 대의 민주주의적 비평은 어느 일방에 의해서 비평적 의제가 구성되는 것으로 보지 않는다. 시민–독자들의 열망을 비평장이 의제화하거나 비평적 기획이 독자에게 제시되고, 역으로 독자들이 시민운동처럼 담론을 제시하는 순환적 의사소통 구조로 작동하는 비평제도를 상상한다.[50] 이러한 상상력은 15~16년 이후 한국 문단문학장의 비평담론 안에서 독자 수행성이 과잉되어 인식된 지점과 현실 사이의 간극에 대한 고민을 보여준다. 동시에 현재의 한국문단의 비평담론이 독자의 세계를 자기 근거로 삼고 있는 지점 역시 함께 보여준다. 이를 위해서는 마치 시민사회의 복잡성을 보지 않고 지지율과 경제지표로 과도하게 단순화된 가독성이 대의 민주주의를 망가뜨리듯이, 과도하게 단순화되어 있는 독자 가독성

---

50 김건형 외, 위의 책, 141~142쪽.

의 문제가 해결되어야 할 것이다. 문단문학장은 2010년대 일련의 구조적 위기를 경험하면서 독자를 새로운 문학적 주체로 재인식했지만, 역설적으로 그 과정에서 독자의 수행성을 단순화해서 인식했다. 모든 관심은 독자를 향하고 있지만, 독자가 만들어가는 사회적 가능성은 단순화해서 인식하는 것이 오늘날 문단문학장이 처한 현실일지 모른다.

5. 결론

2015년과 2016년에 연이어 발생한 표절사태와 문단 내 성폭력 문제는 한국 문단문학장의 구조적 위기를 명증하게 보여주는 사건이었다. 그러나 몇 년의 시간이 흐른 뒤에 확인되는 것은 오히려 구조의 견고함이었다. 문단문학장의 폐쇄성과 그로 인한 구조적 폭력과 한계를 극복하기 위해서 독자중심주의라는 대안이 제시되었다. 독자중심주의는 독자를 능동적인 참여자이자 비평적 주체로서 '시민-독자'로 재인식하게 했다. 특히 문단 내 성폭력 해쉬태그 운동 등 뉴미디어를 통한 독자들의 적극적인 참여는 페미니즘 리부트 국면에서 새로운 작품과 작가, 비평 담론의 발견과 맞물리면서 문단문학장의 변화를 이끄는 주요한 동력이었다. 문단문학장에서 일종의 제도적 관리자 역할을 맡았던 비평가들과 그들의 비평 담론이 축소되었던 상황역시 '시민-독자'라는 새로운 비평적 주체들이 보여주었던 역동성에 의해 그 당위성을 얻을 수 있었다.

독자중심주의는 문단문학장의 제도를 어떻게 변화하게 할 것인가에 대한 구체적인 청사진을 제시하는 역할도 했다. 등단제도로 인한 폐쇄적인 구조를 넘기 위해서 작품에 대한 투고제를 도입한 문예지가 크게 늘었고, 작품을 평가하고 문예지를 기획하는 과정에도 독자가 개입할 수 있는 제도를 만들기도 했다. 문단문학장 안에서 문학적 인정을 배분하는 핵심적인 장치인 문학상을 선정하는 과정에도 독자가 참여할 수 있게 개방하는 시도들이 이어졌으며, 투표를 통해 독자의 의견을 양적으로 반영하려는 시도뿐 아니라 심사위원으로 위촉함으로써 구체적인 목소리를 듣고자 했다. 하지만 독자중심주의를 내세워 전개된 문단문학장의 구조를 변경하려는 시도들은 몇 년 지나지 않아서 기성의 구조로 회귀하고 말았다.

기성의 구조가 가진 견고함에도 불구하고 문단문학장 안에서 독자중심주의라는 방향성 자체는 사라지지 않았다. 이는 한편으로 독자중심주의 이후 문학장의 방향을 결정할 수 있는 구체적인 담론의 부재를 의미하는 것이기도 하다. 그러나 동시에 문단문학장 안에 내재된 독자 가독성의 특징이 문학 소비자와 그들과 연결된 구조를 통해 독자중심주의를 이해해온 것임을 명확하게 보여준다. 시민―독자의 수행성을 설명하기 위해서 등장했던 문학 소비자로서의 역할은 출판시장에서 문단문학의 위치를 재설정할 수 있는 명확한 방향성을 제시했고, 이는 문학장의 방향성 역시 강하게 결정한 조건이었다. 하지만 역설적으로 소비자―독자 모델을 중심으로 형성된 문단문학장의 독자 가독성은 비평적 주체로서의 시민―독자 모델을 뒷받침해주지 못했다. 독자중심주의를 주장하게 했던 비평적 역할과 담론들은 시장중심의 독자 가독성의 조건에서는 독자의 시장에서의 반응, 베스트셀러화와 시장 퇴출의 소비자운동으로 단순화되었다.

독자중심주의를 내세우며 문단문학장의 폐쇄성을 극복하고자 했던 일련의 시도들이 그 의도했던 성과를 달성하기 위해서는 독자의 참여를 어떻게 파악할 것인지, 독자 가독성의 재고가 필요하다. 문단문학장의 문제가 SNS에서 일련의 문학적 스캔들로 소비되고, 시장퇴출을 통해 종결되는 현재의 구조에서는 시민-독자의 비평적 개입은 소비자운동의 차원으로 회수될 뿐이다. 문단문학장과 그곳의 비평제도가 전문화된 문인의 사유에 기반하기 보다는 독자를 중심으로 전개되고자 한다면, 중요한 것은 어떠한 담론이냐가 아니라 독자를 발견하는 가독성의 변화와 그들이 참여할 구조의 형성에 있을 것이다.

읽기와 쓰기의 기계화 시대, 상징궁핍은 어떻게 노동 위기로 포획되는가

신현우

1. 서론 : 상징 궁핍과 비물질노동

해방적이고 대안적인 사이버공간을 향한 상상은 점점 위축되고 있다. 발로(Barlow)는 「사이버스페이스 독립선언문」에서 "인종, 경제, 군사력, 출신지역 등에 대한 편견이나 특권이 없는 누구나 들어올 수 있는 세계"를 건설할 것이라고 촉구했지만,[1] 오늘날의 정보기술 환경은 누구나 들어올 수 있으면서도 이용자를 디지털 경제의 이윤 사슬에 옭아매는 인지적 기계들로 가득하다. 이 기계들은 읽고 쓰는 행위를 통해 세계를 주체라는 인식으로 사고하고자 하는 근대적 태도를, 정보자본의 연산주의로 굴절되게끔 용도변경했다. 검색엔진의 키워

---

1 Barlow, John Perry. "A Declaration of The Independence of Cyberspace", 1996. https://www.eff.org/cyberspace-independence

드 자동완성과 페이지랭크 알고리즘, 소셜미디어의 피드 알고리즘과 기계학습, 유튜브의 추천 알고리즘과 독점적 디지털 구독 플랫폼들이 그 중심에 있다. 개인의 문화적 취향과 상징체계의 이데올로기적 생산은 더 이상 과거에 그랬던 것처럼 언어적 발화에 기반한 '호명'으로 성립되지 않는다. 네트에 수없이 생성되는 삶활동 데이터들로부터 문화적 생산과 소비의 방향이 기계적으로 도출되고, 공고한 알고리즘 체계는 다시 주체를 새롭게 호명한다. 니체는 〈유고〉에서 우리의 삶이 환상적인 것들과 마주하는 순간들의 연속이며 실제로 그것은 환상이라고 말했는데,[2] 구글과 유튜브, 소셜미디어의 알고리즘 환경은 기술로 빚어낸 환상을 자아내고 있는 것이다. 그것들이 제공해주는 반복적인 광고, 누군가가 작성한 그럴싸한 관용구와 냉소적인 워딩들에 대한 좋아요, 들었던 음악과 비슷한 다른 음악의 자동재생과 태그로 범주화되는 문화적 기호는 관념이 아닌 실재이다. 그것들은 온/오프 신호로 변환된 환상이며, 반도체와 광케이블의 연결망에서 재구성된 물질 대사이다.

마르크스는 인간의 '자유로운 의식적 활동'이라는 유적 본질이 물질을 생산하는 노동과 결부되어있음을 오래전에 적은 바 있다. 그러나 데이터 네트워크가 거대 플랫폼들의 알고리즘 감옥에 갇혀버린 오늘날, '의식적 활동' 조차도 과연 자유로운지에 대해 질문을 던져야만 한다. 소스코드로 주조된 세계에서 우리의 언어 및 신체 반응은 무수한 코드 연산과 기계적 작동들로 이뤄진다. 갤러웨이(Galloway)

---

2 Nietzche, Fridrich W. *Briefe Von Und an Friedrich Nietzsche Mai 1872–Dezember 1874*. Berlin: De Gruyter, 1996. 이상엽 옮김, 『유고』, 책세상, 2002, 38쪽.

가 지적하듯이, 인간의 언어는 수행성의 측면들을 가지고 있지만 기계의 언어는 실행성을 토대로 수행성을 재구성하는 초언어적 성격을 지닌다.[3] 활자의 시대에는 문자를 읽고 해석하여 의미들과 협상하는 문해력(literacy)이 인식의 중심이었다. 그러나 유튜브가 동영상을 추천해주는 알고리즘이나 소셜미디어의 추천광고를 이해하기 위해서는 어떤 동영상을 왜 추천해주는지 그 실행적 인과성을 파악해야 한다. 유튜브 영상이나 소셜미디어의 포스팅(작성된 사진, 글 등)의 의미를 읽어나가는 것과 그것들이 왜 내 화면에 나타났는지를 이해하는 문제는 별개이기 때문이다. 사진이나 문자의 의미들은 기각하거나 전유할 수 있다. 그것들을 읽어나가며 우리는 '아니야'라고 말할 수 있으며, 주석을 달수도 있을 것이다. 그러나 코드 명령어와 프로토콜에 대고 '아니야, 그만해'라고 말한다고 해서 그것이 실행되지는 않는다. 그것은 기계적 실행의 영역, 다시 말해 입력과 출력의 층위에 있기 때문이다.

텍스트가 생성되고 읽히는 공간이 인터넷 정보기술 환경으로 넘어갔다는 사실은 더 이상 놀랄만한 일이 아니다. 네그리와 하트가 지적하는 것처럼, 컴퓨터화가 지구적으로 진전되면서 "오늘날 우리는 점점 더 컴퓨터처럼 생각하게 되고, 소통 기술과 그것의 상호작용 모델은 이전보다 훨씬 노동과 활동의 중심이 되어 왔다."[4] 네그리와 하트는 컴퓨터적 전환과 그에 따른 디지털 경제로의 진입으로 인해

---

3 Galloway, Alexander R. *Protocol: How Control Exists After Decentralization*. Cambridge: The MIT Press, 2004. p.165.

4 Negri, Antonio & Hardt, Michael. *Empire*. Cambridge: Harvard University Press, 2000. 윤수종 옮김, 『제국』, 이학사, 2001, 382쪽.

자본주의적 생산의 동학이 물질적인 것에서 비물질적인 것으로 이행되었다고 주장한다. 사이버네틱스 기반 정보경제가 확장되면서 "관습, 습관, 생산 실행을 생산하고 규제하는 배열장치(dispositif)나 기구(apparatus)의 분산된 네트워크를 통해 사회적 명령이 구축되는"[5] 기존의 훈육사회는 '통제사회'로 변환된다. 통제사회에서는 "시민들의 두뇌와 신체 전체에 소통 체계, 정보 네트워크의 두뇌 및 신체를 직접적으로 조직하는 기계"[6]들을 통해 권력이 생활 세계와 창조 욕망으로부터 영토화되는 경향이 두드러진다. 0과 1로된 연산의 공간에서 이미지, 텍스트, 사운드를 생성하는 리비도적 흐름은 인지적 기계들의 프로토콜과 맞닿아 있는데, 오늘날의 자본은 바로 이 기계들의 작동원리와 설계 자체를 점유함으로써 잉여가치의 운동을 관리한다는 것이다.

이러한 현상을 두고 우리는 '통제사회의 기술화 국면'이라는 큰 맥락에서 조망할 수 있을 것이다. 더 나아가, 통제사회에서 발생하는 상징의 위기가 사이버네틱스로 인해 더욱 복잡화되는 현실에 직면한다. 스티글레르(Stiegler)는 이를 두고 '상징 궁핍(symbolic misery)'이라는 언명으로 비판하고자 했다. 그에 따르면 현대 문화산업은 라디오와 텔레비전 등의 새로운 기술적 발명을 통해 노동이 아닌 시간(여가)을 소비의 시간, 즉 산업적 시간 대상을 통해 재배치하는 방향으로 나아간다. 레코드 음악과 텔레비전 프로그램은 이 산업적 시간 대상을 유통시키며, 개인의 고유한 리비도적 욕망(삶 에너지라고 표현할 수

---

5 위의 책, 52쪽.
6 위의 책, 52쪽.

있는)의 상징적 기반들을 박탈하는 기술적 인자로 기능했다. 스티글레르는 무엇보다, 미디어 기술의 진보가 상징 궁핍뿐 아니라 개인의 '가분체(dividual)'화를 가속한다는 점을 강조했다. 개인이 자신의 고유한 경험을 바탕으로 기억을 구성할 수 있는 능력이 자동화 알고리즘에 의해 통제된다는 것이다. 스티글레르에 따르면 이전까지 소비사회에서 이 자리를 차지하고 있던 것은 마케팅, 매니지먼트, 광고 등으로 규격화된 문화콘텐츠와 이에 대한 대중들의 물신주의였다. 반면 정보기술 환경에서 상징 궁핍은 더욱 비가시적인 방식으로 현상된다. 텔레비전과 스마트폰, 웨어러블과 다양한 소통 기기들이 개인적 기억의 통제를 가능케 하고 있으며, 나아가 개인 단위의 리비도적 충동을 '맞춤식'으로 자극해 소비주의적 충동으로 변주한다. 내가 '나'라고 말할 수 있는 최소 단위인 리비도가 파괴되고(경험의 궁핍, 삶의 지혜의 박탈), 대신 "일상생활은 망상적 구조의 표준과 계산에 종속되며 … 의사결정 시간을 줄이고, 숙고와 사색의 쓸데없는 시간을 없애는"[7] 가분체화(더 이상 나눌 수 없는 주체 단위인 개인이 정보 입출력의 분절단위로 쪼개어지는 단계)로 나아간다는 것이다. 이와 같은 초자본주의적 통제 사회 단계에서는 "상징을 순환시키고, 무엇보다 상징을 감각하고 인지 가능한 것으로 설정하는 개인(individual)의 참여가 불가능한 것으로 나타난다"[8]

---

7 Stiegler, Bernard. *Automatic Society: The Future of Work*. Cambridge: Polity Press, 2017. 김지현, 박성우, 조형준 옮김, 『자동화 사회 1: 알고리즘 인문학과 노동의 미래』, 새물결, 2019, 122쪽.
8 Stiegler, Bernard. *Symbolic Misery 1: Hyperindustrial Epoch*. Cambridge: Polity Press, 2014, p.8.

자본의 이러한 갱신 속에서 "분석적이고 상징적인 측면을 가진"[9] 비물질노동은 정보기술 생태계를 투과하며 상징 궁핍과 격자를 이루게 된다. 여기에는 유튜브가 자동으로 재생하는 시간 중에 무의식적으로 시청한 광고(이조차도 자동으로 매칭된 것이다), 한 번 검색한 뒤 끈질기게 추천되는 관련 상품의 목록, 이들을 평가하고 확산하는 기계적인 소통들(좋아요, 댓글달기, 구독, 팔로우), 스스로를 주목에 노출시키는 사진 및 포스팅의 창조행위 모두 동반된다. 뿐만 아니라 자발적이고 자유롭다고 생각되는 콘텐츠의 생산, 요컨대 유튜브 영상의 내용 구성이나 언어구사 또한 이러한 주목 경제 논리에 포획되게 된다. 알고리즘이 매개해준 비슷한 취향의 비슷한 사람들에게 '맞춤형'의 콘텐츠를 제공하고, 이로 인해 일시적으로 유행하는 재현들(유행어, 패션, 문법)에 관한 데이터들을 알고리즘이 다시 학습해 보여주는 식이다. 내가 '나'로서 욕망하고, 재현하고, 향유하는 것이 어려워질 뿐 아니라 그 궁핍을 채우고자 하는 활동이 직접적으로 생산적인 행위가 되어간다. 네그리의 진단처럼, "정보와 소통이 그 자체로서 바로 생산된 상품이며, 네트워크 자체가 생산과 유통 모두의 장소"[10]로 현현하는 것이다.

라자라토(Lazzarato) 또한 이러한 가분체화가 디지털 정보기술의 편류와 밀접한 연관이 있다고 강조한다. 그는 전면화된 비물질노동으로 인해 언표와 행위로 이뤄져 왔던 과거 소비사회의 기호계가 더

---

9 Negri, Antonio & Hardt, Michael. *Empire*. Cambridge: Harvard University Press, 2000. 윤수종 옮김, 『제국』, 이학사, 2001, 382쪽.
10 위의 책, 391쪽.

이상 개인 수준에서 개입할 수 없는 '비 기표적 기호계'로 모듈화되었다고 주장한다. 컴퓨터 언어의 실행성이 소비적 욕망(산업적 시간 대상)뿐만 아니라 생산과 가치실현 수준에서 그것과 융합하려는 경향이 있다는 것이다. 인지적 기계들에 의한 상징계의 주조가 점점 심화될수록, "의사소통의 생산-소비 관계를 탈구시키며,[11] "주가지수, 통화, 기업 회계, 국가예산, 컴퓨터 언어, 수학, 과학의 함수, 방정식 등으로 짜여진 비기표적 기호계를 통해 기계는 스스로 말하고, 자신을 표현하며, 인간과 다른 기계를 넘어서 실재 물자체와 소통하게 된다."[12] 이러한 통제사회의 정보기술화 국면에서는, 파스퀴넬리(Pasquinelli)가 지적하듯이 노동 착취, 잉여 축적, 그리고 경제적 지대는 쉽사리 레이더에 포착되지 않는다.[13]

요컨대 오늘날 문해력의 개념은 컴퓨터화된 상징 궁핍과 결부된 노동의 문제, 그리고 알고리즘들의 비 기표적 기호계의 자장에 대한 중층적 이해 속에서 재구성될 필요가 있다. 상징의 재난과 비물질노동의 재난은 정보기술의 바느질로 얽혀져 있다. 이제 정보를 얻기 위해 검색 엔진에서 키워드를 입력하면 그것과 연관된 텍스트가 먼저 출력되는 것이 아니라 유튜브의 동영상이 먼저 출력된다. 아무도

11 Lazzarato, Maurizio. "Immaterial Labour" (Colilli & Emory trans.) In Vrino, Paolo & Hardt, Michael (Eds.), *Radical thought in Italy: A potential politics*, pp.132~147. Minneapolis: University of Minnesota Press; 3rd ed, 2006, p.140.

12 Lazzarato, Maurizio. *Signs and Machines: Capitalism and The Production of Subjectiviy* (Jordan, Joshua David trans). Los Angeles: Semiotext(e), 2014. 신병현, 심성보 옮김, 『기호와 기계』, 갈무리, 2017, p.174.

13 Pasquinelli, Matteo. *Animal Spirits: A Bestiary of the Commons*. Rotterdam: NAi010 Publishers, 2008. 서창현 옮김, 『동물혼』, 갈무리, 2013, 159쪽.

타인에게 사심없이 유용한 정보와 지식을 공유하지 않는다. 모든 것
은 광고와 수익, 알고리즘으로 연결된다. 간단한 답을 얻기 위해서
3분~10분 분량의 동영상을 앞뒤로 눌러가며 보아야 하고, 그 사이에
어김없이 광고가 출력되며 그것이 사실인지 가짜인지 확인하는 부수
적 작업(팩트체크)까지 수행해야만 한다. 이러한 현상은 단순히 필터
버블이라고 정의하기 어려우며, 거대한 상업화와 조응하는 대량의 인
지적 노동이 상징 궁핍과 결부된 결과라 할 수 있다. 나아가, "생산자
들이 생산수단에 독립적으로 접근하지 못하도록 막음으로써 그들이
노동의 전체 생산물 이하를 임금으로 받아들이도록 강제하는"[14] 디지
털 지대경제와도 깊숙이 연루되어 있다. 유튜브와 페이스북, 인스타
그램이 자아내는 거대한 광고수익 지대가 그러하고 스트리밍 플랫폼,
배달 플랫폼, 클라우드 플랫폼 등 새로운 디지털 지주 기업들이 수취
하는 패시브인컴이 그러하다.

　즉 오늘날 무엇인가를 읽어나간다는 것은 응축된 인식적 사유에
삼투압하는 것이 아니라 생산된, 생산을 위해 출력된 노동의 결과물
을 소비하거나 그 자체로서 하나의 인지적 노동을 수행하는 것이 되
게 된다. 컴퓨터에 텍스트를 생성하거나, 그것들을 읽어나가는 매 순
간 우리는 프로토콜로 매개된 비물질노동의 프로세스들을 마주하고
있는 것이다. 누가, 왜 영상을 올리는가? 왜 특정한 상품 광고가 그림

---

14 Kleiner, Dmytri. "WOS4: The Creative Anti–Commons and the Poverty of Networks".
　Review of Wizard of OS4, Berlin. https://www.metamute.org/editorial/ articles/
　wos4–creative–anti–commons–and–poverty–networks. Pasquinelli, Matteo. *Animal
　Spirits: A Bestiary of the Commons*. Rotterdam: NAi010 Publishers, 2008. 서창현 옮김,
　『동물혼』, 갈무리, 2013, 160쪽에서 재인용.

자처럼 따라다니며 출력되는가? 데이터와 텍스트의 생산에 개입하는 자본의 벡터는 무엇인가? 이런 현상을 이해하기 위해서는 문자보다 더 아래의 지층에 새롭게 형성되고 있는 코드의 지층에 대한 발굴로부터 출발해야 한다.

정보기술 환경의 작동 생태계를 구조적으로 이해하기란 점점 더 난해해져 가고 있다. "디지털 코드가 작동하기 위해서는 반드시 '실행' 되어야 한다는 사실이 알고리즘의 가장 핵심적인 특징이지만",[15] 이는 언어의 수행성을 파악하는 것보다 더 지난하고 복잡한 기술적 문해력을 요구한다. 마르크스는 부의 창조가 노동 시간과 양이 아니라 '작동 인자'들의 강력한 효율성에 의존한다고 오래 전에 적었는데,[16] 정보기술은 물질적 상품의 생산 뿐 아니라 개인의 리비도가 발화된 문화적 표현 및 상징의 문해력을 수학적 효율성으로 포획한다. 이 거대한 연산 프로세스의 덩어리에서 떨어져 나온 데이터들은, 개인들이 코드와 반도체 위에 만드는 삶의 비정형적 흔적들은 그 자체로서 강력한 노동 작동 인자가 되는 것이다.

2. 쓰기와 말하기의 기술코드

옹(Ong)은 "쓰기가 의식을 재구조화한다"는 유명한 명제를 통해

---

15 Finn, Ed. *What Algorithm Want: Imigination in the Age of Computing*. Cambridge, MIT Press, 2017. 이로운 옮김, 『알고리즘이 욕망하는 것들』, 한빛미디어, 2019, 81쪽.
16 Marx, Karl. *Grundrisse der kritik der politischen Ökonomie*. Rohentwurf, 1939. 김호균 옮김, 『정치경제학 비판 요강 2』, 그린비, 2007, 380쪽.

쓰기가 선험적인 감각이 아니라 하나의 기술(technology)라는 논의를 펼친다. 그에 따르면 무엇인가를 자연스럽게 쓴다는 것은 불가능하며, 쓰기는 완전히 인공적인 것이다. 말해진 언어를 쓰기로 환치하는 과정은 의식적으로 적용하는 정연한 규칙에 의해 지배되며,[17] "말하기를 구술-청각의 세계에서 새로운 감각의 세계, 즉 시각의 세계로 이동시킴으로써 말하기와 사고를 함께 변화시킨다."[18] 이러한 쓰기의 기술을 통해 의식이 재구조화되는 과정 속에서 '문자성'이 형성되는데, 옹은 문자성의 생성 원리에 있어 가장 중요한 것은 인간이 쓰기의 기술을 재연하기 위해 필기도구, 구술필기 등의 테크닉을 발명하고 그것의 사용법을 신체적으로 체득하는 것이라고 본다. 무엇보다 문자성은 코드를 만들어낸다. 코드는 계급, 성별, 인종, 세대, 지역 등에 따라 달라지는 언어지층의 무늬로 구성된다. 코드는 미국의 백인 중산층과 흑인의 언어 간 차이를 만들어내고, 공식언어와 비공식언어를 구별짓기 한다. 옹은 쓰기의 기술이 교육과 인쇄술을 통해 '세련된 언어코드'로 주조될 수 있고 그것이 사회적 질서에 따라 위계화되어 있음을 논증했지만, 그것이 자본주의적 생산관계와 직접적으로 연결될 것이라는 전망에까지는 도달하지는 못했다.

유튜브와 소셜미디어, 그리고 검색엔진으로 편류하는 오늘날의 쓰기와 문자성은 점차 구술적인 것이 되어가고 있으며, 특히 유튜브는 '쓰기의 기술'보다 '말하기의 기술'이 더욱 지배적인 장으로 탈바꿈되

---

17 Ong, Walter J. *Orality and Literacy.* London: Routledge, 1982. 이기우, 임명진 옮김, 『구술문화와 문자문화』, 문예출판사, 2000, 129쪽.

18 위의 책, 133쪽.

고 있다. 디지털의 세계에서 코드는 이중으로 생성되는데, 기존의 문자적 기술이 자아내는 언어 코드가 정보기술이 만들어낸 기술적 코드로 출력되는 과정이라 이해할 수 있다. 요컨대 우리가 컴퓨터에서 텍스트를 입력하거나 영상 촬영 및 편집을 할 때 여러 층위의 코드(OS나 쓰기의 기술환경에 따라)가 동시에 직조되고 있는 것이다. 유니코드, 아스키 코드, C++ 등으로 대표되는 컴퓨터 언어와 HTML과 JAVA 같은 웹 언어, 그리고 디바이스와 디바이스 간의 소통을 담당하는 프로토콜은 제각기 다른 기능들을 맡고 있다. 이처럼 복잡한 인간-기계 간의 언어적 나선 안에서 코드들은 회전한다. 옹이 설명한 구술성과 문자성은 정보기술 환경에서는 기술코드들의 피드백 루프 안에서 새롭게 재구조화된다.

이를 이해하기 위해서는 코드 개념에 대한 두 가지 층위가 전제되어야 한다. 하나는 기계언어와 그 작동에 관한 문화적 이해이다. 핀(Finn)에 따르면 코드와 알고리즘은 "그 정체성의 중심에 유효 계산 가능성이라는 원칙이 있기 때문에 실행이라는 개념에 한정된다."[19] 갤러웨이는 이 실행성이 사회적 관계의 형성에 들어가는 비물질적 노동을 통제하는 하나의 알레고리라고 파악한다. 코드는 기계에서 실행 가능한 유일한 언어로서 "흐름을 생성하고, 네트 공간을 조향하며, 코드들의 관계를 삶의 형식과 연결시킨다."[20]는 것이다. 구독자 수와 동영상 시청 시간을 기반으로 광고 수익을 배분하는 유튜브 알

19 Finn, Ed. *What Algorithm Want: Imigination in the Age of Computing.* Cambridge: MIT Press, 2017. 이로운 옮김, 『알고리즘이 욕망하는 것들』, 한빛미디어, 2019, 83쪽.

20 Galloway, Alexander R. & Thacker, Eugene. "Protocol, Control, and Network". *Grey Room 39*, 2003, p.10.

고리즘이 대표적인 예다. 유튜버는 자신의 수익 배당을 더 늘려달라고 유튜브에 요구할 수 없다. 그 주체는 유튜브의 사내 규율이나 계약서가 아니라 자동화 알고리즘이기 때문이다. 구글 이용자는 자신이 원치 않는 광고를 보지 않게 해달라고 '대화'를 요청하기 어렵다. 애드센스 알고리즘이 그것을 자동 경매로 매개해준 것이기 때문에, 이용자는 광고가 관련성이 없다는 버튼을 누를 수 있을 뿐이다. 그러나 광고는 없어지지 않고 또 관련 있을 법한 다른 광고들로 나타난다. 한편 유튜버는 구독자 수를 늘리기 위해 소셜미디어와 커뮤니티에서 과거 마케팅 전문가들이 수행했던 역할을 직접 수행해야 한다. 구독과 좋아요를 눌러달라 요구하고, 시청자를 만족시키기 위해 자신의 감정을 상품화된 행위(구독과 좋아요, 알람설정까지 눌러주세요)로 상연해야 한다. 구독자 증가 수치가 유지되지 않으면, 수익은 단시간 내에 깎여나갈 것이기 때문이다.

디지털 정보기술 환경에서의 말하기와 쓰기, 그리고 읽기란 "문화적 대상을 분해해 개별의 형식으로 재구성할 수 있는, 조작 가능하고 전자적으로 저장된 비트로 정보를 창조하는"[21] 실천과 결부된 능력, 즉 코드에서 알고리즘, 프로토콜에서 HTML에 이르기까지 코드와 소스의 호출 방식 등을 직접 분석하고 재구성할 수 있는 능력을 포함한다. 유튜브에서 무언가를 말한다는 것, 시청한다는 것은 쓰기가 활자 인쇄술과 만나면서 기술적 접합을 이뤄낸 것처럼 컴퓨터 언어의 기술과 뒤섞이는 동시에 접지한다는 것을 의미한다. 또한 유튜브-소셜미디어-검색엔진의 주목경제에서 말하기의 기술은 삶의 경험들을

---

21 Jordan, Tim. *Information Politics*. London: Pluto Press, 2015, p.18.

상품적으로 표현하고 소모하는 상징 궁핍에 사로잡히기도 한다.

이는 두 번째 층위, 말하기의 기술이 자아내는 사회경제적 맥락으로서의 기술코드로 이어진다. 이는 핀버그(Feenberg)가 기술비판이론에서 구체화한 '사회적 헤게모니의 기술화'라는 관점이다. 핀버그에 따르면 모든 기술적 설계는 그 설계와 디자인의 차원에서부터 이미 특정한 목적과 권력의 위계가 관철되어 있다. 기술의 설계는 개별의 기술적 대상이 지닌 사회적 의미에 대응할 뿐 아니라 사회적 가치들에 대한 포괄적 가정을 포함하며, 기술의 진보는 경제학, 이데올로기, 종교, 전통에서 유래한 문화적 규범에 의해 영향을 받는다.[22] 요컨대 기술은 특정한 레짐을 사물로 구체화하며, 이를 수행하는 기술들의 사회적 작동 알고리즘을 '기술코드'라고 부른다.[23] 당대 생산양식, 지배적 권력관계는 기술코드를 투과해 사회적 헤게모니로 행사될 뿐 아니라 구조에 적극적으로 개입하는 것이다. 마노비치(Manovich)가 설명하는 것처럼 코드와 알고리즘의 작동체계를 형성하는 사회적 수행성은 방대한 네트워크를 투과하며 수행되는 읽기, 쓰기, 관람하기 등의 전통적인 텍스트 횡단을 질적으로나 형식적으로나 완전히 변화시키다. 이는 "마우스·터치스크린·조이스틱·햅틱 디바이스 등 작동을 실현하는 기술적 인터페이스에 의한 실시간 입력과 소프트웨어가 제공하는 도구에 의해서 구성된다."[24] 예컨대 디

22 Feenberg, Andrew. *Questioning Technology*. London: Routledge, 1999, p.86.

23 Feenberg, Andrew. *Transforming Technology: A Critical Theory Revisited*. New York: Oxford University Press, 2002, p.15.

24 Manovich, Lev. *Software Takes Command*. New York: Bloomsbury Academic, 2013. 이재현 옮김, 『소프트웨어가 명령한다』, 커뮤니케이션북스, 2014, 45쪽.

지털 게임을 플레이하는 이용자 경험을 우리는 무엇으로 규정해야 하는가? 이 경우 이용자는 읽기도, 쓰기도, 말하기도, 듣기도 동반되지만 무엇보다 코드로 건축된 시공간을 '탐색하는(exploring)' 차원에서 텍스트를 읽어나간다.[25] 유튜브에서 실시간 스트리밍을 하거나 영상을 제작하는 행위, 그리고 그것을 시청하는 행위는 어떻게 봐야 할까? 정보기술환경에서 말하기와 읽기는 기술코드의 강력한 수학적 규약으로 이어진, 결정화된 상호 소통으로 수렴되어간다. 구독, 좋아요, 알람설정, 댓글쓰기에서 통용되는 특정한 상호적 규약 뒤에 '읽고 말하는 기술'의 수행성을 결정하는 연산주의, 즉 기술의 구조가 존재한다는 것이다. 이 구조는 활자 인쇄술과 묵독으로 주어져 있던 문해력을 급속히 해체한다. 그 자체로서 화폐가 되어버린 주목 (attention economy)이 디지털 경제에 대두된 것은 우연이 아니다. 일련의 프로세스는 정보기술 환경에서 비물질노동을 컨베이어벨트 생산처럼 규격화하는 경향으로 이어진다. 슈퍼 유튜버들과 인스타그램 인플루언서들이 올리는 시청각 데이터들이 천편일률적인 문법으로 제작 유통되고 있는 현실을 상기해보라. 자본의 미디어 기술 코드는 상징 궁핍과 비물질노동(인지, 정동을 포함하는)의 접합 시도를 통해 포드주의적 혁신에 준하는 통제명령을 형성하는 것으로 보인다.

기술 코드화된 말하기와 쓰기가 단순한 테크닉의 차원을 너머 하나의 생산 구조라고 전제한다면, 주목은 그 자체로서 상품이자 교환가치가 된다. 주목의 양적 추상화 과정(구독자 수, 좋아요 수, 동영상 시

---

25 Aarseth, Espen J. *Cybertext: Perspectives on Ergodic literature.* Baltomore: The Johns Hopkins University Press, 1997. 류현주 옮김. 『사이버 텍스트』, 글누림, 2007. 22~23쪽.

청 시간 및 광고 재생 시간)은 마르크스가 산 노동에 대한 죽은 노동의 지배라고 설명한 산업 기계 시대의 임금노동 산출 과정과 연동된다. 카펜치스(Caffentzis)가 지적하듯이, 인간의 지력과 두뇌 활동을 기계화하는 지적인 기계들은 곧 죽은 자본이며, 그것들이 자본을 위해 가치를 창출할 수 있는 과정 일부가 되기 위해서는 인지적 노동자들의 산 지식에 연결되어야만 한다.[26] 자본은 임금을 주고 인터넷의 방대한 데이터를 생산한 것이 아니라 수많은 사람들이 창조해낸 정보지식의 커먼즈를 강탈하는 존재다.

부에노(Bueno)는 오늘날의 기술 미디어 생태계에서 네트워크는 광고주들에게 제조된 청중을 매개해주고 이윤을 벌어들인다고 지적했다.[27] 유튜브와 소셜미디어는 바로 이 역학을 기계화하면서 이용자들의 만들어낸 주목으로부터 거대한 디지털 지대 경제를 구축할 수 있었다. 상징의 위기가 노동의 재난으로 소급되는 지점은 바로 이런 기술적 연결에 의해 실현 가능한 것이었다. 알고리즘으로 이뤄진 사이버네틱스는 산업 기계들처럼 작동의 유기적 연결 속에서 피드백 루프를 이루기 때문에,[28] 기술코드 기반 의미해독 연결망 속에서 '개인의 고유한 리비도적 욕망을 표현하는' 상징적 상호작용은 매 순간 중재될 수밖에 없다. 이 딜레마로부터 언어적 소통은 생산적 노동과

---

26 Caffentzis, George. *In Letters of blood and fire: Work, machines, and the crisis of capitalism*. Oakland: PM Press, 2013. 서창현 옮김, 『피와 불의 문자들』, 갈무리, 2018, 192쪽.

27 Bueno, Claudio Celis. *Attention Economy: Labour, Time, and Power in Cognitive Capitalism*. Lanham: Rawman & Littlefield Publisher, 2016, p.22.

28 Dyer–Witheford, Nick. *Cyber–Proletariat*. London: Pluto Press, 2015, p.42.

의 접점들을 새롭게 발견한다. 문화적 소비의 기본 단위가 하나의
단일한 리비도적 주체인 개인이 아니라 컴퓨터 네트워크 기기의 기
본 단위인 노드(node)로 분절되는 것이다. 인터넷 상품 구매의 패턴과
좋아요 누른 영상의 섬네일을 분석하는 기본 토대는 데이터이다. 그
런데 데이터를 만들어내는 주체는 굳이 개인일 필요가 없다. 노드로
충분한 것이다. 상품 구매도, 주목의 생성과 가치 실현도 노드 단위로
이뤄진다. 노드들을 연결하고 조직화하는 알고리즘 기술코드는 개인
적 경험이나 삶의 지혜 등을 고려할 필요가 없다. 물질의 기본 단위가
땅, 불, 바람, 물이 아닌 분자임이 밝혀진 것처럼, 주체의 기본 단위는
이제 한 개인이 아니라 노드가 된다. 그런 의미에서 '가분체화'에 대
한 라자라토와 스티글레르의 설명은 옳았다. 마르크스는 "기계적 체
계의 수많은 점들에서, 개별적인 살아 있는 노동자들에게서 의식적
기관으로 나타난다."[29] 고 적었다. 개인으로부터 세포 분열된 노드들
은 자신의 삶과 소비에 대한 데이터를 네트워크에 흘리는 기계적 체
계의 점들이 되어가고, 기술코드는 그 점들을 연결함으로서 자본-노
동으로 이뤄진 비대칭적 경제 위계를 공고화한다.

3. 데이터 · 정보기술 환경에서의 가치실현구조

말하고 듣는 행위, 쓰고 읽는 행위, 시청하는 행위와 상호작용 이

---

29 Marx, Karl. *Grundrisse der kritik der politischen Ökonomie*. Rohentwurf, 1939. 김호
균 옮김, 『정치경제학 비판 요강 2』, 그린비, 2007, 371쪽.

노동에 사로잡혔다면, 그것들은 구체적으로 어떻게 가치가 되는가? 디지털 정보기술 환경에서 가치 실현은 어떤 방식으로 이뤄지는가? 2차적 구술성의 문화를 생성해내는 대표적인 플랫폼, 유튜브와 트위치TV에서 이용자 활동에 의한 주목은 크게 네 가지 방식으로 가치를 실현한다. 1) 실시간 스트리밍에서 시청자들이 후원하는 '도네이션', 2) 광고 알고리즘으로 자동 매개된 매칭 수익, 3) 광고사로부터 의뢰받은 직접 광고, 4) 구독자 수에 비례해서 배분되는 배당수익이 그것이다. 유튜브에서 활동하는 이용자는 실시간 스트리밍 시 자체 내장하고 있는 슈퍼챗 프로그램을 통해 시청자로부터 후원금을 받을 수 있으며, 유튜브 측은 수수료로 최대 37%를 수취한다. 트위치TV의 경우 스트리머가 아닌 후원자로부터 수수료를 수취하는데, 후원 금액이 클수록 수수료는 낮아진다. 후원 등급에 따라 부가가치 포함 42~54%의 수수료 및 별도의 환전 수수료가 부과되며, 후원자는 큰 금액을 지불할수록 방송 화면에 띄울 수 있는 메시지의 길이가 길어질 뿐 아니라 후원표시가 화면에 머무르는 시간도 늘어난다. 유튜브와 트위치TV 모두 자체 후원 프로그램을 운용하지만 별도로 외부 결제대행사의 후원 시스템인 '트윕'과 '투네이션' 서비스도 제공한다. 결제 방식에 따라 1.98%에서 최대 8.91%까지 수수료가 부과되며, 원천징수 소득세 또한 부과된다.

광고 이윤은 플랫폼과 생산자 모두가 가장 의존하고 있는 영역이며, 플랫폼 경제에서 수익이 이윤(임금노동)이 아닌 지대의 성격을 강하게 지니고 있음을 잘 보여준다. 업로드된 동영상에는 광고를 삽입할 수 있는 옵션이 존재하는데, 이 옵션 설정에 따라 광고 매칭 알고리즘인 구글 애드센스와 자동으로 연동된다. 애드센스는 동영상 재생 기반 CPM(cost per thousand impression)을 기준으로 시청 시간을 계산해 예상되는 수익을 알려주고, 더 많은 광고를 더 긴 시간 동안 재생하도록 유도한다.[30] 또한 광고는 광고주가 스트리머와 직접 계약해서 내보내는 것이 아니라 구글애즈(Google Ads)에 가입한 광고주와 키워드로 매칭되어 자동으로 입찰된다. 이렇게 해서 발생한 수익을 유튜브와 스트리머가 45:55로 배분한다.

잘 알려져 있듯이 유튜브와 트위치TV등 플랫폼들은 이용자와 그 어떤 노동계약서도 작성하지 않는다. 디지털 플랫폼에서의 생산은 임금노동의 착취에 의한 생산과 다른 성격을 지닌다. 가분체들의 활동(말하고, 읽고, 쓰고, 좋아하는)으로부터 비정형 데이터들이 만들어지고, 알고리즘에 의해 도출된 구독과 시청 시간에 근거해서 상품적 가치가 매겨진다. 그러나 누구나 이 디지털 농장에서 수익을 가져갈 수 있는 것은 아니다. 크리에이터는 먼저 자신의 콘텐트를 제작하기 위한 문화적 노동을 수행하고, 이것들이 높은 조회수로 주목을 끌어들이게끔 다양한 종류의 정동적 노동을 부차적으로 수행해야 한다. 크리에이터는 자신의 콘텐트를 홍보하기 위해 소셜미디어에서 열심히 네트워킹해야 할 뿐 아니라 시청자로부터 후원금을 이끌어내기 위해 고강도 감정노동을 투여한다. 여기에는 영상 편집, 이용자 커뮤니티 관리 등의 보이지 않는 작업들 또한 포함된다.

논란의 유튜브가 2021년까지 크리에이터 수익의 최저치로 제시한 기준은 구독자 수 1,000명, 지난 12개월 동안 자신의 채널에 올라온

---

30 신현우, 「유튜브 제국의 네트워크 경제: 디지털 공유지의 인클로저와 이용자 활동의 기계적 전유」, 『문화과학』 98, 문화과학사, 2019, 233쪽.

동영상 전체에 대한 4,000시간의 누적 시간이다. 이 두 조건을 충족하지 않으면 크리에이터는 광고를 삽입할 수 없었다. 트위치TV의 경우도 비슷한데, 최근 30일간의 방송 시간 25시간 이상, 최근 30일간의 고유 방송 일수 12일, 최근 30일간의 평균 시청자 수 75명을 달성해야만 한다. 또한 두 플랫폼 모두 월 수익이 100달러 이상을 넘지 못하면 정산 지급이 익월로 유보된다. 이는 제로 아워 계약을 맺은 임금노동자의 정산 방식에 구두 계약을 맺은 프리랜서의 보수 지불 방식을 결합한 것과 유사하다. 구글은 '최저임금'이나 다름없는 이 제한을 이제야 해제했는데, 이제 거대한 영상 아카이브와 이용자 풀이 축적되어 전 세계 이용자들을 독점한 만큼 굳이 제약을 둘 필요가 없어졌기 때문이다. 사업을 하던 사람이 슬슬 작업장을 철수하고 건물과 땅을 사들여 소작을 나눠주는 것과 비슷한 이치다.

생방송을 하지 않건 하건 크리에이터의 콘텐트 수익은 거의 유튜브 채널의 광고 수익에 의존할 수밖에 없는데, 유튜브 광고 수익을 환산하는 가장 주요한 요소는 조회수나 구독자 수도 아닌 '시청 시간'이다. 질렌과 로젠(Gielen & Rosen)의 알고리즘 역설계 분석에 따르면, 유튜브 시청 시간은 크게 여섯 가지 요소로 수치화된다. 1)영상의 조회수 2)평균 시청 시간 3)세션 시작 4) 세션 시간 5) 세션 종료 6)업로드 빈도를 종합한 수치가 유튜브의 시청 시간에 따라 산출된 주목의 상품가치를 '추상화' 한다.[31] 예컨대 평균 시청 시간이 약

---

31 Gielen, Matt & Rosen, Jeremy. "Reverse Engineering The Youtube Algorithm: Part 1". 2016, Tubefilter.com. 질렌과 로젠의 역설계 데이터는 오픈 엑세스로 되어 있으며, 다음 웹주소를 통해 확인할 수 있다. https://www.tubefilter.com/2016/06/23/reverse-engineering-youtube-algorithm/

8분인 영상은 5분 미만인 영상들보다 350% 높은 빈도로 추천되는데, 이는 유튜브의 유명한 '추천 알고리즘'에 의해 자동화되어 있다. 여기에 이용자가 유튜브를 종료하는 시점에 해당 영상으로 종료되었는지의 빈도와 실제 재생 시간이 측정된다. 마지막으로 영상의 조회수에 영상을 업로드한 이용자가 다른 영상을 업로드하는 빈도가 추가된다. 이렇게 해서 측정된 시청 시간에 키워드 연관성을 수치화해, 추천 알고리즘은 이용자가 좋아할 법한 동영상을 피드에 자동으로 표시한다.

피드가 끊임없이 동영상을 시청하도록 권유하기 때문에, 이용자가 무의식중에 유튜브에 머무르며 동영상을 시청하는 시간은 더욱 증가한다. 이 시청 시간 속에 애드센스 알고리즘이 매칭한 광고들이 숨어 동영상 시청 시간의 지분을 잠식한다. 철저한 수학적 위계와 자동화된 배치 속에서 비 산업적 시간 대상(소설을 읽어나가는 시간, 영화를 시청하며 성찰하는 시간 등)은 측정 가능한, 교환 가능한 주목으로 가공된다. 이는 기술코드로 결박된 인지적 노동이 양적으로 추상화되는 것을 의미하는 것이기도 하다. 마르크스는 전 저작을 통해 자본주의적 상품 생산에 있어 가장 중요한 요소는 바로 자본주의적 연산시스템에 의해 엉글어지는 추상노동, 즉 인간적 수고와 질적 측면들을 제거한 '사회적 필요노동 시간의 산출'이라 강조한다. 가분체화된 노드들의 활동으로부터 추상을 적출하는 자본의 벡터는 정보기술환경에서도 여지없이 드러나는 것이다. 스르니체크(Srnicek)가 지적하듯이, "온라인 활동이 자본주의적 노동이라면 그 활동(생산과정을 합리화하고 비용을 낮추며 생산성을 높이는)에는 자본주의의 표준적 명령이 가해져야 한다."[32] 정보기술환경에서 수행되는 창조적 작업 및 소비 행태들이 가치를 실현하려면, 그 생산 과정에 압력을 가하는 암묵적 기준, 추상화된 사회적 필요노동 시간이 반드시 동반될 수밖에 없다.

그러나 피드 알고리즘으로 강요된 시청 시간 증대만으로는 유튜브가 자아내는 '죽은 시청 시간'이 성립되지 않는다. 유튜브에는 시간당 2만 4천 시간 분량의 동영상이 업로드되지만 이는 인간 노동 또는 활동으로 만들어진 구성체이다.[33] 이 긴 시청 시간을 이루는 것은 동영상을 시청하고, 구독과 좋아요를 누르고, 다른 장소로 공유하는 다중(multitude)의 데이터 활동이다. 동영상 플랫폼과 소셜미디어, 검색 엔진의 네트워크는 바로 이 활동을 포획해 가치를 불어넣는다. 이용자 활동(검색, 링크, 좋아요, 구독)에 대한 코드화가 이뤄지지 않았더라면, 상징 궁핍은 이처럼 촘촘하게 펼쳐진 자본과 연동되지 못했을 것이다. 전 세계 디지털 정보의 양은 2년마다 두 배씩 증가하고 있으며, 이는 소셜미디어와 스마트폰 등 다양한 기술 요소들이 네트워크화된 결과이자 이용자 활동으로 생성된다.[34] 유튜브에서 이른바 '유명한 동영상', 가장 많은 조회수를 기록한 동영상들은 정말로 많은 사람들이 그 동영상을 좋아해서 시청한 결과가 아니라 알고리즘의 자동화 연산에 의해 빈도수가 높아져, 사람들이 많이 볼 수밖에 없게끔 만들어

---

32 Srnicek, Nick. *Platform Capitalism.* Cambridge: Polity Press, 2017. 심성보 옮김, 『플랫폼 자본주의』, 킹콩북, 2020, 61쪽.

33 신현우, 「유튜브 제국의 네트워크 경제: 디지털 공유지의 인클로저와 이용자 활동의 기계적 전유」. 『문화과학』 98, 문화과학사, 2019, 227쪽.

34 백욱인, 「빅데이터 형성과 전유체제 비판」, 『동향과 전망』 87, 한국 사회과학 연구소, 2013, 305쪽.

진 결과라 할 수 있다.[35] 피드 알고리즘이 기하급수적인 시청 시간 증대 및 주목을 생산하기 위해서는 결국 이용자들의 수요를 즉물적으로 반영하는 양적 데이터 및 범주화가 필요한데, 구글은 바로 이 지점을 자동화함으로써 효과적인 수익 구조를 구축할 수 있었다. 구글 검색엔진에 탑재된 페이지랭크 알고리즘(Page-rank algorithm)이라는 강력한 포획장치가 이것들을 매개하는 메타적 기관이 된다. 파스퀴넬리에 따르면 페이지랭크 알고리즘은 웹페이지에 연결된 링크 수에 따라 점수를 매기고, 링크마다 가중치가 더 큰 노드(접속자 수가 많은 홈페이지, 팔로워가 많은 블로그 등)가 많이 연동될수록 더 많은 수치를 획득한다.[36] 이렇게 이용자 활동 결과물(그것이 콘텐트이든 단순 텍스트이든)이 담긴 웹페이지의 가치가 평가되면, 다른 이용자가 검색할 때 연관 키워드 정보를 담은 복수의 웹페이지들 중 가장 가중치가 높은 페이지부터 순서대로 검색 결과로 나타난다. 이처럼 자동화된 알고리즘 분배 구조에서 2차적 구술성 및 말하기의 기술은 "미디어와 광고에 의해 추동된 집합적 욕망과 주목의 응축을 통해 생산되는 상품 가치가 된다."[37] 안드레예비치(Andrejevic)가 설명하듯 이용자의 자율적인 '콘텐츠 생성' 차원과 '데이터 생성' 차원은 엄밀히 구분되어야 하며, 이것의 성립 원리가 거대 플랫폼에 의해 사적으로 소유되는 한

---

35 신현우, 「유튜브 제국의 네트워크 경제: 디지털 공유지의 인클로저와 이용자 활동의 기계적 전유」. 『문화과학』 98, 문화과학사, 2019, 231쪽.

36 Pasquinelli, Matteo. "Google's PageRank Algorithm: A Diagram of The Cognitive Capitalism and The Rentier of The Common Intellect" In Becker, Konrad & Stalder, Felix et al. *Deep Search: The Politics of Search Beyond Google*. London: Transaction Publishers, 2009.

37 Ibid, p.6.

이용자가 뭔가를 선택할 수 있는 자유란 존재하지 않는다.[38] 유튜브의 첫 페이지, 페이스북의 피드에 들어서면서부터 능동적 문해 과정은 기계화된 노드들의 그물망에 닦달당한다. 무엇을 먼저 볼 것인가? 어떻게 읽을 것인가?의 결정권을 내가 아닌 알고리즘이 먼저 쥐고 있는 것이다.

기술코드의 공고한 포획망은 문화의 질적인 차원들을 재고하지 않는다. 페이지랭크의 검색 결과와 연관 키워드, 그리고 피드의 윗순서에 오르기 위해서는 성찰적이거나 점잖은 사고가 뒤로 밀려나야 한다. 조회수와 구독자 수를 늘리기 위해 자극적이고 파괴적인 말하기의 기술을 총동원해야 한다. 긍정적 의미든 부정적 의미든 주목을 위해서는 자극이 더 중요한 것이다. 여기에는 거대한 잉여노동이 투여된다. 슈퍼 유튜버들 사이에서는 작은 작업장 분업 형태의 생산과정이 자리잡고 있다. 벌어들인 광고 수익을 영상 편집과 소셜미디어 관리, 홍보, 커뮤니티 관리 등의 전담 고용 인력과 분배하는 것이다. 물론, 이들 또한 제대로 된 임금노동 계약서를 쓰고 작업하는 경우는 별로 없다.

---

38 Andrejevic, Mark. "Exploiting Youtube: Contradictions of User–Generated Labor" In Snickars, Pelle & Vonderau, Patrick. (ed). *The YouTube Reader*. Stockholm: National Library of Sweden, 2009, p.418.

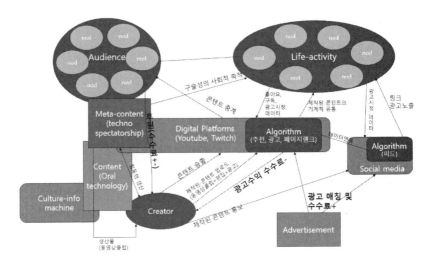

〈그림 1〉 데이터·정보 플랫폼 환경에서의 가치생산 역학

그림 1에서 보이듯, 데이터 정보 플랫폼 환경에서 상징 궁핍이 노동과 격자구조를 이루는 순간은 크게 세 방향으로 정리될 수 있다. 첫째, 콘텐츠의 생산에 동반되는 노동으로서 여기에는 고도의 인지적·문화적 노동이 포함된다. 둘째, 콘텐츠 생산물(동영상 클립)을 가공하는 부가 작업으로서, 이는 불투명하게 지불되거나 지불되지 않는 잉여노동 시간에 해당한다. 유튜브는 시청 시간에 기반한 광고 수익의 일부를 고스란히 가져가지만, 동영상의 편집 시간과 그것을 홍보하는 시간에 대해서는 그 어떤 분배 기준도 제시하지 않는다. 영상 편집 노하우가 없는 생산자는 따로 영상 편집자나 관리자에게 아웃소싱을 의뢰해야 한다. 셋째, 이용자 다중이 생성하는 비정형 데이터의 범람 속에서 광고 매칭 알고리즘과 피드 알고리즘, 페이지랭크 알고리즘은 일정한 소비 패턴과 상품 가치 중심적 활동 양태들을 발견하고 이를

활용해 막대한 광고 수익을 올린다. 구글이나 유튜브는 좋아요를 누르거나 링크를 거는 행위 주체인 이용자들에게 그 어떤 수익도 분배하지 않는다.

 독점 플랫폼에 기반한 정보기술 코드는 한편 이윤의 성격을 지대적 성격으로 전환하는 경향을 보인다. 베르첼로네(Vercellone)는 "데이터 정보 네트워크의 편재로 인해 사회적으로 축적된 기술과 지식의 발달이 자본에 의한 기존의 노동과정 및 분업을 대체" 한다고 설명하며,[39] 이항우는 베르첼로네의 논의를 바탕으로 "노동의 조직화와 관련한 어떠한 기능도 수행하지 않으면서 생산된 잉여가치를 생산 영역의 외부에서 추출하는"[40] 이윤의 지대되기가 가능해졌다고 설명한다. 일획천금의 신화로 포장되어 있지만 절대 다수의 콘텐츠 생산자들이 제대로 된 수익을 올리지 못한다. 디지털 소작지로서의 유튜브, 구글의 강력한 추상화 기관의 시작이자 끝인 소셜미디어와 커뮤니티 공간에서의 주목 생산, 그리고 이들과 끈끈하게 연결된 각종 플랫폼에서의 불안정 노동, 그리고 구독료와 월정액제에 기반한 지대적 수취에 이르기까지 노동의 위기는 상징 궁핍으로부터 역류한다. 자본 편향적 정보기술 전환이 지속된 결과, "불변자본은 언어적 기계의 총체로서 사회에 분산되고 가변자본은 재생산, 소비, 생활방식, 개인과 집단의 상상력 같은 영역에 흩어져 있는"[41] 예속의 구조가 가속되고

39 Vercellone, Carlo. "The Becoming Rent of Profit?: The New Articulation of Wages, Rent and Profit". *Knowledge Cultures 1(2)*, 2013, p.276.

40 이항우, 「이윤의 지대되기와 정동 엔클로저: 구글과 페이스북의 독점 지대 수취 경제」. 『한국사회학』 50(1), 한국사회학회, 2016, 196쪽.

41 Marazzi, Christian. (2011). *The Violence of Financial Capitalism*. Los Angeles, USA:

있는 것이다.

4. 결론 : 기술적 공통화의 지평 찾기

우리는 오늘날의 상업화된 정보기술 시공간에서 디지털 리터러시의 물적 본원의 포섭이 가치생산의 새로운 인지적 회로로 연결되어 있음을 목도하고 있다. 이 회로를 따라 자본의 지대추구 경향(또는 이윤의 지대되기)이 기존의 노동위기와 다른 방식의 재난이 되는 흐름들을 가시화된다. 산업주의적 전환에서 컴퓨터적 전환에 이르기까지 기존의 자본은 언제나 노동에 대한 통제권을 거머쥐고 특정한 방식(자본가는 금융 수익을 올리고, 노동자는 주택 대출을 받는)으로 조절하는데서 위기를 상쇄하고자 했다. 전통적인 자본주의 경제에서 노동의 절대적(양적) · 상대적(질적) 착취, 그리고 일정 비율 이상의 잉여노동량 유지와 자동화에 의해 불변자본과 죽은 노동의 비율을 늘리는 자본의 유기적 구성은 언제나 노동의 가격을 평가절하하거나 착취하는 방식으로 이뤄졌다. 오늘날 정보 기술 환경에서도 이 본질은 변하지 않았다. 이제는 그 형식이 독점 플랫폼과 지대 추구 경향으로 나아가고, 정보기술이 그 주요한 매개로 작동하고 있음을 징후적으로 확인하게 된다.

빠져나갈 수 없으리만치 전 지구적으로 펼쳐진 포획망 속에서 지대 추구 경향은 상징−노동의 재난을 작업장에서 생활 세계에서 이르

Semiotext(e). 심성보 옮김, 『금융자본주의의 폭력』, 갈무리, 2013, 73~74쪽.

기까지 전면화한다. 자연력에 준하는 독점적 플랫폼 환경에서, 상징
궁핍과 비물질노동이 동시에 자본의 기술코드로 작동 변환하는 것이
다. 디지털 정보·기술환경을 지배하는 알고리즘−플랫폼 환경은 사
실상 비트화된 자연이라 부를 수 있게 되었다. 오늘날 말하기와 쓰기
를 유튜브나 구글, 소셜미디어의 알고리즘으로부터 떼어놓고 이야기
하기란 어려운 일이다. 또한, 구독료 경제를 통과하지 않고는 미디어
콘텐츠의 생산과 소비를 이야기할 수 없다.

  잘 알려져 있듯이 마르크스는 자연력의 독점적 소유에 따른 초과
이윤인 지대와, 자본이 노동력과 생산수단을 통해 만들어낸 이윤의
성격이 완전히 다른 것이라 규정했다. 그는 노동력의 착취로부터 잉
여가치를 뽑아내는 산업자본과 달리, 토지의 소유에 따른 지대는 '자
연력'의 고유하게 주어진 희소가치를 독점한 결과 주어지는 불로소득
이라 생각했다. "그것은 하나의 독점적 자연력으로서, 수력의 경우처
럼 특정 토지부분과 부속물을 사용할 수 있는 사람에게만 주어지는
자연력이다."[42] 자연력의 소유는 소유주에게 독점력을 안겨주는데,
이는 자본 자체의 생산과정을 통해서는 만들어질 수 없으며 선대된
자본의 생산력을 증가시키는 조건으로 작용할 뿐이다.[43] 자본은 터빈
이나 동력 기술을 활용해 수력의 양을 증가시킬 수는 있으나, 수력
자체를 창출할 수는 없다. 따라서 수력의 이용으로부터 발생하는 초
과이윤은 자본으로부터 나오는 것이 아니라 독점적 자연력을 자본이

---

42 Marx, Karl. *Das Kapital III*, in Karl Marx·Friedrich Engels Werke Bd. 23, Dietz Verlag,
    1894. 강신준 옮김, 『자본III−1』, 『자본 III−2』, 길, 2010, 878쪽.
43 위의 책, 878쪽.

사용함으로써 나오며, 이 초과이윤은 지대로 전화한다.[44] 이 부분에서 마르크스는 또한 자본이 노동의 착취와 수탈을 통해 가치를 생산하는 것으로 보았지만, 지대는 실질적으로는 아무런 가치를 생산하지 않는다는 점을 논증했다. "대상화된 노동이 들어가 있지 않기 때문에 자연력 자체는 아무런 가치를 지니지 않음에도 불구하고 … 자연력의 가격을 상품 가격에 멋대로 포함시키는 것"[45]이다. 자본은 자연력의 소유자에게 비용을 지불하거나 혹은 직접 소유하고 있는 경우에도 '자연력을 가지지 않은 경우에 들어갈 비용'을 상상해서 그만큼의 가격을 부여한다는 것이다.

그러나 구글과 유튜브의 예에서 살펴본 것처럼 자본은 신기술의 도입과 투자를 통해 '희소가치를 가진 비트적 자연력'을 스스로 일궈 냈다. 구글과 유튜브, 소셜미디어가 내장한 알고리즘의 네트워크는 디지털 삶 전반에서 발생하는 데이터와 정보를 '사용가치가 있는 것'으로 가공하는 과정 자체를 자동화했다. 이제 살아서 움직이고, 생각하고, 무의식적으로 말하고 쓰는 지적 활동 일반이 이미 지나간 과거 발자취들의 평균값이라는 기시감을 지울 수 없게 됐다. '네트워크화된 독점지대'라 부를 수 있는 전무후무한 조건에서 마르크스의 예언은 다시금 환기될 필요가 있다. 그는 자신의 생산영역에 가변자본을 전혀 투입하지 않는 자본가(노동자를 전혀 고용하지 않는 자본가)라 하더라도 결국 지불되지 않은 부불 잉여노동으로부터 이윤을 뽑아낼 것임을 분명히 지적했다.[46] 기술집약적이고 탈중심화된 디지털 네트워

---

44 위의 책, 879쪽.

45 위의 책, 880쪽.

크 생태계에서 인간이 스스로 자연 원료로 전락하고 있는 지금, 상징 궁핍-노동위기를 극복하기 위한 대안적 리터러시의 재발명은 그 어 느 때보다도 시급하다. 공동체 전체의 수평적 연대를 지향하는 연합 (association)과 '자유로운 의식적 활동'으로서의 디지털 유적 본질을 새롭게 상상해야 한다. 자본이 점유한 기술 코드를 역설계하고, 나아 가 점유되지 않은 공통의 영역에서의 진지전을 수행하는 기술적 재 발명이 필요한 이유가 여기에 있다.

"진정으로 공동체를 풍요롭게 하기 위한 차세대 인터넷 기반 서비 스에 대한 질적 희망은, 사적으로 소유되고 중앙집중화되는 자원의 창출에 있는 것이 아니라 협업과 P2P, 그리고 모두가 소유하며 아무 도 소유하지 않는 커먼스 기반 시스템을 창출하는 것에 있다."[47] 이러 한 대안적 기술 지평은 컴퓨터의 탄생 이후부터 이어져온 것이다. 자유 소프트웨어(free software)의 이념에 기반한 오픈소스와 오픈하드 웨어 운동, 해커 행동주의, 다중지성에 의해 만들어지는 정보커먼스 (카피레프트, CCL, 오픈액세스 지식 커먼스 등)은 언제나 역사의 기술적 푸른 꽃들을 발아시키는 토양이었다. 이용자가 스스로의 삶정치를 설계하고 그것들을 자아낼 수 있는 리터러시를 확장하기 위해서는 무엇보다 수평적이고 참여적인 기술적 토양을 확보해야 한다. 텔레 커뮤니케이션을 통제하고 있는 정보기술을 전면 폐기하는 것이 아니 라 그것들을 전유하는 전술이 필요한데, 이는 기술과 언어의 변증법

---

46 위의 책, 262쪽.

47 Kleiner, Dmytri. *The Telekommunist Manifesto*. Amsterdam: Network Notebooks, 2010. 권범철 옮김, 『텔레코뮤니스트 선언』, 갈무리, 2014, 66쪽.

적 짝패 속에서 구성될 수 있는 기술적 공통화(commoning) 라는 방향에서 이야기될 수 있다. 데 안젤리스(De Angelis)는 비물질노동의 위기로부터 컴퓨터 네트워크 환경의 공통화를 향한 규제적 이념을 주장한다. 그에 따르면 공통화를 위해서는 먼저 공통화를 향한 거버넌스 이념이 전제되어야 한다. "공동체의 관계적 장은 주체들의 활동이 절합되는 공유의 장을 늘 상정하며, 이 공동체 안에서 각 개인은 사회적인 동시에 무언가를 공유해야만 한다는 사실을 주체적으로 인식한다."[48] 이 거버넌스가 가능하다면, 네트워크 시공간을 "사회적 삶의 기술이 구성되는 관계망, 결정과정, 피드백 순환 고리를 구성하는"[49] 장으로 설정해야만 한다. 그 안에서 비로소 "서로 관계 맺고 있는 사회적 신체의 일부로 자각하는 자유로운 개인들이 그들의 공동 생산을 어떻게 절합하는지를 논의하는"[50] 공통적 시공간의 지도를 그려나갈 수 있을 것이다. 요컨대 공통화라는 대안적 이정표를 정보기술 환경에서 재구성하고자 하는 노력이 절실하다.

거버넌스 뿐만 아니라 구체적인 기술 층위에서 고려되어야 하는 부분들도 많다. 이윤에서 지대로 이행하는 정보 자본의 가치실현 징후에는 잉여노동을 대량으로 발생시키면서 그 어떤 대가도 지불하지 않으려는 독점적 기술 플랫폼들이 있다. 유튜브나 소셜미디어의 긴밀한 공생 속에 배출되는 필터버블과 상징궁핍을 극복하기 위해서는

────────

48 De Angelis, Massimo. *The Beginning of History: Value Struggles and Global Capital.* London: Pluto Press, 2006. 권범철 옮김, 『역사의 시작: 가치 투쟁과 전 지구적 자본』, 서울: 갈무리, 2019, 443쪽.

49 위의 책, 440쪽.

50 위의 책, 441쪽.

애드-프리, 협동조합 기반 정보플랫폼과 같은 진지들이 조성되어야 한다. 또한 양적으로 최적화된 알고리즘에 대항할 수 있는 공통의 알고리즘 개발도 연구되어야 한다. 사실 이 부분은 본 연구가 여전히 탐색하지 못한 장이기도 하며, 후속 연구에서 수행되어야 할 주제이 기도 하다. 협동조합 기반 공통 플랫폼이나 공공재 검색엔진 등은 논의조차 되지 못하고 있다.

중요한 것은 결국 "해방을 향한 기술"을 어떻게 설계하고, 또 그것 과 어떻게 소통하는가이다. 노드로 분절된 가분체들을 어떻게 상호 협력 및 연대의 장으로 이끌어낼 것인가는 기술 코드의 재발명과 결 부된다. 이는 알고리즘과 플랫폼으로 짜여진 세계에서 새로운 문해 력을 획득하는 문제로도 이어진다. 코드의 개방된 접근권, 공유의 확 대, 그리고 새로운 기술코드에 대한 역설계적 상상력은 해방을 향한 리터러시의 소실점을 제공한다. 정보기술의 진보가 신산업을 창발하 고 새로운 이윤의 근간이 될 터이니, 인민들은 코딩이나 열심히 배우 라는 속류 경제주의의 헛소리에 속지 말자. 우리는 상징궁핍과 노동 위기가 아닌, 해석의 풍요와 노동의 존중을 향한 기술리터러시에 대 한 대화를, 늦었지만 지금 당장이라도 시작해야만 한다.

한국 SF에서 나타난 환경 위기 인식

이지용

1. SF 장르에서의 위기 인식 문제

SF(Science Fiction)는 '위기'에 대해 말하는데 능숙한 장르적 특징을 가지고 있다. "과학에 대한 우리의 인식과 과학의 혁신이 계몽주의와 산업혁명 이후 물질적·사회적 세계를 변화시켜 온 방식 사이의 변증법"[1]이라는 주제적 특징을 가진 장르로서의 성격을 가지고 있는 SF는 시대의 변화에 따라 그 시대가 가지고 있었던 위기 담론들을 주제적으로 포섭하면서 장르의 외연을 넓혀왔다.

SF에서 위기 담론들은 시대의 흐름에 따라 각각 다른 주제들을 견지해 왔는데, 주로 그 시대에 등장한 새로운 과학기술에 대한 비판적 시각을 기반으로 하고 있다. 카렐 차페크(Karel Capek)의 『R.U.R』(1920)

---

1 셰릴 빈트, 전행선 역, 『에스에스 에스프리 : SF를 읽을 때 우리가 생각할 것들』, arte, 2019, 12쪽.

과 아이작 아시모프(Isaac Asimov)의 로봇(Robot) 시리즈 등을 통해 드러난 위기 담론은 산업 혁명 이후, 그리고 러다이트 운동 등을 통해 나타났던 기계의 등장으로 인해 나타난 인간의 존엄성과 생존 문제에 대한 위기 인식들을 반영하고 구체화한다는 것에서 이를 확인할 수 있다.

또한 SF가 반영한 위기 인식은 과학기술 자체 뿐만 아니라 과학기술의 영향으로 변화한 사회구조에 대한 경고의 메시지도 포함해왔다. 쥘 베른(Jules Verne)의 『인도 왕비의 유산(Les Cinq cents millions de la Bégum)』(1879)은 제국주의와 패권주의의 위험성에 대해 경고했고, 에드워드 벨라미(Edward Bellamy)의 『뒤돌아보며(Looking Backward)』(1888)와 예브게니 아바노비치 쟈마찐(Evgeni Zamiatin)의 『우리들(MY)』(1924)는 각각 자본주의 사회의 구조적인 위험성과 볼셰비키 혁명 이후 제시된 사회주의 이상향에 대한 위험성 역시 경고했다. 이러한 맥락은 올더스 헉슬리(Aldous Huxley)의 『멋진 신세계(Brave New World)』(1932)를 거쳐 조지 오웰(George Orwell)의 『1984』(1949)로 이어지면서 시대의 변화를 반영해 발전해 왔다고 할 수 있다.

뿐만 아니라 정보통신이 발전이 두드러지는 1980년대 이후 나타난 윌리엄 깁슨(William Gibson)의 『뉴로맨서(Neuromancer)』(1984) 등의 작품은 조지 오웰이 경고했던 정보통신이 고도로 발달한 사회에서의 다양한 위기 담론들에 대해 현실화된 기술을 바탕으로 새로운 사고실험을 진행하였고, 코리 닥터로우(Cory Doctorrow)의 『리틀브라더(Little Brother)』(2008)에서는 기존의 마법적이거나 환상적인 정보통신 기술과 그에 의한 권력의 감시 등에 대한 위기 인식을 일상화되고 개별화된 현대적 맥락으로 발전시킨 사고실험을 보여주었다.[2]

이러한 위기 인식의 반영 중에서도 특징적인 것은 1980년대 이후에 형상화 된 '에코토피아(ecotopia)' 서사라고 할 수 있다. 20세기 환경 담론의 영향으로 구성한 유토피아 서사의 한 맥락인 에코토피아는 SF 장르에서 환경 위기에 대한 인식들이 어떻게 반영되었는가를 보여주는 좋은 예시라고 할 수 있다. 특히 이러한 맥락은 2015년 이후로 기후 위기에 대한 세계적인 관심의 증폭과 인류세(Anthropocene) 담론의 등장으로, 이전 세기의 그것과는 다른 가능성을 보여주고 있다.

이에 본 고에서는 21세기의 위기 인식 중에서 특징적이라고 할 수 있는 에코토피아 담론이 현재 어떠한 형태로 형상화 되었는가를 확인하고, 이를 통해 현대 한국이 가지고 있는 환경 위기에 대한 인식들을 새롭게 의미화해 보고자 한다. 특히 2010년대 이후의 SF 작품들이 기존의 녹색문학에서 보여주는 환경 친화적인 서사들이 가지고 있는 의미와 구분되며, 장르적으로도 20세기의 에코토피아와 담론과는 구별되는 양상의 가능성을 보여주고 있다. 그리고 이것이 이전과 다른 의미, 즉 포스트-에코토피아로서의 의미까지를 형성하고 있는가를 살펴보는 것이 본 고에서 도출하고자 하는 의미라고 할 수 있다.

---

2 한국에서 2016년 발의된 '테러방지법'을 저지하기 위한 야당 국회의원들의 무제한 토론, '필리버스터'에서 서기호 당시 정의당 의원에 이해 『리틀브라더』의 내용이 소개되었던 것은 이러한 SF 서사의 발전 맥락들이 한국 사회에도 직접적인 영향을 미쳤던 예라고 할 수 있다.

2. 에코토피아 담론과 새로운 방법론의 필요

에코토피아 담론은 20세기부터 드러나기 시작한 지구와 환경에 대한 문제들로부터 시작되었다. 어니스트 캘런버그(Ernest Callenbach)의 소설 『에코토피아(Ecotopia)』(1975)를 해당 담론에 대한 시작으로 보고 있는데, 이후에 기존의 유토피아 서사들에서 환경을 소재와 설정으로 다루고 있는 작품들을 에코토피아 영역으로 분리해 특징들을 정의하면서 SF의 하위장르로 자리를 잡게 되었다.[3] 물론 에코토피아 담론이 형성되는 데는 캘런버그의 작품 이외에도 앙드레 고르(Andr Gorz)의 『파라다이스로 가는 길(Paths to Paradise)』(1985)과 루돌트 바로(Rudolf Bahro)의 『적에서 녹으로(From Red to Green)』(1984), 『녹색운동 건설(Building the Green Movment)』(1986)과 같은 사상가나 정치가들의 저작들에서 제시된 모델들도 영향을 미쳤던 것으로 보인다.[4]

에코토피아에서 제시하는 미래는 주로 20세기의 환경친화적인 정책들을 가진 구조적 특징과 자유교육, 그리고 형벌에 대한 휴머니즘적 태도와 1960년대 성 혁명을 기반으로 하는 성인식, 반자본주의 경제 정책이라는 특징을 가지고 있었다.[5] 이를 대표하는 작품이 킴 스탠

---

3 물론 에코토피아의 서사 형태의 시작은 윌리엄 모리스(William Morris)의 저작인 「유토피아에서 온 소식(News from Nowwhere)」(1890)에서 제시된 생태문제를 고려하여 재구성된 친환경적인 생활상의 제안으로 보기도 한다. (Krishan Kumar, *Anti-Upotia in Modern Times*, Oxford: Basil Blackwell, 1987, p.408.) 하지만 에코토피아라는 용어의 등장과 개념의 정리가 이루어진 것은 캘런버그의 소설 이후라고 할 수 있다.

4 이소영, 「서구 사회에서 에코토피아 사상의 발달에 관한 연구」, 『생명연구』 15, 서강대학교 생명문화연구소, 2010, 62쪽 참조.

5 장정희, 『SF 장르의 이해』, 동인, 2016, 133~136쪽 참조.

리 로빈슨(Kim Stanley Robinson)의 유토피아 소설인 『태평양의 끝 (Pacific Edge)』(1990)과 대표작인 '화성 3부작'인데, 특히 '화성 3부작'은 화성에 테라포밍(Terraforming)을 통해 친환경적인 이상향, 즉 에코토 피아를 형성하는 과정을 보여주는 연작소설이다. 테라포밍은 자체가 다른 행성을 지구와 같은 환경으로 만들어내는 작업을 의미하는데, 화성 3부작에서 보여주고 있는 테라포밍은 이상적인 환경 상태를 설 정하고, 그것을 구현하고자 하는 유토피아 담론이 구현된 것이라고 할 수 있다.

하지만 테라포밍은 망가져 버린 지구의 환경을 뒤로하고 이상적인 대안 공간을 마련한다는 인간중심주의 적 사상에서 나온 것이기 때 문에 일종의 현실 도피로 여겨질 수 있다. 그러기 때문에 이러한 방법 론은 대안적인 방법으로 의미를 지속하기는 어렵다는 한계를 가지고 있었다. 그러기 때문에 21세기 이후 새롭게 대두한 환경 담론들은 단순히 환경 위기에 대한 경고를 하고 도피적인 대안을 제시하는 것 에 그치지 않고 현실적으로 변화를 요구하는 새로운 방법론을 필요 로 하게 되었다.

왜냐하면 20세기의 환경 위기에 대한 담론에서 제시하던 다양한 지표들은 이미 현실로 나타나고 있기 때문이다. 우리가 현 시대에 인식하고 행동해야 하는 기후 위기는 훨씬 더 구체적인 행동의 변화 까지도 요구되는 것이라고 할 수 있다.[6] 특히 이를 위한 인식의 전회

---

6 2015년 이후로 나타난 환경위기 담론들은 이전까지의 환경위기 담론이 견지했던 것보 다 훨씬 더 빠른 속도로 변화해가고 있는 기후위기를 기반으로 하고 있다. 이러한 위기 사항들은 단순히 삶의 방향이나 이데올로기적 관점이 아닌, 당장에 인류의 생존을 위협하는 형태로 나타나고 있다. 이를 바로 인식하고 변화를 만들어내기 위해서는

를 위해서는 인간과 비인간, 기술과 환경, 문명과 지구가 새로운 관
계정립을 통해 지속가능한 발전 방향을 정립하는 것이 핵심인데, 이
를 위한 담론들의 대중적인 확산은 중요한 부분이다. 그리고 이러한
포스트-에코토피아 담론의 문화예술적 형성을 위해서는 위해서는
우리의 주변의 기술발달 층위에 대한 명확한 이해와 더불어, 기후위
기 등의 다양한 원인의 환경오염 문제들에 대한 인지가 동반되어야
한다.[7]

   이러한 양상들을 반영하여 실제 2010년 이후의 SF 텍스트들에서는
단순히 환경오염에 대한 경고에서 그치는 것이 아니라 기술문명과
지구환경의 공존 가능성에 대한 다양한 사고실험을 시도하는 서사들
이 특징적으로 나타난다. 이는 이전의 에코토피아 담론들이 산업화
의 가속화로 인한 무분별한 환경 파괴를 경고하면서 그것을 촉발시
킨 냉전과 같은 사회의 분위기라든지, 거대 권력이나 부패 기업 등에
대한 비판으로 결론 짓는 것과 차별되는 지점들이 나타나는 것이라
고 할 수 있다. 한국은 20세기에 생태주의를 중심으로 녹색문학이라
고 명명되는 다양한 환경 문제에 대한 서사들이 형성되었지만, 21세
기에 접어들면서 지속되지 못했다. 하지만 2010년대에 접어들면서

   훨씬 더 구체적인 정보에 대한 인식과 넓은 범위의 지속가능한 발전 방안이 이룩되어야
   할 것이다. (건국대 인류세 인문학단,『우리는 가장 빠르고 확실하게 죽어가고 있다』,
   들녘, 2020, 50~76쪽 참조.)

7 이러한 인식은 단순히 닥쳐올 위기 상황에 대한 예상이나 예언이 아니라, 이미 우리가
   직면해 있는 문제라고도 할 수 있다. 과학자들은 이미 "앞으로 몇십 년은 지금까지
   이어져 온 전체 인류 문명의 역사보다 더 오래 이어질, 파국으로 치달을 광범위한
   기후변화를 최고화할 수 있는 한시적인 기회"라고 경고하고 있다. (Peter U. Clark 외,
   *Consequence of twenty-first-Century Policy for Multi Milennial Climate and
   sea-Level Change*, Nature Climate Change 6, 2016.4., pp.360~369 참조.)

다시 강조되고 있는 기후 위기 관련 담론들에 대한 이야기의 필요성
이 대두되었다. 그런데 이러한 담론들은 2010년을 기점으로 창작과
발표가 활발해지고 있는 한국 SF 소설들에서 나타나고 있다는 것을
확인할 수 있다.

특히 2010년 이후 발표된 한국 SF가 보여주는 환경 위기에 대한
문제는 20세기와는 다른, 다양한 방식으로 형상화되고 있다. 이들은
환상 혹은 경이의 세계라는 시뮬라크르를 기반으로 하고 있음에도
불구하고 환경 위기에 대한 인식들이 우리가 직면한 실질적인 위기
라는 것은 인지하고, 이를 단순히 계몽하거나 선전하는 데서 그치지
않는다. 오히려 환경 위기 문제의 극복에 대한 방향성을 제시하는
사고실험들을 다양하게 사고실험하는 모습을 하고 있다. 이는 SF가
가지고 있는 장르적인 특징이기도 하지만 20세기의 에코토피아 담론
이 보여주지 못했던 지점들을 극복하고 있는 것이라고도 할 수 있다.

이는 2010년 이후의 한국 SF가 보여준 특징 때문에 나타나는 현상
이라고 할 수 있다. 2010년 이후 한국 SF는 새로운 작가군의 등장과
새로운 대중적 필요가 맞물려 이전과 비교하여 활발하게 작품이 발
표되고 소비되는 것을 확인할 수 있다. 이 과정에서 20세기 내내 단계
적으로 진행되었던 SF의 장르적 공식들을 그대로 따르는 것이 아니
라, 21세기에 대두된 담론들을 새롭게 인식하고 장르적 코드(code)나
관습(convention)을 통해 새롭게 구현하는 작품들이 발표되고 있다.
이러한 양상 가운데 환경 위기 담론을 전제하고 있는 작품들 역시
이전과 다른 양상들을 보여주면서 새로운 가능성들을 만들어내고 있
다. 이는 다음에 제시되는 몇 가지의 특징으로 정리될 수 있다. 이들
을 통해 구현된 환경 위기 인식들을 살펴보면, 한국 SF를 통해 드러난

환경 위기에 대한 인식과 새로운 에코토피아에 대한 가능성을 확인
해 볼 수 있을 것이다.

3. 한국 SF에서 나타난 환경 위기 인식

1) 헤테로토피아 : 과학기술과 환경의 공존 세계

한국 SF에서 환경 위기에 대한 인식을 토대로 새로운 방향성을 제
시하고 있는 작품으로 정재승·김탁환의『눈먼 시계공』(2010)을 들 수
있다. 이 작품에서는 기술과 환경이 이상적으로 융합된 세계에서 포
스트휴먼적 존재들이 공존하는 다양한 모습들을 보여주고 있는 것이
특징이다. 과학자와 소설가의 협업으로 이루어진 이 소설의 창작작
업은 서사적인 맥락의 완성도나 미학적인 측면보다, 기술에 대한 예
언적 묘사와 그것이 구현된 세계에 대한 사고실험이 특징이라고 할
수 있다. 특히 이 작품에서 나타나는 도시 단위로 형성된 세계 국가의
모델들은 기술의 발달 정도가 주변의 자연환경과 얼마나 잘 어우러
졌는가를 기준으로 하는, 생태 문제에 대한 현대적인 감각들이 반영
된 것이라고 할 수 있다.

특히 "병들어 가는 20세기 공룡 도시 서울을 참신하고 자연 친화적
인 21세기형 도시로 탈바꿈"하는 작업이 이러한 첨단 도시에 대한
이미지의 주요 골자라는 것을 작품에서 밝히고 있는데, 이것이 21세
기의 기술과 환경에 대한 새로운 인식이 반영된 것이라고 할 수 있
다.[8] 작품에서는 이러한 인식 변화의 결과들에 대한 구체적인 모습들
도 제시하는데, 전기 자동차의 비율을 높이고, 고층 건물에 대한 허가

는 미학자와 건축 디자이너를 비롯한 각계의 전문가들로 구성된 평
가 집단의 승인을 거쳐야 하며, 나무가 울창한 거리의 조성과 동물원
이 생태공원으로 전환되는 것, 또한 산자락을 깎아내고 건축을 하는
것이 금지되고 기존의 지형을 토대로 건축을 하는 것이 그것이다.[9]

여기서 특징적인 것은 에코토피아 담론이나 생태문학 담론들이 기
술만능주의를 비판하고 반기술주의의 모습을 취하면서, 이상적인 상
태로 제시한 것들이 단순히 원시 상태와 같은 문명의 이전 단계로
회귀하려던 관습에서 벗어났다는 것이다. 오히려 이러한 지점들에
대한 경계는 작품에서 부자연스러워 보일 정도로 강조되고 있기도
한데, 이야기에서 가장 큰 문제 세력이자 범죄집단으로 그려지는 '전
통적인 자연 생태주의자'들의 등장이 그것이다. 그들은 "심각한 자연
파괴와 환경오염을 유발하는 도시 문명에 반대할 뿐만 아니라, 인간
중심의 세계관을 버리고 인간을 자연의 일부로 보려는 생태주의를
주창했다."라는 설명에서 볼 수 있듯, 20세기까지의 생태주의 혹은
에코토피아 담론이 보여주었던 관습들로는 이상적인 세계의 구성이
불가능하다는 것을 표상하는 장치로 작용한다.[10]

이들은 처음에는 해당 서사에서의 설정과 같이 혈연이나 지역 공
동체의 개념이 사라지고 난 뒤 가치 기준과 취미를 공유하는 여타의
'생활 양식 공동체'와 다름없이 자신들의 신념과 생활방식만을 지키
며 살기를 원한다. 작품에서 이들을 지칭하면서 말하고 있는 '코이브

---

8 김탁환·정재승, 『눈먼 시계공』, 민음사, 2010, 109쪽.
9 위의 책, 112~113쪽 참조.
10 위의 책, 115쪽.

'에코토피아'는 도나 해러웨이(Donna Haraway)의 공진화(co-evolution) 개념을 차용해 합성한 용어이긴 하지만 이를 위해 인간의 개발과 발전에 대한 모든 맥락을 거부하는 기존의 에코토피아 서사와 별반 다르지 않은 모습을 하고 있음을 알 수 있다.[11] 이는 단순히 기술과 환경에 대한 대립 일변도의 선택지는 실질적인 대안이 될 수 없다는 것을 의식을 내포하고 있는 것이라고 할 수 있다.

결국 『눈먼 시계공』에서 이야기하고 있는 환경에 대한 이상향이 구현된 세계는 이전과는 다르게, 과학기술과 환경이 공존하는 세계를 보여줌으로써 일종의 헤테로토피아(heterotopia)로 작용하고 있음을 알 수 있다. 이전까지의 환경문제가 해결된 이상세계, 즉 기존의 에코토피아는 현실에서 도피적이고 반기술적인 양상을 띠고 있었기 때문에 존재하지 않는 공간으로서의 유토피아를 지향할 수밖에 없었다. 하지만 『눈먼 시계공』에서 견지하고 있는 에코토피아는 과학기술과 환경문제가 상호 긴밀한 관계를 가진 상태로 조정되어 있기 때문에

---

11 소설에서 언급된 '코이브 에코토피아'라는 개념은 해러웨이가 명명했던 다양한 개체들이 상호연관성 내에서 다양한 가능성들을 주고받으면서 진화하는 공진화의 개념을 도입해 에코토피아의 새로운 경향을 제시하려 했던 시도로 보인다. 다만, 인간의 지위를 무작정 끌어내리고, 기술발달과 개발에 대한 일방적인 대립각을 내세우는 이들의 행동 양태는 해러웨이를 비롯해 돈 아이디(Don Ihde)나 질베르 시몽동(Gilbert Simondon), 캐서린 해일스(Katherine Hayles)와 같은 포스트휴머니즘 이론가들이 제시한 공진화의 개념과는 다소 거리가 있어 보인다. 공진화에서는 전개체(pre-individual)적인 경험들이 상호 연관을 주고받으면서 공동의 퍼텐셜을 발견하고, 개체초월적인 상태로 진입이 중요한 의미로 작용한다. (Simondon, Gilbert, *The Genesis of the Individual*, Ttans. Mask Cohen and Sanford Kwinter. Incorporations 6, 1992, pp.296~319.) 그리고 이러한 과정에서 간과하지 말아야 할 것은 현대사회에서 전개체와 개체초월적 개념 안에 인간과 기계, 기계와 인간과의 관계, 즉 기술과 인간과의 관계 역시 포함된다는 것이다. (이지용·최일규, 「공진화를 위한 기술화된 몸이론의 가능성」, 『아시아문화연구』 52, 가천대학교 아시아문화연구소, 2020, 90~92쪽 참조.)

현실적이지 않아 보이지만, 오히려 그를 통해 "현실적으로 일종의 이 의제기를 하는 상이한 공간"으로서 구현되고 있는 것이다.[12] 그리고 이것은 테크놀로지에 의해서 공간에 대한 새로운 가능성들이 나타나 그것에 대한 사유를 하게 될 것이라는 푸코의 주장들과도 맥락을 같 이하는 것이라 할 수 있다.[13] 이는 우리가 현대에 가져야 할 환경 위기 문제에 대한 새로운 대안 제기와 가능성의 발견이 이러한 맥락들을 통해 가능하다는 것을 제시해주는 것이기도 하다.

2) 환경 위기 현실을 반영한 세계관

환경문제로 인해 맞이하게 된 비극적인 세계는 SF 서사에서 가장 빈번하게 사용하고 있는 서사 구조이다. 하지만 2010년 이후 한국 SF에서 보여주고 있는 특징은 아포칼립스(Apocalypse)를 맞이해 인류 및 문명의 세계가 멸망해 버린 극단적인 디스토피아의 형태보다는 환경 위기에 대한 위험성을 확실하게 예견하고 그것들이 닥쳤을 때 인류의 다양한 모습들로부터 출발한다는 것이다. 이러한 형태는 대 표적으로 최현주의 『지구아이』(2018)와 천선란의 『레시』(2020)에서 발견할 수 있다. 이들 작품들에서 나타나는 환경 위기에 대한 인식들 은 이전 시대의 오존층 파괴나 핵전쟁으로 인한 재난적 방사능의 오 염 등이 보여주었던 것과는 구분되는 현대의 기후위기와 관련된 사 회적 위기인식들의 직접적인 영향들이 그대로 구현되고 있다는 특징 을 보인다.

---

12 미셸 푸코, 이상길 역, 『헤테로토피아』, 문학과지성사, 2014, .48쪽.
13 위의 책, 67~78쪽 참조.

최현주의 『지구아이』에서는 지구의 환경문제가 오랜 시간 동안 지속적으로 황폐화되어서 어느 순간 손을 쓸 수 없는 상태가 되어버린 세상을 설정하고 있다. 그렇기 때문에 대부분의 사람들은 지구를 떠나서 다른 행성으로 옮겨갈 수밖에 없게 되었고, "아름다웠다고 전해지는 푸른 별 지구는 복제 실패작들과 부랑자, 범죄자들의 마지막 쓰레기 처리장 같은 곳"이 되어버렸다.[14] 황폐해진 지구에서는 오염된 비가 내리기 때문에 방독면이 없으면 제대로 호흡을 하기도 힘들며, 방호복을 입지 않으면 피부가 오염되는 것도 순식간이다. 그런데 이 작품에서 발견되는 흥미로운 부분은, 이러한 상태가 환경오염으로 인해 발생한 바이러스 '넥스'로 인해 야기되었다는 것이다.[15]

이는 2020년 현재 전 세계적으로 코로나19로 인한 팬데믹을 지나고 있는 우리들의 모습과 오버랩 되는 부분이라고 할 수 있다. 코로나19에 대한 다양한 원인분석 중에서도 인간의 무분별한 개발로 인해 생태계의 파괴가 일어났고, 이로 인해 박쥐에게서만 공유되던 인수공통(人獸共通) 바이러스인 코로나19가 인간 사회에 퍼지게 되었다는 원인론은 『지구아이』가 상정하고 있는 미래의 위기 담론들이 가지고 있는 논리적 타당성에 의미를 부여할 수 있게 해준다.

물론 바이러스에 의한 인류의 위기 상황은 헐리우드 영화 〈12몽키스(12 Monkeys)〉(1995)를 비롯해 수많은 SF 서사들에서 다루어 왔던 설정이다. 대부분 연구시설에서 인위적으로 만들어진 바이러스가 모종의 음모나 관리자의 실수로 의해 노출돼서 인류를 멸망까지 몰고

---

14 최현주, 「지구아이」, 『지구아이』, 비룡소, 2018, 92쪽.
15 위의 책, 99~100쪽 참조.

가며 그것을 저지하는 서사가 주를 이룬다. 하지만 『지구아이』는 인위적인 음모론이 아니라 우리가 지금과 같이 일상적으로 행하는 환경 훼손의 문제가 지속되면 결국 대재앙과 같은 상황에 직면하게 될 것이라는 이야기를 하고 있는 것이 특징이다. 그리고 이러한 설정은 음모론을 주입하여 극적인 구조를 강화하려고 한 이전의 서사들보다 훨씬 더 현실적이고 직접적이다.

또한 천선란의 『레시』에서 나타나는 환경 위기에 대한 인식들은 굉장히 현실적이고 일상적인 상태인 것을 알 수 있다. 이 소설에서는 문제에 대한 개선을 위한 계몽과 같은 목적성이 아니라 현시대를 반영하는 과정에서 주변에 산재해 있는 사회적인 문제들이 그것과 잇대어 살고 있는 작가에게 삼투되어 발생하는 모습을 발견할 수 있다. 소설은 환경문제로 인한 전 지구에 걸친 비극이 아니라 그로 인해 발생하는 개인적이고 사변적인 다양한 비극에 대해 이야기하고 있는데, 이는 환경 위기에 대한 인식들이 더 이상 어떠한 거대목표를 위한 프로파간다적인 아젠다에서 그치는 것이 아니라 개인적인 삶의 직접적으로 영향을 주는 문제로 인식되고 있다는 것을 나타낸다고 할 수 있다.[16]

---

16 천선란은 첫 번째 소설집 『무너진 다리』에서도 세상이 멸망하는 아포칼립스 세계관을 상정하면서도 거대한 음모나 그것에 맞서는 영웅적 주인공을 내세우는 것이 아니라, 일상적이고 개별적인 것들이 무너지는 것에 대한 두려움을 서술하고 있다. 이는 작가의 개별적인 특징이기도 하고, 현세대가 가지고 있는 현실적이고 근본적인 두려움의 표상이라고 할 수도 있다. (이지용, 「무너진 삶과 존재들의 아토포스 - 천선란의 『무너진 다리』에서 나타난 의미들」, 웹진 『크로스로드』 170, 포스텍 아시아태평양이론물리센터, 2019.11.: http://crossroads.apctp.org/myboard/read.php?id=1488&s_para4=0027&Page=2&Board=n9998)

바다를 살릴 수 있는 마지막 카운트다운은 실패로 끝났다. 머지않아 흑해를 시작으로 모든 미생물이 죽을 것이라 예견했다. 5대양 전부 사해(死海)가 될 것이다. 돌고래나 해파리의 집단 죽음을 시작으로 청어, 산호초 … 그렇게 바다에 있는 생명체가 완전히 사라질 때까지 10년이 걸리지 않으리라.

지구는 바다가 보낸 마지막 신호를 제대로 듣지 못한 죄로 바다를 잃었다. 원인은 파지 바이러스의 변종 때문이었다.[17]

연구자들은 바다의 죽음이 변종 파지에 의한 미생물 파괴라는 것과 그 파지가 수억 년 동안 빙하 속에 잠들어 있었다는 것을 알아냈다.[18]

소설에서 언급한 것과 같이 현실에서도 인류는 이미 지구가 보내는 마지막 신호를 놓쳤다는 평가들이 이어지고 있다. 500만 년간 지금과 같은 지구의 평균 온도 상승은 존재하지 않았고, 그것을 추동한 것은 다름 아닌 인간이다. 하지만 우리가 가지고 있는 위기의식은 오히려 20세기의 환경운동이 보여주었던 것들보다 그 움직임이 두드러지지 않는다. 산발적으로 제시되는 사회운동의 형태나 학문적인 접근들이 있을 뿐, 일상적인 영역들에까지 이러한 메시지들이 와 닿는 경우는 거의 존재하지 않는 것처럼 보인다.[19] 하지만 천산란의 작품에서 구현된 형식들을 보면 한국 사회에서 가지고 있는 환경 위기

---

17 천선란, 「레시」, 『어떤 물질의 사랑』, 아작, 2020, 48~49쪽.

18 위의 글, 67쪽.

19 조천호, 〈500만 년간 이런 온도 상승은 없었다 … 문명 흔들릴 것〉, 『오마이뉴스』 2020.09.10. (http://www.ohmynews.com/NWS_Web/View/at_pg.aspx?CNTN_CD=A0002673665&CMPT_CD=P0010&utm_source=naver&utm_medium=newsearch&utm_campaign=naver_news)

에 대한 인식들이 일상화 되어 내재된 편린들을 발견할 수 있다. 그리고 그것은 이전 시대의 어떠한 위기 담론들이 보여주었던 형태가 아닌 일상적이고 현실적인 형태로의 변화 방향성에 대해 가늠할 수 있게 해준다.

3) 경이의 세계를 통한 알레고리의 반영

마지막으로는 SF가 가지고 있는 장르적 특징인 경이의 세계를 통해 보여주는 현실의 알레고리를 반영한 형태이다. 특히 이러한 방법론은 현재 우리에게 닥친 환경 위기를 해결하지 못했을 때 우리가 맞이하게 될 위험성에 대해 제시하는 경고 또한 내포하는데, 이선의 『행성감기에 걸리지 않는 법』(2018)이 여기에 해당한다고 볼 수 있다. 소설은 지구와 2,700광년이나 떨어진 '라비다 행성'을 배경으로 한다. 이 소설은 환상과경이의 세계를 상정하고 있기 때문에 현실적인 문제에 대한 견지와는 거리가 있어 보이지만 환상이 가지고 있는 특징인 알레고리를 통해 메시지를 전달한다. 이야기는 라비다 행성에 행성 감기라는 전염병이 돌고 있고, 환경이 훼손되어서 식량 문제를 해결하기 위해 '육체공유법'이 시행되고 있는 세계를 기반으로 하고 있다.[20] 그리고 이들이 문제 해결을 위해 생태적인 보존이 아직 잘되어 있는 지구를 발견하여, 지구인들을 통해 생태 문제를 해결하고자 한다는 것이다.[21]

이는 우회적으로 환경문제에 대한 해결 방법이 여전히 인간에게

---

20 이선,『행성감기에 걸리지 않는 법』, 캐비넷, 2018, 23쪽 참조.
21 위의 책, 39쪽 참조.

있다는 것을 드러내는 것이다. 소설에서는 지구의 생태는 여전히 가능성이 있는 것으로 형상화되고 있다. 하지만 라비다 행성이 그러했던 것처럼 발달한 기술들이 있더라도 구조적인 결함이나 의식의 동반이 되지 않으면 비극적일 결말을 맞을 수밖에 없을 것이라는 사실을 "1960년대 미국 SF에서부터 촉발되었던 뉴웨이브 들이 보여주었던 블랙코미디와 사회 풍자의 서사들"과 같은 방식으로 드러내고 있다.[22] 『행성감기에 걸리지 않는 법』은 특히 가볍고 장난스러워 보이는 서사 전개를 통해 현대사회의 구조 이면에 있는 다양한 부조리들을 그대로 드러내고, 그러한 문제들과 환경 위기들이 실질적인 위협이 될 수 있다는 것을 부각시킨다.

그러기 때문에 비슷한 설정의 서사에서 클리셰로 작동하는 백신의 개발 등으로 인한 기술적인 데우스 엑스 마키나(deus ex machina)에 의한 문제의 해결이나 영웅적인 면모들이 부각에 의해서 문제가 해결되는 것이 아니다. 오히려 리비다 행성에서 배척하고 무시했던, 데리다 행성 인들을 통해서 문제가 해결되는 방식이라는 인식과 관계 맺기의 새로운 방법으로 문제를 해결하는 것을 보여준다. 이는 환경 위기 문제를 인식하는 데 있어 사실 가장 근본적인 문제를 관통하는 것이기도 한데, 이를 교조적으로 제시하지 않고, 블랙코미디와 환상적이고 경이로운 세계를 통해 현실의 이면을 들춰 제시하고 있다.

---

22 이지용, 「팬데믹을 지나면서 기억해야 하는 것들 – 이선의 『행성감기에 걸리지 않는 법』에서 보여준 메시지들」, 웹진 『크로스로드』 175, 포스텍 아시아태평양이론물리센터, 2020.04. (http://crossroads.apctp.org/myboard/read.php?Board=n9998&id=1539 &s_para4=0027&fbclid=IwAR0C1Aq_h6IFfxHasODb46XFZzJAQlAqSE_C6kCvgmRnaDL Lv70lJkRWDKo)

이것은 SF라는 장르가 수행할 수 있는 가장 효과적인 방법들이 작용한 결과라고 할 수 있다.

이는 SF가 사실주의 문학에서 보여주던 것과 달리 현실에 대한 역동적인 변화를 추구한다는 장르의 특성이 그대로 반영된 것이라고 할 수 있다. 다르코 수빈은 SF를 "현실의 반영일 뿐 아니라 현실에 관한 것"이라고 정의한다.[23] 이를 반영하는 구성방법으로 제시하고 있는 인지적 소외(thought experiment)는 단순히 현실 자체가 아니라 현실이 다양한 방법으로 구성되어 있는 무언가라고 인식하면서 기존의 인식들을 실험적으로 재의미화 할 수 있게 되는 것이다. 그런데 경이의 세계로 인해 만들어진 상징체계들은 단순히 비판이나 고발에서 그치지 않고 "그 전체 그리고(또는) 결과가 내부적으로 모순되지 않는, 개념적이거나 생각해 낼 수 있는 모든 가능성"을 지향한다는 특징을 지닌다.[24] 그러기 때문에 이렇게 보여주는 현실의 불안 요소 혹은 위기 인식들은 독자들로 하여금 지적 반응을 일으킬 수 있는 능동적인 효과를 내포하고 있다고 할 수 있다.

아울러 소설에서 환경 위기에 대한 문제를 기술이나 개개인의 활동 영역과 맞닿은 것들로만 치부하지 않고 전개체적인 대상과의 관계를 통한 문제 해결의 방법으로 유도한다는 것은 현시대의 환경 위기 문제에 있어서 실질적인 대안에 접근하는 방법이기도 하다. 지금 우리가 직면해 있는 현실의 문제를 해결하는 방법으로 생태 문제와

---

[23] Suvin, Darko, *Metamotphoses of Science Fiction: On the Poetics and History of a Literary Genre*, New Haven: Yale UP, 1979, p.10.

[24] 위의 책, 66쪽.

유리된 기술 발전의 특이점을 넘는 성과나 반문명주의로의 회귀로는 현실화하기 힘들다. 오히려 다양한 개체들에 대한 인식의 영역들을 확대하고 '지구의 주인은 인간이 아니라는 것을, 지나가는 인간사와 상관없이 흘러가는 지구를 통해 되새기는, 너무나도 당연한 것들을 망각한 것들을 극복하는 것이 바람직한 방법이라고 할 수 있다.[25] 그리고 그러한 메시지들을 대중적으로 확산시키는 데 있어서 상징의 세계들을 자유롭게 이용하면서 인지적 소외로 나가는 SF 장르의 가능성은 이후로도 주목해 볼만 하다고 할 수 있다.

4. 한국 SF의 포스트-에코토피아 가능성

앞서 살펴본 바와 같이 SF는 위기에 대해 이야기하는 것이 익숙한 장르이고, 그중에서도 환경 위기에 대한 인식을 지속적으로 반영해 서사를 구축해 왔다는 것을 알 수 있었다. 특히 우리의 미래를 생각하면서 생태 문제와 유리된, 맹목적인 이상향에 대해 이야기하지 않는 서사들이 21세기에 들어서 반복적으로 나타나고 있음 또한 알 수 있었다. 이러한 현상들이 한국에서도 그대로 나타나고, 세계적으로도 이러한 인식의 대응에 기민하게 반응하고 있다는 것은 흥미로운 일이다. 실제 한국은 2010년대 이후로 세계적으로 기술의 발달과 그것의 활용에 최적화된 이미지를 가지고 있고, 현실을 이야기하는 문학장르의 특성상 이러한 생활상의 반영은 필연적이라고도 할 수 있다.

---

25 천선란, 「두하나」, 『어떤 물질의 사랑』, 아작, 2020, 211쪽 참조.

그런데 이러한 것들이 하나의 이슈에만 작용하는 것이 아니라 미래적인 담론의 가치 형성에 긴밀하게 관여하고 있는 사실이라는 부분을 상기해야 한다.

이는 다양한 형태로 발전되며 변화하고 있는 에코토피아 담론 자체가 가지고 있는 특징이라고도 할 수 있는데, 에코토피아는 본래 "고정불변이 아니라 각각의 사회에 적절하게 대응할 수 있도록 잠정적이며 또한 성찰적"이다.[26] 그러기 때문에 에코토피아 담론을 구체화하고 있는 소설 작품들을 통해 새롭게 나타나는 가치들에 대한 인식의 저변을 확대하는데 이러한 방법론들이 가지고 있는 의미가 크다고 할 수 있다. 그러기 때문에 "에코토피아를 확산시키기 위해서는 존재하는 세계로부터 고립보다 오히려 서로 연결된 것이 낫다"고 보는 진단은 환경 위기 문제에 대한 다양한 가능성을 창발시키기 위해서도 반드시 필요하다고 할 수 있다.[27] 에코토피아는 이러한 특징을 통해 "자신들만을 위해 고립된 지역에서 그들만의 사회를 만들고자 하는 것이 아니라 실현지역을 바탕으로 하여 에코토피아 사상의 공통 개념인 소외되지 않는 노동, 창조적 노동, 의식주의 평등, 생태적 책임, 자연과의 조화, 상호존경 등을 지역민들에게 알리고 그들이 동참할 수 있는 기회를 제공"한다.[28]

히지만 이러한 부분들은 그동안 에코토피아와 관련된 논의에서 제대로 조명되지 않았던 부분이기도 하고, 그러기 때문에 작품에서 나

---

26 이소영, 앞의 글, 76쪽.
27 박홍규, 「녹색 미래 - 에코토피아 탐색」, 『계간 사상』 102, 사회과학원, 2003, 186쪽.
28 위의 글, 74~75쪽.

타나는 환경 위기에 대한 인식들의 의미 역시 20세기의 생태 담론의 자장 안에서만 판단됐던 것이 사실이다. 그러나 새로운 인류세를 비롯한 새로운 환경 위기 담론이 등장하고 있는 현대에서는 새로운 방법론들이 필요하다. 가장 큰 틀에서는 인간-환경의 이분법적인 맥락들에서 벗어나 다양한 종을 아우르는 개체와 개체간의 의미들을 명확하게 확립하고, 그들이 상호연결되어 있는 지점들을 새롭게 의미화하는 것이다. 그리고 이러한 의미소들을 작품에 반영하여 세계관을 구축한다면, 그것은 현 시대에 걸맞는 환경 담론의 제시가 될 수 있을 것이다.

그것을 포스트-에코토피아 담론이라고도 부를 수 있을 것인데 그 가능성들을 한국 SF 작품들을 통해서 발견할 수 있다는 것은 흥미로운 일이다. 앞서 살펴본 바와 같이 현대 한국의 SF는새로운 세계를 상상하면서 현실에서 나타나고 있는 환경 위기의 문제들이 가지고 있는 심각성에 대한 인지가 비교적 적확하게 형성되어 있다. 그들은 작금의 환경 문제가 현실과 동떨어진 정치적인 방향성의 문제가 아니라는 사실을 인지하고 있으면서, 기술이나 제도 등에 대한 실질적인 모색을 추구하려는 장르적 특징 역시 충실하게 구현하고 있다.

그리고 이러한 특징들은 기존의 도피적인 유토피아가 아니라 "유토피아의 낙관성과 현실성을 동시에 갖는" 헤테로토피아로서의 양태들까지도 지향하는 새로운 의미를 만들어낸다.[29] SF는 미래를 다르게 생각하도록 이끌어 가는 서사를 제시하며, 이를 통해 실제 문화를 변

---

29 임지연, 「박경리의 생태시: '집 뜰'이라는 생태적 장소와 생명의 능동성」, 몸문화연구소, 『생태, 몸, 예술』, 쿠북, 2020, 184쪽.

화시키는데 효과가 있어야 함을 암묵적으로 제안하는 장르적 특성을 지닌다. 이는 SF가 경이의 세계라는 환상적인 장치들을 이용하면서도, 과학이라는 객관적이고 현실화가 가능한 매개들을 적극적으로 차용하기 때문에 발생하는 효과라고 할 수 있다.[30] 이러한 의미들의 생성 때문에 때문에 이후에도 SF 서사가 가지고 있는 사회적인 효용은 점차 확대될 것으로 기대된다. 그리고 이러한 양상들에 대한 의미작용을 확대하여 저변의 확대가 이루어질 수 있도록 하는 것은 한국 사회가 더 이상 미룰 수 없는 과제로 자리매김하게 될 것이다.

---

30 셰릴 빈트, 앞의 책, 42~43쪽 참조.

| 국어학 / 한국어교육학 |

댓글을 활용한 비판적 문식성 교육 연구

김은미, 선유화, 「댓글에 대한 노출이 뉴스 수용에 미치는 효과」, 『한국언론학보』 50(4), 한국언론학회, 2006.

김정은, 「카드뉴스를 활용한 뉴스 리터러시 교육 활동」, 『새국어교육』 127, 한국국어 교육학회, 2021.

김중섭 외, 『국제 통용 한국어 표준 교육과정 적용 연구 4단계』, 국립국어원, 2017.

민정호, 「학부 유학생의 비판적 리터러시 향상을 위한 강의 설계 방안 연구」, 『동악어 문학』 81, 동악어문학회, 2020.

박병선, 「비판적 담화분석 이론의 응용 방안 모색-한국어 교육을 중심으로-」, 『Journal of Korean Culture』 22. 한국어문학국제학술포럼, 2013.

박준홍, 『뉴스 이해 능력 신장을 위한 국어교육 내용 연구-틀 인식을 중심으로』, 서울 대학교 박사학위논문, 2016.

박현진, 『한국어 학습자를 위한 비판적 문식성 교육 방안 연구』, 고려대학교 박사학위 논문, 2014.

안기정, 「비판적 담화 분석에 기초한 비판적 읽기-쓰기 통합 활동 실행 연구: 한국어 중급 학습자들을 대상으로」, 『외국어교육연구』 32(4), 한국외국어대학교 외 국어교육연구소, 2018.

여은호, 박경우, 「인터넷 뉴스 댓글이 독자의 기사 인식에 미치는 인지적 영향」, 『지역 과 커뮤니케이션』 15(2), 부산울산경남언론학회, 2011.

오은하, 「인터넷 기사문의 댓글에 대한 내용 분석」, 『독서연구』 39, 한국독서학회, 2016.

윤성혜, 『대학생용 세계시민의식(Global Citizenship) 척도 개발』, 이화여자대학교 박 사학위논문, 2017.

윤여탁, 『문식성이란 무엇인가』, 태학사, 2021.

장청원, 「비평적 미디어 리터러시 신장을 위한 한국어 교육 연구-윤동주의 미디어

텍스트를 중심으로-」, 『인문사회과학예술융합학회지』 3(2), 인문사회과학예
술융합학회, 2019.

장청원, 「비판적 미디어 리터러시 신장을 위한 한국어 교육 원리 연구-중국인 학습자
들의 미디어 텍스트 반응 양상을 사례로-」, 『외국어로서의 한국어교육』 57,
연세대학교 언어교육연구원 한국어학당, 2020.

정혜승, 「문식성 교육의 쟁점 탐구」, 『교육과정평가연구』 11(1), 한국교육과정평가원,
2008.

조국현, 「인터넷 '댓글'의 텍스트유형학적 연구」, 『텍스트언어학』 23, 한국텍스트언어
학회, 2007.

황티장, 「베트남 학습자를 위한 비판적 문식성 교육의 의의 고찰 -한·베 비교문학
텍스트 활용을 중심으로」, 『한국어교육연구』 (12)2, 한국어교육연구소, 2017.

Fairclough, N., 이원표 역, 『대중매체 담화 분석』, 한국문화사, 2004.

_____, 김지홍 역, 『언어과 권력: 담화 텍스트 화용 연구』, 경진, 2011.

Freire, P. & Macedo, D., 허준 역, 『문해교육: 파울로 프레이지의 글 읽기와 세계 읽기』,
학이시습, 2014.

Hammond, J. & Macken—Horarik, M., "Critical literacy: Challenges and questions for
ESL classrooms". *Tesol Quarterly 33-3*, 1999.

Larsen-Freeman, D., 김서형·이혜숙·김민희 역(2012), 『언어교수: 문법에서 문법사
용하기로』, 지식과교양, 2012.

McLaughlin M., and DeVoogd G. L., *Critical Literacy: Enhancing Student's
Comprehension of Text.* Scholastic, 2004.

_____, & Allen, M. B., *Guided comprehension: A teaching model for
grades 3-8.* Newark, DE: International Reading Association, 2002.

Street, B. V., "Literacy and social change: The significance of social context in the
development of literacy programmes". In D. A. Wagner (Ed.), *The future
of literacy in a changing world* (pp.55-72). Cresskill, NJ: Hampton Press,
Inc., 1999.

Vasquez, V. M., *Negotiating critical literacies with young children: 10th
anniversary edition.* Routledge-LEA, 2014.

Widdowson, H. G., "Discourse analysis : acritical view". *Language and Literature*,
4(3), 1995.

뉴노멀 시대의 온라인 한국어교육 활성화 방안 연구

노 들, 「마이크로러닝 연구의 이슈와 최신동향」, 『한국교양교육학회 학술대회 자료
　　집』, 2019.

노정은·임수진·안윤숙, 「실시간 온라인 한국어 수업 환경에서의 교수자 및 학습자
　　인식에 대한 사례 연구-H대학교를 중심으로-」, 『한국어교육』, 31(4), 국제
　　한국어교육학회, 2020.

노채환, 「비실시간 온라인 한국어 수업에 대한 학습자 인식 연구」, 『반교어문연구』
　　56, 반교어문학회, 2020.

＿＿＿, 「포스트 코로나 시대의 한국어교육」, 『한중인문학연구』 72, 한중인문학회,
　　2021.

민경아·박서욱, 「실시간 원격 화상 한국어 강의에서의 상호작용에 대한 학습자와 교
　　사 인식 연구」, 『한국언어문화학』 17(3), 국제한국언어문화학회, 2020.

박종선, 『사이버학습의 이해-지식기반사회의 자기개발을 위한 학습전략-』, 교육과학
　　사, 2012.

박찬·김병석·전은경·전수연·진성임·정선재·강윤진·변문경, 『에듀테크 FOR 클래
　　스룸』, 다빈치books, 2020.

우영희, 「언어교육을 위한 이러닝의 활용 가능성 및 효과적 활용 방안에 대한 논의」,
　　『연세대학교 언어연구교육원 제8회 한국어교육학술대회 발표자료집』, 2012.

이동주·김미숙, 「코로나 19 상황에서의 대학 온라인 원격교육 실태와 개선 방안」, 『멀
　　티미디어 언어교육』 23(3), 한국멀티미디어언어교육학회, 2020.

이은성, 「실시간 온라인 화상 수업 효과 연구-한국어 학업 성취도와 만족도를 중심으
　　로-」, 『이중언어학』 81, 이중언어학회, 2020.

이종만, 「이러닝에서 사회성, 사용용이성, 유용성, 즐거움이 수용의향에 미치는 영향
　　연구」, 『한국콘텐츠학회논문지』 12(4), 한국콘텐츠학회, 2012.

이지연·지희수, 「동일 강좌의 이러닝과 대면 분반 수업을 수강한 대학생들의 인식
　　및 수업경험」, 『교육공학연구』 28(1), 한국교육공학회, 2012.

조연주, 「장애 요인 분석을 통한 한국어 온라인 수업 발전 방향 모색」, 『새국어교육』
　　124, 한국국어교육학회, 2020.

조인옥, 「비대면 실시간 온라인 한국어 수업의 운영 사례와 개선 방향: 한국어 교육기
　　관의 전면적 운영 사례를 중심으로」, 『외국어로서의 한국어교육』 58, 연세대
　　학교 언어연구교육원 한국어학당, 2020.

최락인·조정길, 「제4차 산업혁명과 이러닝 콘텐츠의 효과적인 품질관리 시스템 구축」,
　　『예술인문사회 융합 멀티미디어 논문지』 9(5), 인문사회과학기술융합학회.
　　2019.

한혜민, 「실시간 온라인 한국어 수업에서 매체를 활용한 상호작용 활성화 방안-홍콩 이공대학 〈미디어 한국어〉 과목 사례를 중심으로-」, 『이중언어학』 82, 이중 언어학회, 2021.

홍정민, 『에듀테크: 4차 산업혁명 시대의 미래 교육』, 책밥, 2017.

Buzzard, C., Crittenden, V. L., Crittenden, W. F., & McCarty, P. 「The use of digital technologies in the classroom: A teaching and learning perspective」, 『Journal of Marketing Education』, 33(2), 2011.

Gitsaki, C. & Taylor, R.P., 『Internet English』, Oxford University Press, 2000.

Kern, R. & Warschauer, M., 「Theory and practice of network-based language teaching」, 『In M. Warschauer & R. Kern(eds.), Network-based Language Teaching: Concepts and Practice』, Cambridge University Press, 2000.

Lowe, B., & Laffey, D., 「Is Twitter for the birds? Using Twitter to enhance student learning in a marketing course」, 『Journal of Marketing Education』 33, 2011.

Moore, M. G. & Kearsley, G. 『Distance education: a systems view of online learning』, Belmont: Wadsworth Publishing Company, 2012.

Rose, S., 「Medical student education in the time of COVID-19」, 『JAMA, published online on March 31』, 2020.

Ross, S. M., 「Slack it to me: Complementing LMS with student-centric communications for the millennial/post-millennial student」, 『Journal of Marketing Education』 41(2), 2019.

Jena, Lee., 「A Neuropsychological Exploration of Zoom Fatigue」, 『Psychiatric Times article, November』 18, 2020,(https://www.psychiatrictimes. com/view/ psychological-exploration-zoom-fatigue)

Szeto, E., 「Community of Inquiry as an instructional approach: What effects of teaching, social and cognitive presences are there in blended synchronous learning and teaching?」, 『Computers & Educatio』 81, 2015.

Swan, K., 「Relationships between interactions and learning in online environments」, 『The Sloan Consortium』, 2004.

'안전사고 및 재난 대비 한국어 의사소통 능력 향상'을 위한 요구 조사

교육부, 『학교 안전교육 7대 표준안』, 교육부 고시 제2016-90호, 2016.

국립국어원, 『2017년 국제통용 한국어교육 표준 교육과정 적용 연구(4단계)』, 국립국 어원, 2017.

국민안전처, 『생애주기별 안전교육 지도(KASEM)』, 2016.

구원회·박진찬·백민호, 「국내거주 외국인의 재난 시 서비스에 대한 인식조사 연구」, 『한국재난정보학회 논문집』 11(2), 한국재난정보학회, 2015.

김성수·주진걸, 「북한이탈주민의 CBS 긴급재난문자 이해도 분석연구」, 『한국방재학회 논문집』 18(2), 한국방재학회, 2018.

김유영, 「동일본대지진과 일본사회의 언어-외국인 주민을 대상으로 하는 '공적 정보 제공'에 있어서의 '알기 쉬운 일본어'」, 『일본학보』 97, 한국일본학회, 2013.

김윤영·김정규, 「다문화가정의 이주여성 폭력피해 방지를 위한 경찰활동 방안: 제주 지역을 표본으로」, 『한국치안행정논집』 10(3), 한국치안행정학회, 2013.

김윤희·류현숙, 「국내 거주 외국인의 재난안전 취약성에 관한 연구 정보요구 사항에 대한 심층인터뷰 내용을 중심으로」, 『한국위기관리논집』 11(3), 위기관리 이론과 실천, 2015.

김종세, 「현행법상 학교안전교육에 대한 문제점과 개선방안」, 『한양법학』, 26(2), 한양 법학회, 2015.

류영석, 「이주노동자 대상 한국어 교수요목 설계 방안 연구-입국 예정 이주노동자의 한국어 학습을 위해서」, 『언어와 문화』 4(3), 한국언어문화교육학회, 2008.

류현숙, 『안전취약계층의 안전권 보장을 위한 제도 개선 연구』, 한국행정연구원, 2018.

박미정, 「외국인의 안전의식에 영향을 미치는 요인에 관한 연구 제조업에 종사하는 대전·충청 지역 거주 외국인을 중심으로」, 『다문화와 평화』 14(1), 성결대학 교 다문화평화연구소, 2020.

박혜림·이선애·김순신·김동건·홍가연·양원호·이석용, 「외국인근로자의 산업재해 현황과 그 특성」, 『자연과학연구논문집』 10(1), 2012.

박효정·유선영, 『학교 안전교육 현황과 내실과 방향』, 한국교육개발원, 2015.

송선주, 「긴급재난문자를 활용한 한국어 어휘교육 방안 연구」, 『한국어교육연구』 12, 한국어교육학회, 2020.

신성수·배영복·하행봉·강경식, 「외국인근로자 건설현장의 재해분석 및 위험성 연구 평가」, 『대한안전경영과학회지』 17(2), 2015.

오세연·곽영길, 「다문화가정의 가정폭력에 대한 경찰의 대응방안에 관한 연구」, 『한 국치안행정논집』, 7(2), 한국치안행정학회, 2010.

윤태경, 『건설현장 외국인근로자의 안전교육 개선방안에 대한 연구』, 경기대학교 건설 산업대학원 석사학위논문, 2017.

윤형근·정현숙·홍금희·최진자·정지윤·이해욱·강경식, 「국내 상주외국인 근로자들 의 한국어 교육실태와 요구도 분석」, 『2012년도 대한안전경영과학회 춘계학 술대회』, 2012.

이관형·조흠학, 「외국인근로자의 근로환경 및 안전보건실태 조사연구」, 『대한안전경
　　영과학회지』 14(1), 대한안전경영과학회, 2012.

이미혜, 『사회통합프로그램 한국어 교재 개발(1차 연도)』, 국립국어원, 2019.

이선웅, 『2017년 다문화가정 대상 교재 개발』, 국립국어원, 2017.

이주호, 「재난취약계층 재난안전교육 개선방안-다문화 가족을 중심으로-」, 『한국위
　　기관리논집』 12(11), 위기관리 이론과 실천, 2016.

장현수, 「외국인 노동자를 대상으로 한 진료 관련 어휘 분석과 교육 방안 연구」, 부산
　　교육대학교 교육대학원 석사학위논문, 2020.

정진우, 「외국인근로자의 산업안전보건 강화방안에 관한 연구」, 『법과정책』 22(2), 제
　　주대학교 법과정책연구소, 2016.

정현미., 「결혼이민 가정폭력 피해현황과 지원체계 개선방안」, 『이화젠더법학』 1(1),
　　이화여자대학교 젠더법학연구소, 2010.

한정훈, 「이주노동자의 안전보건 불평등에 관한 연구」, 『사회과학연구』 58(1), 강원대
　　학교 사회과학연구원, 2019.

Jia Li, Ping Xie, Bin Ai and Lisheng Li, 「Multilingual communication experiences of
　　international students during the COVID-19 Pandemic」, 『Multilingua』 39(5),
　　Language Competence, 2020.

한국어 교육자료 제작 도구로서의 음성합성기(TTS) 성능 평가 연구

김선희, 「한국어 자동 발음열 생성을 위한 예외발음사전 구축」, 『음성과학』 10(4), 한
　　국음성학회, 2003.

김형순·김혜영, 「4차 산업혁명시대의 영어교사 미래준비도 연구」, 『멀티미디어언어
　　교육』 20(3), 한국멀티미디어언어교육학회, 2017.

박선희, 「영어 청해(L/C) 교육을 위한 TTS 활용 가능성」, 『English Language
　　Assessment』 2(1), 한국영어평가학회, 2008.

박진철, 「인공지능(AI)을 활용한 한국어 듣기 교육자료 제작 연구 -음성합성기술(TTS)
　　활용을 중심으로-」, 『이중언어학』 82, 이중언어학회, 2021.

서민정·박수현, 「한국어 문서-음성 변환 시스템을 위한 예외 처리 음운의 규칙화」,
　　『언어과학』 6(2), 한국언어과학회, 1999.

오선경, 「최신기술 활용에 대한 한국어 교사의 불안과 인식 연구」, 『어문논집』 90,
　　민족어문학회, 2020.

유은정·신승중, 「TTS 시스템을 이용한 감정 합성 모델에 관한 연구」, 『차세대융합기
　　술학회논문지』 40(4), 국제차세대융합기술학회, 2020.

유지철, 「뉴스 낭독에 나타난 TTS(음성합성기)와 아나운서의 준언어 특성 비교 및 준언어에 대한 수용자 인식에 관한 연구」, 성균관대학교 박사학위논문, 2019.

유현경·한재영·김홍범·이정택·김성규·강현화·구본관·이병규·황화상·이진호, 『한국어 표준 문법 -총론, 음운론, 형태론, 통사론, 담화론-』, 집문당, 2018.

이정철, 「대용량 한국어 TTS의 결정트리기반 음성 DB 감축 방안」, 『한국컴퓨터정보학회논문지』15(7), 한국컴퓨터정보학회, 2010.

이월미, 「받아쓰기에서 TTS(Text-to-Speech)프로그램의 활용 효과」, 진주교육대학교 석사학위논문, 2010.

임현열, 「네이버 파파고와 구글 번역기 음성 산출의 연음 현상에 관한 연구」, 『한말연구』47, 한말연구학회, 2018ㄱ.

_____, 「자연스러운 TTS 구현을 위한 ㄴ 첨가 처리 방안 -표준 발음과 현실 발음의 조화 모델을 중심으로-」, 『어문론집』73, 중앙어문학회, 2018ㄴ.

_____, 「한국어 TTS에 적용되는 /ㄴㄹ/ 연쇄의 발음 처리에 대하여-TTS의 발음에 대한 국어 음운론적 관점의 진단」, 『국어국문학』187, 국어국문학회, 2019ㄱ.

_____, 「한국어 TTS 경음화 발음의 국어학적 점검」, 『한말연구』54, 한말연구학회, 2019ㄴ.

_____, 「한국어 TTS 외래어 발음 처리의 문제점과 개선 방안」, 『어문론집』83, 중앙어문학회, 2020.

전재훈·차선화·정민화, 「형태음운론적 분석에 기반한 한국어 발음 생성」, 『한국정보과학회 학술발표논문집』24(2), 한국정보과학회, 1997.

조철우·이상호·김수진, 「한국어 합성음 평가 가이드라인 시안」, 『한국정보과학회 영남지부 학술발표논문집』13(1), 한국정보과학회 영남지부, 2005.

허용·김선정, 『외국어로서의 한국어 발음 교육론』, 2006, 박이정.

| 고전 |

구전설화 속 '역병'의 서사화 양상과 의미

「감회룰 긔록홈」, 『대한매일신보』, 1909.9.24.

유몽인 지음, 신익철·이형대·노용희·노영미 옮김, 『어우야담』, 돌베개, 2006.

이강옥 옮김, 『청구야담』, 문학동네, 2019.

이희준 편찬, 유화수·이은숙 역주, 『계서야담』, 국학자료원, 2003.

『한국구비문학대계』
http://yoksa.aks.ac.kr/jsp/ur/Directory.jsp?gb=1 (검색일 2020.09.15.~30.)
https://gubi.aks.ac.kr/web/ (검색일 2020.12.14.~18)

강상순, 「조선시대의 역병 인식과 신이적 상상세계」, 『일본학연구』 46, 단국대학교일
　　본연구소, 2015.
권복규, 「조선전기 역병 유행에 관하여」, 『한국사론』 43, 서울대학교국사학과, 2000.
김동준, 「질병 소재에 대처하는 한국한시의 몇 국면」, 『고전과 해석』 6, 고전문학한문
　　학연구학회, 2009.
김두종, 「우리나라 역병고」, 『대한의학협회지』 3(3), 대한의사협회, 1960.
김명옥, 「강감찬 설화에 나타난 민중의식과 정치적 지도자의 이미지」, 『스토리앤이미
　　지텔링』 19, 건국대학교 스토리앤이미지텔링연구소, 2020.
김영주, 「조선한문학에 나타난 痘疫」, 『한문교육연구』 29, 한문교육학회, 2007.
김영환, 「조선시대 역병발생기록에 관한 분석연구」, 『보건과학논집』 27, 고려대학교
　　보건과학연구소, 2001.
김정대, 「근세 조선시대의 전염병 유행과 보건대책에 관한 문헌적 고찰」, 서울대학교
　　석사학위논문, 1980.
박일용, 「홍순언 고사를 통해서 본 일화의 소설화 양상과 그 의미」, 『국문학연구』 5,
　　국문학회, 2001.
변정환, 「조선시대의 역병에 관련된 역병관과 구료시책에 관한 연구」, 서울대학교 박
　　사학위논문, 1984.
三木英, 『朝鮮醫學史及疾病史』, 사문각, 1991.
신동원, 『호환 마마 천연두』, 돌베개, 2013.
유혜련, 「오성 전설 연구」, 한국교원대학교 석사학위논문, 1999.
이경선, 「홍순언전 연구」, 『한국학논집』 3, 한양대 한국학연구소, 1983.
이병찬, 「'오성과 한음'의 교유(交遊) 연구」, 『영주어문』 27, 영주어문학회, 2014.
이승수, 「이항복 이야기의 전승 동력과 기원」, 『한국어문학연구』 56, 한국어문학연구
　　회, 2011.
이승은, 「18세기 야담집의 서사 지향과 서술방식」, 고려대학교 박사학위논문, 2016.
이인경, 「구비 '치병설화'의 의미와 기능」, 『국문학연구』 23, 국문학회, 2011.
이주영, 「19세기 疫病 체험의 문학적 형상」, 『동악어문학』 55, 동악어문학회, 2010.
이준호, 「조선시대 기후변동이 전염병 발생에 미친 영향」, 『한국지역지리학회지』 25(4),
　　한국지역지리학회, 2019.
정명기, 「홍순언 이야기의 갈래와 그 의미」, 『동방학지』 45, 연세대학교 국학연구원,
　　1984.

정장순, 「조선후기 야담에 형상화된 '痘神'의 성격과 의미」, 『어문논집』 76, 민족어문학
　　회, 2016.

조원준, 「조선시대 벽역의서에 나타난 역병 예방법」, 『대한예방한의학회지』 12(2), 대
　　한예방한의학회, 2008.

조은숙, 「치병설화;질병체험의 문학적 재현과 병자를 향한 타자의 시선」, 『어문론총』
　　56, 한국문학언어학회, 2012.

＿＿＿, 「의원을 향한 다중적 시선과 타자적 욕망」, 『국문학연구』 29, 국문학회, 2014.

＿＿＿, 「이항복 역사인물동화 전승 양상」, 『스토리앤이미지텔링』 7, 건국대학교스토
　　리앤이미지텔링연구소, 2014.

＿＿＿, 「오성과 한음 설화'의 캐릭터 분석과 교육적 의의-구비설화를 중심으로」, 『국
　　제어문』 67, 국제어문학회, 2015.

최　웅, 「강감찬 설화의 의미 분석」, 『인문과학연구』 23, 강원대학교 인문과학연구소,
　　2009.

村山指順, 『조선의 풍수』, 민음사, 1990.

http://gwangmyeong.grandculture.net/Contents?local=gwangmyeong&dataType=01
　　(검색일 2020.10.2.)

18세기 장흥지역 향촌의 위기상황과 대응양상

임형택, 「신발굴 가사를 통해본 가사의 재인식」, 『옛 노래, 옛 사람들의 내면풍경』,
　　소명, 2005.

고순희, 『현실비판가사연구』, 박문사, 2018.

김덕진, 『대기근, 조선을 뒤덮다』, 푸른역사, 2008.

김석회, 『존재 위백규 문학 연구』, 이회문화사, 1995.

김수진, 「〈농가월령가〉에 나타난 향촌사족적 현실인식」, 청주대학교 석사학위논문,
　　2011.

김연옥, 「한국의 소빙기 기후-역사기후학적 접근」, 『지리교육논집』 14, 서울대학교
　　지리교육과, 1984.

김재호, 「한국 전통사회의 기근과 그 대응: 1392~1910」, 『경제사학』 30, 경제사학회,
　　2001.

나종일, 「17세기 위기론과 한국사」, 『역사학보』 94·95, 역사학회, 1982.

박수진, 『문화지리학으로 본 문림고을 장흥의 가사문학』, 보고사, 2011.

안대회, 「전근대 한국 문학 속의 자연재해」, 『일본학연구』 53, 단국대 일본연구소,

2018.

임미경, 『존재 위백규의 시가에 나타난 18세기말 향촌사족의 의식』, 아주대학교 교육대학원 석사학위논문, 2005.

안혜진, 「18세기 가사를 통해 본 경향사족간 의식의 거리」, 『한국고전연구』 15, 한국고전연구학회, 2007.

이성무, 『한국의 과거제도』, 집문당, 1995.

이형대, 「18세기 전반의 농민현실과 〈임계탄〉」, 『민족문학사연구』 22, 고려대학교 민족문화연구원, 2003.

이태진, 「소빙기(1500-1750) 천변재이와 조선왕조실록」, 『역사학보』 149, 역사학회, 1996.

장흥군 방촌마을지편찬위원회, 『(전통문화마을) 장흥 방촌』, 향지사, 1994.

정진영, 『조선시대 향촌사회사』, 한길사, 1998.

_____, 「성씨와 촌락」, 『지방사연구입문』, 민속원, 2008.

정형지, 「조선시대 기근과 정부의 대책」, 『이화사학연구』 30, 이화사학연구소, 2003.

공감언론 뉴시스 2020년 9월 9일 기사, https://newsis.com/view/?id=NISX20200909_0001159669&cID =10201&pID=10200 (검색일 2020.09.12.)

동양고전종합DB (http://db.cyberseodang.or.kr)

'나쁜 여자'의 정치학

『동아일보』
『삼천리』
『신가정』
『신식유행이팔청춘창가집』
『신여성』
『조선일보』

김난희, 「아쿠타가와 류노스케(芥川龍之介)문학에 나타난 팜므파탈 모티프 고찰」, 『일본학보』 104, 한국일본학회, 2015.

김재석, 「식민지조선의 외국극 수용에 대한 연구 방법론의 모색 – 연극 카르멘을 대상으로」, 『한국극예술연구』 59, 한국극예술학회, 2018.

문경연, 「1920-30년대 대중문화와 신여성-활동사진과 유행가를 중심으로-」, 『여성문학연구』 12, 한국여성문학학회, 2004.

손성준, 「나도향 문학의 한 원천-『카르멘』(나도향 역, 박문서관, 1925)」, 『근대서지』 17, 근대서지학회, 2018.

유정선, 「근대이행기 규방가사와 공적 제도로서의 학교-〈생조감구가〉를 중심으로」, 『한국고전연구』 31, 한국고전연구학회, 2015.

이형대, 「일제시기 대중가요와 식민지 여성 현실」, 『한국고전여성문학연구』 10, 한국 고전여성문학회, 2005.

이은진, 「1930년대 유행가에서 나타나는 정형화된 여성성-근대적 젠더규범에 대한 음악적 해석」, 『음악사연구』 2, 음악사연구회, 2013.

_____, 「근대적 여성성의 구성과 훈육-일제강점기 대중가요의 여성 이미지를 중심으로」, 이화여자대학교 박사학위논문, 2017.

이혜원, 『20세기 초 근대극 삽입 가요의 번안 양상 연구』, 연세대학교 석사학위논문, 2020.

장두영, 「염상섭 『이심』의 『카르멘』 수용」, 『외국문학연구』 74, 한국외국어대학교 외국문학연구소, 2019.

장유정, 「김성집의 대중가요 가사 연구」, 『한국문학논총』 59, 한국문학회, 2011.

최은숙, 「1930년대 대중가요에 나타난 여성과 당대의 시선」, 『열상고전연구』 24, 열상고전연구회, 2006.

표언복, 「벽하작 『형산옥』에 대하여」, 『현대소설연구』 8, 한국현대소설학회, 1998.

「[장유정의 음악 정류장] [14] 윤심덕의 '디아볼로'」, 『조선일보』, 2022년 2월 3일자 기사, https://n.news.naver.com/article/023/0003670083 (검색일 2022년 2월 28일)

한국 유성기음반 연구소(http://www.sparchive.co.kr/v2/index.php.)

CNC 학술정보(http://yescnc.com/home/main.)

| 현대 |

부드러운 전제(專制)와 노동 - 자본의 뫼비우스띠

김세희, 『가만한 나날』, 민음사, 2019.

김혜진, 『9번의 일』, 한겨레출판, 2019.

장류진, 『일의 기쁨과 슬픔』, 2019.

조해진, 『환한 숨』, 문학과지성사, 2021.

박정훈, 『이것은 왜 직업이 아니란 말인가』, 빨간소금, 2019.

조정환, 『인지자본주의』, 갈무리, 2013.

마리아 미즈, 최재인 옮김, 『가부장제와 자본주의』, 갈무리, 2014.

마리아로사 달라 코스따, 이영주, 김현지 옮김, 『페미니즘의 투쟁』, 갈무리, 2020.

마우리치오 랏짜라토, 이성혁 옮김, 『사건의 정치』, 갈무리, 2018.

마크 피셔, 박진철 옮김, 『자본주의 리얼리즘』, 리시올, 2018.

실비아 페데리치, 황성원 옮김, 『혁명의 영점』, 갈무리, 2013.

아마미야 가린, 김미정 옮김, 『살게 해줘! : 프레카리아트, 21세기 불안정한 청춘의
노동』, 2017.

제이슨 W. 무어, 김효진 옮김, 『생명의 그물 속 자본주의』, 갈무리, 2020.

존 홀러웨이, 조정환 옮김, 『크랙 캐피탈리즘』, 갈무리, 2013.

질 들뢰즈, 김종호 옮김, 『대담』, 솔, 1991.

캐슬린 린치 외, 강순원 옮김, 『정동적 평등 : 누가 돌봄을 수행하는가』, 한울아카데미,
2016.

한나 아렌트, 이진우, 태정호 옮김, 『인간의 조건』, 한길사, 1996.

柴田隆行(監修), 石塚正英, 『哲学 · 思想翻訳語事典』, 論創社, 2013.

生田武志, 『いのちへの礼儀』, 筑摩書房, 2019.

강경석, 서영인, 강지희, 이철주 좌담. 「새로운 작가들의 젠더 노동 세대감각」, 『창작
과비평』 183, 창비, 2019.

김미정, 「소유를 질문한다 : 문학과 커먼즈(1)」, 『웹진 문화다』, 문화다북스, 2019.8.16.
(http://www.munhwada.net/home/m_view.php?ps_db=letters_vilage&ps_
boid=42&ps_mode= (최종검색일 2022.3.5.)

문무기, 「간접고용(근로자공급 · 하도급 · 파견 · 용역) 규율의 법리」, 『노동리뷰』 4, 한국
노동연구원, 2005. 4.

박정훈, 「알바노동과 기본소득」, 『문학3』, 창비, 2019년 2호.

_____, 「쌈디와 전소미의 '알바 광고', 이렇게 전복적일수가」, 『오마이뉴스』, 2019.
2.19. (http://www.ohmynews.com/NWS_Web/Series/series_premium_pg.as
px?CNTN_CD=A0002512607) (최종검색일 2022.3.5.)

정고은, 「노동이 멈춘 자리—방현석 노동소설 재독」, 『반교어문연구』 46, 반교어문학
회, 2017.

이혜령, 「노동하지 않는 노동자의 초상—1980년대 노동문학론 소고」, 『동방학지』 175,
연세대학교 국학연구원, 2016.

오길영, 「합당한 수상작인가? : 김세희 소설집 『가만한 나날』과 이소호 시집 『캣콜링』」,
『황해문화』 105, 새얼문화재단, 2019년 봄호.

오길영, 「노동소설에서 사회소설로 : 장류진 『일의 기쁨과 슬픔』과 김혜진 『9번의 일』」, 『황해문화』 107, 새얼문화재단, 2020년 여름호.

천정환, 「세기를 건넌 한국 노동소설 : 주체와 노동과정에 대한 서사론」, 『반교어문연구』 46, 반교어문학회.

Guy Standing, "Left Should Stop Equating Labour With Work.", *Social Europe* (2018.3.13.)

https://www.socialeurope.eu/why-work-not-labour-is-ecological-imperative. (최종 검색일 2022.3.5.)

커먼즈 연구활동가 번역 모임 http://commonstrans.net/

한국문학장의 뉴노멀과 독자 문제

강동호, 「문예지의 현재와 미래 : 문예지, 다르게 그려보기」, 『지금 다시, 문예지』, 미디어버스, 2016.

강동호·박인성·오혜진·이우창·황현경, 「우리 세대의 비평」, 『문학과사회-하이픈』 가을호, 문학과지성사, 2016.

김건형 외, 「독자를 다시 생각한다」, 『문학동네』 겨울호, 문학동네, 2019.

김미정, 「아리아드네의 실-독서할 수 있는/없는 시대의 회로 속에서」, 『문학과사회-하이픈』 여름호, 문학과지성사, 2019.

김주희, 「속도의 페미니즘과 관성의 정치」, 『문학과사회-하이픈』 겨울호, 문학과지성사, 2016.

노태훈, 「순문학이라는 장르 소설」, 『문장 웹진』 16년 11월호, 한국문화예술위원회, 2016.

_____, 「(순)문학이라는 장르와 매체」, 『현대비평』 1, 한국문학평론가협회, 2019.

박민정 외, 「한국문학의 폐쇄성을 넘어서-신경숙 표절 논란으로 살펴보는 문단 권력과 문학 제도의 문제」, 『실천문학』 가을호, 실천문학사, 2015.

복도훈, 「유머로서의 비평-축제, 진혼, 상처를 무대화한 비평의 10년을 되돌아보기」, 『문학과지성-하이픈』 봄호, 문학과지성사, 2018.

백다흠, 「문예지의 변신은 문학의 변신인가? 『악스트』의 사례」, 『지금 다시, 문예지』, 미디어버스, 2016.

백지은, 「텍스트를 읽는 것과 삶을 읽는 것은 다르지 않다」, 『문학과사회-하이픈』 여름호, 문학과지성사, 2018.

서영인, 「한국문학의 독점 구조와 대중적 소통 감각의 상실」, 『실천문학』 가을호, 실천문학사, 2015.

소영현, 「민주화 시대의 비평(2)」, 『문학3』 웹, 창비, 2017.02.18.

_____, 「포스트 미투 운동과 '시민-독자'의 자리」, 『여성문학연구』 47, 한국여성문학
회, 2019.

안서현, 「포스트 시대의 문학지」, 『자음과모음』 봄호, 자음과모음, 2019.

오창은, 「베껴쓰기, 혹은 필사(筆寫)의 파국-신경숙 표절 사건과 한국문학의 폐쇄성
비판」, 『문화과학』 83, 문화과학사, 2015.

오혜진, 「퇴행의 시대와 'K문학/비평'의 종말」, 『문화과학』 85, 문화과학사, 2016.

윤경희, 「어떻게 독자 세계가 될 것인가」, 『문학3』 3, 창비, 2017.

이동연, 「문학장의 위기와 대안 문학 생산 주체」, 『실천문학』 가을호, 실천문학사,
2015.

이소연, 「소금이 짠맛을 잃으면 - 비판 정신과 비평의 책무」, 『문학과사회』 가을호,
문학과지성사, 2020.

이지은, 「몹(mob)잡고 레벨업」, 『문학3』 3, 창비, 2017.

이현정, 「2000년대 이후 문예지와 문학장 변화 연구」, 『시민인문학』 38, 경기대학교
인문학연구소, 2020.

임태훈, 「환멸을 멈추고 무엇을 할 것인가?」, 『실천문학』 가을호, 실천문학사, 2015.

장은영, 「문예지 확장과 공공성의 구현」, 『한국문예비평연구』 62, 한국현대문예비평학
회, 2019.

조강석, 「메시지의 전경화와 소설의 '실효성'-정치적·윤리적 올바름과 문학의 관계에
대한 단상」, 『문장 웹진』, 2017.4.1.

조연정, 「문학의 미래보다 현실의 우리를」, 『문장 웹진』, 한국문화예술위원회, 2017.
8.10.

한영인, 「문학성(文學性)에서 문학성(文學+成)으로, 그리고 그 밖으로」, 『문학과지성
하이픈』 봄호, 문학과지성사, 2017.

허병식, 「차이와 반복, 2000년대 한국문학장의 표절과 문학권력」, 『사이間SAI』 20, 국
제한국문학문화학회, 2016.

허 윤, 「광장의 페미니즘과 한국문학의 정치성」, 『한국근대문학연구』 19(2), 한국근대
문학회, 2018.

_____, 「로맨스 대신 페미니즘을!」, 『문학과사회-하이픈』 여름호, 문학과지성사, 2018.

제임스 C.스콧, 전상인 옮김, 『국가처럼 보기』, 에코 리브르, 2010.

읽기와 쓰기의 기계화 시대, 상징궁핍은 어떻게 노동 위기로 포획되는가

백욱인, 「빅데이터 형성과 전유체제 비판」, 『동향과 전망』 87, 한국 사회과학 연구소, 2013, 304~331쪽.

신현우, 「유튜브 제국의 네트워크 경제: 디지털 공유지의 인클로저와 이용자 활동의 기계적 전유」. 『문화과학』 98, 문화과학사, 2019, 222~238쪽.

이항우, 「이윤의 지대되기와 정동 엔클로저: 구글과 페이스북의 독점 지대 수취 경제」. 『한국사회학』 50(1), 한국사회학회, 2016, 189~219쪽.

Aarseth, Espen J. *Cybertext: Perspectives on Ergodic literature*. Baltomore: The Johns Hopkins University Press, 1997. 류현주 옮김. 『사이버텍스트』, 글누림, 2007.

Andrejevic, Mark. "Exploiting Youtube: Contradictions of User-Generated Labor" In Snickars, Pelle & Vonderau, Patrick. (ed). *The YouTube Reader*. Stockholm: National Library of Sweden, 2009, pp.406~423.

Barlow, John Perry. "A Declaration of The Independence of Cyberspace", 1996. https://www.eff.org/cyberspace-independence

Bueno, Claudio Celis. *Attention Economy: Labour, Time, and Power in Cognitive Capitalism*. Lanham: Rawman & Littlefield Publisher, 2016.

Caffentzis, George. *In Letters of blood and fire: Work, machines, and the crisis of capitalism*. Oakland: PM Press, 2013. 서창현 옮김, 『피와 불의 문자들』, 갈무리, 2018.

De Angelis, Massimo. *The Beginning of History: Value Struggles and Global Capital*. London: Pluto Press, 2006. 권범철 옮김, 『역사의 시작: 가치 투쟁과 전 지구적 자본』, 갈무리, 2019.

Dyer-Witheford, Nick. *Cyber-Proletariat*. London: Pluto Press, 2015.

Feenberg, Andrew. *Transforming Technology: A Critical Theory Revisited*. New York: Oxford University Press, 2002.

Feenberg, Andrew. *Questioning Technology*. London: Routledge, 1999. 김병윤 옮김, 『기술을 의심한다』, 당대, 2018.

Finn, Ed. *What Algorithm Want: Imigination in the Age of Computing*. Cambridge: MIT Press, 2017. 이로운 옮김, 『알고리즘이 욕망하는 것들』, 한빛 미디어, 2019.

Galloway, Alexander R. & Thacker, Eugene. "Protocol, Control, and Network". *Grey*

Room 39, 2003, pp.6~29.

Galloway, Alexander R. *Protocol: How Control Exists After Decentralization*. Cambridge: The MIT Press, 2004.

Gielen, Matt & Rosen, Jeremy. "Reverse Engineering The Youtube Algorithm: Part 1". 2016, Tubefilter.com.
https://www.tubefilter.com/2016/06/23/reverse-engineering-youtube-algorithm/

Jordan, Tim. *Information Politics*. London: Pluto Press, 2015.

Kleiner, Dmytri. *The Telekommunist Manifesto*. Amsterdam: Network Notebooks, 2010. 권범철 옮김, 『텔레코뮤니스트 선언』, 갈무리, 2014.

_____. "WOS4: The Creative Anti-Commons and the Poverty of Networks'. Review of Wizard of OS4, Berlin.
https://www.metamute.org/editorial/articles/wos4-creative-anti-commons-and-po verty-networks

Lazzarato, Maurizio. "Immaterial Labour" (Colilli & Emory trans.) In Vrino, Paolo & Hardt, Michael (Eds.), *Radical thought in Italy: A potential politics*, pp.132~147. Minneapolis: University of Minnesota Press; 3rd ed, 2006.

Lazzarato, Maurizio. *Signs and Machines: Capitalism and The Production of Subjectiviy* (Jordan, Joshua David trans). Los Angeles: Semiotext(e), 2014. 신병현, 심성보 옮김, 『기호와 기계』, 갈무리, 2017.

Manovich, Lev. *Software Takes Command*. New York: Bloomsbury Academic, 2013. 이재현 옮김, 『소프트웨어가 명령한다』, 커뮤니케이션북스, 2014.

Marazzi, Christian. (2011). *The Violence of Financial Capitalism*. Los Angeles,: Semiotext(e). 심성보 옮김, 『금융자본주의의 폭력』, 갈무리, 2013.

Marx, Karl. *Ökonomisch-philosophische Manuskripte aus dem Jahre 1844 in Karl Marx · Friedrich Engels Werke*, MEGA I/3, Marx-Engels-Verlag, 1844/1932. 김문현 옮김, 『경제학· 철학 초고/자본론/공산당 선언/철학의 빈곤』, 동서문화사, 2008.

_____. *Das Kapital III*, in Karl Marx · Friedrich Engels Werke Bd. 23, Dietz Verlag, 1894. 강신준 옮김, 『자본III-1』, 『자본 III-2』, 길, 2010.

_____. *Grundrisse der kritik der politischen Ökonomie*. Rohentwurf, 1939. 김호균 옮김, 『정치경제학 비판 요강 2』, 그린비, 2007.

Negri, Antonio & Hardt, Michael. *Empire*. Cambridge: Harvard University Press, 2000. 윤수종 옮김, 『제국』, 이학사, 2001.

Nietzche, Fridrich W. Briefe Von Und an Friedrich Nietzsche Mai 1872–Dezember 1874. Berlin: De Gruyter, 1996. 이상엽 옮김, 『유고』, 책세상, 2002.

Ong, Walter J. *Orality and Literacy*. London: Routledge, 1982. 이기우, 임명진 옮김, 『구술문화와 문자문화』, 문예출판사, 2000.

Pasquinelli, Matteo. *Animal Spirits: A Bestiary of the Commons*. Rotterdam: NAi010 Publishers, 2008. 서창현 옮김, 『동물혼』, 갈무리, 2013.

_____."Google's PageRank Algorithm: A Diagram of The Cognitive Capitalism and The Rentier of The Common Intellect" In Becker, Konrad & Stalder, Felix et al. *Deep Search: The Politics of Search Beyond Google*. London: Transaction Publishers, 2009.

Srnicek, Nick. *Platform Capitalism*. Cambridge: Polity Press, 2017. 심성보 옮김, 『플랫폼 자본주의』, 킹콩북, 2020.

Stiegler, Bernard. *Symbolic Misery 1: Hyperindustrial Epoch*. Cambridge: Polity Press, 2014.

_____. *Automatic Society: The Future of Work*. Cambridge: Polity Press, 2017. 김지현, 박성우, 조형준 옮김. 『자동화 사회 1: 알고리즘 인문학과 노동의 미래』, 새물결, 2019.

Vercellone, Carlo. "The Becoming Rent of Profit?: The New Articulation of Wages, Rent and Profit". *Knowledge Cultures 1(2)*, 2013, pp.264~277.

한국 SF에서 나타난 환경 위기 인식

김탁환·정재승, 『눈먼 시계공』, 민음사, 2010.
이선, 『행성감기에 걸리지 않는 법』, 캐비넷, 2018.
천선란, 『어떤 물질의 사랑』, 아작, 2020.
최현주, 『지구아이』, 비룡소, 2018.

건국대학교 인류세 인문학단, 『우리는 가장 빠르고 확실하게 죽어가고 있다』, 들녘, 2020.
몸문화연구소, 『생태, 몸, 예술』, 쿠북, 2020.
박홍규, 「녹색 미래 - 에코토피아 탐색」, 『계간 사상』 102, 사회과학원, 2003.
이소영, 「서구 사회에서 에코토피아 사상의 발달에 관한 연구」, 『생명연구』 15, 서강대학교 생명문화연구소, 2010.

이지용·최일규, 「공진화를 위한 기술화된 몸이론의 가능성」, 『아시아문화연구』 52, 가천대학교 아시아문화연구소, 2020.

장정희, 『SF 장르의 이해』, 동인, 2016.

미셸 푸코, 이상길 역, 『헤테로토피아』, 문학과지성사, 2014.

셰릴 빈트, 전행선 역, 『에스에스 에스프리 : SF를 읽을 때 우리가 생각할 것들』, arte, 2019.

Peter U. Clark 외, *Consequence of twenty-first-Century Policy for Multi Milennial Climate and sea-Level Change*, Nature Climate Change 6, 2016.4.

Simondon, Gilbert, *The Genesis of the Individual*, Ttans. Mask Cohen and Sanford Kwinter. Incorporations 6, 1992.

Suvin, Darko, *Metamotphoses of Science Fiction: On the Poetics and History of a Literary Genre*, New Haven: Yale UP, 1979.

이지용, 「무너진 삶과 존재들의 아토포스 - 천선란의 『무너진 다리』에서 나타난 의미들」, 웹진 『크로스로드』 170, 포스텍 아시아태평양이론물리센터, 2019.11. (http://crossroads.apctp.org/myboard/read.php?id=1488&s_para4=0027&Page=2&Board=n9998)

_____, 「팬데믹을 지나면서 기억해야 하는 것들 - 이선의 『행성감기에 걸리지 않는 법』에서 보여준 메시지들」, 웹진 『크로스로드』 175, 포스텍 아시아태평양이론물리센터, 2020.04. (http://crossroads.apctp.org/myboard/read.php?Board=n9998&id=1539&s_para4=0027&fbclid=IwAR0C1Aq_h6IFfxHasODb46XFZzJAQlAqSE_C6kCvgmRnaDLLv70lJkRWDKo)

조천호, 〈500만 년간 이런 온도 상승은 없었다 … 문명 흔들릴 것〉, 『오마이뉴스』 2020.09.10. (http://www.ohmynews.com/NWS_Web/View/at_pg.aspx?CNTN_CD=A0002673665&CMPT_CD=P0010&utm_source=naver&utm_medium=newsearch&utm_campaign=naver_news)

논문출처

댓글을 활용한 비판적 문식성 교육 연구 [박민신]
『한국문화융합학회』 44-2, 2022.02.

뉴노멀 시대의 온라인 한국어교육 활성화 방안 연구 [노채환]
반교어문학회 제166차 정기학술대회 발표자료집, 2020.10.

'안전사고 및 재난 대비 한국어 의사소통 능력 향상'을 위한 요구 조사 [박지순]
『반교어문연구』 57, 2021.04.

한국어 교육자료 제작 도구로서의 음성합성기(TTS) 성능 평가 연구 [박진철]
반교어문학회 제167차 정기학술대회 발표자료집, 2021.04.

구전설화 속 '역병'의 서사화 양상과 의미 [송소라]
『고전문학과 교육』 46, 2021.02.

18세기 장흥지역 향촌의 위기상황과 대응양상 [박수진]
『반교어문연구』 56, 2020.12.

'나쁜 여자'의 정치학 [이혜원]
반교어문학회 제167차 정기학술대회 발표자료집, 2021.04.

부드러운 전제(專制), 노동 – 자본의 뫼비우스띠 [김미정]
『여성문학연구』 52, 2021.04.

한국문학장의 뉴노멀과 독자 문제 [김요섭]
『반교어문연구』 58, 2021.08.

읽기와 쓰기의 기계화 시대, 상징궁핍은 어떻게 노동 위기로 포획되는가 [신현우]
정보기술 환경에서의 문해력과 노동의 접합: 상징궁핍과 디지털 지대경제의 격자
구조 비판, 『반교어문연구』 56, 2020.12

한국 SF에서 나타난 환경 위기 인식 [이지용]
『반교어문연구』 56, 2020.12.

저자 소개(게재 순)

박민신
부산외국어대학교 한국어교육학과 교수

노채환
사이버한국외국어대학교 한국어학부 교수

박지순
연세대학교 글로벌인재학부 교수

박진철
연세대학교 글로벌인재대학 강사

송소라
고려대학교 민족문화연구원 연구교수

박수진
한양대학교 국어국문학과 강사

이혜원
연세대학교 국어국문학과 박사과정

김미정
성균관대학교 국어국문학과 강사

김요섭
성균관대학교 국어국문학과 박사과정 수료

신현우
서울과학기술대학교 IT정책대학원 강사

이지용
건국대학교 몸문화연구소 학술연구교수

위기와 성찰의 뉴노멀 시대

2022년 4월 28일 초판 1쇄 펴냄

엮은이 반교어문학회
지은이 박민신·노채환·박지순·박진철·송소라·박수진
　　　　　이혜원·김미정·김요섭·신현우·이지용
펴낸이 김흥국
펴낸곳 도서출판 보고사

책임편집 이소희
표지디자인 김규범

등록 1990년 12월 13일 제6-0429호
주소 경기도 파주시 회동길 337-15 보고사
전화 031-955-9797(대표), 02-922-5120~1(편집), 02-922-2246(영업)
팩스 02-922-6990
메일 kanapub3@naver.com / bogosabooks@naver.com
http://www.bogosabooks.co.kr

ISBN 979-11-6587-302-8　93370
ⓒ 반교어문학회, 2022